THÉOLOGIE HISTORIQUE

# LECTURES DE JEAN DE LA CROIX

TEXTES DOSSIERS DOCUMENTS

SÉRIE ANNEXE DE LA COLLECTION
THÉOLOGIE HISTORIQUE
DIRIGÉE PAR CHARLES KANNENGIESSER

1. HENRY MARET — L'Église et l'État. *Cours de Sorbonne inédit* (1850-1851).
Présentation de Claude BRESSOLETTE
Préface d'Émilie POULAT

2. E. BOZÓKY — Le livre secret des Cathares. *Interrogatio Iohannis.* Apocryphe d'origine bogomile.
Préface d'Émilie TURDEANU

3. H. ZWINGLI — De la justice divine et de la justice humaine
*Première traduction française* par Jacques COURVOISIER

4. A. JOUBERT, AMARI PERRY — La Passion des Jongleurs d'après Geuffroi de Paris *Édition critique, Introduction, Notes et Glossaire.*

*Prochains volumes à paraître :*

A.J. FESTUGIÈRE — Les Actes des Conciles d'Éphèse (431) et de Chalcédoine (451)
*Première traduction française.*

M.J. LE GUILLOU, L. LE GUILLOU — Le dossier de la condamnation de Lamennais

LE SAGE — De la Bretagne à la Silésie. 1791-1800. Mémoires d'exil présentés par X. LAVAGNE

F. MORARD — Les Pseudepigraphes coptes de l'Ancien Testament

P.H. POIRIER — L'Hymne de la Perle des *Actes* de Thomas.

THÉOLOGIE HISTORIQUE
COLLECTION FONDÉE PAR JEAN DANIÉLOU
DIRIGÉE PAR CHARLES KANNENGIESSER

62

# LECTURES DE JEAN DE LA CROIX

## ESSAI D'ANTHROPOLOGIE MYSTIQUE

par
MAX HUOT DE LONGCHAMP

BEAUCHESNE
PARIS

NIHIL OBSTAT
Bourges, le 29 janvier 1981
Jacques DUFFOUR
*Vicaire épiscopal*

IMPRIMATUR
Bourges, le 30 janvier 1981
+ Paul VIGNANCOUR
*Archevêque de Bourges*

L'auteur exprime sa gratitude envers la
DE RANCE Inc., de Milwaukee (USA)
pour sa contribution à cette publication

Pour tous renseignements concernant nos publications
s'adresser au service documentation
BEAUCHESNE ÉDITEUR - 72, rue des Saints-Pères, 75007 PARIS

---


ISBN 2-7010-1025-X

# *PRÉFACE*

*L'auteur de cette étude se propose de construire un pont qui permettra aux lecteurs contemporains un accès plus facile à l'œuvre de Jean de la Croix. Et cela après les quelques deux mille ponts que les commentateurs du grand mystique ont jetés au cours des quatre siècles qui nous séparent de lui. L'audace de pareille entreprise, à elle seule, met en lumière tout d'abord ceci : les systèmes conceptuels-linguistiques, dans lesquels les générations successives s'expriment, se dévaluent et passent bien vite ; ensuite, le chef-d'œuvre véritable ne résiste pas seulement au temps, mais il reste une mine inépuisable de richesse aux niveaux les plus différents de la pensée et de la culture qui le suivent.*

*Une distinction assez nette peut être faite entre les études sur l'œuvre de Jean de la Croix du point de vue littéraire, et celles qui commentent sa doctrine mystique. Les premières appartiennent à un genre plutôt récent, sont souvent d'une grande valeur, et offrent une aide appréciable, parfois indispensable, à la lecture d'un chef-d'œuvre qui est avant tout un chef-d'œuvre du langage. Mais les spécialistes de la littérature ne s'avancent pas trop dans le domaine du contenu religieux : n'étant pas diplômés en la matière, ils savent combien les théologiens sont jaloux de leur métier et adonnés à l'exercice de la polémique. La particularité de ce second groupe, de loin le plus nombreux, consiste en ce que ses membres ne désirent pas seulement expliquer Jean de la Croix à leurs contemporains ou les aider à une lecture plus facile de ses écrits, mais en ce qu'ils veulent faire du bien aux âmes et répandre le message spirituel ou l'appel à la sainteté qu'ils croient découvrir dans les ouvrages qu'ils commentent. Il s'agit donc avant tout d'aménager ceux-ci au profit des âmes qui se sentent attirées et disposées à les lire. Or, à de rares exceptions près, ces commentateurs se révèlent des constructeurs de ponts d'une architecture surprenante ; les éléments importants de leur construction sont empruntés, bien sûr, aux œuvres de Jean de la Croix, mais avec cette particularité d'être à sens unique et de ramener immanquablement le lecteur au projet du commentateur. La terre promise où celui-ci les conduit est protégée par une mécanique solide de grilles conceptuelles, offrant la garantie de l'absolue sécurité. On peut estimer que les âmes qui se laissent assoupir par ce pieux stratagème n'étaient pas destinées à la lecture des grands mystiques. Le lecteur plus éveillé qui espérait faire le pélerinage au Mont-Carmel sur les pas de Jean de la Croix, se retrouve, lui, abrité dans une belle cage théologique, bien charpentée : inassouvi, son esprit s'y sentira un peu comme la panthère du Jardin des Plantes, dans le célèbre sonnet de Rilke :*

Le monde est constitué de mille barreaux,
Et derrière ces mille barreaux, aucun monde.

*L'étude de Monsieur Max Huot de Longchamp n'entend ni justifier le témoignage de Jean de la Croix, ni le rendre d'une orthodoxie acceptable, ni l'adapter au système d'une école théologique. Plus d'une fois, d'ailleurs, il cite son avertissement aux contemplatifs :* « il n'y a pas de paroles pour expliquer les choses de Dieu si élevées, telles que celles qui passent en ces âmes ; le langage qui leur est propre est que celui qui les possède les comprenne et les sente pour soi, qu'il en jouisse et qu'il les taise. » *(Llama 2, 21)*

*Aussi Jean de la Croix n'a-t-il jamais publié de livre. Mais il était poète, et ses expériences intérieures lui firent composer des poèmes, denses et condensés, pleins de paradoxes apparents, apparents seulement, d'un style très raffiné, entre maniérisme et baroque : ce qu'il écrit est aussi clair et insondable qu'un tableau du Greco. Pour venir en aide à des âmes contemplatives mal dirigées, il se vit obligé d'expliquer ses vers qui leur semblaient trop hermétiques, tout comme un médecin peut se voir obligé de secourir un malade : les traités de Jean de la Croix sont l'explication de ses poèmes, ses poèmes ne sont pas le prétexte à ses traités. Avoir renversé cette relation constitue l'erreur fondamentale de la plupart des commentaires; Monsieur Max Huot de Longchamp ne la commet pas, tout comme il n'entend pas nous livrer l'exégèse finale de la doctrine de Jean de la Croix, mais seulement nous familiariser avec la vision de l'homme qui fut celle du grand mystique. Cette image de l'homme n'est pas le résultat de la formation philosophique-théologique que le saint avait reçue et bien assimilée, sur laquelle il aurait, par la suite, édifié son anthropologie mystique. Mais, au contraire, en partant de l'expérience mystique elle-même, il se voit contraint d'élaborer une conception de l'homme et du sens de la vie humaine, qui permette aux contemplatifs de discerner la voie par laquelle ils sont conduits. Il s'agit de dégager le sens véritable de la « passivité » dans l'expérience mystique : ce sens nous en fournira la clef de lecture exacte.*

*La présente étude part du texte, l'explique par d'autres passages du même texte, le traduit, si nécessaire, dans le langage de l'« honnête homme » contemporain, non démuni d'une certaine culture générale. L'auteur lit et relit au niveau même de l'écriture; il en découvre de la sorte et met à nu le fil rédactionnel essentiel : « "langage" - mot-clef de notre investigation... » Sa démarche ne fera donc que suivre celle de Jean de la Croix dans son effort pour dégager la réalité la plus simple, c'est-à-dire « le processus de "passage à la substance" de toute réalité. » On peut espérer que ce livre contribuera à dissiper pour toujours certaines erreurs d'exégèse invétérées, telles que celle, fort répandue mais non moins superficielle pour autant, des deux voies qui mènent à Dieu, celle de la nuit et celle de la lumière, alors que Jean de la Croix, comme tous les grands contemplatifs, n'en connaît qu'une :* « Cette heureuse nuit... n'existe pas... » *(2 Noche 9, 1). Bien sûr, l'âme, encombrée de vanités, éprouve cet état de* alta contemplación *comme dénuement et ténèbres, parce que, précisément, elle ne se rend compte de son état que grâce à la lumière qui l'inonde :* « Cette heureuse nuit... n'existe pas, si ce n'est pour que l'esprit puisse divinement s'étendre à jouir et à goûter de toutes les choses de là-haut et d'ici-bas. » *(Ibidem.) Il fallait, en effet, à l'âme,* « pour vaincre tous les appétits et nier le goût de toutes les choses... une autre inflammation supérieure d'un autre amour supérieur qui est celui de son Époux, de telle sorte que, tenant son goût et sa force en lui, elle trouvât valeur et constance pour nier facilement tous les autres. » *(1 Subida, 14, 2.)*

*Il y a la voie, légitime et authentique, qui conduit à Dieu dans l'oraison, par les efforts de l'ascèse et d'une spiritualité conçues comme discipline : jamais aucun mystique ne l'a méprisée. Mais lorsque l'homme est arrivé au terme de ses possibilités, au seuil du dépassement impossible, il se rend compte, parfois, qu'il y a une autre voie, qui l'attire mais où il ne peut pas pénétrer. Dieu l'ouvre à qui Il veut, quand, comment et à la mesure qu'Il veut : désormais, ce sera la voie qui absorbera l'homme. Mais une fois uni à Dieu, le mystique chrétien sera renvoyé à la réalité de la création. Se distinguant clairement de toute mystique religieuse naturelle, cette voie n'enseigne pas l'élimination de toute matière, mais sa spiritualisation. Tout comme* l'homme commun *de Ruusbroec, le mystique de Jean de la Croix, par* l'unión por transformación, *« se découvre au point de contact de l'esprit et de la matière, c'est en lui que se joue la réalité de l'Incarnation », selon la formulation concise et admirable de l'auteur de cette étude.*

ALBERT DEBLAERE

*Au moment où ces* Lectures *de l'œuvre de saint Jean de la Croix sont offertes au public, plusieurs personnes y reconnaîtront leur empreinte. Parmi elle, je dois la plus vive reconnaissance au Révérend Père Albert Deblaere qui en a constamment accompagné l'élaboration : tout ce qui n'est pas faux dans ces pages lui doit quelque chose, et d'une certaine manière, celle qu'il reconnaîtra, l'ensemble lui doit tout.*

*Par ailleurs, il m'est agréable de remercier ici les membres de l'Institutum Carmelitanum, de Rome, pour l'aide technique inappréciable que m'a fournie leur bibliothèque, grâce surtout au zèle infatigable du Révérend Père Pius M.S. Inglott, O. Carm. Ma gratitude va aussi à tous ceux qui, tant en France qu'à Rome, ont encouragé ce travail et m'en ont souvent allégé la charge matérielle. Leur modestie ne me permettant pas d'énumérer ici leurs noms, qu'ils sachent au moins que je ne les oublie pas au jour où aboutissent leurs efforts.*

*M.L.*

# TABLE DES MATIÈRES

# BIBLIOGRAPHIE SÉLECTIVE

La bibliographie suivante demande à être lue dans l'esprit indiqué dans notre introduction (cf. *infra,* p. 33). Cependant, les titres qu'elle comporte ne recouvrent pas exactement ceux qui seront introduits au cours de l'ouvrage et que l'index des noms de personnes permet par ailleurs de retrouver facilement ; il manque en effet à cette sélection quelques-uns des auteurs qui nous ont le plus aidé à lire saint Jean de la Croix, dans la mesure où ce n'était pas lui qu'ils étudiaient explicitement ; et inversement, l'on y trouvera des auteurs qui nous semblent l'avoir mal lu : figurent ici ceux qu'une enquête systématique sur tous les travaux accessibles parus à propos de Jean de la Croix nous a fait retenir pour l'importance de leur apport aux débats évoqués dans nos pages, très particulièrement ceux touchant l'anthropologie johannicrucienne. Le spécialiste pourra ainsi se rendre compte des interlocuteurs passés ou présents que nous retiendrions pour leur approfondissement.

## 1. TEXTE, BIOGRAPHIE, BIBLIOGRAPHIE

CRISÓGONO DE JESÚS, MATIAS del NINÕ JESÚS, LUCINIO RUANO, *Vida y Obras Completas de San Juan de la Cruz*, 6ᵉ éd., Madrid, 1972.

JEAN DE LA CROIX, *Œuvres Complètes*, Traduites de l'espagnol par le P. CYPRIEN de la NATIVITÉ de la VIERGE, Carme déchaussé ; Édition établie et présentée par LUCIEN-MARIE de SAINT-JOSEPH, Carme déchaussé, 4ᵉ éd., Paris, 1967.

LUIS de SAN JOSÉ, *Concordancias de las Obras y Escritos de San Juan de la Cruz*, Burgos, 1948.

OTTONELLO (P.P.), *Bibliografia di S. Juan de la Cruz*, Roma, 1967.

SILVERIO de SANTA TERESA, *Obras de San Juan de la Cruz*, 5 vol., Burgos, 1929-1930.

## 2. ÉTUDES LITTÉRAIRES
(indépendamment du problème spécifique de Ct B)


DÁMASO ALONSO, *La poesía de San Juan de la Cruz*, 4e éd., Madrid, 1962.

DÁMASO ALONSO, *Poesía española,* Madrid, 1952.

DUVIVIER (R.), *La Genèse du « Cantique Spirituel » de saint Jean de la Croix*, Paris, 1971.

DUVIVIER (R.), *Le dynamisme existentiel dans la poésie de Jean de la Croix,* Paris, 1973.

EULOGIO de la VIRGEN del CARMEN, *San Juan de la Cruz y sus escritos,* Madrid, 1969.

FLORISOONE (M.), *Esthétique et Mystique d'après sainte Thérèse d'Avila et saint Jean de la Croix*, Paris, 1956.

HATZFELD (H.), *Estudios literarios sobre mística española*, Madrid, 1955.

MILNER (M.), *Poésie et vie mystique chez saint Jean de la Croix,* Paris, 1947.

MORALES (J.L.), *El « Cántico espiritual » de San Juan de la Cruz,* Madrid, 1971.

OROZCO DIAZ (E.), *Poesía y mística. Introducción a la lírica de San Juan de la Cruz*, Madrid, 1959.

PEERS (E.A.), *Spirit of Flame — A study on St John of the Cross,* New York, 1944.


## 3. ÉTUDES COMPARATIVES


de CORTE (M.), *L'expérience mystique chez Plotin et chez saint Jean de la Croix,* Études Carmélitaines 20 (1935), pp. 164-215.

CRISÓGONO DE JÉSÚS, *Maître Jean Baconthorp, les Sources, la Doctrine, les Disciples,* Revue Néoscolastique de Philosophie XXXIV (août 1932).

× DICTIONNAIRE DE SPIRITUALITÉ, art. *Pseudo-Denys*, T. 3, col. 399-408.

GARCIA LORCA (F.), *De Fray Luis a San Juan*, Madrid, 1972.

GARRIGOU-LAGRANGE (R.), *Perfection chrétienne et contemplation selon saint Thomas d'Aquin et saint Jean de la Croix,* 2e éd., Saint Maximin, 1927.

HAUSHERR (I.), *Les Orientaux connaissent-ils les « nuits » de saint Jean de la Croix ?*, Orientalia Christiana 12 (1946), pp. 5-46.

ORCIBAL (J.), *Saint Jean de la Croix et les mystiques rhéno-flamands,* Paris, 1966.

SANSON (H.), *Saint Jean de la Croix entre Bossuet et Fénelon*, Paris, 1953.

× SCHAFERT (Cl.), *L'allégorie de la bûche enflammée dans Hugues de*

*Saint-Victor et dans saint Jean de la Croix*, Revue d'Ascétique et Mystique 33 (1957), pp. 241-263.

SIMEÓN de la SAGRADA FAMILIA, *Tomás de Jesús y San Juan de la Cruz,* Ephemerides Carmeliticae 5 (1951), pp. 91-159.

SULLIVAN (L.), *The « Moralia » of pope St. Gregory the great and its influence on St. John of the Cross,* Ephemerides Carmeliticae 27 (1976), pp. 453-488 et 28 (1977), pp. 59-103.

de SURGY (P.), *La source de l'échelle d'amour chez saint Jean de la Croix,* Revue d'Ascétique et Mystique 27 (1951), pp. 18-40.

VILNET (J.), *Bible et Mystique chez saint Jean de la Croix*, Bruges, 1949.

WINKLHOFFER (A.), *Johannes vom Kreuz und die Surius-Übersetzung der Werke Taulers*, Theologie in Geschichte und Gegenwart, Münich, 1957, pp. 317-348.

## 4. PROBLÉMATIQUE GÉNÉRALE

von BALTHASAR (H.U.), *Herrlichkheit, eine Teologische Ästhetik,* Einsiedeln, 1961-1963 ; traduction française : *La Gloire et la Croix,* vol. II, Paris, 1972.

BARUZI (J.), *Saint Jean de la Croix et le problème de l'expérience mystique,* 2e éd., Paris, 1931.

CHEVALLIER (Ph.), *Saint Jean de la Croix docteur des âmes*, Paris, 1959.

CRISÓGONO de JESÚS, *San Juan de la Cruz - Su obra científica y su obra literaria,* Madrid, 1929.

CRISÓGONO DE JESÚS, *San Juan de la Cruz - El Hombre - el Doctor - el Poeta*, Barcelona-Madrid, 1935.

DICTIONNAIRE DE SPIRITUALITÉ, art. *Jean de la Croix*, T. 8, col. 408-447.

FRANÇOIS de SAINTE-MARIE, *Initiation à saint Jean de la Croix,* Paris, 1944.

GARRIGOU-LAGRANGE (R.), *L'amour de Dieu et la Croix de Jésus*, Vienne, 1930.

GUILLET (L.), *Introduction à saint Jean de la Croix,* Tours, 1968-1971.

JIMENEZ DUQUE (J.), *En torno à San Juan de la Cruz*, Barcelona, 1960.

LABOURDETTE (M.), *La foi théologale et la connaissance mystique d'après la Subida-Noche*, Revue Thomiste 42 (1936-1937), pp. 16-57 et 191-229.

LUCIEN-MARIE de SAINT-JOSEPH, *L'expérience de Dieu,* Paris, 1968.

MARÉCHAL (J.), *Études sur la Psychologie des Mystiques*, 2e éd., Paris, 1938.

MARITAIN (J.), *Les Degrés du Savoir*, Paris, 1932.

MOREL (G.), *Le sens de l'existence selon saint Jean de la Croix*, Paris, 1960-1961.

PÉLLÉ-DOUËL (Y.), *Saint Jean de la Croix et la nuit mystique*, Paris, 1960.

POULAIN (A.), *Des grâces d'oraison*, 11e éd., Paris, 1931.

RUIZ SALVADOR (F.), *Introducción a San Juan de la Cruz,* Madrid, 1968.

STEIN (E.), *Kreuzewissenschaft. Studie über Johannes a Cruce,* Louvain, 1950.

STOLZ (A.), *Theologie der Mystik*, Ratisbonne, 1936.

TRESMONTANT (Cl.), *La mystique chrétienne et l'avenir de l'homme,* Paris, 1977.

VIVES (J.), *Examen de Amor*, Santander, 1978.

WAACH (H.), *Johannes vom Kreuz,* Vienne, 1954.

AA. VV., La Vie Spirituelle, mai 1927.

AA. VV., Études Carmélitaines XXII (1937).

## 5. ANTHROPOLOGIE

ALBERTO de la VIRGEN del CARMEN, *Naturaleza de la memoria espiritual según San Juan de la Cruz*, Revista de Espiritualidad 11 (1952), pp. 291-299 et 12 (1953), pp. 431-450.

ANDRÉ de la CROIX, *L'état de « nuit obscure » est-il raisonnable ?,* Études Carmélitaines 22 (1937), II, pp. 11-18.

BORD (A.), *Mémoire et espérance chez Jean de la Croix*, Paris, 1971.

BRUNO de JÉSUS-MARIE, *Saint Jean de la Croix et la psychologie moderne*, Études Carmélitaines 30 (1951), pp. 9-24.

CAPÁNAGA (V.), *San Juan de la Cruz — Valor psicológico de su doctrina,* Madrid, 1950.

DELAYE (A.), *La foi selon saint Jean de la Croix,* La Plesse-Avrillé, 1975.

DICTIONNAIRE DE SPIRITUALITÉ, art. *Ame,* T. 1, col. 461-467. — art. *Blessure d'Amour,* T. 1, col. 1724-1729. — art. *Contemplation,* T. 2, passim. — art. *Illumination*, T. 7, col. 1351-1367. — art. *Image et Ressemblance,* T. 7, col. 1460-1463.

EFREN de la MADRE de DIOS, *La esperanza según San Juan de la Cruz,* Revista de Espiritualidad 1 (1942), 255-281.

EFREN de la MADRE de DIOS, *San Juan de la Cruz y el misterio de la Santíssima Trinidad en la Vida espiritual,* Zaragoza, 1947.

EULOGIO de la VIRGEN del CARMEN, *La antropologia sanjuanista,* El Monte Carmelo 59 (1961), pp. 47-90.

EULOGIO de SAN JUAN de la Cruz, *La transformación total del alma en Dios según San Juan de la Cruz,* Madrid, 1963.

GABRIEL de SAINTE-MARIE-MADELEINE, *L'unione con Dio secondo San Giovanni della Croce,* 2e éd., Roma, 1956.

GABRIEL de SAINTE-MARIE-MADELEINE, *La contemplation acquise,* Paris, 1949.

JOSÉ DE JÉSÚS NAZARENO, *Conocimiento y amor en la contemplación según San Juan de la Cruz,* Revista de Espiritualidad 7 (1949), pp. 72-95.

JUAN JOSÉ de la INMACULADA, *La psicología de San Juan de la Cruz,* Santiago de Chile, 1944.

MOUROUX (J.), *Notes sur l'affectivité sensible chez saint Jean de la Croix,* Recherches de Sciences religieuses 39-40 (1951-1952), pp. 408-425.

MUÑOZ (J.), *Los apetitos según San Juan de la Cruz,* Manresa 52-53 (1942), pp. 328-339.

SALMONA (B.), *Identità metafisica e uguaglienza per amore,* Ephemerides Carmeliticae 20 (1969), pp. 79 ss.

SANSON (H.), *L'esprit humain selon saint Jean de la Croix,* Paris, 1953.

SIMEÓN de la SAGRADA FAMILIA, *La doctrina de la gracia como fundamento teológico en la doctrina sanjuanista*, El Monte Carmelo 43 (1942), pp. 521-541.

SIMEÓN de la SAGRADA FAMILIA, *El principio teológico previo y fundamental de la obra sanjuanista*, Revista de Espiritualidad 3 (1944), pp. 225-237.

URBINA (F.), *La persona humana en San Juan de la Cruz*, Madrid, 1956.

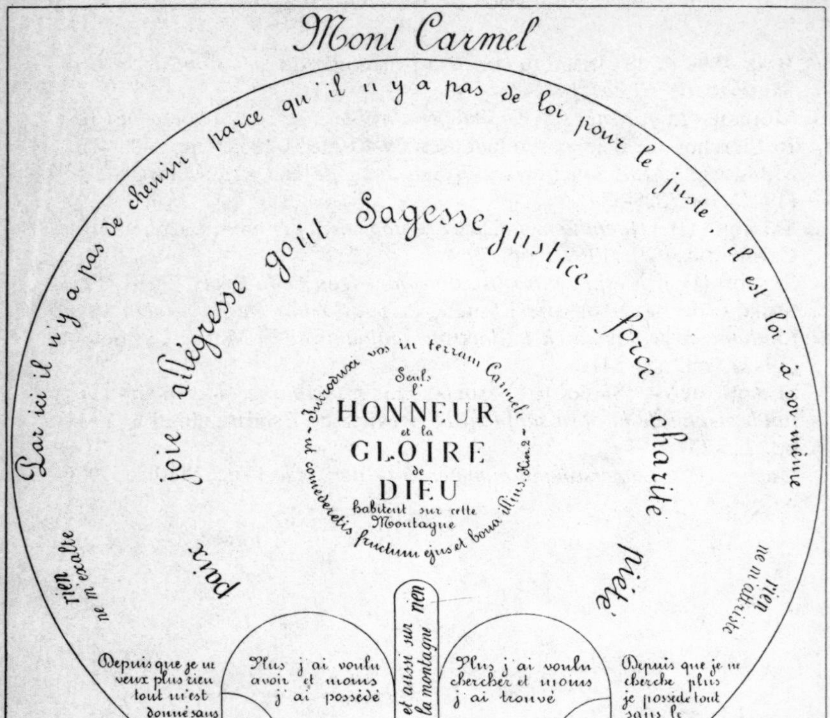

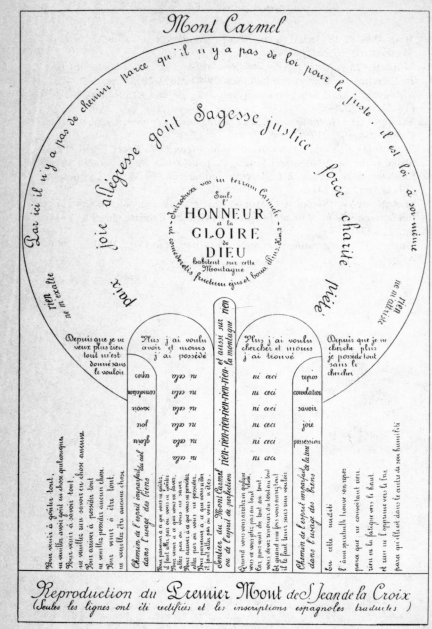


*Le Mont de la Perfection*

Transcription du P. Gabriel de Sainte Marie-Madeleine.

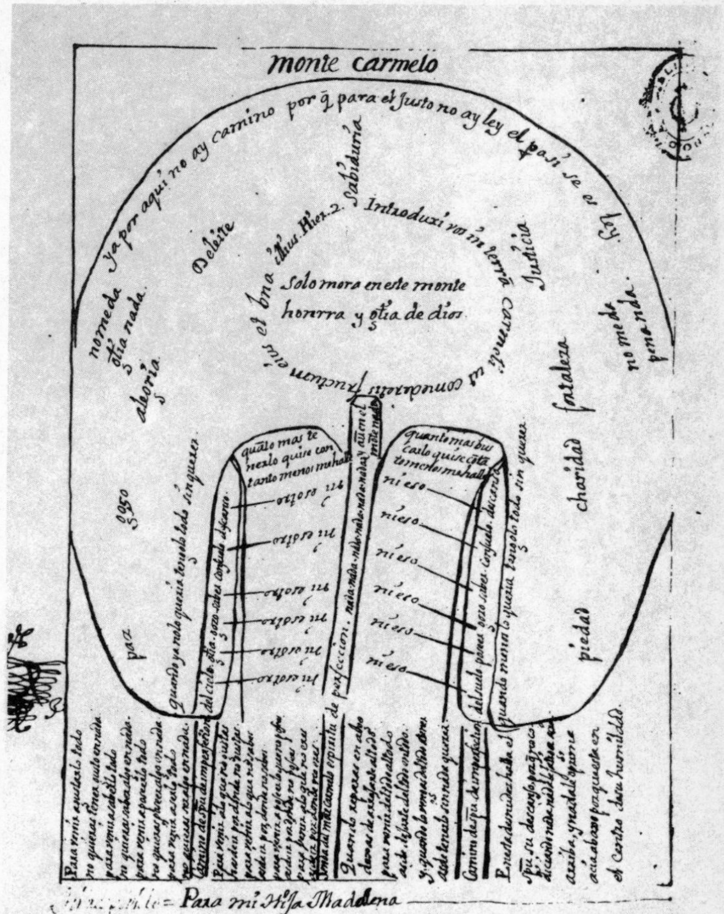


*Le Mont de la Perfection*
dessiné par Jean de la Croix.

NOTE PRÉALABLE

# LE TEXTE ET SA TRADUCTION

Il n'existe pas à l'heure actuelle de traduction française satisfaisante de l'œuvre de Jean de la Croix. Pour se faire une idée de l'infidélité comparée des plus récentes, voici ce que devient — exemple parmi des centaines — un court passage de Vive Flamme dans les cinq éditions que le lecteur francophone risque de rencontrer :
— texte espagnol :

> … veamos ahora porqué también a este embestimiento interior del Espíritu le llama « encuentro » más que otro nombre alguno. Y es la razón porque, sintiendo el alma en Dios infinita gana (…) de que se acabe la vida, y que como no ha llegado el tiempo de su perfección no se hace, echa de ver que para consumarla y elevarla de la carne, hace él en ella estos embestimientos divinos y gloriosos a manera de encuentros, que, como son a fin de purificarla y sacarla de la carne, verdaderamente son encuentros con que siempre penetra, endiosando la sustancia de el alma, haciéndola divina, en lo cual absorbe al alma sobre todo ser a ser de Dios… [1]

— nous traduisons :

> … voyons maintenant pourquoi aussi [l'âme] appelle « rencontre » cet investissement intérieur de l'Esprit, plutôt que tout autre nom. Et la raison en est parce que, l'âme

1. Ll 1,35.

> sentant en Dieu un désir infini (...) de ce que s'achève la vie, et que comme le temps de sa perfection n'est pas arrivé, cela ne se fait pas, elle se met à voir que pour la consumer et l'élever de la chair, il [= Dieu] produit en elle ces investissements divins et glorieux à manière de rencontres qui, comme elles sont pour la purifier et la tirer de la chair, véritablement sont des rencontres avec lesquelles il pénètre toujours la substance de l'âme, la déifiant et la faisant divine, ce en quoi il absorbe l'âme au-dessus de tout être à être de Dieu.[2]

Admettons que ce passage de Jean de la Croix soit particulièrement alambiqué et notre traduction peu élégante, voyons ce qu'il en reste chez nos aînés :

— LUCIEN-MARIE DE SAINT-JOSEPH :

> ... voyons aussi maintenant pourquoi elle appelle cet assaut intérieur de l'Esprit-Saint « rencontre » plutôt que de quelque autre nom. La raison de cela est parce que l'âme, sentant en Dieu un désir infini que sa vie se finisse (...) et sentant que, le temps de sa perfection totale n'étant pas arrivé, cela ne s'accomplit pas, elle ne laisse pas de voir que Dieu, pour la consommer et tirer de la chair, lui livre ces assauts divins et glorieux, à guise de « rencontres », lesquels, comme ils sont pour la perfection et tirer de la chair, sont vrais « rencontres » au moyen desquels il pénètre toujours la substance de l'âme, la déifiant et la faisant toute divine : et en ceci l'être de Dieu absorbe l'âme par-dessus tout être créé.[3]

Passons sur quelques accommodements de détail (*la* vie devenant *sa* vie ; l'adjonction de *totale* à perfection — ce qui met un point final à la vie spirituelle dont Jean de la Croix ne voudrait certainement pas —, le remplacement de *consumer* par *consom-*

2. Cf. *infra*, p. 109.

3. JEAN DE LA CROIX, *Œuvres Complètes,* traduites de l'espagnol par le P. CYPRIEN de la NATIVITÉ de la VIERGE, Carme déchaussé ; édition établie et présentée par LUCIEN-MARIE de SAINT-JOSEPH, Carme déchaussé, 4e édition, Paris, 1967, p. 739. — Dans la suite de notre texte, nous renverrons à cette édition en notant simplement : LUCIEN-MARIE p. ...

*mer* — ce qui efface tout le contexte de combustion —, l'assimilation d'un perfectionnement à une purification, etc.), il reste deux graves contresens en fin de période : Dieu (qui est *personne* dans le contexte) devient l'*être de Dieu* (on passe donc du niveau religieux au niveau ontologique, c'est-à-dire d'une personne à une chose) ; ce qui introduit un risque panthéiste résolu par un autre contresens : l'« absorption au-dessus de tout être à être de Dieu » (admissible si les personnes ne s'identifient pas à leur être, immédiatement panthéiste dans le cas contraire) devient un simple saut au-dessus de tout être créé. L'indication — fondamentale, nous le verrons — d'un échange d'être entre des personnes disparaît purement et simplement au profit d'on ne sait quel privilège métaphysique.

Reste que l'édition de Lucien-Marie est certainement la plus agréable pour le lecteur français, et qu'en redonnant pour les trois premiers traités de Jean de la Croix la version du P. Cyprien de la Nativité, elle exhume un splendide texte classique [4]. Il nous arrivera de la reprendre, ce que nous indiquerons toujours en note.

— H. Hoornaert :

> Il nous reste à examiner pourquoi l'envahissement intérieur du Saint-Esprit est désigné par le mot « rencontre » de préférence à « attaque » ou à tout autre. En voici la raison. L'âme éprouve le plus vif désir d'être en Dieu (...), et pour cela aspire au prompt achèvement de la vie ; et cela n'a pas lieu parce que l'heure de sa perfection n'est pas arrivée. En même temps elle remarque que Dieu, pour consommer sa perfection et la délivrer de la chair, lui livre ces assauts divins et glorieux qui ressemblent à des « rencontres ». N'ayant en vue que la perfection et la délivrance de l'âme, ce sont de vraies rencontres par lesquelles Dieu pénètre toujours plus avant, divinisant la substance de l'âme, et la rendant divine. En cette opération l'être de Dieu absorbe l'âme au-dessus de tout être. [5]

---

4. Splendide mais perpétuellement enclin à contenir l'expérience mystique dans les limites de la simple raison. Pour un excellent début d'étude critique de la traduction du P. Cyprien, cf. Berthelot (A.), *Sur l'art poétique de Jean de la Croix,* en Carmel, 1977, pp. 58-69.

5. Hoornaert (H.), *La Nuit Obscure et la Vive Flamme d'Amour de Saint Jean de la Croix,* Lille-Paris-Bruges-Bruxelles, 1923, vol. 4, pp. 169-170.

On se contentera de deux remarques : Jean de la Croix fait sentir à l'âme *en* Dieu un désir à ce que s'achève la vie et non pas un « désir d'être en Dieu », ce qui la place d'emblée en dehors de lui et fait de la mort d'amour une condition et non plus une conséquence de l'union à Dieu ; toute vie mystique est ici niée d'avance, la mort devient une délivrance, etc. L'inversion de point de vue est totale. Quant à la fin du passage, on lui reprochera les mêmes contresens que chez Lucien-Marie.

— Carmélites de Paris :

> Mais voyons maintenant pourquoi l'âme appelle rencontre, cet assaut que l'Esprit-Saint lui livre à l'intérieur. Vainement l'âme sent-elle un grand désir que sa vie s'achève, ce désir ne peut se réaliser ; le temps n'en est pas encore venu. Alors, Dieu, pour la consommer et l'élever davantage au-dessus de la chair, lui livre des assauts glorieux, qui rappellent réellement les rencontres à main armée, par lesquels il pénètre toujours plus profondément la substance de l'âme qu'il déifie, et qu'il rend, pour ainsi dire, toute divine. L'être de Dieu absorbe l'âme... [6]

Là, Jean de la Croix n'est vraiment plus qu'un point à l'horizon ! On remarque les omissions du texte (la dernière proposition en est simplement sautée : après nos points de suspension vient la phrase espagnole suivante. Et que deviennent les « autres noms » possibles de la « rencontre », qui charpentent tout le contexte ? Et la « perfection », mot clef, nous le verrons, de la littérature mystique ? etc.), ses affaiblissements (« infini » n'est plus que « grand », « élever », devient « élever davantage au-dessus de », etc.), et enfin l'adjonction d'un « pour ainsi dire » qui confirme bien qu'il n'est pas un instant question de prendre au sérieux les affirmations les plus claires de Jean de la Croix.

---

6. Carmélites de Paris, *Vie et œuvres de ... saint Jean de la Croix,* Paris, 1903, p. 484.

— Grégoire de Saint-Joseph :

> Voyons maintenant pour quel motif cet investissement intérieur par l'Esprit-Saint porte le nom de « rencontre » plutôt que tout autre. La raison, c'est que l'âme (...) éprouve un désir infini de voir s'achever la vie d'ici-bas, mais son désir n'est pas réalisé parce que le temps de sa perfection n'est pas venu ; aussi voit-elle que le Seigneur, pour consommer cette perfection et la délivrer elle-même de la chair, produit en elle, sous forme de rencontres, ces investissements divins et glorieux, dont le but est de la purifier et de l'élever au-dessus de la chair ; car ce sont là véritablement des rencontres à l'aide desquelles il pénètre toujours plus avant dans la substance de l'âme pour la déifier davantage. Par cette opération l'être divin absorbe l'âme et l'élève au-dessus de tout être.[7]

On remarque, entre autres, l'omission de la situation « en Dieu » de l'âme qui désire, (comme chez Hoornaert et avec les mêmes conséquences), la substitution d'un acte immédiat de Dieu par un processus extrêmement transitif et progressif (« *dans* la substance », « davantage », etc.) et enfin l'arrêt injustifié au bord de ce qui est devenu un précipice panthéiste en fin de texte. Si l'on regarde de plus près, on retrouvera en fait dans ce court passage toutes les erreurs dénoncées chez les autres traducteurs.

— enfin, Marie du Saint-Sacrement :

> Mais examinons pourquoi l'âme donne à cet envahissement intérieur du Saint-Esprit le nom d'assaut, plutôt que tout autre nom. En voici la raison. L'âme découvre en Dieu un désir infini de voir sa vie mortelle prendre fin et elle voit que s'il la prolonge, c'est que la perfection de l'âme n'est pas encore consommée. Elle le comprend, c'est en vue d'opérer cette consommation et de la dégager de la chair, qu'il l'assaille d'une manière si divine et si merveilleuse. Ce sont de véritables assauts qu'il lui livre, afin de la purifier et de la détacher de la chair. Par là, il pénètre toujours plus

---

7. Saint Jean de la Croix, *Œuvres Spirituelles,* traduction du R.P. Grégoire de Saint-Joseph, Paris, 1945, p. 941.

> avant et va jusqu'à diviniser l'essence de cette âme. Sous cette divine opération, l'âme de son côté, s'assimile toujours davantage l'Être de Dieu.[8]

Que l'on nous permette de ne plus commenter... Ajoutons, en ce qui concerne l'erreur commune sur la fin du passage, qu'aucune édition espagnole, depuis l'édition princeps d'Alcala en 1618, ne peut sérieusement l'excuser.

Une fois encore, cet échantillon n'est pas un cas. Aussi avons-nous retraduit pratiquement tous les textes utilisés dans notre étude, sauf quelques exceptions, toujours signalées, empruntées à Lucien-Marie. Nous avons respecté, avec plus ou moins de bonheur, ce qui pourrait sembler des défauts du texte espagnol et qui devient parfois de véritables entorses à la syntaxe de notre version française : ambiguïtés grammaticales insolubles, suspensions brusques d'une période, cascades de génitifs, etc. ; il nous a paru, au bénéfice de la science, sinon du style, que le texte gagnait toujours à voir respectés ses doubles sens souvent volontaires, ses raccourcis vertigineux, ses accumulations dont aucune n'est simple répétition, au détriment d'une langue plus classique ; ce qui est en cause n'est pas tant la différence entre l'Espagne et la France que la distance qui nous sépare du XVIe siècle et de l'esthétique pré-baroque. Jean de la Croix aurait pu rencontrer Rabelais, Montaigne avait à peu près son âge et tous deux moururent en pleine maturité un demi-siècle avant la fondation de l'Académie Française.

Le texte espagnol que nous utilisons est celui de la B.A.C.[9], le plus satisfaisant à l'usage, sinon le plus critique, quitte à jeter de temps à autre un regard vérificateur sur les notes de l'édition de Silverio[10]. Nos références renvoient donc au découpage en livres, chapitres ou strophes, et paragraphes de la

---

8. *Œuvres de Saint Jean de la Croix,* traduction nouvelle par la Mère MARIE du SAINT-SACREMENT, Carmélite, Paris, 1937, vol. 4, p. 49.

9. CRISÓGONO de JESÚS OCD, MATIAS del NIÑO JESÚS OCD, LUCINIO RUANO OCD, *Vida y Obras Completas de San Juan de la Cruz etc.*, 6e éd., BAC, Madrid, 1972.

10. SILVERIO de SANTA TERESA, *Obras de San Juan de la Cruz,* 5 vol., Burgos, 1929.

B.A.C., d'ailleurs facilement repérable sur les autres éditions espagnoles courantes. On lira ainsi nos abréviations :

— S (comme Subida) = Montée du Mont Carmel ;
— N (comme Noche) = Nuit Obscure ;
— Ct (comme Cántico) = Cantique Spirituel *première version* ;
— Ct B (comme Cántico) = Cantique Spirituel deuxième version.

Le lecteur comprendra au fil du texte pourquoi nous n'utilisons que très exceptionnellement cette deuxième version.

— Ll (comme Llama) = Vive Flamme.

Pour le découpage en livres, chapitres ou strophes et paragraphes :

— le chiffre précédant S ou N indique le livre considéré de la Montée du Mont Carmel ou de Nuit Obscure ;
— le premier chiffre suivant S ou N ou Ct ou Ll indique le chapitre ou la strophe considéré ;
— le deuxième chiffre suivant S ou N ou Ct ou Ll indique le paragraphe à l'intérieur du chapitre ou du commentaire de la strophe.
— Prol = Prologue ;
— strophe = corps du poème de Ct ou de Ll.
— pour les lettres, avis, poèmes autres que Ct ou Ll, nous écrivons en toutes lettres le titre de l'opuscule suivi du numéro d'ordre dans l'édition de la B.A.C. ;
— pour distinguer le Cantique Spirituel du Cantique des Cantiques, nous noterons « Cant » le texte sacré.

## AU LECTEUR

Vous qui en ce livre lirez,
Se bien le voulez entendre
Pensez ad ce que vous direz,
Car il est fort a comprendre ;
Humilité vous fault prendre
Qui de Science est tresoriere
Et des aultres Vertuz la mere.

Theologiens ne aultres clers,
Point n'en aurez l'entendement
Tant aiez engins clers
Se n'y procedez humblement
Et que Amour et Foy ensement
Vous facent surmonter Raison,
Qui dames sont de la maison.
............
Humiliez donc voz sciences
Qui sont de Raison fondees,
Et mettez toutes voz fiances
En celles qui sont donnees
D'Amour, par Foy enluminees.
Et ainsy comprendrez ce livre
Qui d'Amour fait l'Ame vivre.

(Marguerite PORETE, *Le mirouer des simples âmes*)

Nous nous proposons de construire un pont entre Jean de la Croix et vous. Un pont : ouvrage d'art au-dessus du vide, victoire de l'esprit sur la matière, du calcul sur l'entassement.

Le site n'est pas des plus engageants : quatre siècles à enjamber, durant lesquels de puissants séismes culturels ont bouleversé le paysage, quatre siècles de ruines sur lesquelles les milliers de commentateurs de Jean de la Croix ont laissé croître un maquis d'interprétations contradictoires, toutes vraies et fausses à la fois, c'est-à-dire fausses, quatre siècles durant lesquels les langues, les rythmes, les figures ont changé. Et pourtant l'entreprise est possible : de Jean de la Croix à vous, il n'y a que l'espace immédiat de deux esprits, il n'y a qu'un langage à trouver, un arc à calculer, le plus simple, le plus pur, le plus *fonctionnel*, utilisant le minimum de pierres pour le maximum de force. Ce pont s'écroulera un jour et s'ajoutera aux décombres qu'il aura un temps enjambés ; l'important sera qu'il ait relié ne serait-ce qu'un lecteur, ne serait-ce que nous-même, à Jean de la Croix, et que Jean de la Croix ait relié ne serait-ce que lui-même à Dieu. Tous les livres meurent, Jean de la Croix aussi mourra, même si sa longévité est probablement très supérieure à la moyenne, et au milieu des millénaires d'écriture son œuvre ne sera bientôt qu'un poids mort de papier indéchiffrable ; il nous dit lui-même à toutes ses pages que l'on n'écrit pas l'éternité : il mourra parce qu'il quitte un instant la croix du Christ pour nous la montrer.

Nous ne nous arrêterons pas plus longtemps à parler de ce que nous allons dire ; on n'éprouve un pont qu'en le traversant, et si celui-ci résiste jusqu'à la dernière page, nous ne lui chercherons pas d'autre justification. Et pourtant cette hâte requiert quelques précautions en raison de l'encombrement du terrain et nous devons expliquer deux points avant de commencer la traversée : notre titre et notre attitude bibliographique.

— *Notre titre :* Anthropologie mystique. Jean de la Croix pense l'homme, et l'homme en train de se découvrir en Dieu :

> Pour comprendre quelle est cette union dont nous sommes en train de parler, il faut savoir que Dieu, en quelqu'âme que ce soit, fût-ce celle du plus grand pécheur du monde, demeure et se tient substantiellement. Et cette manière d'union est toujours réalisée entre Dieu et toutes les créatures ; en elle, il leur conserve l'être qu'elles ont ; de manière que s'il venait à leur manquer de cette manière, aussitôt elles s'anéantiraient et cesseraient d'être. Et ainsi, *lorsque nous parlons d'union de l'âme avec Dieu, nous ne parlons pas de cette union substantielle qui est toujours faite, mais de l'union et transformation par amour de l'âme avec Dieu qui n'est pas toujours faite, mais seulement lorsqu'il vient à y avoir ressemblance d'amour.* [1]

Voilà pourquoi l'anthropologie mystique, celle de ce passage à la ressemblance d'amour, est la clef de toute l'œuvre [2]. Mais là encore, plutôt que de la justifier davantage, nous invitons le lecteur à l'essayer et à la garder si elle le satisfait.

— *Notre attitude bibliographique :* la bibliographie sélective de Pier Paolo Ottonello [3] enregistre 2 117 titres de travaux concernant Jean de la Croix jusqu'en 1967, chiffre augmenté depuis lors d'une cinquantaine d'unités par an si l'on se fie à la bibliographie systématique publiée annuellement par la revue *Carmelus,* de l'Istituto Carmelitano de Rome. Nous promettons au lecteur

---

1. 2S 5,3.
2. Presque en même temps que notre propre étude, GAREAU (M.M.), *Mysticism and Image in St John of the Cross,* Bern-Frankfurt/Main, 1976, a tenté d'aborder la lecture de Jean de la Croix sous cet angle. Hélas, au-delà d'une intuition initiale qui nous semble proche de la nôtre, l'auteur s'ensable dans les bibliographies « sur » Jean de la Croix et « sur » l'anthropologie chrétienne, sans véritablement analyser le texte même du saint.
3. OTTONELLO (P.P.), *Bibliografia di s. Juan de la Cruz,* Roma, 1967.

bienveillant que nous avons consciencieusement exploré cette mine, mais nous avouons en être sorti déçu, peut-être parce que nous avions commencé par lire Jean de la Croix lui-même... Aussi, plutôt que de ralentir notre texte en le surchargeant de notes pour faire apparaître à tout prix le plus grand nombre possible de titres « à propos » de Jean de la Croix, nous nous en tiendrons, en matière de références bibliographiques, aux critères suivants qui ne visent qu'à renforcer notre pont :

— lorsque nous indiquons un texte sans autre commentaire, nous garantissons au lecteur qu'il y trouvera un complément utile et sûr de nos propres affirmations ;
— garantir un texte n'est pas garantir l'ouvrage dont il est extrait, et encore moins l'ensemble de la production de son auteur ;
— lorsque nous indiquons un texte avec un commentaire négatif, c'est qu'à la suite de recoupements, nous avons la certitude qu'assez vite, tout lecteur de Jean de la Croix soucieux de se faire accompagner dans sa lecture ne pourra pas ne pas le rencontrer ;
— lorsque nous n'indiquons pas un texte, il peut s'agir d'un chef-d'œuvre qui nous aura échappé, mais il peut s'agir aussi de l'un des milliers de « pas faux », mais dépassés, hors sujet, etc., dont la lecture amollissante finit par créer un écran de mots vides entre le lecteur et le texte même de Jean de la Croix ;
— c'est l'anthropologie mystique qui nous intéresse chez Jean de la Croix ; on ne s'étonnera donc pas de ne pas trouver chez nous d'indications systématiques sur Jean de la Croix et la Bible, Jean de la Croix et la philosophie arabe, etc. Cependant, notre point de vue étant très compréhensif et se voulant une clef de lecture de l'œuvre du saint, nous renverrons aux ouvrages généraux dans la mesure où ils mettent en cause la possibilité d'utiliser ou non cette clef ;
— toujours pour alléger notre texte, nous réservons pour des annexes finales deux types de problèmes : ceux de l'authenticité ou inauthenticité de CtB d'une part ; d'autre part tout un ensemble de problèmes de lecture que nous grouperons sous le titre : « Comment ne pas lire Jean de la Croix. » C'est là que nous dénoncerons quelques pièges trop officiels et trop

inévitables pour être laissés purement et simplement dans l'ombre ou traités dans une note brève. Nous admettons, là comme ailleurs, d'être présomptueux, mais nous demandons que le seul arbitre soit Jean de la Croix lui-même ;

— enfin, nous indiquons tout de suite deux auteurs pour ne pas avoir à les citer trop souvent : 1) CRISÓGONO de JÉSÚS, *San Juan de la Cruz — Su obra científica y su obra literaria,* Madrid, 1929. Un demi-siècle après sa parution, il reste une source inépuisée d'interprétations exactes et puissantes du texte de Jean de la Croix, même si nous le trouvons en défaut (souvent d'ailleurs en contradiction avec lui-même en d'autres points de son œuvre immense) sur des questions aussi graves que la contemplation acquise, ou s'il tend toujours à considérer Jean de la Croix comme le Docteur superlatif en philosophie, en théologie, en psychologie, etc. Du même auteur, *San Juan de la Cruz - El Hombre - el Doctor - el Poeta,* Barcelona-Madrid, 1935 ; plus bref et plus sûr que le précédent, quoique moins riche. 2) Henri SANSON, *L'esprit humain selon saint Jean de la Croix,* Paris, 1953. Jamais en défaut sur les points importants, il est d'une exactitude et d'une pénétration sans égales pour tout ce qui touche à l'anthropologie de Jean de la Croix.

Dans ces trois ouvrages, le lecteur épris du Docteur Mystique trouvera un langage pour se formuler à lui-même ses propres admirations.

Maintenant, il nous reste à trouver un point de départ, *le* point de départ de Jean de la Croix :

> Avant que nous entrions dans l'explication de ces strophes, il faut savoir ici que l'âme les dit étant déjà en la perfection qui est l'union d'amour avec Dieu... [4]

Jean de la Croix part donc de là où il veut nous accompagner ; comment entrer dans ce cercle ? En en respectant la circularité et en laissant à son auteur le soin de nous y introduire, non pas par effraction mais par approfondissement, par concentrations

4. N Prol 2.

successives ; en ce sens notre étude ne sera pas une suite d'analyses séparées, mais de lectures et de relectures de l'âme à la recherche de son identité divine, recherche pour laquelle Jean de la Croix nous prête son oeuvre.

PREMIÈRE LECTURE

# STRUCTURE ÉVOLUTIVE DE L'ANTHROPOLOGIE DE SAINT JEAN DE LA CROIX

Dans une première lecture de l'œuvre de Jean de la Croix, nous chercherons s'il existe une structure fondamentale de son anthropologie sur laquelle développer ensuite nos autres lectures. Pour cela, il n'y a pas d'autre moyen que d'inventorier à mesure de leur apparition au fil du texte les mots à résonance anthropologique et à repérer leurs positions relatives. Mais nous verrons très vite que ce travail apparemment très simple et mécanique est impossible, et qu'à la limite, cette lecture se détruit elle-même : Jean de la Croix pense une *évolution* et écrit pour un lecteur en mouvement spirituel, en train de découvrir justement la valeur des mots, si bien que chaque moment du texte intègre le précédent dans une composition nouvelle dont toute l'unité tient dans ce développement ; on ne trouvera pas à proprement parler de structure stable dans l'œuvre de Jean de la Croix, qui traverserait par exemple les états spirituels successifs. Nous dirions volontiers que, forcé de fixer sur le papier une évolution, Jean de la Croix s'affranchit au maximun des contraintes statiques de sa langue en la moulant sur une structure littéraire évolutive, elle aussi, posant dès lors des problèmes d'analyse particuliers et qui occuperont les pages suivantes.

Quant au contenu des éléments de cette structure, nous nous arrêterons le moins possible à les disséquer dans la mesure où, d'une part, ce que nous cherchons à dégager est un principe d'organisation, et où, d'autre part, cette dissection est l'un des points sur lequel le lecteur trouvera le plus de données complémentaires exactes, particulièrement chez Sanson et

Crisógono de Jesús dans les ouvrages cités en introduction et auxquels s'ajouteront quelques auteurs supplémentaires en cours de texte.

Notre méthode tiendra donc dans le repérage des mots anthropologiques *les uns par rapport aux autres*, et non par rapport aux systèmes que l'on pourrait en tirer dans une autre sphère que celle de l'accompagnement pratique de l'évolution spirituelle. Aussi procèderons-nous en pointant tous les emplois des mots importants (c'est-à-dire qui nous paraissent tels, et là se trouve la faiblesse de toute recherche inductive), afin de voir lesquels créent des usages et lesquels n'en créent pas et quelle est leur interdépendance. Cette première lecture, un peu fastidieuse, fournira la seule base possible à la mise en évidence des principes moteurs du texte de Jean de la Croix (deuxième et troisième lecture), puis à leur enracinement dans l'univers proprement mystique (quatrième lecture).

## I. Concentration et stratification

> Ô nymphes de Judée,
> Tandis que parmi les fleurs et les rosiers
> L'ambre donne son parfum,
> Demeurez dans les faubourgs
> Et veuillez ne point toucher notre seuil. [1]

> ... La Judée, nous avons dit qu'elle est la partie sensitive de l'âme ; et ses faubourgs, ce sont les sens sensitifs intérieurs, comme la fantaisie, l'imaginatif, la mémoire, en lesquels prennent place et se recueillent les fantaisies, imaginations et formes de choses... lesquelles entrent dans ces faubourgs des sens intérieurs par les portes des sens extérieurs que sont entendre, voir, sentir, goûter, toucher ; si bien que toutes les puissances et les sens de cette partie sensitive, nous pouvons les appeler « faubourgs », c'est-à-dire quartiers situés hors de la cité. Car ce qui s'appelle « cité », en l'âme, c'est là ce qu'il y a en elle de plus intérieur, la partie raisonnable, celle qui a capacité de communiquer avec

1. Ct 31, strophe.

> Dieu et dont les opérations sont contraires à celles de la sensualité. Toutefois, il y a communication naturelle entre les habitants de ces faubourgs de la partie sensitive [et ceux de la cité], de telle sorte que ce qui s'opère en cette partie se sent d'ordinaire en l'autre plus intérieure, la raisonnable, et par conséquent la distrait et l'inquiète dans l'opération spirituelle qu'elle tient en Dieu. [2]

Une ville avec son enceinte, ses portes, ses faubourgs, le va-et-vient de ses habitants, voilà le paysage dans lequel évolue Jean de la Croix et qui dessine en même temps la structure-type de l'homme qu'il nous présentera à différents moments de son histoire : les éléments de son anthropologie seront toujours disposés en cercles concentriques et sur plusieurs niveaux, avec des passages obligés d'une zone à l'autre. [3]

Cette structure ne reflète-t-elle que l'expérience naturelle du recueillement ou d'un voyage intérieur ? Non, c'est sur un autre plan que Jean de la Croix nous la découvre : il la réfère très directement à la perception du dynamisme de l'amour ; aimer et être aimé, c'est toujours se sentir envahi de l'extérieur vers l'intime et de la surface vers la profondeur[4], puis refluer de ce tréfonds de l'âme jusqu'à sa périphérie selon le même parcours[5]. Quant au texte qui en rend compte, ses mots seront eux aussi disposés selon des zones sémantiques concentriques à l'intérieur desquelles leur usage sera homogène et entre lesquelles les passages se feront selon des lois rigoureuses. Et cela en raison même du lieu rédactionnel de l'œuvre de Jean de la Croix qui tend à se confondre avec le lieu de l'expérience qu'il décrit : au sommet du Carmel, au sommet de la Croix, « exalté de terre », il attire tout à lui ; que l'on jette un premier coup d'œil sur le graphisme du Mont de Perfection pour s'en convaincre[6] : il s'agit

---

2. Ct 31,7.
3. Cf. par exemple les sept demeures de 1S 11,9.
4. Celle-ci étant exprimée tantôt comme une profondeur vers le haut, tantôt vers le bas (par exemple en Ll 1), peu importe.
5. L'amour est assimilé au feu qui monte toujours du bas vers le haut, avec

> appétit de s'engouffrer au centre de sa sphère ; (2N 20,6)

et arrivé à ce point, comme la boisson se diffuse et se répand par tous les membres et toutes les veines du corps, ainsi se diffuse substantiellement cette communication de Dieu en toute l'âme. (Ct 17,5.)

6. Cf. pp. 20-21.

d'un Calvaire, et non pas d'une montagne à gravir, comme le sacrifice d'Élie au Carmel figurait celui du Christ en Croix ; et tout l'équilibre du dessin repose sur un point focal vers lequel convergent toutes les lignes de construction en formant le sommaire de l'œuvre de Jean de la Croix. Nous aurons à reprendre ce dynamisme à la fois littéraire et mystique, centripète d'abord, puis centrifuge une fois réalisée l'union d'amour ; qu'il suffise ici d'indiquer que c'est la vérité de l'amour et non la vérité des choses qui ordonne dès le départ la structuration de l'anthropologie de Jean de la Croix. Elle dispose ainsi immédiatement chaque élément et chaque aspect de l'homme en fonction de l'expérience de Dieu,

> depuis l'extrême fin de la bassesse de l'âme jusqu'à l'extrême fin de sa hauteur en sa divine union, avec ordre et douceur et selon le mode propre à l'âme.[7]

## II. L'âme et ses divisions

Un unique modèle de structure, sinon une unique structure, traverse donc toute l'anthropologie de Jean de la Croix ; admettons ce qui n'est encore qu'une hypothèse de départ. Elle indique que les éléments anthropologiques restent semblables à eux-mêmes en tant qu'éléments mais sont appelés à être lus de multiples façons au fur et à mesure du dévoilement de leur principe organisateur ; car si l'amour les transforme tous, nous allons voir qu'il n'en remplace aucun, que la vie mystique n'ajoute rien à l'homme qui la reçoit. L'image de la ville demeure la plus juste : pensons à Tolède sortant de l'ombre dans la fraîcheur de l'aube avant de s'embraser de lumière et chaleur au soleil de midi : l'opacité devient transparence, le silence devient bruissement infini et le repos mouvement, le milieu dans lequel baigne la cité change du tout au tout, mais aucune de ses pierres n'a bougé.

Sur cette stabilité de l'âme sous ses apparentes transformations, nous reviendrons longuement, mais en attendant nous

7. 2S 17,3.

devons commencer par compter les pierres, c'est-à-dire inventorier les éléments portants de l'âme, repérer leurs positions relatives avant que le soleil ne se lève, et pour cela les définir au degré zéro de l'union d'amour, c'est-à-dire selon l'usage que Jean de la Croix en fait dans une acception première, en termes de nature et d'essence, et cela parce que tel est le paysage statique dans lequel se meuvent les « principiantes », les débutants auxquels il tend la main et propose l'aventure linguistique du passage de cette lecture essentialiste d'eux-mêmes à une lecture personnaliste.

1. *L'âme, sujet et objet spirituel*

Un premier mot s'offre à notre examen, celui par lequel Jean de la Croix nous a désigné l'ensemble du paysage qu'il présente à nos yeux : l'« âme ».

« Alma » désigne régulièrement le partenaire de Dieu dans la vie spirituelle ; on s'en est étonné et l'on n'a pas manqué de spéculer sur le platonisme de Jean de la Croix. Distinguons plutôt avec lui deux points de vue différents dans cet usage fondamental — mais non exclusif — de « alma », l'un que nous appellerons « subjectif », l'autre « objectif ». Tout d'abord,

> il faut savoir que si l'âme cherche Dieu, son Bien-Aimé la cherche bien davantage.[8]

Dieu et l'âme se cherchent, mais une surface de séparation s'interpose :

> Ô fontaine cristalline,
> Si dans tes reflets argentés
> Tu dessinais soudain
> Les yeux tant désirés
> Et que je garde à l'ébauche en mon coeur ![9] ;

surface simultanément translucide et réfléchissante, condition et obstacle de la rencontre. Ailleurs, Jean de la Croix parlera d'une

8. Ll 3,28.
9. Ct 11, strophe.

triple toile suffisamment opaque pour recouvrir la présence de Dieu et suffisamment lâche pour la laisser deviner :

> Les toiles qui doivent se rompre pour que l'union se fasse et que l'âme possède parfaitement Dieu sont au nombre de trois, à savoir : temporelle, qui comprend toutes les créatures ; naturelle, qui comprend les opérations et inclinations purement naturelles ; la troisième, sensitive, qui comprend seulement l'union de l'âme et du corps, qui est vie sensitive et animale. [10] ;

triple épaisseur que le désir de l'homme doit traverser, triple trame que Dieu doit déchirer

> afin qu'au plus tôt je te puisse aimer avec toute la plénitude et rassasiement que mon âme désire, sans terme ni fin. [11]

« Temporelle, naturelle, sensitive » : c'est donc toute la consistance de l'action humaine qui s'interpose entre l'âme et Dieu. Nous la reconnaîtrons bientôt comme son épaisseur « non-mystique ». En ce sens, « âme » va désigner le sujet du désir de Dieu, par opposition à sa propre humanité entendue globalement comme l'ensemble des déterminations de son existence terrestre. L'âme sera le pôle de toute la vie spirituelle, ce qui en l'homme est « capax Dei » ou « substantiel », pour introduire une expression-clef de Jean de la Croix, car c'est « de substance nue à substance nue » qu'a lieu le contact mystique de Dieu et de l'homme. [12]

En première approximation, le désir de Dieu et de l'âme se heurte donc à l'humanité. Mais celle-ci est en même temps découverte comme condition de leur rencontre actuelle : tel est le jeu ambigu du miroir translucide. En énumérant les obstacles que sont le monde que nous habitons, notre propre nature et finalement le fait même de notre vie physique, Jean de la Croix indique aussi bien que ce sont là les conditions imprescriptibles sous lesquelles nous recevons, nolens volens, ce que nous

---

10. Ll 1,29.
11. Ll 1,36 ; Lucien-Marie p. 740.
12. Ct 32,4 ; cf. *infra*, p. 61.

connaissons et aimons de Dieu. Mieux : l'âme découvrira finalement qu'en s'y heurtant elle se bat contre son ombre projetée devant elle par la lumière divine lorsqu'elle lui tourne le dos, que cette séparation-relation n'est que sa densité de créature appelée finalement à révéler dans sa chair la mesure infinie de sa capacité divine [13]. Et voilà pourquoi, tout en désignant fondamentalement la polarité du désir de Dieu, l'âme est comprise en même temps comme sa forme incarnée, opérante et mondaine, et s'applique en fin de compte à l'homme tout entier, subjectif et objectif, dans l'histoire de son rapport à Dieu.

Avançons d'un pas. Cette tension entre deux usages dont l'un englobe l'autre dans l'emploi de « alma » porte déjà tout un dynamisme ; elle recouvre la souffrance irréductible de l'âme vivant intentionnellement hors d'elle-même parce qu'elle aime, mais d'une vie strictement mesurée par un corps en attente de transfiguration dans la perfection de l'union mystique :

> l'âme vit davantage en ce qu'elle aime que dans le corps où elle anime, car ce n'est pas dans le corps qu'elle trouve sa vie, bien plutôt, c'est elle qui la donne au corps, et elle, elle vit en ce qu'elle aime... Elle se plaint et se lamente... parce qu'elle souffre en deux contraires qui sont la vie naturelle dans le corps et la vie spirituelle en Dieu. [14]

Pour compléter cet usage fondamental, signalons cependant *deux autres usages* de « alma » chez Jean de la Croix, moins fréquents et étrangers au registre proprement spirituel qui est le sien :

— « alma » *opposée à « cuerpo »* ou à « carne » ; par exemple :

> ... alma en la carne, por unidad que tienen en un supuesto... [15] ;
> ... el alma, luego que Dios la infunde en el cuerpo... [16]

---

13. Cf. *infra,* pp. 271 ss.
14. Ct 8,3 ; « Deux contraires ne peuvent convenir en un même sujet » : nous ne cesserons de rencontrer cet axiome cher à Jean de la Croix. SANSON (H.) (*op. cit.*, p. 63) remarque qu'à côté de sa tradition aristotélicienne, l'axiome possède tout un passé mystique, notamment chez Tauler.
15. Ct 12,4.
16. 1S 3,3.

Un tel usage est *toujours* référé à quelqu'explication spéculative, lorsque

> l'on écrit quelques points de théologie scolastique. [17]

— « alma » *opposée à une partie d'elle-même,* ce qui arrive très rarement et toujours pour des motifs stylistiques, par exemple :

> … el alma y el corazón. [18]

Profitons de cette première exploration du vocabulaire johannicrucien pour prévenir des confusions à ne pas faire dans la lecture d'un auteur mystique. Si Jean de la Croix préfère « alma » à « hombre » pour désigner le sujet de la vie spirituelle, c'est un fait *littéraire,* avant d'être un problème théologique [19]. S'il oppose parfois « alma » à « cuerpo » ou à « carne » dans ce qu'il appelle ses « punctos de teología escolástica », c'est toujours pour rendre compte du dynamisme du désir de Dieu qui voit dans la mort physique et la dissolution du corps une date — pas forcément la plus importante — de sa satisfaction, et non pas au nom d'une métaphysique dualiste qui ne vient ici que comme matrice spéculative propre à expliquer analogiquement un fait

---

17. Ct Prol 3.

18. Ct 8,4 — Quant au mot « hombre » lui-même, il est plutôt rare chez Jean de la Croix : de l'ordre de 300 emplois dont la moitié en dépendance directe d'une citation biblique. En dehors de ces citations, il trouve quatre usages distincts :

1) équivalent à « alma » qui lui est presque toujours préféré, avec cependant la nuance d'un terme moins personnel. Alors qu' « alma » désigne le sujet spirituel dans son histoire individuelle, « hombre » désigne le sujet spirituel en général, et de ce fait souvent au pluriel (« oh ! si supiesen los hombres ! ») ;

2) opposé à « ange », à « Dieu », à « animal », à « femme » etc. ; ex :

> … sin otros medios de angeles ni de hombres… (Ct 34,2)

3) désignant l'homme dans sa finitude mortelle, équivalent à « carne » :

> …no puede el hombre humanamente en esta vida… (3S 27,2)

4) désignant l'espèce humaine dans l'histoire du salut, par ex. :

> las treguas que del pecado original había entre el hombre y dios. (Ct 28,2)

On voit donc qu'il est difficile d'accorder une valeur proprement spirituelle au mot « homme » qui reste plutôt neutre dans la terminologie johannicrucienne.

19. Sur cette préférence du terme « alma » pour désigner le sujet spirituel et sur l'apparent platonisme de Jean de la Croix, cf. Herrera (R.A.), *La metáfora sanjuanista,* en Revista de Espiritualidad, 1967, pp. 156-159.

spirituel ; c'est encore moins au nom de l'ascèse maladive que le romantisme tardif a prêtée au « todo y nada » d'un Jean de la Croix décharné, celui d'un Huysmans par exemple qui en a malheureusement projeté l'ombre livide sur la meilleure littérature française du xx^e siècle. La matrice spéculative, Jean de la Croix l'a reçue à Salamanque [20] et il l'utilise, correctement d'ailleurs, comme nous le verrons ; mais il ne prétend pas pour autant l'enseigner et encore moins lui subordonner l'expérience de Dieu [21].

On ne manquera pas de dire que cela revient au même puisque âme et corps sont distingués dans les deux cas. Non, cela ne revient pas au même ! D'abord parce que cette vision des choses est très approximative : l'âme est le plus souvent le siège d'une expérience *globale* de Dieu, autant somatique et affective qu'intellectuelle, sans qu'aucune distinction plus précise soit possible ; par exemple, lorsque Jean de la Croix parle d'une âme qui sent le Bien-Aimé, le voit, l'entend, s'en délecte, etc., il ne se réfère ni à la tradition biblique, ni à la tradition dogmatique, mais à la tradition patristique puis spirituelle qui remonte au moins à Origène dans le Contra Celsum 1,48 [22]. Mais on finit par oublier cet usage non-scolastique et à privilégier l'aspect intellectuel de « alma » parce que c'est celui-là qu'attend le lecteur aristotélico-thomiste puis cartésien habitué au claironnant : « anima non est corpus », qui ouvre le *De Homine* de la Somme Théologique (1^a,75,1), et que Jean de la Croix, il est vrai, utilise aussi un

---

20. Pour se faire une idée nette de la formation universitaire de Jean de la Croix, on se reportera au premier volume de ANDRÉS (M.), *La teología española en el Siglo XVI,* Madrid, 1976.

21. Conclusion à laquelle parvient l'étude minutieuse d'EULOGIO de la VIRGEN del CARMEN, *La antropología sanjuanistica,* en El Monte Carmelo 69 (1961), pp. 47-90 ; « Comme en tant d'autres facteurs de la structure humaine compliquée, saint Jean de la Croix accepte des organisations et des schémas traditionnels en un sens *purement fonctionnel :* en tant qu'ils lui servent de mécanisme ou de véhicule approprié à ses intentions pratiques d'élaboration d'une doctrine *spirituelle.* » (pp. 69-70 ; c'est nous qui soulignons.) ; étude à laquelle on se reportera avec profit pour la *terminologie* de Jean de la Croix, sans préjudice de sa subordination à une vision d'anthropologie théologique qui n'est pas dans les intentions de Jean de la Croix.

22. Sur l'origine et l'histoire des « sens spirituels », cf. RAHNER (K.), *Le début d'une doctrine des cinq sens spirituels chez Origène,* en Revue d'Ascétique et de Mystique 1932, pp. 113-145 ; ID., *La doctrine des « sens spirituels » au Moyen-Age, en particulier chez S. Bonaventure* en RAM 1933, pp. 263-299.

certain nombre de fois, mais *dans un tout autre contexte*. Ensuite, cela ne revient pas au même dans la mesure où si la distinction aristotélicienne du corps et de l'âme se superpose un temps à la séparation de la littérature mystique entre amour de Dieu et amour de ce qui n'est pas Dieu, c'est là encore de façon grossière et qui s'estompe dès que l'on cherche à traiter Jean de la Croix selon une cohérence d'ordre philosophique. Reprenons l'exemple de 3S 27,2 (« ... no puede el hombre humanamente en esta vida... ») : lu et corrigé en bonne scolastique, le progrès humain étant d'abord intelligible (« Beatitudo consistit in contemplatione veritatis »), la mort physique comme libération de l'âme aura une importance extrême : « essentialiter, quidem, non potest pertinere operatio sensus ad beatitudinem » (I-II^ae^, 3,3) ; mais le mystique au contraire ne voit que deux dates importantes dans la vie humaine : sa génération éternelle dans la Sagesse de Dieu d'une part, le mariage spirituel d'autre part (même s'il implique, de fait, la mort physique d'amour, mais c'est un autre problème), seule vraie rupture d'avec la vie antérieure (la mort physique n'étant plus que l'expansion à l'infini de sa fécondité spirituelle). Autrement dit, pour l'un la mort est un début, pour l'autre elle est un achèvement. [23]

---

23. Certes, on peut ne voir que des manières de poète dans l'œuvre de Jean de la Croix et faire de toute la littérature mystique une immense métaphore. Mais de quel droit sauver à ce prix non pas saint Thomas, mais une certaine lecture de saint Thomas sur un terrain qui n'est pas le sien ?

Cette remarque, faite ici à propos d'un fait de langage macroscopique, sera à répéter tout au long de cette étude tant l'histoire des commentaires à l'œuvre de Jean de la Croix est accablante de confusions d'ordre *littéraire*. Nous avons dit d'entrée de jeu que nous les regrouperions en annexe de notre travail pour ne pas l'alourdir d'un poids mort. Mais le problème qu'elles posent n'est pas celui de la cohérence rationnelle du témoignage de Jean de la Croix, mais bien celui du statut d'une théologie qui, de fait, ne peut se nourrir d'un Docteur de l'Église qu'en lui imposant les plus criantes falsifications. A la racine de cette incapacité, des habitudes rationalistes nous auraient-elles fait oublier qu'un mot ne prouve pas plus l'existence d'une chose qu'une idée ne prouve celle de Dieu, et qu'un texte, même théologique, n'est jamais qu'une manière de parler ? La question est énorme : un mérite des mystiques est sans doute de nous forcer à la poser.

## 2. *Les parties de l'âme. Le double registre sémantique*

L'histoire de l'âme se joue donc en deçà de sa « troisième toile », celle de l'animation biologique ; mais elle ne se joue pas pour autant au-delà de la première toile : l'âme abandonnée aux créatures est perdue pour Jean de la Croix. Seule a une histoire spirituelle celle dont Dieu a déjà détourné l'attention de la jouissance du monde car

> l'âme qui y met son affection n'est rien devant Dieu, et moins que rien. [24]

C'est sur ce seuil que le saint donne la main à ceux

> qui sont déjà bien dénudés des choses temporelles de ce siècle. [25]

pour qu'ils commencent la Montée du Mont-Carmel.

Cette histoire constitue en même temps l'axe de la pédagogie de Jean de la Croix : au fur et à mesure du déroulement chronologique (quoique la chronologie ne soit ici qu'un support *rédactionnel* idéal [26]), la présence expérimentée de Dieu va se déplacer avec une intensité et une netteté croissantes de l'extérieur vers le centre et la profondeur de l'âme tout au long de l'œuvre du saint. C'est pourquoi, partant de cette unité globale qu'est l'âme, nous chercherons ces concentrations successives « dal más exterior al más interior », perçant une à une les murailles de notre forteresse.

Pour cela, nous allons donner les résultats d'une autre enquête sur les emplois de « alma », et qui montrent que le mot entre dans une douzaine de compositions fondamentales se répartissant à

---

24. 1S 4,4.
25. S Prol 9.
26. Dieu porte l'âme de degré en degré jusqu'au plus intérieur. Non pas qu'il soit toujours nécessaire de conserver cet ordre de premier et de dernier aussi ponctuellement que cela ; car parfois Dieu fait l'un sans l'autre ou le moins intérieur pour le plus intérieur ou tout à la fois ; il en est comme Dieu voit qu'il vaut mieux à l'âme ou comme il veut la gratifier. Cependant, la voie ordinaire est conforme à ce qui a été dit. (2S 17,4.)

leur tour selon trois zones sémantiques qui paraissent absolument irréductibles (sous réserve de ce que révèlera plus loin l'examen de la troisième zone) et que nous indiquons selon leur intériorité croissante.

a) *La partie sensitive de l'âme (parte sensitiva del alma)*

La partie sensitive de l'âme est la première enceinte rencontrée par la présence expérimentée de Dieu :

> la première nuit ou purgation est de la partie sensitive de l'âme.[27]

Plus brièvement, elle est appelée « sentido del alma » ou « sentido » (« se purga al alma según el sentido »[28]), plus compréhensif que le « sens » français moderne. De façon équivalente, Jean de la Croix parle aussi de « partie inférieure de l'âme » (« purgar el sentido de la parte inferior »[29]).

A côté de ces trois expressions fondamentales, en tant que cette zone est celle de la présence physique de l'âme au monde extérieur, on parlera aussi de « sens corporels extérieurs » (recevoir une notice « por vía de los sentidos corporales exteriores »[30]), ou encore de « sens corporels » (pas plus de deux ou trois fois dans l'œuvre entière : les visions surnaturelles qui arrivent « a los sentidos corporales »[31]), c'est-à-dire finalement des cinq organes des sens pris dans leur ensemble (« los cinco sentidos exteriores » ou simplement « los sentidos » au pluriel : « les choses qui s'expérimentent avec les sens »[32]).

---

27. 1S 1,2.
28. 1N 8,1.
29. 1N 11,3.
30. 2S 10,3 — Le terme de « notice » peut surprendre le lecteur peu habitué au vocabulaire scolastique. Très technique chez Jean de la Croix, il semble difficile d'en faire l'économie ; il nous indique lui-même de le prendre dans le sens d'une actuation déterminée d'une puissance de l'âme :

> Del objeto presente y de la potencia nace en el alma la noticia. (2S 3,2, qu'il emprunte à saint Augustin.)

Nous reviendrons ultérieurement sur ce point du vocabulaire de Jean de la Croix, cf. *infra,* p. 162.
31. 2S 10,3.
32. 2S 11,7.

Et en tant que cette même zone est aussi tournée vers l'intérieur de l'âme, on en parlera comme de celle des « sens corporels intérieurs », ou des « sens intérieurs », c'est-à-dire de la zone de « l'imagination ou fantaisie » :

> los sentidos corporales interiores ... como son imaginativa y fantasía. [33]

A ce niveau inférieur de l'âme en tant que tourné vers l'intérieur, il faut enfin faire entrer la mémoire comme réceptacle des données des sens (et non en tant que faculté de l'âme) :

> este sentido de la fantasía, junto con la memoria... [34]

> ... les notices naturelles de la mémoire sont toutes celles qu'elle peut former des objets des cinq sens corporels. [35]

L'ensemble de cet inventaire recouvre toutes les « puissances sensitives » (potencias sensitivas), auxquelles vont s'opposer les « puissances de l'âme » proprement dites, c'est-à-dire les puissances de sa partie supérieure. Ce qui fait l'unité de cette première enceinte est son incapacité à connaître Dieu « tel qu'il est » :

> Le sens de la partie inférieure de l'homme ... n'est ni ne peut être capable de connaître ni de saisir Dieu comme est Dieu. [36] ;

---

33. 2S 17,4.
34. 2S 16,2.
35. 3S 2,4 — En fait, le statut de la mémoire (et dans une moindre mesure celui de l'imagination) est très délicat à déterminer, tantôt l'une des trois puissances supérieures de l'âme que nous allons rencontrer sous peu, tantôt intermédiaire entre les parties inférieure et supérieure de l'âme. Nous retrouverons ce problème lors de l'examen de l'actuation mystique de l'âme — cf. *infra*, 4e lecture — ; mais pour la terminologie de la mémoire, on peut déjà se reporter à BORD (A.), *Mémoire et espérance chez Jean de la Croix,* Paris, 1971, pp. 75-98 : « Nature de la mémoire ».
36. 3S 24,2.

et pour autant

> cette transformation et union est chose qui ne peut tomber sous le sens. [37]

b) *La partie spirituelle de l'âme (parte espiritual del alma)*

> La première nuit est de la partie sensitive... la seconde de la partie spirituelle. [38]

Cette partie spirituelle s'oppose donc à la précédente. Jean de la Croix en parle généralement comme de l'« esprit », entendu selon cette première acception de partie de l'âme, si bien que l'on dira aussi bien :

> l'autre nuit est nuit ou purgation spirituelle, par laquelle l'âme se purge et se dénude selon l'esprit. [39]

C'est la « partie supérieure de l'âme » [40], tout comme l'autre était l'inférieure [41], ou encore sa « partie rationnelle » :

> L'âme a aussi à s'aveugler et obscurcir selon la partie qui tient respect à Dieu et au spirituel, qui est la rationnelle et supérieure... car pour qu'une âme vienne à la transformation surnaturelle, il est clair qu'il lui faut s'obscurcir et s'opposer à tout ce que contient son naturel, qui est sensitif et rationnel. [42]

Et tout comme les puissances sensitives correspondaient à la partie inférieure, des puissances spirituelles ou tout simplement « puissances de l'âme » vont correspondre à cette partie supérieure, spirituelle, rationnelle. Elles recouvrent tantôt un

---

37. 2S 4,2.
38. 2S 24,2.
39. 1N 8,1.
40. « En la parte superior del alma, esto es, en el espíritu... » (2N 13,4.)
41. Ce qui se passe en la partie droite, qui est la supérieure et spirituelle de l'âme, que la gauche l'ignore ; c'est-à-dire, que ce soit de manière que la portion inférieure de ton âme, qui est la partie sensitive, ne s'y arrête pas. (2N 23,3.)
42. 2S 4,2 — On remarque en Ct que « porción razonal de l'alma » remplace fréquemment « porción superior o espiritual », tout comme « sensualidad » y remplace souvent « parte sensitiva ».

ensemble de deux facultés (« entendimiento y voluntad »), tantôt un ensemble de trois facultés (« entendimiento, memoria y voluntad »), selon qu'elles sont référées au modèle psychologique aristotélico-thomiste ou au modèle augustinien ; en fait, nous le verrons, selon que Jean de la Croix considère l'homme hors de l'union ou dans l'union mystique actuelle.

Et ce qui fait l'unité de cette deuxième enceinte, c'est sa capacité à communiquer immédiatement avec Dieu :

> ... la partie rationnelle, qui a capacité de communiquer avec Dieu ...[43]

c) *La substance de l'âme (sustancia del alma)*

Aux deux parties sensitive et spirituelle de l'âme semble s'opposer sa « substance », ou « esprit » entendu selon une nouvelle acception. Ici, il nous faut avancer avec précaution, car si nous avons pu jusqu'ici déterminer facilement l'usage de « sentido », moins nettement celui de « espíritu », il devient presque impossible de repérer celui de « sustancia » sans jouer simultanément sur deux registres sémantiques[44]. Et du même coup nous allons découvrir que cette dualité de registres dont nous avons pu faire abstraction en un premier moment est cependant nécessaire pour achever de rendre compte des mots

---

43. Ct 31,7 — Ajoutons pour finir que peu à peu au fil du texte (dans l'ordre habituel des quatre traités), le couple naturel/surnaturel se substitue à sens/esprit (ce qui par retour nous éclairera — cf. 3ᵉ lecture — pour l'exacte compréhension du surnaturel chez Jean de la Croix). On peut observer le même phénomène pour corps/âme qui devient aussi équivalent à sens/esprit au fur et à mesure que le lyrisme « déstabilise » le vocabulaire. Mais qu'il ne faille pas y attacher grande importance ressort de rapprochements comme celui-ci :

> Cette inflammation [du feu d'amour], quoiqu'elle soit comme celle dont nous avons dit qu'elle passait en la partie sensitive de l'âme, en est d'une certaine manière très différente,... comme l'âme l'est du corps ou la partie spirituelle de la sensitive. (2N 11,1.)

44. En fait, on assiste progressivement au passage d'une anthropologie à deux étages (sentido-espíritu) à une anthropologie à trois étages (sentido-espíritu-sustancia) au fur et à mesure d'un enfoncement dans l'expérience de la nuit. L'apparition régulière de « sustancia del alma » intervient à partir de 2N 6 et commence par une étroite association, tout au long de ce chapitre, de « substance » à « esprit », ce qui montre bien la manière de procéder de Jean de la Croix : loin de s'attacher à un système préconçu, il n'apporte un élément anthropologique nouveau que lorsque devient insuffisante une première distinction plus simple.

déjà rencontrés selon le seul découpage de l'âme en ses « parties ». Avançons prudemment :

1) Que la substance soit distinguée du reste de l'âme dans le prolongement de la ligne sens-esprit ressort clairement de passages comme celui-ci :

> [L'épouse] dit que [le Bien-Aimé] demeure secrètement en son sein parce que... ce doux embrassement se fait au fond de la substance de l'âme. Il faut savoir que Dieu demeure dans toutes les âmes secret et caché dans leur substance... il est dit « caché » parce qu'à cet endroit et dans cet embrassement ni le démon ni l'entendement de l'homme ne peuvent arriver à savoir ce qu'il y a. [45]

Nous avons là une claire distinction entre la zone des puissances de l'âme et un point focal, lieu de la présence tant créatrice (« en *toutes* les âmes »), que mystique (« ce doux embrassement » a lieu en cette demeure divine universelle) de Dieu en elle, point à la fois savoureux pour le spirituel (cet embrassement est doux) et obscur pour son entendement (lequel « ne peut arriver à savoir »). Sa perception revêt de ce fait les caractéristiques de celle de Dieu lui-même,

> dont ceux qui le connaissent davantage saisissent plus distinctement (entienden más distinctamente) l'infini qu'il leur reste à saisir. [46]

Et s'il en est ainsi, c'est que, de fait,

> le centre de l'âme est Dieu, [47]

et ce centre qui est Dieu, il est en même temps *en* Dieu :

> [lorsque l'âme aura atteint ce centre] elle aura atteint son centre dernier et plus profond en Dieu. [48]

---

45. Ll 4,14.
46. Ct 7,9.
47. Ll 1,12.
48. Ll 1,12.

2) Si le mot « sustancia » ou « sustancial » revient 191 fois dans l'œuvre de Jean de la Croix, c'est 100 fois avec cette acception de « substance de l'âme »[49] (chiffre auquel il faut ajouter 21 des 42 emplois de « esencia » ou « esencial » qui peuvent lui être substitués[50]). Il exprime alors *toujours* cette présence immédiate de Dieu au centre de l'âme, point de son surgissement créateur,

---

49. 2S 5,2 / 16,4 / 23,4 / 24,4 / 26,5 / 26,6 / id / 28,2 / id / id / 31,1 / id / id / id / id / id / id / id / id / 31,2 / id / id / id / id / 32,2 / id / 32,3 /
2N 6,1 / 6,5 / 6,6 / 9,3 / 9,9 / 13,3 / 17,2 / 23,11 / id / 23,12 / 24,3 /
Ct 13,12 / id / 13,13 / 13,14 / id / 16,8 / 16,11 / id / 17,5 / id / id / 17,11 / id / id / 26,8 / 27,6 / 32,4 / 32,5 / id / 37,6 / id / 38,6 / 38,8 / 38,12 /
Ll Prol 3 / 1,1 / 1,9 / id / 1,14 / id / 1,17 / id / id / id / 1,19 / 1,20 / 1,25 / 1,26 / 1,35 / 1,36 / 2,8 / 2,9 / 2,10 / id / 2,17 / id / 2,21 / id / 2,22 / 2,34 / 3,28 / 3,68 / 3,69 / 3,78 / 4,3 / 4,4 / 4,7 / 4,10 / 4,13 / 4,14 / id / 4,15 /
— Pour ce comptage et les suivants, on ne peut se fier à LUIS de SAN JOSÉ, *Concordancias de las Obras y Escritos de San Juan de la Cruz,* Burgos, 1948, dont la valeur n'est qu'indicative, tant en raison de la méthode qu'il emploie (ne considérant que Ct B) qu'en raison de l'approximation des résultats : nous comptons 42 fois « esencia » lorsqu'il le compte 19 fois, 166 fois « deseo » au lieu de 74, etc. Par ailleurs, nous excluons de nos comptages les poèmes et leurs citations explicites dans le corps du commentaire, et nous les limitons aux quatres grands traités, toujours en choisissant la version A pour le Cantique Spirituel.

50. 2S 16,9 / 16,10 / 26,5 /
Ct 1, 2 / 1,3 / id / 1,5 / 1,6 / 6,5 / 17,11 / 32,4 / 32,5 / id / 5,6 / 38,5 / 39,6 / id/
Ll 3,79 / 3,82 / 4,5 /
Notons tout de suite le problème posé par l'introduction occasionnelle du mot « essence » là où le lecteur de Jean de la Croix attendrait « substance ». Si le mot « esencia » ou « esencial » revient 42 fois dans les quatre traités de Jean de la Croix, c'est 21 fois au sens précis de « sustancia » tel que nous venons de l'établir, dont 15 en Ct et 3 seulement en S (et 0 en N). Quant aux 21 autres emplois, ils se répartissent en 17 fois selon un sens strictement philosophique-ontologique :
2S 5,3 / 5,5 / 8,3 / 24,2 / id / id / 24,3 / 24,8 /
Ct 1,3 / 1,4 / id / 8,2 / 8,3 / 13,5 / 13,20 / id /
Ll 1,1 /
et 4 sens divers : 2S 19,13 / id / 3S 26,8 / 32,4.

Ct a de toute façon une curieuse densité de « esencia » : 23 emplois sur le total de 42, dont une douzaine en rapport direct avec la vision béatifique, « essentielle », de Dieu. Cette relative fréquence de « essence » en Ct a dû impressionner le rédacteur de Ct B qui, du coup, a transposé dans l'au-delà *tous* les emplois de « esencia » pris pour « sustancia ». Cette transposition n'est pas un hasard : nous sommes à une époque où la littérature mystique est expurgée de la terminologie « essentielle » qui, vu son poids dans un contexte philosophique, risquait de laisser croire au lecteur non respectueux de la distinction des genres littéraires que le mystique prétend ici-bas à ce que sera au-delà la « visio Dei. » Jean de la Croix tient compte du risque (ou de la censure) surtout dans S, N et Ll. (Sur l'aspect historique du problème, cf. DEBLAERE (A.), *Essentiel-Suressentiel,* en *Dictionnaire de Spiritualité,* et plus généralement SANSON (H.), *op. cit.,* pp. 70-82.)

Mais à partir du moment où il a fallu sortir de la terminologie « essentielle », pourquoi avoir choisi la « substantielle » ? D'une part, elle en sauvait l'intention

« à même », selon l'heureuse formule de Blondel pour caractériser l'originalité de sa perception par le mystique [51]. Peu importe à l'usage du mot que cette présence soutienne la nature, la grâce ou l'illumination de l'âme ; ce qu'indique « sustancia », c'est ce point *et* cette qualité.

L'opposition entre le mot « substance » et le vocabulaire des puissances de l'âme n'est donc pas du même ordre que celle que nous avons repérée plus haut entre « partie supérieure » et « partie inférieure » de l'âme ; ou plus exactement, elle ne l'est qu'en un point, celui du contact « à même » de Dieu et de l'âme, point où elle est créée, rachetée, illuminée, et donc point de passivité et de nouveauté absolues en deçà duquel l'âme reste opérante, non passive, non divine :

> [l'âme] sera parvenue à son centre dernier et plus profond en Dieu... quand elle saisira, aimera et jouira Dieu avec toutes ses forces ; et quand elle n'est pas parvenue à tant que cela... pour autant qu'elle tient encore mouvement et force pour davantage et qu'elle n'est pas satisfaite... elle n'est pas au centre le plus profond puisqu'elle peut aller à plus profond en Dieu. [52]

---

spirituelle, celle d'indiquer le plus important, le plus solide d'une perception, et nous verrons le sens extrêmement concret de « sustancia » dans certains cas (Jean de la Croix parlera de la « substance d'un aliment »), ce qui enrichit d'autant l'expression « substantielle » de l'expérience mystique ; on pourrait ajouter tout le passé du mot, parallèle à celui de « essence », et ses interférences avec la terminologie augustinienne (mais nous avouons ne pas avoir approfondi ce point. On pourra le faire sur la base de Reypens (L.), article *« Ame »* dans le *Dictionnaire de Spiritualité,* spécialement col. 461-463.) ; nous soupçonnons enfin une convenance toute particulière de cette terminologie avec la « substance » du Maître scolastique officiel du Carmel, Jean Baconthorp. Même si sa « substance » reste philosophique, elle est infiniment plus psychologique que celle de Thomas d'Aquin en ce qu'elle intègre les puissances sensitives, se prêtant ainsi à la récapitulation de toute l'actuation de l'âme sur un mode « substantiel » que va effectuer Jean de la Croix. (Pour la connaissance de ce maître de Jean de la Croix, cf. l'étude très précise du P. Grisógono de Jesús, *Maître Jean Baconthorp, les Sources, la Doctrine, les Disciples,* Revue Néoscolastique de Philosophie XXXIV (août 1932), spécialement pp. 346 et 350 ; il nous semble cependant impossible à ce jour d'évaluer exactement l'influence de Baconthorp sur Jean de la Croix, influence qu'il faudrait pondérer par des études comparatives, sur Michel de Bologne notamment.)

51. En Lalande (A.), *Vocabulaire technique et critique de la philosophie,* Paris, 1968, article « Mysticisme », note.

52. Ll 1,12.

Cette non-passivité de l'âme, voilà donc *aussi* ce qui s'oppose à « substance ». Le mot appartient donc simultanément à deux registres sémantiques qu'il va permettre de croiser : *opposée aux parties de l'âme qui lui sont périphériques, la substance en est un lieu, au moins virtuel dans sa ponctualité; opposée à sa non-passivité, elle indique qu'en ce point toute l'âme ne subsiste et n'existe que suspendue en Dieu.* Dès lors, tout le vocabulaire anthropologique est à redistribuer sur ces deux axes selon des coordonnées dont l'origine sera ce point d'ancrage de l'âme en Dieu. Le premier, axe des « parties de l'âme », nous a mené jusqu'ici par la considération des conditions d'activité, inférieure puis supérieure, du sujet spirituel, et se déploie de ce fait dans le temps ; le second, axe des « présences de Dieu », s'ouvre à partir d'ici devant nous au moment où la concentration achevée des activités de l'âme en un point nous introduit dans l'éternité de l'acte pur. Entre activité et acte, la « substance » est *contact* de l'âme et de Dieu, c'est-à-dire actuation. Nous sommes donc, en amont de toute l'activité de l'âme, à la source d'un sens et d'un langage nouveaux, « actuels », « présentiels » (c'est-à-dire équivalemment « contemplatifs », nous le verrons), et non plus « actifs », car en termes d'activité, la gratuité et la présence sont des non-sens par définition. Et de fait, après la double nuit de négation du sens mondain du monde, l'expérience la plus fondamentale du mystique est la re-naissance d'une Parole créatrice et illuminatrice au coeur de l'âme :

> Allons-nous-en à la montagne ou à la colline, c'est-à-dire à la connaisance matutinale... qui est connaissance en le Verbe divin, ... ou allons-nous-en à la connaissance du soir, qui est sagesse de Dieu en ses créatures et en ses œuvres et en ses admirables dispositions... [53]

Voilà pourquoi, après avoir remonté avec nous l'axe du sens selon l'histoire de l'âme active jusqu'à son origine, Jean de la Croix va pouvoir parcourir avec nous l'axe de la gratuité selon la Sagesse de Dieu en l'âme passive ; et voilà pourquoi, chaque

---

53. Ct 35,6 ; cf. *infra,* p. 297. Avec toute la tradition spirituelle, Jean de la Croix glose ici saint Augustin, *De genesi ad litteram,* IV, 22.

point de la courbe spirituelle étant repéré sur les deux axes, il va pouvoir parler de l'insaisissable dans le saisissable, de l'éternel dans le temps et du donné dans le reçu : de l'un à l'autre il n'y a pas analogie d'un être à un autre, mais inversion de tout le langage autour de son seul point fixe insignifiant et insignifié. Ce n'est pas le vocabulaire qui change dans l'univers mystique, mais devenant Verbe de Dieu il se ré-ordonne selon la Sagesse du Père :

> L'entendement, qui avant cette union entendait naturellement avec la force et la vigueur de sa lumière naturelle par voie des sens naturels, est maintenant mû et informé par un autre et plus haut principe de lumière surnaturelle de Dieu, les sens étant mis de côté, et ainsi s'est-il changé en divin parce que, grâce à l'union, l'entendement [de l'âme] et celui de Dieu, c'est tout un. Et la volonté, qui auparavant aimait bassement et de façon mortelle avec sa seule affection naturelle, s'est maintenant changée en vie d'amour divin, parce qu'elle aime hautement avec affection divine, mue par la force de l'Esprit-Saint en qui elle vit maintenant une vie d'amour, parce que moyennant cette union, la volonté de Dieu et celle de l'âme, c'est une seule volonté. Et la mémoire, qui de soi percevait seulement les figures et fantasmes des créatures, est changée moyennant cette union à « tenir en l'esprit les années éternelles », ainsi que dit David. L'appétit naturel, qui tenait seulement habileté et force pour goûter saveur de créature, ce qui est œuvre de mort, est maintenant changé aux goûts et saveurs divins, mû et satisfait maintenant par un autre principe où il est plus au vif, qui est la délectation de Dieu, et, parce qu'il est uni avec Lui, il est maintenant seulement appétit de Dieu. Et, finalement, tous les mouvements et opérations et inclinations que l'âme tenait auparavant du principe et de la force de sa vie naturelle, sont maintenant en cette union changés en mouvements divins, morts à leur opération et inclination et vivants en Dieu, parce que l'âme, maintenant véritable fille de Dieu, est mue en toute chose par l'esprit de Dieu.[54]

---

54. Ll 2,34.

## III. Relecture « substantielle » des parties de l'âme

Avant d'exploiter ce retournement de l'existence et du langage au point substantiel de l'âme, quelques questions de vocabulaire restent à lui annexer : — d'une part la superposition de « espíritu » et de « sustancia » dans un grand nombre d'usages ; — d'autre part l'extension progressive de ce phénomène à toutes les parties de l'âme ; — enfin l'introducion de certains couples sémantiques liée à ce retournement.

### 1. *« Sustancia » et « espíritu »*

L'unité de la partie spirituelle de l'âme est constituée, avons-nous vu, par sa capacité de communiquer avec Dieu et sa purification lors de la deuxième nuit. Cette capacité tient au fait qu'elle « enveloppe » immédiatement son centre substantiel, comme la pulpe d'un fruit adhère à son noyau. C'est pourquoi la découverte de l'existence substantielle aura lieu dès l'achèvement de la purification de l'esprit ; elle en sera même constitutive, la seconde nuit étant passage à cette existence en même temps que sa découverte. A partir de maintenant en effet, nous ne cesserons de voir que le processus d'union mystique est une révélation, une reconnaissance de ce qui était déjà là, et non l'apport d'un élément nouveau ; une osmose s'opère qui élève point par point, « touche par touche », l'esprit à son existence substantielle :

> Le repos et la quiétude de cette maison spirituelle, l'âme finit par l'acquérir habituellement et parfaitement (...) moyennant les actes d'attouchements substantiels d'union (= toques sustanciales de unión[55])... dans lesquels l'âme

---

55. Qu'est-ce qu'une « toque », mot-clef de la phénoménologie mystique ?

> ... il y a des notices et des attouchements de ceux que Dieu fait en la substance de l'âme qui l'enrichissent tellement qu'une seule peut non seulement arracher de l'âme tout d'un coup toutes les imperfections dont elle ne s'était pu défaire en toute sa vie, mais en outre la combler de vertus et de biens de Dieu. Et ces attouchements sont si savoureux et d'une délectation si intime à l'âme que pour un seul elle s'estimera bien payée de tous les travaux qu'elle aura soufferts durant sa vie, fussent-ils innombrables ; et elle en sort si vigoureuse et si animée à pâtir de nombreuses choses pour Dieu, que ce lui est une particulière passion de voir qu'elle ne pâtit pas beaucoup. Et l'âme ne saurait arriver à ces hautes notices par

> s'est purifiée, reposée, fortifiée, stabilisée, pour pouvoir posément recevoir la dite union que sont les fiançailles divines entre l'âme et le Fils de Dieu. Lequel, dès que ces deux maisons de l'âme s'achèvent de reposer et fortifier, en unité avec toute leur domesticité de puissances et appétits, l'établissant en sommeil et silence à l'égard de toutes les choses d'ici-bas et d'en haut, immédiatement cette Sagesse divine s'unit en l'âme avec un nœud nouveau de possession d'amour. [56]

Cette osmose entre deux niveaux d'existence au sortir de la nuit se reflète dans le vocabulaire : plus on approche de l'union mystique, plus le mot « espíritu » (et ses dérivés) est pris pour « sustancia » (et ses dérivés), ce qui ne laisse pas de créer une certaine surprise lorsqu'une première lecture bute sur des expressions comme celles-ci :

> [*pour autant qu'elle n'est pas encore parfaitement dans l'union, l'âme*] tient encore quelques actions et mouvements quant au spirituel, parce que celui-ci n'est pas

---

> aucune comparaison ni imagination sienne, parce qu'elles sont par-dessus tout cela ; aussi Dieu les opère dans l'âme sans son habileté. D'où vient que parfois, quand elle y pense le moins et y prétend le moins, Dieu a coutume de lui donner ces divins attouchements où il lui cause certains ressouvenirs de Dieu. Et parfois ces attouchements se font promptement en elle, uniquement en se souvenant de certaines choses, et parfois fort minimes. Ils sont si sensibles qu'ils font parfois frémir non seulement l'âme mais aussi le corps. (2S 26,6-8 ; LUCIEN-MARIE légèrement retouché pp. 227-228.)

« Au Moyen-Age, les contacts entre Dieu et l'âme avancée sur le chemin de la perfection étaient connus sous le nom de "tactus". Saint Jean de la Croix substitue généralement la traduction espagnole correspondante, "tacto", par l'un de ces dérivés verbaux espagnols typiques : "toque", qui s'applique aussi au "tocar" des cloches, conférant au mot espagnol un sens spécifique, presque concret, inconnu des textes mystiques latins. » (MENENDEZ PIDAL (R.), *Manual de Gramática Histórica Española,* Madrid, 1929, p. 197, cité en MORALES (José-L.), *El Cántico Espiritual de San Juan de la Cruz,* Madrid, 1971, p. 166.)

56. 2N 24,3 — Nous respectons l'incorrection grammaticale extrêmement éloquente du texte espagnol : le sujet de la dernière phrase est à la fois « lequel » (donc le Fils de Dieu) et « cette Sagesse divine » ; de ce fait, au moment même de l'union, le Fils de Dieu est perçu comme « Sagesse divine ». Le passage de l'un à l'autre appellatif nous semble toujours lié au passage entre « avant » et « après » l'union dans toute l'œuvre de Jean de la Croix. (cf. *infra,* pp. 253 ss.)

totalement purement spirituel (acerca de lo spiritual, por no ser ello totalmente puro espiritual).[57] !

ou encore :

« la forme spirituelle de l'esprit est l'union d'amour. »[58] !

L'écart entre ces deux acceptions de « espíritu » mesure l'ampleur du style de Jean de la Croix : de l'esprit « partie de l'âme » à l'esprit « substance », tout l'itinéraire mystique consiste à découvrir que c'est celui-ci qui fonde celui-là, et toute la pédagogie de Jean de la Croix en est l'accompagnement culturel, reconduisant élément par élément ce que nous croyions être spirituel dans l'ordre des choses à ce qui l'est vraiment dans l'ordre substantiel de l'Esprit. Mieux : il va nous montrer que les « choses », même spirituelles, n'existent que pour les nécessités d'un langage mesuré aux finalités de notre activité transitive, et qu'elles disparaissent dans l'acte pur de notre existence substantielle.

Cette absorption de « espíritu » dans « sustancia » sera plus évidente lorsque nous aurons considéré les *résultats d'un examen de ces deux mots à travers les quatre grands traités de Jean de la Croix.*

1) Voyons d'abord la dépendance des usages de « sustancia » dérivés de l'usage premier déjà délimité en 100 passages[59] :

— Nous avons repéré 44 fois la « substance » d'une vision, d'un texte, d'une image ou de la foi, etc.[60], par opposition à leurs apparences, à leurs accidents, à tout ce qui en eux est superficiel et passager, par exemple (à propos des objets de piété) :

---

57. Ll 4,16.
58. 2N 3,3.
59. Cf. *supra*, p. 53.
60. S arg
2S 4,5 / 6,7 / 14,2 / id / 16,12 / 16,13 / 17,5 / 17,6 / 17,7 / 18,1 / 27,4 / 28,1 / 28,2 / 29,8 / 31,1
3S 13,4 / id / id / 29,3 / 31,8 /
1N 3,1 / id / 9,6 /
Ct 5,1 / 11,4 / id / id / 13,3 / 13,4 / 13,14 / id / 13,15 / 13,16 / id / 13,18 / id / id 16,5 / 19,10 /
Ll Prol 1 / 2,10 / 2,19 / 3,75 /

> la véritable dévotion doit monter du coeur en la seule vérité et substance de ce que représentent les choses spirituelles...[61],

et une telle dévotion sera appelée dans le même passage « substance de la dévotion. »

— Nous avons repéré 14 fois la « substance » comme expression immédiate de la solidité et de la consistance d'un aliment ou d'un argument[62], par exemple, un

> manjar sustancial y fuerte.[63]

— Nous avons repéré 23 fois la « substance » au sens scolastique technique[64], par exemple (à propos des différents types de visions) :

> les unes sont de substances corporelles, les autres de substances séparées ou incorporelles.[65]

— Nous avons repéré 10 fois la « substance » comme expression de la divinité *en tant que* se communiquant substantiellement à l'âme[66], par exemple :

> ... ces divins attouchements en la substance de l'âme en la substance amoureuse de Dieu.[67]

---

61. 1N 3,1.
62. S Prol 8
1S 5,3
2S 14,3 / id / 14,4 / id / 17,6 / 24,3 / 29,4 /
1N 1,2
2N 18,5
Ct 16,9
Ll Prol 1 / 1,14 /
63. 2 17,6.
64. 2S 5,3 / id / id / 24,1 / id / 24,2 / id / 24,3 / 24,4 / 24,5 /
3S 20,2 / 30,2 /
2N 6,4 / 6,5 / 9,3 /
Ct 5,4 + /
Ll 2,1 / 2,20 / 2,34 / 3,74 / 4,4 / 4,7 / 4,13 / — Le signe + dans nos comptages indique que le mot appartient à une citation scripturaire.
65. 2S 24,1.
66. 2S 24,4
2N 23,12
Ll 1,17 / 2,16 + / 2,20 / id / id / 2,21 / 2,34 / 3,17 /
67. 2N 23,12.

Mais si un même mot peut revêtir ces différents usages, c'est que plus profondément une unité permet cette relative diversité ; et la communication entre les multiples sens de « sustancia » va apparaître soit dans des amphibologies, soit dans des associations au sein d'une même expression, qui deviendront autant de carrefours d'un usage à l'autre et qui laisseront ainsi peu à peu transparaître la richesse totale du mot. Par exemple, « sustancia » appartient-il au sens fondamental ou au premier sens dérivé dans l'expression suivante :

> [*il faut refuser les visions imaginaires parce que*] l'effet qu'elles doivent causer en l'âme se communiquera beaucoup plus en substance ? [68]

On tient ici le départ d'une dérivation que l'on retrouvera achevée un peu plus loin :

> les paroles substantielles... en la substance de l'âme, font et causent cette substance et vertu qu'elles signifient. [69]

Ou bien, inversement, à partir de l'association du sens premier et du quatrième sens dérivé dans l'expression suivante :

> la substance de cette âme — quoiqu'elle ne soit pas substance de Dieu parce qu'elle ne peut pas substantiellement se convertir en lui, lui étant toutefois unie comme elle l'est ici et absorbée en lui — est Dieu par participation de Dieu. [70],

on peut remonter à l'amphibologie d'une substance commune de quelque façon à Dieu et à l'âme, associant inséparablement les deux sens :

> ... un attouchement de substances dénudées, à savoir de l'âme et [de la] divinité. [71]

68. 2S 17,7.
69. 2S 28,2.
70. Ll 2,34.
71. Ct 32,4.

De tels croisements sont nombreux et il est donc assez simple de voir le passage d'un sens à l'autre, « sustancia » indiquant finalement à l'horizon de tous ces usages un point unique de la langue et de l'existence où tout prend sens et racine dans le contact immédiat de Dieu et de l'âme. [72]

2) Faisons maintenant la même enquête à travers les 1 401 emplois de « espíritu » (ou « espiritual ») que nous avons pu repérer et analyser. Ils se distribuent en 13 usages qui semblent bien distincts [73] :

— L'usage le plus précis et le plus fréquent (nous l'appellerons usage 1) est celui défini plus haut : la partie supérieure de l'âme par opposition à « sentido » et à « sensualidad ». Il revient 448 fois [74].

---

72. A titre documentaire, voici quelques carrefours particulièrement significatifs (si l'on numérote de 1 à 5 les usages de « sustancia » dans l'ordre où nous les avons définis) :
entre 1 et 2 : 2S 28,2 / Ct 13,14 ; entre 1 et 3 : Ll 1,14 ; entre 1 et 4 : 3S 35,8 / 1N 9,6 / 2N 17,3 ; entre 1 et 5 : Ct 32,4 ; entre 1,2 et 5 : 2S 24,4 ; entre 1,2 et 4 : 2S 31,1/Ct17,5 ;entre1,2,3,4et5 :Ct32,5 ;entre2et3 :2S24,3/1N9,6 ;entre2,3et4 : 3S 20,2 ; entre 4 et 5 : LI 2,20.

73. Nous mesurons ce qu'il y a d'arbitraire à diviser 13 usages de « espíritu » plutôt que 12 ou 14, et nous-même avons tâtonné avant de nous arrêter à ce schéma ; en fait, ce qu'il est intéressant de fixer, ce sont des *tendances* d'usages, une structuration résultant d'associations complexes dont seule la totalité est voulue pour elle-même, tout comme un peintre ne veut pas la somme des couleurs de sa palette mais l'effet qui en résulte. De même ici cherchons-nous à retrouver la palette à travers un ensemble qu'elle n'explique pas mais qu'elle aide à comprendre.

74. S Prol 6 / id / id / 8 / 9
1S 1,2 / 1,3 / 2,4 / 4,6 / 13,10 / id / 14,1 / 14,2 / 15,2 /
2S 1,1 / id / id / 1,2 / id / id / id / 1,3 id / id / 2,3 / 4,6 / id / 6,6 / id / id / 7,3 / id / 7,4 / 7,7 / 7,9 / 7,11 / id / 9,5 / 10,3 / 10,4 / id / 11,1 / 11,2 / 11,4 / id / 11,6 / id / 11,7 / id / id / 11,8 / 12,1 / 13,1 / 13,5 / 13,7 / 13,8 / 14,1 / id / id / 14,4 / 14,6 / id / id / 14,7 / 16,11 / 16,12 / 17,14 / id / id / 17,5 / id / 17,6 / id / 17,9 / id / 18,4 / 19,5 / id / 19,6 / 19,14 / 21,3 / 21,11 / 22,19 / 23,1 / id / id / 23,2 / id / id / 23,3 / id / id / id / id / id / id / 23,4 / id / 23,5 / 24,5 / id / 24,6 / 24,7 / id / 26,8 / id / 26,11 / 26,13 / id / 26,14 / id / id + / 26,15 / 26,16 / 27,2 / 27,3 / 28,2 /id / id / id / 29,1 / id / 29,5 / id / 30,1 / id / id / id / 30,2 / id / id / id / 30,5 /
3S 3,5 / 4,2 / 6,2 / 10,1 / 13,1 / id / 13,6 / 14,1 / id / id / id / id / 20,2 / id / 22,2 / id / id / id / id / id / 23,4 / 23,6 / 24,3 / id / 24,6 / id / 25,1 / 25,6 / id / 26,4 / 26,5 / 26,7 / id / 33,1 / id / id / 35,3 / 35,6 / 35,7 / 37,2 / id / id / 39,1 / 39,2 / id + / id / id / id / id / 40,1 / id + / 40,2 / 41,2 / 45,5 /
N Prol 1
1N 4,1 / 4,2 / id / id / id / id / 7,4 / id / 8,1 / id / id / id / id / 8,2 / id / 8,3 / 9,3 / 9,4 / id / id / id / 9,6 / 9,7 / id / id / 9,8 / 9,9 / 10,1 / 10,3 / 10,6 / 11,1 / id / 11,2 / 11, / /id / id / 11,4 / 12,1 / 12,4 / 12,6 / 13,2 / 13,6 + / id + / 13,11 / 14,1 / 14,2 / id / 14,3 /

— Usage 2 : « espíritu » peut être pratiquement équivalent à « sustancia » au sens fondamental, c'est-à-dire au sommet de l'âme en tant qu'elle y reçoit de Dieu l'existence substantielle, le « contact » divin ; par exemple :

> ... la partie sensitive se purifie en sécheresse, et les puissances par le vide de leurs appréhensions, et l'esprit en ténèbres obscures. [75]

Nous avons relevé 26 emplois de ce type[76].

— Usage 3 : on trouve, mais rarement (5 fois[77]), une qualification spirituelle du « sentido », voire du corps, par exemple :

> le sens de l'ouïe est plus spirituel, ou pour mieux dire, a plus d'affinité avec le spirituel que le toucher, et ainsi la délectation qu'il cause est plus spirituelle que celle que cause le toucher. [78]

---

2N 1,1 / id / id / id / id / id / 1,2 / id / id / id / 1,3 / 2,1 / id / id / id / id / id / 2,2 / 2,3 / 2,4 / 2,5 / id / 3,1 / id / 3,1 / id / id / id / 3,2 / 3,3 / id / id / id / id / id / 4,1 / 5,6 / 6,4 / id / 6,5 / 7,3 / id+ / 7,3 / 7,5 / id / id / 7,6 / id / 8,5 / 9,1 / id / id / id / id / 9,2 / id / 9,3 / 9,4 / id / 9,5 / id / id / 9,6 / id / id / 9,7 / 11,1 / id / 11,2 / id / 11,3 / 11,4 / id / 11,5 / 11,7 / id / 12,5 / 13,4 / id / id / 13,5 / 13,8 / 13,11 / id / 14,2 / 16,1 / id / 19,4 / 23,3 / id / id / 23,4 / id / 23,5 / id / id / 23,9 / id / 23,10 / 23,12 / 23,14 / id / id / id / 24,2 / id / id / id / id / 24,3 /

Ct 1,22 / 3,5 / 3,10 / id 6,3 / 8,1 / 12,7 / 13,4 / 13,10 / id / id / 14, 23 / id / 14,24 / id / id / id / id / id / 14,26 / 16,2 / 17,5 / 19,4 / 25,1 / 25,4 / 25,10 / 25,11 / 27,8 / 29,9 / id / id / id / 31,3 / id / id / 31,8 / 32,2 / 38,8 / id / 38,12 / 39,1 / id / id / id / id + / 39,6 /

Ll Prol 1 / 1,6 / 1,18 / 1,19 / 1,20 / 1,22 / 1,23 / 1,28 / 1,36 / id / 2,9 / 2,10 / id / 2,11 / 2,13 + / 2,14 / 2,22 / 2,25 / id / id / 2,27 / 2,28 / 2,32 + / 3,18 / id / 3,32 / id / 3,33 / 3,34 / id / id / 3,36 / 3,37 / 3,38 / 3,44 / id / 3,46 / id / 3,47 / 3,54 / 3,64 / id / id / 3,6 / 3,74 / id / id 4,12 / id / id / 4,16 /

Il faudrait ajouter à cette liste quelques cas ou « alma » désigne en fait l'esprit, le tout étant pris pour la partie (par exemple Ll 2,26).

75. 2N 6,4.

76. 2S 19,11 /
3S 1,2 / id / 2,8 + / 3,6 /
N Prol 1
2N 6,1 / 6,4 / 14,2 / 14,13 / 17,4 / id / 23,5 /
Ct 16,8 / 16,11 / 39,4 /
Ll 1,9 / 1,33 / id / 2,13 / 2,36 / id / 3,8 / id / 3,16 / 3,38 /

77. Ct 13,13 / 13,15 /
39,5 /
Ll 1,29 / 1,32 /

78. Ct 13,13.

— Usage 4 : « espíritu » désigne la vie spirituelle par antonomase, en son accomplissement idéal, à 139 reprises[79], par exemple :

> toute la seigneurie et liberté du monde comparée à toute la liberté et seigneurie de l'esprit de Dieu.[80]

— Usage 5 : « espíritu » désigne 114 fois[81] la qualité actuelle d'un sujet spirituel, quelle qu'elle soit, par exemple :

> [*les directeurs spirituels qui ne comprennent pas*] le chemin et l'esprit d'une âme … qui ont besoin d'une autre doctrine plus haute que la leur et d'un autre esprit.[82]

Cet usage est généralement en relation directe avec le précédent.

---

79. 1S 4,6 / 5,3 / 5,4 / id / 11,2 / 11,5 / 13,13 /
2S 1,1 / id / 1,3 / 4,7 / 6,7 / 7,5 / id / id / 7,10 / 7,11 / 11,3 / 11,7 / 11,10 / 12,5 / 12,6 / 13,1 / 14,10 / 14,12 / 15,3 / 15,4 / 16,11 / id / id / id / 17,3 / id / 17,4 / id / 17,5 / id / id / id / id / 17,6 / id / 19,11 / id / 22,17 / 29,9 / 30,4 /
3S 5,1 / 5,3 / id / 10,2 / 20,3 / 22,2 / 23,1 / 26,3 / id / 26,4 + / 26,5 / id / 26,6 / id / id / id / 26,7 / id + / 35,3 / 35,8 / 37,1 / 39,1 / 42,2 /
1N 4,7 / id + / id + / 9,9 /
2N 1,2 / id / id / 6,1 / 6,4 / 9,6 / 14,3 / 16,5 / id / 16,6 / id / 16,7 / 22,1 / 23,2 / 23,10 / 23,13 / 23,14 /
Ct Prol 1 / 3,10 / id + / 8,3 / 13,13 / 17,18 / 20,11 / id / 29,9 / id / id / 31,7 / 33,5 / 34,4 / 37,1 / 38,11 /
Ll Prol 1 / id / id / 1,5 + / id+ / 1,6 / 1,30 / 1,33 / id / 2,3 / 2,14 / 2,28 / 2,31 / 2,32 / id / 2,33 / id / 2,34 / id / 3,10 / 3,30 / id / 3,31 / 3,44 / 3,54 / id / 3,64 / 3,66 / 3,75 / 4,16 /

80. 1S 4,5

81. 1S 6,2 / id / 6,7 / 13,10 /
2S 7,1 / 7,5 / id / id / id / 7,9 / 11,1 / 11,4 / 11,6 / 11,7 / id / 12,6 / 14,1 / 14,4 / 17,8 / 18,1 / 18,2 / 18,5 / 18,6 / id / id / 19,11 / 20,6 / 21,13 / 22,7 / 22,17 / 24,6 / 24,8 / 24,9 / id /
3S 9,1 / id / 9,2 / id / 13,8 / 18,2 + / 22,1 / 22,2 / id / id / 22,5 / 23,4 / 24,5 / 25,1 / 25,4 / 25,6 / id / 26,2 / 28,1 / 28,6 / 28,7 / 29,3 / id + / 33,1 / 39,1 / 40,1 / 40,2 / 42,1 / 45,2 / id / 45,4 / id /
1N 2,3 / id / id / id / 2,6 / 2,7 / id / 2,8 / 3,1 / id / 4,5 / 6,6 / 7,1 / 8,3 / 10,5 / 13,11 / 13,13 /
2N 2,3 / 8,5 / 9,6 / id + / 19,4 / 21,3 /
Ct Prol 1 / 2 / 3,5 / 16,4 / 16,6 / 21,5 / id / id / 25,9 / 34,2 /
Ll 2,12 / id / 2,14 / id / 2,27 / 3,38 / 3,46 / 3,53 / 3,56 / 3,57 / id / 3,59 / 3,62 / 3,64 / 3,74 /

82. Ll 3,56-57

— Usage 6 : « espíritu » désigne 109 fois [83] une communication spirituelle « gratis data », un charisme ou un « mauvais esprit » :

> l'esprit connaît autre chose en la chose [qui lui est révélée surnaturellement] grâce à l'esprit qui le met en présence de cette chose, ce qui est comme de la voir clairement. Cela appartient à l'esprit de prophétie et à la grâce que saint Paul appelle « don de discrétion des esprits ». [84]

— Usage 7 : plus largement, « espiritual » qualifiera tous les acteurs de la voie spirituelle (« los espirituales » en géneral, « los maestros espirituales », « ser mucho espiritual ») et leurs activités de conseils ou autres, référées au « verdadero espiritual ». Cet usage revient 114 fois. [85]

— Usage 8 : de même qu'il y a des personnes spirituelles, il y a les états d'âmes, les idées, les visions, les vices ou vertus spirituels qui les occupent, qui les « spiritualisent » en les occupant à autre chose que ce à quoi s'occupent d'ordinaire les gens du monde. Y compris ce verbe « espiritualisar », cet usage revient 326 fois. [86]

---

83. 2S 14,4 / 17,5 / id / id / id / id / 17,7 / 17,9 / id / 19,5 / id + / 19,7 / 19,10 / 19,11 / id / 21,1 / id / id / id / id / 21,12 / id / id / 24,3 / 24,7 / id / 25,1 / 26,2 / 26,11 / id / id / 26,12 / id+ / id / 29,11 / id / 30,5 / id / id / 32,5 /
3S 13,3 / id / id / 13,4 / 14,2 / 24,5 / 26,4 / 30,1 / 30,2 + / 36,4 / id / 45,3 / 45,4 /
1N 1,2 / id / 3,1 / 4,2 / 4,7 / 6,1 / 9,4 / 10,1 / id / id / 10,6 / 13,10 / id / id / 14,2 / 14,3 / id / id+ /
2N 1,2 / 2,3 / 2,5 / 3,1 / 3,3 / 6,1 / 7,4 / 8,2 / 8,4 / id / id / id / 8,5 / 9,2 / 16,5 / 19,4 / 23,3 / 23,4 / 23,8 / id / id / 23,9 / 23,11 /
Ct 14,26 / id / 16,4 / 17,3 / id / id + /
Ll 2,12 / 2,13 / 3,32 / 3,35 / 3,38 / 3,46 / id / 3,63 / 4,12

84. 2S 26,11

85. S Prol 8
1S 5,4 / 12,6 /
2S 6,7 / 7,1 / 7,4 / 7,5 / 7,8 / 7,11 / 7,13 / 11,1 / id / 11,11 / 12,6 / 12,9 / 13,1 / id / 13,5 / 14,1 / 15,5 / 16,14 / 17,5 / 17,8 + / 17,9 / 18,1 / 18,2 / 18,5 / 18,6 / id / 19,11 / id + / id + / 21,1 / 22,16 / id / 22,19 / 26,1 / 26,14 / id + / id / 26,15 / 26,18 / 28,2 / 29,11 / 30,5 / 32,1 /
3S 1,1 / 2,14 / 2,15 / 3,1 / 4,2 / 8,1 / 8,5 / id / 9,1 / 13,1 / 13,2 / 15,1 / 16,1 / 16,6 / 19,3 / 20,1 / 20,3 / 20,4 / 21,1 / 21,2 / 24,3 / 24,4 / 24,7 / 28,8 / 35,8 / 38,1 / 29,1 / 39,3 / id / 40,1 / 41,1 /
1N 1,3 / 2,3 / id / 2,7 / 4,1 / 4,6 / 5,2 / 6,3 / 8,1 / 10,1 /
2N 7,3 / 8,5 /
Ct Prol 4 / 12,7 / 16,9 / 17,8 / id / 17,18 / 18,5 / 29,9 / 29,10 / 38,12 /
Ll 1,19 / 2,4 + / 3,29 / 3,31 / 3,38 / 3,43 / id / 3,44 / 3,45 / 3,53 / 3,55 / 3,61 / id / 3,62

86. S Prol 1 / Prol 4 / 7 /
1S 6,1 / id / 6,2 / 11,4 / 11,5 / 14,2 /
2S 1,1 / 1,2 / id / 4,2 / 4,6 / id / 7,3 / 7,5 / id / 7,6 / 7,11 / id / 10,4 / 11,2 / id / 11,3 / id /

— Usage 9 : Jean de la Croix parle 12 fois de l'esprit d'un texte, d'une vision ou d'une image. [87]

— Usage 10 : l'esprit est 24 fois opposé au corps ou à la chair qui en devient la prison. [88]

— Usage 11 : « esprit » désigne 21 fois une substance séparée, celle d'un ange, d'un bienheureux ou de Dieu lui-même. [89]

— Usage 12 : « espíritu » désigne 20 fois la troisième personne de la Sainte-Trinité sans appellatif explicite : l'esprit comme Révélateur ou comme « Préparateur » de la venue de l'Époux divin, mais en dehors de l'union à proprement parler. [90]

---

11,4 / 11,7 / 11,10 / id / 12,6 / 12,7 / 13,1 / 14,1 / id / 14,12 / 14,13 / 15,3 / 16,3 / 16,11 / 17,1 / 17,4 / 17,5 / 18,5 / 18,7 / 21,3 / 24,1 / id / 24,4 / id / 24,5 / 25,1 / 25,2 / 32,1 / 32,2 / id /
3S 2,1 / 2,15 / 9,2 / id / 10,1 / id / 17,2 / 19,6 / 19,9 / 20,2 / 23,5 / 25,5 / 25,6 / 25,8 / 26,1 / 26,3 / 26,4 / id / 26,5 / 26,8 / 29,5 / id / 30,2 / id / id / 30,3 / id / 30,5 / 33,1 / id / id / 33,2 / 33,3 / 37,2 / 41,2 / 42,1 / id / 42,2 / id / 42,3 / 44,4 / 45,2 /
N Prol 1 / 2 /
1N 1,1 / 1,2 / 1,3 / id / id / 2,1 / id / 3,1 / id / id / id / 3,2 / 4,1 / id / id / 4,2 / 4,3 / id / 4,5 / 4,6 / id / 4,7 / 5,1 / id / 5,2 / id / 5,3 / 6,1 / id / id / 6,2 / 6,5 / 6,6 / id / 6,8 / 7,1 / 7,2 / id / id / 7,4 / id / 8,3 / id / id / 9,4 / 9,9 / 11,4 / 12,4 / 12,5 / 12,6 / 12,7 / id / 12,9 / id / 13,1 / id / 13,2 / id / 13,3 / id / id / id / id / 13,4 / 13,5 / 13,7 / 13,9 / id / 13,12 /
2N 1,1 / id / 1,2 / 2,3 / id / id / 2,4 / 3,1 / 3,3 / 5,1 / 5,3 / 5,6 / 6,4 / 7,4 / id / id / 17,5 / 9,1 / 9,3 / 9,6 / 9,7 / id / 9,9 / 10,7 / id / 11,6 / id / id / 11,7 / 11,12 / 11,4 / 12,7 / 13,11 / 14,1 / 16,4 / 16,5 / 17,3 / id / id / 17,8 / 18,3 / 19,4 / 23,3 / 23,5 / 23,8 / id / id / id / 23,10 / id / id / 25,3 /
Ct Prol 3 / 1,21 / 2,2 / 3,5 / id / id / 3,8 / 3,10 / 4,1 / 11,3 / 11,8 / 12,7 / 12,8 / 13,2 / id / id / id / 13,9 / 13,10 / id / id / id / id / 13,13 / 13,15 / 13,18 / id / 14,22 / 14,25 / 14,6 / 16,4 / 17,4 / 17,18 / id / 18,3 / 19,4 / 19,9 / 19,10 / 20,8 / 20,11 / 21,6 / 25,1 / 26,2 / id / 26,3 / id / 27,2 / id / 27,3 / id / id / 27,4 / 27,5 / id / 27,6 / id / 27,8 / id / id / 28,1 / 29,9 / id / 29,11 / 31,6 / 32,6 / 34,6 / 36,6 / 37,5 / 39,5 / id / id / 39,6 / id /
Ll 1,19 / 1,25 / 1,27 / 1,29 / 2,14 / 2,28 / id / 2,30 / 2,32 / 3,25 / id / 3,32 / id / id / 3,36 / 3,38 / 3,40 / 3,45 / id / 3,46 / id / 3,47 / 3,49 / 3,57 / id / id / 3,68 / 3,71 / 3,75 / 3,85 /

87. 2S 7,4 / 14,2 / 16,13 / 19,8 / id /
3S 13,3 / 13,4 / id / id / id / 15,2 / 36,4 /

88. 2S 24,3 / 26,15 /
3S 22,2 + / 22,5 / 25,1 /
1N 13,5 /
2N 6,3 / 19,4
Ct 3,10 / id + / 8,2 / 8,3 / id / 12,4 / 12,5 / id / 12,6 / 12,7 /
Ll 1,10 / 1,28 / 1,32 / 2,13 / id / id /

89. 2S 9,2 / 26,14 /
2N 5,1 / 12,1 / 12,4 / id / 17,4 / 23,5 / 23,8 / id / 23,9 / id / id / 23,10 /
Ct 4,1 / 12,4 / 12,5 / 12,6 /
Ll 1,24 / 225 / 2,28 /

90. 2S 17,8 / 19,11 + / id+ / 21,10 / 29,6 /
3S 13,2 + / 13,3 + / 28,6 / 28,7 / 45,3 / 45,5 + /
1N 2 7 / 4,7 / id + / id+ /
Ct 11,3 + / 13,17 + / 13,18 +
Ll 2,30 / 3,71 /

— Usage 13 : enfin, « espíritu » peut désigner encore la troisième personne de la Sainte-Trinité, mais directement considérée à l'intérieur de l'union mystique. Toujours en dehors d'un appellatif explicite, il revient 43 fois sous cette forme. [91]

Retournons-nous un instant sur le chemin parcouru ; notre étonnement était né de ce que

> la forme spirituelle de l'esprit est l'union d'amour [92] ;

or,

> la flamme d'amour, c'est l'esprit de son [= de l'âme] Époux, qui est l'Esprit-Saint [93] ;

et,

> en cet état [d'union d'amour], l'âme ne peut produire d'actes car l'Esprit-Saint les produit tous et y meut l'âme ; et pour autant, tous ses actes sont divins puisqu'elle est produite et mue par Dieu. [94]

L'Esprit-Saint boucle donc le cercle sémantique : l'esprit est spirituel lorsque le Saint-Esprit le spiritualise. Et à partir de là, Vive Flamme devient la révélation explicite de l'Esprit-Saint près de 100 fois nommé (c'est-à-dire plus que dans tout le reste de l'œuvre), révélation que semblaient préparer comme autant d'approximations successives et progressives, les usages de « espíritu » dans les autres traités [95]. Autrement dit, de l'esprit

---

91. 1S 5,2 / id / 5,3 / 6,1 / 6,2 / id / 6,3 / id / 6,4 / 7,3 / 7,4 /
2S 16,11 / 18,8 /
3S 2,8 / 2,9 / 2,16 / 24,6 / 26,7 + /
2N 7,3 / 9,1 / 16,11 /
Ct Prol 1 / id / 12,11 / 13,9 / 13,14 / 13,18 / 14,24 / / 7,15 / id / 26,6 / 26,8 / 27,3 /
Ll 1,3 / 2,4 / 2,34 / id + / 3,8 / id + / id / id / 3,39 / id /

92. 2N 3,3 ; cf. *supra*, p. 59.

93. Ll 1,3.

94. Ll 1,4.

95. On peut remarquer un parallèle intéressant entre les places respectives du Fils en Ct et de l'Esprit en Ll : que l'on compare notamment les doxologies finales qui résument, l'une, la révélation du Fils (cf. *infra*, p. 139), l'autre, celle de l'Esprit (Ct 39,7 et Ll 4,17).

« partie supérieure de l'âme » à son existence pneumatique, une série de décalages de signification s'est insérée : l'esprit est sorti de l'âme pour aller dans le monde de la religion (c'est-à-dire toutes les choses, les gens et les activités spirituels) jusqu'à y objectiver finalement l'Esprit-Saint en son extériorité, lequel se révèle au même instant le plus intérieur puisqu'il opère l'union mystique, reconduisant du même coup au point substantiel de l'âme tout l'univers des « choses » spirituelles, âme, religion ou Dieu :

> la forme spirituelle de l'esprit est l'union d'amour. [96]

Tout au long de cet itinéraire de l'esprit à l'Esprit, une quantité de passerelles s'établissent d'un usage à l'autre et resserrent puissamment ce mouvement à la fois sémantique, pédagogique et mystique qu'une exposition analytique risque toujours de distendre. Par exemple, le sens 1 de « espíritu » est fréquemment associé aux sens 2,6,9, et à l'Esprit-Saint lui-même par des expressions de ce type :

> [*dans la connaissance ou vision de vérités intérieures du second genre*], l'esprit connaît autre chose en la chose [connue] avec l'esprit qui le tient en présence de cette chose. [97]

De même voit-on s'associer puis se fondre les sens 1, 2, 3 et 4 dans le passage suivant :

> l'effet produit en l'âme par ces visions [surnaturelles] est ... élévation de l'esprit en Dieu, les une plus, les autres moins, ... selon l'esprit dans lequel elles se reçoivent. [98]

---

96. 2N 3,3 — Nous rejoignons ici la conclusion majeure de tout l'ouvrage de Sanson (H.), *op.cit.*, pp. 341-342 : « L'esprit est la relation filiale qui relie l'homme au Père, dans le Verbe, grâce à l'Esprit-Saint qui tend sans cesse à spiritualiser toujours davantage l'âme et à l'unir toujours plus parfaitement au Fils. Il exprime l'être de l'âme pour Dieu et en Dieu. L'expérience sanjuaniste est précisément l'expérience de cet être de l'âme, et en même temps de l'être de Dieu. »

97. 2S 26,11.

98. 2S 24,6.

Enfin l'exclamation suivante en recouvre toutes les acceptions (à propos des mauvais directeurs spirituels) :

> Ceux-là ne savent pas ce qu'est « esprit » (No saben estos qué cosa es espíritu) ! [99],

que nous voyons se combiner avec toutes les acceptions de « sustancia » dans :

> ce feu [de la plaie séraphique], naissant de la substance et force de ce point vif où se trouve la substance et force de l'herbe [du dard envenimé], l'âme sent qu'il se diffuse subtilement par tous ses vaisseaux spirituels et substantiels. [100]

De telles correspondances se compteraient par centaines [101] et deviennent de plus en plus évidentes pour qui lit et relit l'œuvre de Jean de la Croix, au point de rendre de plus en plus difficile, presque impossible, le travail auquel nous venons de nous livrer : l'effet produit devient trop riche, résonne trop loin, pour se laisser longtemps décomposer en ses harmoniques. Mais l'important est de voir s'orienter d'eux-mêmes tous les usages de « espíritu » selon des axes qui convergent sur le seul point sémantiquement immobile : le point substantiel de l'âme où chaque mot se retourne et change d'univers linguistique, passant du monde des « choses » à celui de l'esprit et de la substance. De l'un à l'autre s'étend exactement toute la « Nuit de l'esprit ».

2. *Sustancia - espíritu - sentido*

« Espíritu » est donc peu à peu absorbé par le niveau substantiel de l'existence et dévoile ainsi sa propriété mystique. On peut s'attendre à un phénomène analogue pour la partie

---

99. Ll 3,54.
100. Ll 2,10.
101. Voici quelques carrefours entre les différents usages de « espíritu » : entre 1 et 4 : 2S 26,11 / 2N 9,6 ; entre 1 et 8 : 2S 23,3 ; entre 1 et 10 : 2S 26,15 / 3S 23,4 ; entre 1 et 11 : 2S 26,14 / 2N 23,9 ; entre 4 et 6 : 1N 10,6 ; entre 4 et 7 : Ct 29 9 ; entre 4 et 8 : Ll 3,32 ; entre 6 et 8 : 2S 24,7 / 1N 3,1 / 2N 23,8 ; entre 6 et 9 : 3S 36,4 ; entre 5,6 et 9 : 3S 13,3 ; entre 1,2,4 et 8 : Ll Prol 1 ; entre 1,6,9 et 12 : 2S 19,5.

inférieure de l'âme, pour le « sentido ». Ce phénomène se vérifie-t-il ? Si oui, une lecture de bout en bout de l'œuvre de Jean de la Croix devrait buter à un certain moment de la chronologie spirituelle idéale sur un retournement dans l'usage de « sentido » qui se superposerait alors à son acception première de « partie de l'âme ».

Remarquons tout d'abord que si cette superposition existe, elle ne nous a pas gêné pour repérer la structure de départ de l'anthropologie de Jean de la Croix, alors qu'elle nous avait forcé à parler en un premier temps de « l'esprit selon une première acception »[102], en faisant momentanément abstraction des autres usages, et qu'elle nous avait interdit de considérer « sustancia » autrement que dans sa perpétuelle appartenance à deux registres sémantiques, comme employé dans deux usages simultanés. Tout se passe donc comme si les mots anthropologiques étaient affectés d'un coefficient de mobilité sémantique proportionnel à leur proximité du centre de l'âme : au point substantiel de retournement, pur signifiant non signifié, cette mobilité est infinie, non-sens par excès de sens dont nous verrons qu'il est celui de la Croix du Christ ; ce point n'est saisissable que virtuellement à l'intersection des deux axes sémantiques, à la fois « chose » et « qualité ». En dessous de ce point, « espíritu » n'apparaît dans toute sa richesse que sur la ligne de pliure de deux types d'usages en perpétuel contact et que l'on ne peut guère séparer que par abstraction, l'un tendant vers la vie et l'Esprit, l'autre vers les choses et l'immobilité. Mais en dessous de cette zone « immédiatement capable de communiquer avec Dieu », il semble que le rapport signifiant/signifié perde de son équivocité au niveau du « sentido », jusqu'à ce que l'univocité de l'existence mondaine à la périphérie de la vie spirituelle épuise sa fonction signifiante dans le pur signifié, dans « les choses », deuxième non-sens, par défaut de sens cette fois-ci, symétrique de celui de la Croix du Christ.

Toutefois, cet épuisement n'est qu'une limite en deçà de laquelle le lecteur de Jean de la Croix devrait rencontrer un retournement « substantiel » du « sentido ». On devine que s'il ne

102. Cf. *supra*, p. 50.

nous a pas gêné jusqu'à présent, c'est parce que tant la pédagogie de Jean de la Croix que la chronologie idéale de la vie spirituelle, dans leur mouvement de l'extérieur vers l'intérieur puis de l'intérieur vers l'extérieur, partant du niveau sensuel de l'existence, n'y reviendront qu'en fin de parcours : il sera le dernier à être retourné dans l'union mystique, mais aussi le plus spectaculaire parce que le moins équivoque. Et de fait, les textes vérifient exactement cette trajectoire de « sentido » et cette inversion finale :

— Tout d'abord, sur l'ensemble des 700 emplois de « sentido » ou de « sensitivo » que nous avons relevés (nous excluons de ce comptage le verbe « sentir » ainsi que la famille « sensual-sensualidad »), 362 désignent la partie inférieure de l'âme définie plus haut[103], dans des contextes qui indiquent de près ou de loin une incapacité du « sentido » à recevoir l'union mystique, car

> cette transformation et union est chose qui ne peut tomber sous le sens.[104]

---

103. (Cf. *supra,* pp. 48 s.) — S Prol 6 / id /
1S 1,1 / 1,2 / 1,4 / id / 2,3 / 2,5 / 3,5 / 5,7 / 6,1 / 11,2 / 11,5 / 12,1 / 13,1 / id / 13,8 / 14,1 / id / 14,2 / id / id / 15,2 /
2S 1,2 / id / 1,3 / id / id / 2,1 / 2,2 / 2,3 / 4,2 / id / id / 4,4 / id / 4,6 / 6,1 / 6,6 / id / 7,2 / 7,3 / 7,7 / 7,9 / 7,10 / 7,11 / id / id / 9,1 / 11,1 / id / 11,2 / id / id / id / 11,4 / 11,9 / 11,10 / 12,5 / 13,1 / id / 13,2 / 13,3 / 13,5 / 13,6 / id / 14,8 / id / id / 14,9 / 16,11 / id / 16,12 / id / id / 16,13 / 16,15 / 17,3 / 17,4 / id / 17,5 / id / id / id / id / id / id / id / id / 17,6 / id / id / 17,7 / id / 17,8 / 17,9 / 18,3 / 19,5 / id / id / id / 19,6 / 19,7 / 19,10 / 19,11 / id / id / id / id / 21,3 / id / 22,17 / 23,1 / 24,9 / id / 24,10 / 26,17 / 27,6 /
3S 2,2 / 10,1 / id / 10,2 / 13,1 / 19,3 + / 20,2 / 22,2 / id / id / id / 23,4 / id / 24,2 / 24,3 / id / id / 24,7 / 25,6 / id / 26,5 / id / 26,6 / 26,7 / id / id / 33,1 / 35,3 / 35,4 / 35,6 / 37,2 / id / id / 38,2 / 39,2 / id / id / id / 39,3 / 45,4 / 45,5 /
N Prol 1
1N 4,2 / id / id / 6,5 / id / 8,1 / id / id / id / 8,2 / id / 8,3 / 8,4 / id / 8,5 / 9,3 / 9,4 / id / id / 9,6 / id / id / 9,7 / 9,8 / id / 9,9 / id / 10,1 / 10,4 / 10,5 / 11,1 / 11,2 / id / 11,3 / id / id / 11,4 / id / id / 12,1 / id / 12,4 / id / 12,5 / id / 12,6 / 13,2 / id / 13,10 / 14,1 / 14,2 / id / 14,3 / 14,4 / id / id / 14, /
2N 1,1 / id / 1,2 / id / id / 2,1 / id / id / 2,3 / id / 2,5 / 3,1 / id / id / id / id / 3,3 / id / id / 5,6 / 6,4 / id / 6,5 / 7,5 / 9,5 / 9,6 + / id / id / 11,1 / id / 11,3 / 13,4 / id / id / id / 13,11 / id / 14,2 / 16,1 / 16,3 / 17,2 / 17,3 / id / 17,5 / 17,8 / 23,2 / id / 23,3 / id / 23,4 / id / 23,5 / id / 23,9 / 23,12 / id / 23,14 / id / 24,2 / id / id / id / id / id / 25,2 /
Ct 1,3 / 13,16 / 16,10 / id / id / id / id / 16,11 / id / id / id / id / id / 25,4 / 25,10 / 29,9 / id / 29,15+ / id / 31,3 / 31,4 / 31,7 / id / id / 31,8 / 31,9 / 32,2 / id / 35,11 / 38,13 /
Ll Prol 1 / 1,9 / id / 1,25 / 1,36 / id / 2,13 / 2,14 / id / 2,25 / id / id / 2,26 / 3,32 / id / id / id / id / 3,33 / id / 3,34 / id / 3,38 / id / 3,41 / 3,43 / 3,44 / id / id / 3,46 / 3,47 / 3,53 / 3,54 / id / 3,55 / 3,63 / 3,64 / id / id / id / id / 3,65 / 3,66 / 3,67 / 3,72 / 3,73 / id / 3,74 / id / 4,12 / 4,16 / 4,17 /

104. 2S 4,2.

Dans cet usage, « sentido » est donc nettement distingué de tout le reste. Toutefois, il faut préciser dès maintenant la nature de cette distinction qui commande tout le développement ultérieur de l'anthropologie mystique : le sens et l'esprit ne sont jamais pensés par Jean de la Croix comme deux « morceaux » de l'âme ; ils entretiennent un rapport complexe qui doit sauver cette incapacité mainte fois réaffirmée du sens à recevoir l'union d'amour, mais aussi une capacité plus fondamentale, une nature spirituelle du sens, actuellement cachée. (Et disons tout de suite que l'ambiguïté parcourt toute l'œuvre de Jean de la Croix, mais qu'elle ne va pas au-delà d'un problème d'expression qui gêne parfois la lecture hâtive.) Et toute la pédagogie divine va consister à faire éclore cette nature spirituelle du sens, possibilité que Jean de la Croix se ménage jusque dans l'affirmation la plus claire de la contradiction entre les deux ; en effet,

> Dieu s'y prend ordinairement de cette manière en instruisant et rendant l'âme spirituelle : il commence à lui communiquer le spirituel depuis les choses extérieures, palpables et accommodées au sens, selon la petitesse et le peu de capacité de l'âme, de telle sorte que moyennant la parcimonie de ces choses sensibles — *qui de soi sont bonnes* — l'esprit se mette à produire des actes particuliers et à recevoir assez de bouchées de communication spirituelle qu'il en vienne à produire un habitus spirituel (hacer hábito en lo espiritual) et parvienne à une actuelle substance d'esprit (llegue a actual sustancia de espíritu), qui est étrangère de tout sens.[105]

Dans un passage de ce genre, on voit nettement ce qui est continu et ce qui ne l'est pas entre « sentido » et « espíritu-sustancia » ; tenir les deux est essentiel car c'est montrer dès le départ la profonde continuité de la vie de l'âme considérée du côté de l'esprit (ce qui suppose que la vie spirituelle soit donnée en germe avec l'humanité), même si l'incapacité simultanée du « sentido » à recevoir l'union indique une nécessaire rupture psychologique

---

105. 2S 17,5. (Si le sens général de la phrase est clair, sa gaucherie grammaticale interdit une meilleure traduction.)

(ce qui suppose que ce germe spirituel ne se développera qu'à travers une histoire contingente).

— A cet usage premier, il faut rattacher 95 emplois de « sensitivo-sensible » qualifiant l'objet propre du « sentido » : les choses sensibles, c'est-à-dire le contact avec le monde, symétrique du contact substantiel avec Dieu. A la limite, ce contact avec le monde serait la troisième toile de Ll 1,29 [106], « qui est sensitive et animale », limite en deçà de laquelle Jean de la Croix groupe dans la même zone sensitive tout ce qui, actuellement, n'est pas spirituel. [107]

— A côté de ces deux usages fondamentaux, nous pouvons écarter 26 emplois marginaux du « sentido » sans intérêt pour notre propos : perdre le sens, expliquer le sens d'un texte, etc. [108]

— Enfin, nous pouvons considérer 176 fois le découpage du « sentido » comme partie inférieure de l'âme en ses différentes puissances [109] : les cinq organes des sens, ou encore les « puis-

---

106. Cf. *supra*, p. 41.

107. 1S 14,2 /
2S 1,2 / id / 2,1 / 7,3 / 11,4 / 11,7 / 11,10 / 11,12 / 12,6 / id / 13,7 / id / 14,1 / 14,8 / 14,9 / 16,12 / 16,13 / 17,3 / 17,4 / 17,5 / 17,9 / 18,3 / 21,2 / 26,6 / 26,8 /
3S 9,3 / 22,2 / id / 24,2 / 24,4 / 24,5 / id / 24,6 / 26,2 / 26,3 / 26,4 / 26,5 / id / 26,7 / id / id / id / 26,8 / 37,2 / id / 39,1 / id / 39,3 / 40,2 / 41,1 / id / 41,2 / id / id / 42,1 / 42,2 /
1N 5,1 / 6,5 / 6,6 / 7,1 / 7,2 / 9,1 / 9,2 / 9,4 / 9,7 / 9,9 / id / 11, / 12,4 / id / 13,11,1 / id / 13,12 / 13,14 /
2N 3,3
Ct 1,4 / id / 16,10 / id / 16,11 / id / 36,4 / 38,12 /
Ll 1,22 / 1,29 / id / id / 3,32 / id / 3,51 / 3,63 / 3,64 / 3,73 / 4,12 /

108. S Prol 2
1S 13,10 / 19,7 / id / 19,8 / 19,9 / 19,12 / 19,14 / 20,5 / 20,6 / id / 21,4 / 22,4 /
3S 2,5
2N 5,5 / 10,9
Ct Prol 1 / 2 / 5,1 / 8,2 / 16,11 / 19,10 /
Ll 1,28 / 2,13 + / 3,72 / 3,73+ /

109. 1S 2,3 / 3,2 / id / id / id / 3,3 / id / 3,4 / 13,4 / id / id / 14,3 /
2S 1,1 / id / 1,3 / 3,3 / id / 8,1 / 8,4 / 9,5 / 10,2 / 10,3 / id / 10,4 / 11,1 / 11,2 / 11,5 / 11,6 / 11,7 / id / id / 11,10 / 11,11 / id / 12,1 / id / id / id / id / 12,2 / 12,3 / id / id / id / id / id / id / id / 12,4 / id / 14,4 / 14,6 / id / id / 14,7 / 14,11 / id / 16,1 / 16,2 / id / id / id / 16,3 / id / id / 16,4 / 17,3 / id / 17,4 / id / id / 19,6 / id / 23,1 / id / 23,2 / id / 23,3 / id / 24,1 / 28,2 / 29,8 / 30,1 /
3S 2,4 / 14,1 / id / 15,1 / 23,3 / id / id / 24,1 / id / 24,3 / 24,4 / id / 24,5 / id / 25,5 / 25,6 / 26,2 / 26,4 / 26,5 / 36,6 / 39,2 / id /
1N 8,3 / id / 9,8 / id / 10,1 / 11,4 / 12,5 / 12,6 / 14,1 / 14,2 / 14,4 /
2N 3,1 / 3,3 / 16,1 / 16,3 / 16,12 / 17,3 / id / id / 17,4 / id / 23,2 / id / 23,3 / 23,4 / 24,2 / 24,3 /
Ct 6,3 / 12,6 / 13,13 / id / id / 13,15 / 14,26 / 19,4 / id / 19,5 / 20,11 / 25,10 / id / id /

sances corporelles ou sensitives» d'une part, et le «sentido interior» d'autre part, c'est-à-dire cette zone intermédiaire entre les deux niveaux principaux de l'âme qui recouvre l'imagination et la fantaisie. [110]

Restent 41 emplois de «sentido» qui doivent retenir notre attention. En effet, ils continuent à désigner apparemment la partie inférieure de l'âme, mais *sans aucune* idée d'opposition à l'union mystique, exprimant au contraire à des degrés divers la possibilité ou la réalité de l'union «según el sentido»:

— 17 emplois introduisent une actuation du «sentido» dans l'union par redondance de l'actuation de l'esprit [111],

> lorsque de l'esprit se dérive un effet spirituel dans le sens. [112]

— Mais surtout, 24 introduisent une perception de l'union ou des attouchements d'union au niveau du sentido sans autre explication [113], lorsque par exemple,

> au milieu de ces obscurités [*de la deuxième nuit*], l'âme est illuminée, et la lumière luit dans les ténèbres... avec une sérénité et une simplicité si délicate et délectable au sens de l'âme (sentido del alma), que l'on ne peut la nommer, tantôt d'une manière de sentir de Dieu, tantôt d'une autre. [114]

---

id / 25,11 / 29,9 / 31,3 / 31,7 / id / id / id / id / 32,4 / 32,5 / id / id / id / id / 32,7 / id / 34,6 / 38,12 / 38,13 / 39,5 /
Ll 1,9 / 2,34 / 3,36 / 3,38 / 3,64 / 3,69 / id / 3,70 / 3,75 /

110. Cf. *supra,* p. 49.

111. 2S 11,1 / id / 17,9 / id /
3S 2,5 / 13,3 / 24,3 /
2N 1,2 / id / 3,1 / 3,2 /
Ct 39,6 / id /
Ll 1, 19 / 2, 14 / 2,22 / 3,74 /

112. Ll 2,14.

113. 2N 9,5 / id / 11,4 / 13,1 / 21,7 /
Ct 8,1 / 13,7 / 19,4 / id / 19,9 / 39,1 / 39,5 / id /
Ll 1,6 / 3,18 / 3,69 / id / id / id / 3,71 / id / id / 3,76 / 3,78 /

114. 2N 13,1.

Attention ! Vient d'apparaître une expression-clef de l'anthropologie mystique : « sentido del alma ». Nous ne la retrouverons guère qu'en Vive Flamme qui nous dit explicitement que,

> par « sens de l'âme », il faut entendre la vertu et la force que possède la substance de l'âme pour sentir et goûter les objets des puissances spirituelles, moyennant quoi elle goûte la Sagesse et l'amour et la communication de Dieu. [115]

Par rapport à tous les usages considérés jusqu'à présent, « sentido » vient de sauter de niveau et de passer de l'autre côté de l'esprit : le voilà *dans* la substance de l'âme.

Ce « sentido » est-il le même que le premier ? Avant l'union, comme lui, il est obscur :

> jusqu'à ce que le Seigneur dise « Fiat lux », les ténèbres recouvraient la face de l'abîme de la caverne du sens de l'âme. [116] ;

mais que la lumière se fasse et les cavernes du sens se révèleront spirituelles :

> ces cavernes sont les puissances de l'âme : mémoire, entendement et volonté. [117]

Et leur objet n'est autre que Dieu lui-même :

> la capacité de ces cavernes est profonde, parce que ce qui peut tomber en elles est Dieu, qui est profond et infini. [118]

Autrement dit, en se révélant ici « capax Dei », dans les fiançailles spirituelles d'abord par la douleur d'une soif infinie, dans le mariage ensuite par la jouissance de Dieu reçu corps et âme [119], le sentido révèle qu'il enveloppait les puissances

---

115. Ll 3,69.
116. Ll 3,71.
117. Ll 3,18.
118. Ll 3,22.
119. Cf. tout Ll 3,22-24.

supérieures ; il était l'esprit lui-même, ou plutôt son poids mort tant que l'Esprit n'en avait pas révélé toute l'épaisseur : nous retrouvons désormais développé le germe du premier sentido « partie inférieure de l'âme »[120], si ce n'est qu'il recouvre maintenant l'esprit après avoir été recouvert par lui. Et à partir de là, nous allons assister à une libération totale du vocabulaire des sens ; si le « sentido » était réduit au silence tant qu'il goûtait le monde, il vibre maintenant des délices de l'attouchement substantiel de Dieu :

> Ô attouchement délicat, Verbe Fils de Dieu, par la délicatesse de ton être divin tu pénètres subtilement la substance de mon âme et en la touchant délicatement, tu l'absorbes en toi tout entière en divins modes de délices et suavités « jamais ouïes en la terre de Canaan ni vues en Téman » ![121]

Et jusqu'aux confins de son corps, le mystique est alors possédé par l'Esprit :

> De ce bien de l'âme redonde parfois dans le corps l'onction de l'Esprit-Saint, et toute la substance sensitive jouit, tous les membres et les os et les moëlles, non pas si faiblement que lorsque cela arrive communément, mais avec sentiment de grand délice et de gloire qui se ressent jusqu'aux dernières articulations des pieds et des mains.[122]

Remarquons, pour terminer, que l'ordre de cette assomption des éléments de l'âme dans l'union mystique privilégie finalement ce qu'il y a de plus sensuel et de plus charnel en l'homme, et non pas ce qu'il y a de plus intérieur et retiré du monde ; il s'agit d'une sensibilisation de l'esprit autant que d'une spiritualisation du sens. Tout le dynamisme littéraire de l'œuvre de Jean de la Croix part de la chair pour revenir à la chair, « jusqu'aux dernières articulations des pieds et des mains », par le détour d'une restauration intérieure qui lui est subordonnée, dans la

---

120. Cf. *supra*, pp. 48-49.
121. Ll 2,17.
122. Ll 2,22.

mesure où les puissances supérieures se révèlent en fin de compte être les « cavernes profondes » des puissances inférieures et puisque c'est

> par leur moyen et en elles que l'âme sent et goûte profondément les grandeurs de la sagesse et les excellences de Dieu. [123]

Voilà donc opéré le retournement sémantique de tout le vocabulaire anthropologique de Jean de la Croix, voilà pourquoi il n'est saisissable qu'en mouvement ; par le truchement du « sentido del alma », l'univers mondain se spiritualise lorsque la vie des sens est assumée dans celle de l'esprit : elle n'en était que l'envers, la face tournée vers « les choses ». Mais actué par Dieu, le « sentido » vit « substantiellement », actuation qui sera d'abord ressentie comme le « toucher » de Dieu, terme sensuel s'il en est, puis comme « entendre » Dieu, « sentir » Dieu, « goûter » Dieu jusqu'à ce qu'un « entrevoir » Dieu appelle une rupture divine de la chair dans une mort vivante d'amour. L'expression développée de cette actuation sera l'objet de notre quatrième lecture de l'œuvre de Jean de la Croix, découverte dans toute son ampleur de l'anthropologie mystique ; mais à travers l'analyse des usages de « sustancia », « espíritu » et « sentido », nous avons déjà vu se dégager notre structure évolutive, selon deux univers sémantiques entretenant entre eux un rapport tout particulier. Remarquons que l'un se développe dans le temps, morceau par morceau, à la mesure de l'activité de l'âme, univers empirique structuré par les séparations entre les essences des choses ; l'autre révèle la vérité du premier dans l'instant où il s'origine, univers

123. Ll 3,69 — Conclusion à laquelle parvient également CRISÓGONO de JESÚS, *op. cit.*, p. 9 : « Personne n'a autant glorifié la chair comme l'implacable auteur de la Montée. » (vol 1, p. 297) — Par ailleurs, il serait important de compléter cette analyse de la trajectoire du mot *sentido* chez Jean de la Croix par celle de son évolution dans la littérature contemporaine, chez sainte Thérèse par exemple. On s'apercevrait, ici comme ailleurs, que Jean de la Croix reçoit et nourrit simultanément une évolution linguistique qui aboutira bientôt au classicisme. Ce qui, coupé de l'ambiance, peut parfois nous apparaître un véritable jeu de mots, rejoint en fait un élargissement en cours, particulièrement favorable à l'expression de l'expérience spirituelle en termes de superposition de niveaux de conscience.

structuré par les modes de la Sagesse de Dieu découverte *dans et par* l'union mystique qui n'est autre qu'une reprise consciente de cette origine.[124]

Dans l'œuvre de Jean de la Croix, le premier de ces univers, celui auquel nous habitue la vie mondaine, est plus apparent vers le début, et le second vers la fin ; mais en fait, ils sont partout superposés, car tant la chronologie spirituelle que la pédagogie de Jean de la Croix (ou, si l'on préfère, son temps d'écriture) reflètent l'homogénéité de la réalité : elle est *substance*, développée soit dans le temps, l'action transitive, l'histoire sainte, la nature, soit dans l'instant, l'acte, la Sagesse de Dieu.

D'un univers à l'autre, d'un usage à l'autre, le passage n'est achevé que pour qui a éprouvé « esta tempestuosa y horrenda noche » d'une suspension de toute orientation de la vie mentale au point substantiel de l'inversion du sens des mots. Prenant un extrême pour un autre, le psychiatre sera tenté de voir dans cette absence de toute fonction signifiante la schizophrénie d'un individu détruit dans ses facultés de communication, mais

> parlant spirituellement, une chose est d'être dans l'obscurité, autre chose d'être aveugle[125] ;

---

124. H. Sanson a bien vu ces deux versants de l'œuvre de Jean de la Croix et la subordination du premier au second :

> L'étude de l'âme ... qui fait l'expérience de l'union d'amour est susceptible d'une double problématique : l'une, humaine, essaye de reduire l'âme à des données de science ou à des faits d'expérience connus, l'autre, proprement religieuse, tâche de saisir l'âme dans sa relation mystérieuse à Dieu. La première est abstraite et aborde le mystère de l'âme de l'extérieur ; l'autre est concrète et se situe à l'intérieur du mystère de l'âme. Ces deux problématiques sont également recevables, mais elles sont inégalement significatives de leur objet. En fait, saint Jean de la Croix n'est ni un poète, ni un psychologue, ni un philosophe, ni un théologien, ou plutôt, avant d'être tout cela, il est un homme religieux, et c'est l'aspect religieux du commerce mystérieux de l'âme avec Dieu qui le frappe. (*op. cit.*, p. 147.)

Avec H. Sanson, nous ne quitterons plus ce deuxième versant qui fut de loin le moins exploré, tout simplement parce que la plupart des commentateurs ne semblent pas en avoir soupçonné l'existence et ont traité Jean de la Croix tour à tour en poète, en psychologue, en philosophe ou en théologien.

125. Ll 3,71 — Nous insistons sur ce point que nous retrouverons à propos de la « mélancolie » (cf. *infra,* p. 283), car en pensant fort consciemment la vie de l'âme comme une perpétuelle recherche du *sens* — sens des mots, sens des choses, bon sens (cf. *infra,* p. 135) —, en en pensant les épreuves comme la

et c'est pourquoi le spirituel au contraire y voit le point initial d'une normalité mentale complète en ce que l'âme finit d'y être libérée des sens et non-sens partiels qu'elle donnait à ses

---

menace perpétuelle du non-sens absolu de la folie mélancolique («en de tels moments, c'est une chose rude et pénible qu'une âme ne s'entende pas elle-même ... elle rencontrera de ces consolateurs de Job qui lui diront que c'est mélancolie...» (S Prol 4)), ce qui est très nouveau par rapport à la lecture médiévale des mêmes états spirituels où mélancolie n'est pas folie (que l'on pense à l'asthénie d'un saint Bernard ou d'un Guillaume de Saint-Thierry), Jean de la Croix se pose comme l'un des pères de notre «modernité», et il est important de le lire comme tel. Il ne renierait pas la sensibilité de certaines pages de Foucault, ou plutôt il les retournerait en affirmant qu'il a éprouvé la vie et la sagesse là où le psychanalyste croit deviner la mort et son définitif non-sens en ce point obscur où tous deux voient la convergence de ces fils dont le faisceau forme le langage :

> ... pour un savoir qui se loge dans le représentable, ce qui borde et définit, vers l'extérieur, la possibilité même de la représentation ne peut être que mythologie. Mais ... la mort n'est-elle pas ce à partir de quoi le savoir en général est possible... ? Le désir n'est-il pas ce qui demeure toujours *impensé* au cœur de la pensée ?... il est bien vrai que jamais ni cette Mort, ni ce Désir ... ne peuvent se rencontrer à l'intérieur du savoir qui parcourt en sa positivité le domaine empirique de l'homme ; mais la raison en est qu'ils désignent les conditions de possibilité de tout savoir sur l'homme.
>
> Et précisément lorsque ce langage se montre à l'état nu, mais se dérobe en même temps hors de toute signification comme s'il était un grand système despotique et vide, lorsque le Désir règne à l'état sauvage, comme si la rigueur de sa règle avait nivelé toute opposition, lorsque la Mort domine toute fonction psychologique et se tient au-dessus d'elle comme sa norme unique et dévastatrice, — alors nous reconnaissons la folie sous sa forme présente, la folie telle qu'elle se donne à l'expérience moderne, comme sa vérité et son altérité. En cette figure empirique, et pourtant étrangère à (et dans) tout ce que nous pouvons expérimenter, notre conscience ne trouve plus comme au XVIe siècle [*anticipons de quelques années pour Jean de la Croix*] la trace d'un autre monde ; elle ne constate plus l'errement de la raison dévoyée ; elle voit surgir ce qui nous est, périlleusement, le plus proche, — comme si, soudain, se profilait en relief le creux même de notre existence ; la finitude, à partir de quoi nous sommes, et nous pensons, et nous savons, est soudain devant nous, existence à la fois réelle et impossible, pensée que nous ne pouvons pas penser, objet pour notre savoir mais qui se dérobe toujours à lui. C'est pourquoi la psychanalyse trouve en cette folie par excellence — que les psychiatres appellent schizophrénie — son intime, son plus invincible tourment : car en cette folie se donnent, sous une forme absolument manifeste et absolument retirée, les formes de la finitude vers laquelle d'ordinaire elle avance indéfiniment (et dans l'interminable), à partir de ce qui lui est volontairement-involontairement offert dans le langage du patient. De sorte que la psychanalyse «s'y reconnaît», quand elle est placée devant ces mêmes psychoses auxquelles pourtant (ou plutôt pour cette même raison) elle n'a guère accès : comme si la psychose étalait dans une illumination cruelle et donnait sur un mode non pas trop lointain, mais justement trop proche, ce vers quoi l'analyse doit lentement cheminer, (FOUCAULT (M.), *Les Mots et les Choses,* Paris, 1966, pp. 386-387).

opérations mondaines ; jusque-là, ces sens perpétuellement menacés par leur propre non-sens tombent l'un après l'autre comme s'écroule un château de cartes, au fur et à mesure du déplacement de l'intentionnalité de l'âme de ses zones les plus extérieures et les plus basses aux plus intérieures : l'attachement au vice n'a plus de sens, puis l'attachement au monde n'a plus de sens, puis l'attachement aux idées du monde n'a plus de sens, etc., jusqu'au moment où l'attachement lui-même va éclater dans sa finitude au contact de Dieu qui va donner au spirituel les « vuelcos en el cerebro »[126], les attouchements d'union dans lesquels l'âme percevra l'immédiateté de son être hors de toute conscience d'objet fini, hors de toute conscience d'avoir conscience.

« Toques » et nuit noire : voilà le silence du langage par où l'âme sort d'elle-même en Dieu à l'insu du monde entier :

Par une nuit obscure,
Ardente d'un amour plein d'angoisses,
Oh ! l'heureuse fortune !
Je sortis sans être vue,
Ma maison étant désormais accoisée.[127] ;

nuit au terme de laquelle elle s'éveillera en sa substance divine, proférant la Sagesse de Dieu et tout l'univers avec elle,

donnant Dieu à Dieu même en Dieu.[128]

Que l'on regarde de nouveau le dessin-sommaire par lequel Jean de la Croix figure cet itinéraire : on y retrouve ce tissu du langage, ce texte à déchiffrer selon le va-et-vient d'une force d'affirmation qui traverse comme une navette la trame du donné mondain pour l'intégrer progressivement à une construction nouvelle et définitive au fur et à mesure qu'elle en relie chaque fil au point fixe de « l'honneur et de la gloire de Dieu », c'est-à-dire à la croix du Christ.

---

126. Cf. 3S 2,5.
127. S strophe 1 ; Lucien-Marie p. 73.
128. « Dando a Dios al mismo Dios en Dios. » (Ll 3,78).

C'est pourquoi nous allons maintenant reprendre pour elle-même cette force d'affirmation qui confère son dynamisme à la structure évolutive de l'anthropologie de Jean de la Croix ; ce sera notre deuxième lecture de son œuvre en même temps que de l'âme du spirituel.

DEUXIÈME LECTURE

# DYNAMISME DE L'ANTHROPOLOGIE DE SAINT JEAN DE LA CROIX TEMPS ET DÉSIR

L'analyse de la structure évolutive de l'anthropologie de Jean de la Croix nous a conduit au croisement d'une double écriture, et donc d'une double lecture, de son œuvre, simultanément quantitative et qualitative, pouvons-nous dire. Cette double trame rédactionnelle permet de rendre compte des mutations présentées par toute vie spirituelle en développement ; le progrès spirituel n'apparaît pas à l'analyste comme un passage continu et linéaire d'un état à un autre, mais comme un processus discontinu : il est assomption de l'existence ombratile et mondaine du sujet spirituel en une autre, fondamentale et primitive, l'existence substantielle qui lui est comme perpendiculaire. Et de ce fait, nous avons vu Jean de la Croix organiser son texte au fil du dévoilement de la substance comme le déchirement point par point d'un premier tissu de sens, celui des apparences d'un univers uniformément utilitaire et répétitif. Aussi sentons-nous ce même texte perpétuellement tangent à l'affirmation de sa propre impossiblilité, car enfin il n'y a pas de langage sans conventions, et donc sans système répétitif ; et pourtant,

> une des grandes faveurs que Dieu fait à une âme en cette vie... est de lui faire clairement saisir et sentir si hautement de Dieu, qu'elle saisisse avec clarté que l'on ne peut le saisir ni le sentir entièrement ; car de quelque manière, ce mode est de ceux qui le voient au ciel où ceux qui le

> connaissent davantage saisissent plus distinctement l'infini qu'il leur reste à saisir, et ceux qui le voient moins sont ceux auxquels il ne paraît pas si distinctement ce qu'il leur reste à voir... [1]

Ce caractère contradictoire de l'appréhension de la réalité spirituelle définit en retour le statut du texte lui-même : il n'existe qu'en vertu d'une sorte de monstruosité qui n'est autre que celle du temps de son écriture, temps d'une faillite, d'un échec à étendre la substance hors d'elle-même dans le discours sur la page blanche de l'écrivain. C'est de cette perception du temps comme déperdition irrécupérable entre saisir et saisir que l'on saisit qu'il nous faut repartir maintenant pour une seconde lecture de l'œuvre de Jean de la Croix. Au moins ne sera-t-elle plus dupe de ses propres conditions d'existence, et le regard pourra-t-il se déporter du contenu à la forme du langage comme seule réalité spirituelle actuellement accessible.

Mais avant d'aborder cette deuxième lecture, arrêtons-nous encore un instant sur cette position du texte. Penser le temps par rapport au langage peut paraître moderne, et il nous semble cependant que ce soit le seul problème intellectuel traité comme tel par Jean de la Croix. Nous en donnerons d'abord la formulation saussurienne pour en rapprocher ensuite le prologue du Cantique spirituel.

> Le signifiant [dans une langue] étant de nature auditive, se déroule dans le temps seul et a les caractères qu'il emprunte au temps : a) il représente une étendue, et b) cette étendue est mesurable dans une seule dimension : c'est une ligne,... les signifiants acoustiques ... se présentent l'un après l'autre ; ils forment une chaîne. Ce caractère apparaît immédiatement dès qu'on les représente par l'écriture et qu'on substitue la ligne spatiale des signes graphiques à la succession dans le temps. [2]

Trois siècles avant de Saussure qui s'étonne de n'avoir jamais rencontré l'énonciation de ce principe « sans doute parce qu'on

1. Ct 7,9.
2. De Saussure (F.), *Cours de linguistique générale*, éd. Paris 1976, p. 103.

l'a trouvé trop simple »[3], Jean de la Croix le rencontre dans l'impossibilité d'exprimer adéquatement l'expérience mystique,

> car ce serait ignorance que de penser que les discours d'amour en intelligence mystique (los dichos de amor en inteligencia mística) se peuvent bien expliquer avec quelque sorte de paroles… ;

pourquoi ? Par faiblesse de notre entendement ? non,

> car l'esprit du Seigneur qui « vient en aide à notre faiblesse », comme dit saint Paul, demeurant en nous, « intercède pour nous avec des gémissements *ineffables* »…,

et n'en est donc pas plus capable. Le problème n'est donc pas tant de la sublimité des choses divines que de l'immédiateté de la prière opposée à la discursivité de la parole *sur* Dieu,

> … car qui pourra *écrire* ce qu'il fait entendre aux âmes amoureuses dans lesquelles il habite ? Et qui pourra *manifester avec des paroles* ce qu'il leur fait sentir ? et qui, finalement, ce qu'il leur fait désirer ? Certes, pas même ceux-là par qui il [= Dieu] passe ne le peuvent.[4]

Et pourtant, cet abîme que le langage introduit à l'intérieur de la conscience mystique, c'est encore le langage qui tente indéfiniment de le réduire :

> c'est la cause pour laquelle [ces strophes] déversent plutôt par figures, par comparaisons et similitudes quelque chose de ce qu'elles sentent, et épanchent plutôt, de l'abondance de l'esprit, des secrets mystérieux, qu'elles ne les déclarent par raisons.[5]

L'existence de la poésie, mais aussi de la prose de Jean de la Croix qui la commente, la « declara », sans prétendre l'expliquer,

---

3. *Idem.*
4. Ct Prol 1 ; nous faisons de Dieu le sujet de « passe », mais l'on pourrait comprendre également « cela » en l'absence de sujet grammatical.
5. Ct Prol 2.

atteste donc qu'il n'était pas moins conscient de la correction possible de cette ineffabilité de droit par l'ensemble psychologique immédiatement agrégé à chaque élément de la langue, par son caractère « associatif » autant que « syntagmatique », ce qu'il appelle *« abondance* de l'esprit » ; or

> ces couplets ont été composés en amour d'*abondante* intelligence mystique.[6]

Ce double mécanisme linguistique dont de Saussure donnera une formulation achevée beaucoup plus tard est donc conscient et central dans la réflexion de Jean de la Croix, et cela parce qu'il ne pouvait pas ne pas s'y heurter : le seul et unique problème rencontré par l'expression et le discernement de l'expérience mystique est celui de sa fidélité à la sagesse de Dieu, laquelle ne se révèle que sous les espèces du Verbe incarné, mixte de silence et de parole, d'éternité et de temps, perçu au point substantiel de l'âme et reconnu comme point de naissance des sens et du langage.

La volonté de traiter la rencontre de Dieu non pas comme un problème théologique, fût-ce de théologie spirituelle, mais comme un fait de langage, se trouve donc au cœur de l'entreprise de Jean de la Croix (et, plus largement, au cœur de toute littérature mystique). « Comment se fait-il que je parle de la substance ? Mieux : que je parle la Substance ? Que je conjugue transitivement ce verbe intransitif ? » Telle est finalement la seule question posée à Jean de la Croix par les Carmélites réformées ; au nom de la charité fraternelle, son travail de directeur spirituel ne sera pas d'expliquer l'inexplicable (« ... étant ainsi pleine d'obscurité, de travaux, de détresses et de tentations, l'âme rencontrera de ces consolateurs de Job qui lui diront que c'est mélancolie... ou quelque malice cachée... ! »[7]), mais d'accompa-

---

6. Ct Prol 2 ; cf. de SAUSSURE, *op. cit.*, pp. 170-171 (cf. *infra*, p. 99, note 46). Il y a là un usage technique de « abundancia » qui parcourt toute l'œuvre : « l'abondance de l'esprit » qualifie la lumière mystique (1S 5,4 / 2S 15,3 / 2S 16,22 / 1N 8,3 /1N 10,6 / 2N 7,4 / 2N 9,6 / Ct Prol 1 / Ct Prol 2, etc.) que « les aqueducs étroits de formes et de figures » (2S 17,8) s'efforcent de canaliser et que seule respecte la perception spirituelle immédiate (Ct 6,1 / Ct 15,4 / Ct 15,6 / Ct 15,10 / Ct 26,5, etc.)

7. S Prol 4.

gner le mystique dans sa marche insensée en lui fournissant quelques éléments de langage, car

> en de tels moments, c'est une chose rude et pénible qu'une âme ne s'entende pas [elle-même] et ne trouve personne qui l'entende.[8]

Mais qu'est-ce que le langage sinon la manifestation incarnée de l'esprit ? L'acte de nommer, particule élémentaire du langage, est la réunion immatérielle, sans autre support que lui-même, d'une infinité d'éléments non spirituels, chacun affecté d'un coefficient de position par rapport à tous les autres, en fonction du point de vue actuel sur l'ensemble et qui le structure selon un sens, une intention, organisation qui naît, se transmet et meurt avec celui qui nomme[9]. Ce faisant, le langage comme structure *consciente* crée un milieu spirituel, une *durée* dirait Bergson.

---

8. S Prol 5.
9. C'est là toute l'activité symbolique de notre esprit et

> … qu'un pareil système de symboles existe nous dévoile une des données essentielles, la plus profonde peut-être, de la condition humaine : c'est qu'il n'y a pas de relation naturelle, immédiate et directe entre l'homme et le monde, ni entre l'homme et l'homme [*et nous ajouterions sur ce plan : ni entre l'homme et Dieu*]. Il y faut un intermédiaire, cet appareil symbolique, qui a rendu possibles la pensée et le langage. Hors de la sphère biologique, la capacité symbolique est la capacité la plus spécifique de l'être humain. (BENVÉNISTE (E.), *Problèmes de linguistique générale*, Paris, 1966, p. 29.)

Cette capacité délimite donc exactement les contours de l'esprit humain ; l'enfant qui lit (et relie) B-A = BA, performance dont ni l'ange ni l'animal ne sont à proprement parler capables, crée, ou manifeste, un univers irréductible aux données matérielles dans lesquelles il le révèle. L'originalité du spirituel est de le savoir, et le sachant, d'échapper encore une fois par la *conscience* aux déterminations de ce même esprit en retrouvant à travers le langage sa sphère naturelle d'immédiateté. Entre l'homme et lui-même,

> on peut dire que le *monde social*, le *monde juridique*, le *monde politique,* [*et nous ajouterions : le monde religieux*] sont essentiellement des *mondes mythiques*, c'est-à-dire des mondes dont les lois, les bases, les relations qui les constituent, ne sont pas données, proposées par l'observation des choses, par une constatation, par une perception directe ; mais au contraire, reçoivent de nous leur existence, leur action d'impulsion et de contrainte ; *et cette existence et cette action sont d'autant plus puissantes que nous ignorons davantage qu'elles viennent de nous, de notre esprit…* Le serment, le crédit, le contrat, la signature, les rapports qu'ils supposent, l'existence du passé, le pressentiment de l'avenir, les enseignements que nous recevons, les projets que nous formons [*c'est-à-dire toute notre activité linguistique*], tout cela est de nature entièrement mythique, en ce sens que tout cela s'appuie

Cette durée liée au langage, nous l'avons déjà rencontrée à différents niveaux de l'œuvre de Jean de la Croix : elle se déroule comme temps de son écriture et de sa lecture, mais aussi comme temps pédagogique permettant d'organiser sur une chronologie idéale l'évolution sémantique de tout le vocabulaire anthropologique ; et c'est pourquoi l'expression de la durée sera remarquablement stable au cœur de cette révolution : c'est dans le temps que le spirituel émerge du mondain ; le temps partage par moitié le champ de la conscience entre un « avant » et un « après » permettant de thématiser l'absolue et immédiate nouveauté de l'événement mystique dans l'espace de la réflexion. Et projetée à son tour sur elle-même dans l'étendue de la conscience, la durée devient *désir* et intention, présence absente de la substance, définissant un axe psychologiquement complexe en ce qu'il introduit la liberté au sein de la perception, mais extrêmement stable lui aussi d'un bout à l'autre de l'œuvre de Jean de la Croix, car dès l'éveil spirituel,

> tout le désir et la fin de l'âme et de Dieu en toutes ses œuvres est la consommation et perfection de cet état [de mariage spirituel]. [10]

Et c'est pourquoi les transformations concentriques de la conscience mystique qui ont guidé notre première lecture ne font que baliser la dynamique du désir par la considération de quelques-uns de ses moments, de quelques-uns de ses états. Axe du temps et axe du désir courent donc parallèlement l'un à l'autre, chaque point de l'un pouvant être repéré sur l'autre, chaque moment de la vie spirituelle ayant sa configuration psychologique idéale et chaque état du désir ayant sa position idéale dans l'écriture. Et cela parce que temps et désir, loin d'avoir un support dans l'ontologie, la traversent au contraire perpendiculairement en lui conférant toute sa rigidité : l'envers

---

entièrement sur la propriété cardinale de nos esprits *de ne pas traiter comme choses de l'esprit des choses qui ne sont* que de l'esprit. (VALÉRY (P.), *La politique de l'esprit,* éd. La Pléïade, Œuvres I, pp. 1033-1034.)

10. Ct 2,27,6.

de la durée sera purement et simplement l'existence, l'acte pur[11], et non un « temps spirituel » ; l'envers du désir sera la défaillance d'une possession infinie, et donc indéfinie « ex parte possidente », et non quelque « désir spirituel ». Temps et désir n'ont donc pas à être relus sur un mode substantiel comme les parties de l'âme : ils *sont* actuellement l'indice substantiel de chaque appréhension distincte des parties de l'âme et en révèlent la destination spirituelle. Et de même que deux lignes droites parallèles se rejoignent à l'infini, le mouvement de la pensée de Jean de la Croix opèrera une dernière réduction en fin de texte lorsque l'union transformante montrera l'identité de cet acte pur et de cette défaillance, celui-là se révélant alors la lecture essentielle de celle-ci, mourant dans la prolation ineffable de la substance en laquelle, non seulement toute l'anthropologie élémentaire, mais aussi l'écriture même qui en rend compte se résolvent, sans distinction ni confusion, ouvrant définitivement l'univers propre au mystique, l'univers des relations subsistantes, osons dire des relations « substantielles ».

Notre nouvelle lecture de l'œuvre de Jean de la Croix va donc maintenant chercher à mettre en évidence ces continuités sémantiques à l'intérieur des catégories du temps et du désir, leur parallélisme et enfin la résolution de l'un dans l'autre par la position du langage mystique comme Sagesse de Dieu.

---

11. Ce qui se vérifie par l'expérience d'une suspension de la transitivité au niveau le plus fondamental de la communication mystique :

> [au début de la contemplation] l'âme se trouve (se queda) parfois comme en un grand oubli, tel qu'elle ne sut point (no supo) où elle se trouvait ni ce qu'elle avait fait et il ne lui semble pas que du temps se soit écoulé pour elle... La cause de cet oubli est la pureté et simplicité de cette notice, laquelle occupant l'âme ainsi la rend simple, et pure, et limpide de toutes les appréhensions et formes des sens et de la mémoire, ce par où l'âme œuvrait dans le temps ; et ainsi la laisse-t-elle en oubli et sans temps... elle a été unie en intelligence pure qui n'est pas dans le temps... aussi cette notice laisse-t-elle l'âme, lorsqu'elle s'éveille, avec les effets qu'elle fit en elle sans qu'elle les sentit se faire... (2S 14,10-11.)

Notons la non-concordance des temps entre « se queda » et « no supo » dans la définition de cette suspension : nécessité contradictoire de parler dans le temps d'un radical non-temps exprimé dès lors comme un passé-présent. Ce genre d'entorse infligé fréquemment par Jean de la Croix à la grammaire (et qu'il ne s'agit pas d'inscrire au compte d'une maladresse d'écrivain) nous semble souligner à chaque fois sa conscience aiguë de la nature essentiellement linguistique de sa réflexion.

## I. Le temps dans l'œuvre de Jean de la Croix

Par où commencer un examen du temps dans l'œuvre de Jean de la Croix alors que nous venons d'affirmer que tout le reste lui est référé ? Nous avons entrevu que le mot « tiempo » lui-même est employé fort consciemment par Jean de la Croix ; c'est pourquoi il semble de bonne méthode d'en rechercher les différents usages pour nous donner un solide point de départ.

### 1. *Le temps traité pour lui-même*

Jean de la Croix utilise 180 fois « tiempo » dans ses traités, sans que le vocabulaire proprement temporel s'enrichisse beaucoup par ailleurs ; rarement trouve-t-on « año » ou « hora » ou « momento » au sens propre d'une durée déterminée [12], ou bien « sazón », « época », etc., au sens propre d'un moment d'une chronologie. [13]

Ces 180 emplois de « tiempo » se répartissent en 5 usages principaux :

— Usage 1 : 71 fois pour indiquer un moment d'une chronologie spirituelle [14], par exemple :

> Pour que l'on sache... à quel temps cela doit être, nous indiquerons au chapitre suivant quelques signes. [15]

---

12. Par exemple :

> ... il se passe beaucoup d'heures en cet oubli, et à l'âme, lorqu'elle revient à elle, il ne lui paraît pas un moment. (2S 14,10.)

13. Par exemple :

> ... à la saison de ces rencontres glorieuses... (Ll 1,31.)

14. S arg.
2S 11,10 / 12,9 / id / 13,1 / id / id / 15,1 / 16,10 / 17,7 / id / 20,6 / 21,8 / id / 26,12 + / id + / id + / 29,10 /
3S 2,11 / 2,15 / id / 31,2 / 43,2 / 44,4 / id /
1N 8,3 / 10,4 / 11,2 / 12,2 / id / 12,3 / 12,7 / 13,12 / 14,5 / 14,6 /
2N 8,1 / 10,8 / 13,6 / 23,5 / 23,8 /
Ct 1,21 / 1,22 / 2,4 / id / 12,4 / 12,8 / 12,11 / 13,2 / 13,9 / 13,18 / 21, 4 / id / 25,1 / 25,4 / 25,5 / 26,5 / 29,9 / id / 38,8 + /
Ll 1,17 / 1,21 / 1,25 / 1,28 + / 1,34 / id / id / 1,35 / 3,8 / 3,10 / 3,26 / 3,39 /
Dans les comptages de « tiempo » nous excluons son dérivé « temporal », dont l'acceptation est d'un tout autre ordre.

15. 2S 12,9.

— Usage 2 : 40 fois pour indiquer une découpe, un laps de temps de la vie spirituelle[16], par exemple :

> … la bassesse et misère qu'au temps de sa prospérité [l'âme] ne pouvait pas voir.[17]

— Usage 3 : 50 fois pour indiquer la durée, le temps qui s'écoule[18], par exemple :

> [ces âmes] pensent qu'elles perdent leur temps.[19]

— Usage 4 : 4 fois pour indiquer un temps métaphysique, condition a priori de la transitivité[20], par exemple :

> l'intelligence pure qui n'est pas dans le temps…[21]

— Usage 5 : 15 fois pour indiquer l'histoire chronologique[22], par exemple :

> … en ces temps qui sont les nôtres…[23]

---

16. S Prol 5
1S 12,5
2S 14,2 / 14,5 / 15,1 / 29,4 /
3S 2,16
1N 2,6 / id / 4,3 / 6,8 / 8,3 / 9,7 / 10,2 / 14,2 / 14,5 / 14,6 /
2N 1,1 / 3,1 / 7,3 / 7,5 / 16,3 /
Ct 2,4 / 13,19 / 14,24 / 16,8 / id / 21,2 / 21,4 / 26,8 / 27,5 / 33,2 /
Ll 1,34 / id + / 3,25 / 3,33 / 3,53 / 3,67 /
17. 1N 12, 2.
18. 1S 11,8 + /
2S 14,4 / 14,10 / 14,11 / id / 17,7 / 20,6 + / 22,8 / 22,13 / 22,16 / 25,10 / 10 / 27,1 /
3S 2,6 / id / 2,15 / 3,2 / 13,1 / id / 13,6 / 18,6 + / 19,1 / 20,3 / id / 22,6 / id + / 23,3 /
31,2 / 31,8 / 35,4 /
1N 3,1 / 8,3 / 8,4 / 10,4 / 10,5 / 14,5 /
2N 7,2 / 9,3 / 11,6 / 12,5 / 19,3 /
Ct 4,4 / 29,15 /
Ll Prol 3 / id / 1,8 + / 1,18 / 1,33 / 2,25 / 3,43 /
19. 2S 14,4.
20. 2S 14,11 / id / id /
3S 42,3
21. 2S 14,11.
22. 2S 19,2 / 19,3 / 19,9 / id / 20,3 / id / 20,5 / 21,9 / 27,2 /
3S 35,4 / 44,5 / id /
Ct 13,2 / 13,10 / 13,18 /
23. 3S 35,4.

Cette répartition a quelque chose d'artificiel dans la mesure où l'imprécision volontaire ou involontaire de certains emplois permet les communications d'un sens à l'autre. Par exemple, de l'usage 2 à l'usage 3, le passage se fait par une expression comme celle-ci :

> Certaines figures, images ou sentiments surnaturels... ont coutume de prendre forme et de s'imprimer en l'âme de manière qu'ils durent beaucoup de temps. [24] ;

de l'usage 3 à l'usage 5, la durée et l'histoire chronologique se rencontrent dans l'interprétation d'un passage biblique :

> [Judith fit des reproches aux Béthuliens] parce qu'ils avaient limité à Dieu le temps auquel ils attendaient les miséricordes. [25] ;

de l'usage 1 à l'usage 3, deux emplois rapprochés permettent un enrichissement réciproque :

> Il est de la condition de Dieu de prendre avec lui avant leur temps les âmes qu'il aime beaucoup, accomplissant en elles en peu de temps [ce qui en demande d'ordinaire beaucoup]. [26]

Et finalement, les cinq usages de « tiempo » se ramassent dans une sentence de ce type :

> ces dons, Dieu les fait quand, et comme, et où il veut, sans être lié au lieu ni au temps, ni à l'arbitraire de celui à qui il les fait. [27]

La confrontation des usages de « tiempo » nous invite donc à les compléter les uns par les autres selon deux directions

---

24. 3S 13,6.
25. 3S 44,5 — Ce télescopage entre « temps historique » et « durée » recouvre en réalité toute la technique patristique de lecture de la Bible selon son sens spirituel. Elle reste fondamentale, nous en verrons d'autres exemples, pour comprendre l'exégèse de Jean de la Croix.
26. Ll 1,34.
27. 3S 42,3.

correspondant à la distinction toute bergsonienne entre *temps* et *durée* selon que nous nous plaçons *ex parte nostra* ou bien *ex parte Dei.* En effet, « tiempo » recouvre simultanément et la durée et l'histoire de la vie spirituelle, avant, pendant et après telle ou telle action divine. *Ex parte nostra,* il en est la dimension transitive parce qu'incarnée :

> nous autres, aveugles, sur la terre, nous ne comprenons que, les voies de chair et de temps... ;

*ex parte Dei,* ce temps n'a en fait aucune consistance propre :

> lui, il est au-dessus du ciel et parle en chemin d'éternité. [28]

Cette distinction est celle de

> toutes les appréhensions et formes des sens et de la mémoire, ce par où l'âme œuvrait dans le temps...

opposées à

> ... l'intelligence pure qui n'est pas dans le temps. [29]

Le temps ne passe donc qu'à la mesure exacte de notre activité, de ce que nous appellerons notre « non-passivité » pour l'opposer à une « non-activité » qui définira exactement l'ouverture de la conscience mystique dans la durée pure. L'appréhension de cette non-activité engendre une seconde mémoire, non plus celle des « formes du sens » que la passivité des communications de Dieu laisse « en olvido y sin tiempo », mais la « mémoire des années éternelles » [30], c'est-à-dire la faculté spécifique de la présence à Dieu et à soi-même comme l'autre était la faculté spécifique du passé ; entre les deux,

---

28. 2S 20,5.
29. 2S 14,11 ; cf. *supra,* p. 69, note 11.
30. Cf. Ll 2,34.

> la mémoire s'est changée en appréhensions éternelles de gloire. [31]

## 2. *Temps et langage*

Le traitement du mot « tiempo » (voire de quelques autres comme « hora », « año » ou « durar » qui ne nous apporteraient pas grand chose) n'épuise pas, bien évidement, l'apparition de la temporalité dans l'œuvre de Jean de la Croix. C'est de toute la syntaxe des phrases qu'il faudrait rendre compte au prix d'un travail impossible : repérage de toutes les préparations, conjonctions, etc. jusqu'à l'analyse des conjugaisons des verbes dont nous avons signalé en passant [32] les ressources qu'elles offrent pour la mise en évidence du fait linguistique. Pourquoi ? Précisement parce que la naissance du langage est corrélative du passage de la durée pure au temps :

> Nous nous exprimons nécessairement par des mots, et nous pensons le plus souvent dans l'espace. En d'autres termes, le langage exige que nous établissions entre nos idées les même distinctions nettes et précises, la même discontinuité qu'entre les objets matériels. [33]

---

31. 2N 4,2 — Cette seconde mémoire n'est donc pas indépendante de la première, et devient la faculté spirituelle la plus englobante *à l'intérieur* de laquelle se distingueront comme ses deux dimensions l'intelligence et la volonté. Et voilà pourquoi en définitive, Jean de la Croix ne parle plus que de ces deux facultés lorsqu'il suppose déjà réalisée l'union mystique (cf. *supra,* pp. 50-51).

32. Cf. *supra,* p. 69, note 11.

33. BERGSON, *Essai sur les données immédiates de la conscience,* 154e éd., Paris, 1976, p. VII. Cette nécessité de fait traîne tout son cortège de problèmes philosophiques sur la liberté, la nature de l'esprit (c'est-à-dire sa « non-nature ») et du langage, problèmes dont une claire conscience est indispensable dans l'approche de la littérature spirituelle (c'est sur ce terrain philosophique et non sur le terrain proprement religieux que butent Baruzi, Morel, Maréchal, même, dans une certaine mesure, cf. *infra,* annexe I, sous peine de s'engager dans les pires impasses lorsqu'il faudra penser les rapports de la nature et de la grâce et du surnaturel (cf. *infra,* 3e lecture). C'est qu'en effet

> cette assimilation [de nos idées aux objets matériels] est utile dans la vie pratique, et nécessaire dans la plupart des sciences. Mais on pourrait se demander si les difficultés insurmontables que certains problèmes philoso-

Une fois encore, le problème rencontré par Jean de la Croix n'intéresse pas la foi et les mœurs, mais les rapports de l'esprit à la matière, et ce n'est pas aux Pères de l'Église qu'il nous renvoie ici, mais à de Saussure, Blondel, Poincaré, Bergson, Valéry, voire un certain Leibniz. Contentons-nous de généraliser la remarque fondamentale à laquelle nous avons été amené un peu plus haut : ex parte Dei, le temps ne « passe » pas et la vie spirituelle est vue selon une pure synchronie de tous ses moments ; ex parte nostra, elle est vue selon une diachronie inévitable, sans aucun espace pour la monstruosité philosophique que constitue l'intervalle quiétiste d'une « action inactive » privilégiée, accédant d'elle-même à l'existence substantielle en vertu de la conjuration du poète : « ô temps, suspends ton vol! ».

Cette diachronie et cette synchronie sont rigoureusement agencées, par exemple dans le raccourci de toute la vie spirituelle que Jean de la Croix place au paroxysme de la conscience du temps qui passe, à la veille de la mort d'amour :

> Ô flamme du Saint-Esprit, qui pénètres si intimement et tendrement la substance de mon âme et la cautérises de ta glorieuse ardeur, puisque désormais tu es si aimable, que tu fais démonstration que tu désires te donner à moi en vie éternelle, si auparavant mes demandes n'arrivaient pas à tes oreilles — lorsque avec anxiétés et fatigues d'amour en lesquelles mon sens et mon esprit étaient peinant à cause de ma grande lâcheté et de mon impureté et de la faiblesse de mon amour, je te priais de me délier et de m'enlever avec toi, ainsi que mon âme le désirait grandement, parce que l'impatience de l'amour ne me permettait pas de me conformer à la condition de la vie en laquelle tu voulais que je vécusse encore — et si les assauts d'amour passés n'étaient pas suffisants, n'étant pas de la qualité qu'il fallait pour obtenir l'effet de mon désir ; maintenant que je suis si fortifiée en amour que non seulement mon esprit et mon

---

phiques soulèvent ne viendraient pas de ce que l'on s'obstine à juxtaposer dans l'espace les phénomènes qui n'occupent point d'espace, et si, en faisant abstraction des grossières images autour desquelles le combat se livre, on n'y mettrait pas parfois un terme. Quand une traduction illégitime de l'inétendu en étendu, de la qualité en quantité, a installé la contradiction au cœur même de la question posée, est-il étonnant que la contradiction se retrouve dans les solutions qu'on en donne ? (*Idem.*)

> sens ne défaillent point en toi, mais que plutôt, fortifiés par toi, mon cœur et ma chair se réjouissent en Dieu vivant avec une grande conformité des parties — d'où vient que je demande ce que tu veux que je demande, et ne demande pas ce que tu ne veux pas, et même ne le puis et ne me vient point en la pensée de le demander — puisque aussi mes demandes sont désormais plus efficaces et de plus grand prix devant tes yeux, comme venant de toi qui m'incites à les faire, et que je te le demande avec goût et joie dans le Saint-Esprit — mon jugement sortant désormais de ton visage, ce qui se fait quand tu prises et exauces les prières — brise la toile délicate de cette vie, et ne permets pas qu'elle soit prolongée jusqu'à ce que l'âge et les ans la tranchent naturellement, afin qu'au plus tôt, je te puisse aimer avec toute la plénitude et tout le rassasiement que mon âme désire, sans terme ni fin [34].

Quels sont les facteurs temporels dans la rédaction de ce passage ? Notons d'abord un facteur stylistique : l'équilibre de cette tirade essoufflante tient dans l'accumulation de longues propositions circonstancielles reliées par une quinzaine de conjonctions « et », opposées au seul impératif « brise » sur lequel elles éclatent comme la marée sur le roc. Il y a là un premier niveau d'expression de la transitivité opposée à l'instantanéité de l'action divine. Plus largement, toute l'œuvre de Jean de la Croix est-elle autre chose que l'amplification de ces propositions circonstancielles opposées à cet impératif ?

A un second niveau, grammatical, nous constatons que tous les verbes circonstanciels sont à l'imparfait ou au présent, temps de la durée, soit passée (registre de l'adverbe « auparavant »), soit actuelle (registre du « désormais »).

A un troisième niveau, sémantique, le sens des verbes au présent s'enrichit d'un aoriste dans la mesure où ils expriment des actions extrêmement transitives (il faut du temps pour « pénétrer », pour « cautériser », pour « ne pas défaillir », etc. ; et « demander », « prier » indiquent une attente). Sur ce troisième niveau, cet aoriste se renforce par des substantifs tels que « anxiété », « fatigue », « impatience », « assauts », autant d'ex-

34. Ll 1,36 ; LUCIEN-MARIE pp. 739-740.

pressions d'un processus itératif et qui n'aboutit pas. Pourquoi ? L'âme écrit ici « en état d'amour enflammé »,

> au plus parfait degré de perfection auquel il se peut parvenir en cette vie.[35] ;

sa peine ne doit donc rien à la purification de quelque imperfection, peccamineuse ou non ; c'est contre la diachronie comme telle qu'elle lutte ici, contre le poids infini de sa créaturalité ressentie à l'état pur comme source d'une inévitable et insupportable activité. Et Jean de la Croix de préciser :

> Pour quelle raison l'âme demande-t-elle que [Dieu] brise la toile plutôt qu'il ne la découpe ou qu'il ne la défasse, alors que tout cela semble la même chose ?... l'amour s'introduit selon le mode de la forme en la matière, qui s'introduit *en un instant*, et jusque là il n'y avait pas acte mais disposition pour lui. Et ainsi les actes spirituels se font en l'âme comme *en un instant* parce qu'ils sont actes infus de Dieu, alors que les actes que l'âme fait d'elle-même se peuvent appeler dispositions de désirs et affections *successives* qui jamais ne parviennent à être actes parfaits d'amour ou contemplation.[36]

Passons maintenant de l'autre côté de la toile et lisons *ex parte Dei* les mêmes actes d'amour sur la surface plane de l'instant éternel :

> Cet attouchement divin ne comporte aucun encombrement ni aucune grosseur, car le Verbe qui le produit est étranger à tout mode et à toute manière et est libre de tout encombrement de forme, figure et accidents, ce qui d'ordinaire circonscrit, borne et limite la substance. Et ainsi, cet attouchement dont on parle ici, pour autant qu'il est substantiel, c'est-à-dire de la substance divine, est ineffable.[37]

---

35. Ll Prol 3.
36. Ll 1, 33.
37. Ll 2,20.

« Es inefable » ! Par défaut d'un vocabulaire adéquat ? [38] Non, mais toujours parce que l'on n'en parle qu'en retraversant la toile, et alors cette simplicité de la substance est forcément perçue selon l'étendue du temps qui passe [39]. Jean de la Croix le dit explicitement à propos de ces communications divines à l'état pur que sont les « intelligences de vérités nues » [40] :

> Sache, cher lecteur, que ce qu'elles sont en elles-mêmes pour l'âme excède toute parole... Cette manière ... de notices de vérités dénudées ... n'est pas comme voir les choses corporelles avec l'entendement ; mais elle consiste en saisir et voir des vérités de Dieu ou des choses qui sont, furent et seront,... [41]

tout à la fois. Si bien que leur appréhension n'est autre que leur réalité et que leur réalité n'est autre que leur appréhension dans un acte unique d'exister et de se communiquer :

---

38. Si oui, tout notre travail ne serait qu'un long jeu de mots vides. Hélas, la mutilation des mystiques au titre de leur « ineffabilité » est générale et permet de renvoyer aux étoiles la réponse à des problèmes qui n'en restent pas moins posés. Exemple de cette « sublimation » : Lucien-Marie (qui reste pourtant le traducteur le plus honnête) achève ainsi le passage que nous venons de citer :

> ... attendu qu'elle est substantielle... est plus délicate qu'il ne se peut dire. (p. 749.)

Or, la « délicatesse » n'est absolument pas en cause dans le texte de Jean de la Croix. Que sont ces « intelligences » ?

> ... il y a deux manières de révélations : les unes, qui sont le dévoilement de vérités à l'entendement et qui s'appellent proprement notices intellectuelles ou intelligences... ; elles ne se peuvent appeler en toute rigueur « révélations », car elles consistent en ce que Dieu fait saisir à l'âme des vérités dénudées, non seulement à propos des choses temporelles, mais aussi des spirituelles, les lui montrant clairement et manifestement. (2S 25,2.)

39. C'est pourquoi la rigoureuse contradiction, qui habite tout langage mystique, ne tient pas à ce dont il parle, mais au fait même de parler ; ce qui lui manque, c'est le recul, la distance d'un discours objectif au moment où tout son effort est d'abolir cette distance. Cf. RUIZ SALVADOR (F.), *Introducción a San Juan de la Cruz,* Madrid, 1968, pp. 100-105.

40. 2S 26,2. — Même remarque que pour la note 38 : pourquoi détruire l'originalité de ces notices qui arrivent « derechamente acerca de Dios » (26,3) en ajoutant un « avec l'entendement » (« ... elle consiste à entendre et voir *avec l'entendement* des vérités, etc. » (LUCIEN-MARIE, p. 225) qu'il s'agit justement d'éliminer ?

41. 2S 26,3.

> toutes les fois que cela se sent, ce qui se sent se forme en l'âme.[42],

et c'est pourquoi

> l'âme voit clairement [*notons cette vision de l'âme passive mais non pas aveugle*] qu'il n'y a pas moyen de pouvoir en dire quelque chose.[43],

à moins que ne retraversant la toile l'on ne dise comme Moïse :

> « Dominateur, Seigneur Dieu, miséricordieux et clément, patient et plein de compassion et véridique, qui gardes la miséricorde que tu promets à des milliers. » D'où il se voit que Moïse ne pouvant pas déclarer ce qu'il connut en Dieu en une seule notice, il le dit avec débordement par toutes ces paroles.[44]

La limite entre le dicible et l'indicible passe donc entre le « en Dieu » et le « en Moïse », hors de Dieu ; elle est « la toile délicate de cette vie » qui sépare de Dieu, mais en même temps « toile de la douce rencontre » qui unit à lui : telle est la permanente ambiguïté du langage qui n'existe que grâce à

> la toile sensitive qui comprend seulement l'union de l'âme et du corps, qui est vie sensitive et animale.[45]

Ce qui est en cause dans l'indicibilité de l'expérience mystique n'est donc ni un « raptus mentis » (« l'âme voit clairement » dans l'expérience mystique), ni un défaut de vocabulaire (décomposé réflexivement, le contenu de cette communication redevient dicible), mais la non-superposition des éléments du langage qui se déroule dans le temps, ou qui déroule le temps, *ex natura sua :* on ne peut dire qu'une seule chose à la fois, et la durée n'est saisie qu'à l'instant où elle se résout dans la marche du temps.[46]

---

42. *Id.* et non pas : « Et toutes les fois qu'on sent cette intelligence, elle attache dans l'âme la chose même qu'elle sent... » (LUCIEN-MARIE, p. 226), ce qui décompose l'acte simple en au moins trois moments.
43. *Id.*
44. 2S 26,4.
45. Ll 1,29.
46. Nous retrouvons ici les deux sphères d'appartenance du langage décrites par de Saussure : l'enchaînement linéaire de la langue dans le temps, et la masse

Arrêtons-nous un instant sur la portée de la réflexion de Jean de la Croix. Nous voyons confirmé son objet proprement linguistique ; elle répond en cela aux nécessités de la direction spirituelle, au moins comprise au sens large, seule raison d'être de toute l'œuvre. Elle révéle un discours sur la substance hors de la substance définitivement enfermée dans sa simplicité et qui échappe à toute discursivité, exprimée en termes temporels ou autres.

Que la réflexion se déroule *sur*, et donc *hors de*, la réalité substantielle, rien de bien nouveau dira-t-on ! Certes, et pourtant l'activité mentale se dépense très généralement à confondre les deux niveaux. Tout se passe comme si l'homme naissait naturellement spinoziste, et Jean de la Croix n'a qu'un souci : ne pas laisser tuer l'Esprit par l'idée de l'Esprit, prévenir la dérive qui semble inévitablement porter tout homme — ou au moins tout homme occidental — de la réflexion au rationalisme et du doute méthodique au doute doctrinal[47] ; c'est pour cela qu'au cœur du malentendu (éternel ?) entre théologien et mystique, malentendu qui prend trop souvent à son goût la forme d'une incompréhension entre directeur spirituel et dirigé, Jean de la Croix analyse la naissance de la réflexion comme *fait spirituel*, mettant ainsi définitivement hors circuit une métaphysique des raisons suffisantes et pré-existantes, mort certaine de l'immédiate liberté des partenaires de la rencontre mystique[48]. Cette

---

psychologique agrégée à chacun de ses éléments dans la durée, la première tendant vers la communication, la seconde vers la communion. Cf. *op. cit.* pp. 170-171.

47. Une méthode n'est pas une doctrine : elle est un système d'opérations qui fasse mieux que l'esprit livré à lui-même le travail de l'esprit — une doctrine peut prétendre nous enseigner quelque chose dont nous ne savions absolument rien ; cependant qu'une méthode ne se flatte que d'opérer des transformations sur ce dont nous savons déjà quelque partie pour en extraire ou en composer tout ce que nous pouvons en savoir. (VALERY (P.), *op. cit.,* p. 821.)

On gagnera ici à confronter les expériences intérieures de Jean de la Croix et de Descartes, notamment avec LAVELLE (L.), *Quatre Saints,* Paris, 1951, pp. 103 ss.

48. Les hommes presque de tout temps ont été troublés par un sophisme que les anciens appelaient la *raison paresseuse*, parce qu'il allait à ne rien faire ou du moins à n'avoir soin de rien, et à ne suivre que le penchant des plaisirs présents. Car, disait-on, si l'avenir est nécessaire, ce qui doit arriver arrivera quoi que je puisse faire. Or l'avenir, disait-on, est nécessaire, soit

métaphysique remarquablement *efficace* («il n'y a pas d'effet sans cause ; en connaissant la cause je maîtrise l'effet») vaut ce que vaut l'activité humaine, et Jean de la Croix n'en nie pas plus la nécessité qu'il ne nie celle, infiniment douloureuse, de cette activité ; mais le statut du langage, et pas seulement du langage mystique, révèle son caractère profondément paradoxal dans cette situation-limite qu'est le mariage spirituel ; là, l'identification pratique des mots et des choses que consentait l'action technique sur l'univers n'est plus possible : entre les deux se glisse la toile de la rencontre de Dieu, toute l'épaisseur de la créaturalité comme condition du langage. Mieux que quiconque, Jean de la Croix nous renvoie aux sains présupposés du réalisme philosophique qui, par le biais de l'intentionnalité de la connaissance, s'interdit de penser plus que l'absence des choses, c'est-à-dire l'universalité de leur essence.

Notons en passant que toute théologie rationnelle (qui porte donc sur les «choses divines») révèle ici aussi sa propre limite ; son objet divin ne lui confère aucun privilège car elle n'en parle que dans le temps qui passe, et meurt au contact de l'expérience de Dieu, dénonçant ainsi son point de vue transcendental.

Mystique et théologie : donnons à leur rapport les honneurs d'une formulation cartésienne née curieusement au confluent des textes de Jean de la Croix et du génie de l'école française :

---

> parce que la divinité prévoit tout, et le préétablit même, en gouvernant toutes les choses de l'univers ; soit parce que tout arrive nécessairement par l'enchaînement des causes ; soit enfin par la nature même de la vérité qui est déterminée dans les énonciations qu'on peut former sur les événements futurs, comme elle l'est dans toutes les autres énonciations, puisque l'énonciation doit toujours être vraie ou fausse en elle-même, quoique nous ne connaissions pas toujours ce qui en est. Et toutes ces raisons de détermination qui paraissent différentes, concourent enfin comme des lignes à un même centre : car il y a une vérité dans l'événement futur, qui est prédéterminé par les causes, et Dieu la préétablit en établissant les causes. (LEIBNIZ, *Essais de Théodicée*, éd. Garnier, Paris, 1969, p. 30.)

Devant tant de lucidité, on se prend à regretter que le prince du rationalisme ne sorte du «fatum mahumetanum», du «fatum stoïcum», et du «fatum christianum» que pour nous assener le «fatum leibnizianum» ! Paradoxe de cet ami de Bossuet que sa pente la meilleure (et celle de son siècle) portait malgré tout vers Fénelon.

> L'entretien humain et extérieur nous propose les choses de Dieu afin que nous y entrions ; mais, en nous les proposant, il les dégrade de leur dignité, les avilit et les abaisse pour les rendre compréhensibles à la créature qui est revêtue de l'homme extérieur... Les choses de Dieu donc, ne sont pas dans les discours humains en une manière qui nous puisse sanctifier, mais en Dieu seulement, et dans l'esprit de la foi, car il est Dieu. Et si nous voulons entrer en vérité dans les choses proposées, il nous faut séparer de notre sens et des paroles de celui qui nous parle, de son sens, et de son esprit propre, pour adhérer, dans l'esprit de Dieu et par ce même esprit, à Dieu, et entrer en lui dans les choses proposées. [49]

Tous les mots du Père de Condren sont importants si l'on conserve leur force classique : la reconnaissance du statut propre de la théologie met en relief l'irréductibilité de l'esprit de Dieu, de l'esprit tout court, qui sanctifie et ne peut être compris. Cette irréductibilité de l'esprit est la seule condition a priori du langage, et c'est pourquoi, après Jean de la Croix, F. de Saussure et le Père de Condren, c'est encore à Bergson qu'il faudrait revenir ici pour lire dans la conscience du temps qui passe la première cristallisation de cette loi du langage.

Mais revenons à Jean de la Croix pour le voir développer à grande échelle ce rapport obligatoire entre théologie et mystique, et plus largement entre essence et personne, dans son image la plus naturelle, la plus lumineuse en même temps que la plus riche en possibilités littéraires : l'image d'une flamme, d'une combustion.

### 3. *La flamme: de l'être à la personne*

> Cette notice purgative et amoureuse ou lumière divine... se comporte en l'âme (la purifiant et la disposant pour se l'unir parfaitement) de la même manière que le feu se comporte en la bûche pour la transformer en lui ; en effet, le feu matériel, en s'appliquant à la bûche, la

49. Condren (Ch. de), *Lettres et discours,* Paris, 1668, pp. 108-112, cité en Bremond (H.), *Histoire littéraire du sentiment religieux en France etc.,* Paris, 1923, vol. III, pp. 385-386.

première chose qu'il fait est de commencer à la sécher, chassant au dehors son humidité et lui faisant pleurer l'eau qu'elle enferme en elle ; ensuite, il la rend noire, obscure et laide et même de mauvaise odeur et, au fur et à mesure qu'il la sèche peu à peu, il la tire à la lumière et en extirpe tous les accidents laids et obscurs qu'elle contient d'opposés au feu, et, finalement, commençant à l'enflammer par l'extérieur et à la réchauffer, il en arrive à la transformer en lui et à la rendre belle comme le feu lui-même ; en cet achèvement, il n'y a plus aucune passion ni action propres du côté de la bûche, si ce n'est la pesanteur et quantité plus denses que celles du feu, car elle a en elle les propriétés et actions du feu ; car il est sec et elle est sèche, chaud et elle est chaude, claire et elle éclaire ; elle est bien plus légère qu'auparavant, le feu produisant en elle ces propriétés et ces effets. [50]

De toutes les images qu'emprunte Jean de la Croix au patrimoine universel de la poésie et de la mystique, celle de la flamme et de la bûche enflammée est sans doute sa préférée [51]. Elle se prête à des développements particulièrement adaptés au problème posé ici, en ce que la flamme associe un processus transitif et temporel (la combustion) à un état permanent et actuel (l'incandescence).

---

50. 2N 10,1.

51. Sur un précédent littéraire particulièrement remarquable de cette image de la bûche, cf. SCHAFERT (C.), *L'allégorie de la bûche enflammée dans Hugues de Saint-Victor et dans saint Jean de la Croix,* en Revue d'Ascétique et de Mystique, 1957, pp. 241-263 et 361-386. — Une formulation très voisine nous en est fournie par Eckhart : « Quand le feu agit, allume et enflamme le bois, le feu rend subtil le bois qui lui est dissemblable, lui enlève sa grossièreté, sa froideur, sa pesanteur et son humidité et rend le bois de plus en plus semblable à lui-même, le feu ; cependant, ni chaleur ni froideur ou ressemblance n'apaisent, ne calment, ne satisfont ni le feu ni le bois, jusqu'à ce que le feu s'engendre lui-même dans le bois, lui communique sa propre nature et son propre être, en sorte que tout est un seul feu, également propre à tous deux, sans différence, sans plus ou sans moins. Et c'est pourquoi, avant qu'il en soit ainsi, se produisent toujours une fumée, une lutte, un crépitement, un effort, un conflit entre le feu et le bois. Mais lorsque toute dissemblance est enlevée, rejetée, le feu se calme et le bois se tait. (*Le livre de la consolation divine,* trad. J. Ancelet-Hustache, Paris, 1971, p. 114 ; cf. *Sermon 11.*) Nous ne comprenons guère les réticences de J. ORCIBAL à rapprocher ces deux textes (cf. *Saint Jean de la Croix et les mystiques rhéno-flammands,* Bruges, 1966, p. 84).

33,

Mais pour saisir toute la richesse de l'image, une donnée préalable doit être tenue présente à l'esprit : Jean de la Croix demande à être lu dans le contexte de la cosmologie traditionnelle des quatre éléments qui reste la sienne, même si, contemporain de Galilée, il pouvait en mesurer la valeur purement allégorique. Il nous y invite explicitement dans le Cantique Spirituel :

> [l'âme] appelle « forêts » les éléments qui sont terre, eau, air et feu. [52]

Parmi ces quatre éléments, le feu occupe une place particulière en ce qu'il est présent au cœur de tous les autres :

> ... la terre porte d'innombrables variétés d'animaux et de plantes, l'eau, d'innombrables sortes de poissons, l'air, une grande diversité d'oiseaux ; et l'élément du feu concourt avec tous pour leur animation et conservation. [53]

Cette combinaison du feu aux autres éléments se double d'une seconde, plus fondamentale : la continuité ontologique qui, dans la même cosmologie, supporte leur apparente diversité et sans laquelle les explications de Jean de la Croix nous resteraient souvent incompréhensibles. Nous en empruntons la formule à un texte de Platon parce qu'il a traversé tous les siècles et n'a pas pu ne pas parvenir à Jean de la Croix, même si l'idée qu'il contient imprègne toute la culture antique :

> ... nous voyons que ce que nous appelons eau à présent, devient, croyons-nous, en se condensant, des pierres et de la terre, et qu'en fondant et se dissolvant, ce même élément devient souffle et air ; que l'air enflammé devient feu, et qu'au rebours, le feu contracté et éteint revient à la forme d'air, que l'air condensé et épaissi se transforme en nuage et en brouillard, et que ceux-ci, comprimés encore davantage, donnent de l'eau courante, que l'eau devient de nouveau de la terre et des pierres, de sorte que les

52. Ct 4,2.
53. Ct 4,2.

> éléments, à ce qu'il semble, se transmettent en cercle la naissance les uns aux autres...[54]

Le privilège du feu comme élément vital de la nature et cette communication fondamentale entre les quatre éléments vont être les resssorts des multiples développements que Jean de la Croix greffera sur l'image de la flamme.

a) *Continuité de la vie spirituelle*

L'omniprésence du feu dans la nature se reflète d'abord dans la continuité de l'action divine du début à la fin de la vie spirituelle, quelles qu'en soient les perceptions changeantes du côté de qui la reçoit : une unique flamme a séché et carbonisé la bûche avant de l'embraser ; de même,

> auparavant cette flamme était pénible à l'âme, plus qu'il se peut dire, s'affrontant en elle contraires contre contraires : Dieu, qui est toutes les perfections, contre les habitudes imparfaites de l'âme ; afin que cette flamme la transformant en soi, elle la rendit suave, et la pacifiât, et l'éclairât, comme le feu fait à la bûche lorsqu'il est entré en elle.[55]

Et non seulement l'image indique un processus continu du côté de son acteur, mais elle suppose aussi la permanence de ce sur quoi elle s'applique : c'est bien la même bûche que le feu transforme en lui sous ses états changeants.

b) *Communion, transformation et distinction des partenaires spirituels*

Avançons d'un pas. Si cette bûche et le feu qui la travaille conservent leur identité et si pourtant l'un s'assimile à l'autre, comment imaginer entre eux le mélange qui ne mettra en cause ni la réalité des éléments, ni celle de leur communication ? Ici, au-delà d'une image, il faut apporter des raisons. Platon, nous l'avons vu, postule le passage naturel de l'une à l'autre, et

54. *Timée* 49c, traduction E. CHAMBRY — On trouverait déjà substantiellement la même doctrine chez Héraclite ; cf. DIOGÈNE LAERCE, *Vie, doctrines et sentences des philosophes illustres,* livre IX.
55. Ll 1,23.

Jean de la Croix conservera le meilleur de cette solution ; mais à elle seule elle risquerait toujours de faire de la bûche une simple modalité du feu et, partant, de faire de l'âme une simple modalité de Dieu selon un schéma panthéiste :

> de même qu'il faut que les éléments, pour se communiquer en tous les composés et existants naturels, ne soient affectés d'*aucune particularité* de couleur, d'odeur ou de saveur, pour pouvoir concourir avec toutes les saveurs, odeurs et couleurs, de même faut-il que l'esprit soit *simple, pur et dénudé* de toutes sortes d'affections naturelles, aussi bien actuelles qu'habituelles, pour pouvoir *communiquer avec liberté* avec l'ampleur de l'esprit à la divine Sagesse, en laquelle il goûte par sa limpidité toutes les saveurs de toutes les choses avec une certaine éminence d'excellence.[56]

Le problème de la communication d'un élément à l'autre n'est donc pas résolu par Jean de la Croix grâce à l'adjonction de quelque intermédiaire ontologiquement privilégié ni par un dédoublement de plans, celui des apparences physiques où rien ne communiquerait et celui des réalités idéales où tout communiquerait dans la transparence du milieu noétique ; il est résolu par voie de *simplification* : tout ce qui est « particulier » à la bûche devient universel lorsqu'elle brûle, et par suite tout ce qui tombe sous le sens et l'entendement, ces facultés de *séparation*, devient général dans le mariage spirituel, c'est-à-dire simple, et donc immédiatement perçu en amont de toute faculté, et cela sans que Jean de la Croix ne nous en donne davantage d'explications ; nous avons frôlé la métaphysique, mais pour aussitôt la dépasser d'un coup d'aile !

Avançons encore d'un pas :

> Et ainsi cette flamme est-elle désormais amour suave, car en la transformation de l'âme en elle, il y a conformité et satisfaction des *deux parties*, et pour autant, elle n'afflige plus par variation en plus ou en moins, comme elle le faisait avant que l'âme n'arrive à la capacité de ce parfait amour. Car, y étant arrivée, *l'âme demeure maintenant aussi*

56. 2N 9,1 ; « … comunicar con libertad con la anchura del espíritu con divina Sabiduría. » L'espagnol ici n'est pas beaucoup plus beau que le français !

> *transformée et conforme à Dieu que le charbon enflammé l'est au feu*, sans cette fumée et ce crépitement qu'il émettait avant qu'il le soit, et sans l'obscurité et les accidents propres qu'il possédait avant que le feu n'entre complètement en lui... [de même] le feu d'amour possède-t-il [l'âme] pleinement, de manière achevée et suave, sans peine de fumée et de passions et accidents naturels, mais transformée en la flamme qui *la consuma en tout cela* et la transforma *en Dieu,* si bien que ses *mouvements et actions* sont maintenant divins. [57]

Deux ordres d'affirmations sont juxtaposés dans ce texte : d'une part la transformation complète de l'âme en Dieu après consommation de ses passions et accidents naturels ; elle « satisfait » Dieu qui épuise en elle sa forme et ses actes autant que l'inverse. Mais d'autre part, de même qu'il n'y a pas de feu sans combustible, Jean de la Croix maintient aussi fermement la distinction et l'exacte réciprocité des deux sujets de cette métamorphose : Dieu et l'âme. Pourra-t-il les maintenir indéfiniment ? Oui, car il saura encore une fois s'arrêter au seuil de pénibles explications philosophiques en abandonnant au bon moment l'aspect quantitatif de son image, limitant la consumation de la bûche à ses « actions et passions propres » jusqu'à ce qu'elle acquière « les propriétés et actions du feu » ; au-delà, elle ne « consume » plus mais « embrase et flamboie » sans destruction :

> quoique ce feu de Dieu soit consumant si impétueusement qu'il consumerait avec plus de facilité mille mondes que le feu d'ici-bas une poignée de lin, *il ne consume ni n'épuise l'âme en laquelle* il flamboie de cette façon, ni ne lui donne aucune peine, mais au contraire il la déifie (la endiose [58]) et délecte à mesure de la force de l'amour, embrasant et flamboyant en elle suavement. [59]

Le charbon (c'est-à-dire l'élément terreux) incandescent n'est ni feu ni charbon : il est entièrement feu et entièrement charbon,

---

57. Ct 38,14.
58. Cf. *infra*, pp. 350 ss.
59. Ll 2,3 ; « en elle » : conjectural d'après la première rédaction.

mais ne le reste que dans la mesure où il reste *acte* pur d'incandescence. Dans cette mesure seulement, toutes les audaces ontologiques deviennent possibles ; par exemple, le feu étant aussi bien air et eau :

> [ces lampes] de feu, l'âme les nomme ici « flammes » parce que non seulement elle les goûte en elle-même comme des eaux, mais aussi elle les exerce en amour de Dieu comme des flammes. [60]

Et tout le commentaire au vers : « ¡ Oh lámparas de fuego ! » joue sur cette communication sans confusion des éléments « eau », « air » (corrélatif de lumière) et « feu » dont ces lampes cumulent les attributs. Encore une fois, un tel mélange n'a aucun inconvénient dans le domaine de la *simplicité*, qui est celui de la transformation d'amour, en amont de toute réflexion ontologique qui peut dès lors en devenir une illustration, au même titre que n'importe quelle image [61]. Ce qu'il y a d'un peu délicat ici, c'est qu'en réalité Jean de la Croix joue sur deux plans et combine deux comparaisons : celle du feu physique et celle du feu métaphysique qui s'entrecroisent perpétuellement, et voilà, nous semble-t-il, le fond de la distinction entre flamme et feu ; mais cette distinction reste intérieure à une *description* phénoménologique, empruntât-t-elle ses figures à la métaphysique autant qu'à la physique, et non pas à une *explication* transcendantale de l'état de mariage spirituel.

L'image de la bûche enflammée n'est donc pas celle d'une transmutation du réel, mais celle d'une simplification totale qui repousse à l'horizon philosophique les problèmes de séparation entre les êtres pour poser l'acte pur des relations entre l'âme et Dieu, relations aussi subsistantes que celles de la flamme et du feu. La « nature » de l'âme n'est en quelque sorte que son capital créé, sa

---

60. Ll 3,8.

61. C'est faute d'avoir distingué ici avec soin les niveaux d'expression du texte que diverses censures n'ont pu que le rejeter.

Sur cette précaution élémentaire dans la lecture de Jean de la Croix, Cf. ORCIBAL (J.), *Saint Jean de la Croix et les mystiques rhéno-flamands,* Bruges, 1966, pp. 222-224.

pesanteur et quantité plus denses que celles du feu [62],

offert au feu pour qu'il flamboie :

> [Dieu] pénètre toujours la substance de l'âme, la déifiant et la faisant divine, ce en quoi *il absorbe l'âme au-dessus de tout être à être de Dieu,* (absorbe al alma sobre todo ser a ser de Dios), parce que Dieu la rencontra et la traversa vivement en l'Esprit-Saint. [63]

Les êtres ne sont là que comme monnaie d'une rencontre qui les transforme en échange vital, voilà ce qu'exprime l'image de l'incandescence. Ceci posé, Jean de la Croix ne tarira pas sur la totalité de cet échange et la réciprocité permanente de cettte rencontre :

> l'amour produit une telle sorte de ressemblance en la transformation de ceux qui s'aiment qu'il se peut dire que chacun est l'autre et que tous deux sont un. La raison en est que dans l'union et transformation d'amour, l'un donne possession de soi à l'autre et chacun se désire et donne et échange pour l'autre ; et ainsi chacun vit dans l'autre, et l'un est l'autre, et les deux sont un par transformation d'amour. [64]

Enfin, si l'on rapproche ces deux derniers textes, on voit d'une part que dans cette transformation tout le principe actif est du côté de Dieu et tout le principe passif du côté de l'âme, et d'autre part qu'en jouant sur l'amphibologie du mot « être », Dieu *n'a pas* d'être parce qu'*il est*, alors que l'âme *n'est pas* parce qu'elle *a*

---

62. 2 N 10,1 ; cf. *supra*, p. 102.

63. Ll 1,35 — C'est là ce que Hans Urs von Balthazar reconnaît comme « l'homme dans sa vérité » (*Herrlichkeit, eine theologische Ästhetik,* Einsiedeln, 1961-1963 ; trad. française : *La gloire et la Croix*, vol. II, Paris, 1972, pp. 10 ss), expression suggestive mais intégrée à un projet théologique qui fait de l'amour une nouvelle et définitive « solution » (*id.*, pp. 21-22), subordonnée à la cohérence de la compénétration de ce que von Balthazar appelle « l'au-delà » et « l'ici-bas », et dont la consistance nous semble plus philosophique que religieuse.

64. Ct 11,7 — On peut repérer ici le passage du thème de la transformation d'amour à celui de la ressemblance à Dieu tel que nous le développerons dans notre troisième lecture de l'œuvre de Jean de la Croix.

*de l'être* et que cette transformation consiste précisément à fonder l'être dans la rencontre de l'essence et de l'existant. Mystique et métaphysique se touchent ici par la pointe. En effet,

> tout l'être des créatures, comparé à l'être infini de Dieu n'est rien ; et pour autant, l'âme qui met en lui [= l'être des créatures] son affection n'est également rien devant Dieu, et moins que rien car, comme nous avons dit, l'amour rend égal et ressemblant... et pour autant cette âme ne pourra en aucune manière s'unir à l'être infini de Dieu, *car ce qui n'est pas ne peut convenir avec ce qui est.* [65]

Or, on voit clairement deux usages juxtaposés du mot « être » dans cette phrase, car celui qui permet d'« être rien » n'est pas celui qui permet de dire de cet « être rien » qu'il « n'est pas ». Mais passons. En tout cas, pour qui penserait qu'il s'agit là d'une simple manière de parler, Jean de la Croix souligne en sept reprises que

> ... toute la beauté des créatures, comparée à la beauté infinie de Dieu, est laideur suprême...
> ... toute la grâce et le charme des créatures, comparés à la grâce de Dieu, est suprême disgrâce et suprême dégoût...
> ... toute la bonté des créatures du monde, comparée à l'infinie bonté de Dieu, on peut l'appeler malice...
> ... toute la sagesse du monde et l'habileté humaine, comparées à la sagesse infinie de Dieu, est pure et suprême ignorance...
> ... toute la seigneurie et liberté du monde, comparées à toute la liberté et seigneurie de l'esprit de Dieu, est suprême servitude et angoisse et esclavage...
> ... tous les délices et toutes les saveurs de la volonté en toutes les choses du monde, comparés à tous les délices que Dieu est, sont peine suprême, tourment et amertume...
> ... toutes les richesses et gloires et la gloire de toute la création, comparées à la richesse qu'est Dieu, sont suprême pauvreté et misère... [66]

---

65. 1S 4,4.
66. 1S 4,4-8.

Cependant, le mot important dans cette énumération est celui de *comparaison* : il indique le seul point de vue qui intéresse Jean de la Croix, le point de vue mystique. Et de ce point de vue là — il ne se prononce pas sur les autres — *Dieu seul est*. Libre aux métaphysiciens d'en changer pour sauver sur un autre plan la réalité de la participation de toute créature à l'être de Dieu, et Jean de la Croix sera le premier à le faire quand il le faudra[67], mais ici, il nous invite à regarder bien plus haut et à mettre hors circuit l'ontologie en la poussant à sa limite ; et il nous en découvre du fait même le fondement au point où se séparent deux directions de la pensée : celle des essences et des séparations d'une part, celle des personnes et des relations d'autre part. Dans la seconde, celle de l'univers et de l'anthropologie proprement mystiques, il n'y a aucune différence d'être entre Dieu et son partenaire spirituel — l'être est au contraire leur milieu d'échange, le combustible de la combustion[68] —, mais il y a différence totale de personnes, et penser leur distinction sera penser la double polarité de l'actuation entre acteur et actué, sans laquelle il n'y aurait pas combustion mais fusion et confusion. Toute philosophie de l'être retrouve ici son préalable spirituel, très en deçà de sa cristallisation dans une réflexion sur l'être en tant qu'être.

---

67. Cf. par exemple 2S 5,3 cité en introduction à toutes nos lectures.
68. ... l'âme voit qu'elle donne à Dieu une chose qui lui est propre et qui convient à Dieu *selon son être infini*. Quoiqu'il soit vrai que l'âme ne puisse donner de nouveau Dieu lui-même à lui-même, puisqu'il est toujours en soi le même pour lui, toutefois l'âme le fait parfaitement et véritablement pour son compte, donnant tout ce qu'il avait donné pour gagner l'amour, ce qui est donner autant que l'on vous donne. Et Dieu se paie de ce don de l'âme (car il ne se serait pas payé de moins), et Dieu le prend avec bonne grâce comme chose que l'âme lui donne d'elle-même, et dans ce don même, il aime l'âme de nouveau, et dans ce retour de Dieu à l'âme, l'âme aime aussi comme de nouveau. Et ainsi entre Dieu et l'âme est actuellement formé un amour réciproque conforme à l'union et à l'engagement matrimonial, ce en quoi les biens de tous deux, qui sont *la divine essence*, chacun les possédant librement en vertu de l'engagement volontaire de l'un envers l'autre, tous les deux ensemble les possèdent, l'un disant à l'autre ce que le Fils de Dieu dit au Père par saint Jean, à savoir : « Omnia mea tua sunt, et tua mea sunt, et clarificatus sum in eis. »... et que l'âme puisse faire ce don, *quoiqu'il soit d'entité supérieure à sa capacité et à son être*, cela est clair, tout comme celui qui possède en propre beaucoup de gens et de royaumes, qui sont de beaucoup plus d'entité que la sienne, peut les donner à qui il veut. (Ll 3,79.)

c) *Principe d'élaboration d'une anthropologie mystique*

Sur le fond de cet échange, l'image de la flamme va développer une quantité d'harmoniques qui constitueront l'anthropologie mystique dans la lumière du mariage spirituel, libérée des contraintes d'une philosophie de l'être (« libre » ne voulant donc pas dire « opposé »). Nous ne faisons ici qu'en énumérer quelques-unes à titre d'exemple, leur analyse constituant notre quatrième lecture de l'œuvre[69] :

— A la fois braise incandescente et flamme, le feu permet de penser une modulation de l'action divine à l'intérieur de l'état, stable de soi, de mariage spirituel :

> Il y a la même différence entre la transformation en amour et la flamme d'amour qu'entre l'habitus et l'acte ; c'est celle qu'il y a entre la bûche enflammée et sa flamme : la flamme est effet du feu qui se trouve en elle. D'où, l'âme qui se trouve en état de transformation d'amour, nous pouvons dire que son habitus est comme la bûche que le feu investit en permanence, et les actes de cette âme sont la flamme qui naît du feu d'amour.[70]

— Une seule flamme ardente entre deux pôles : la génération du Saint-Esprit, vie de l'âme autant que de Dieu, est intégrée au cœur du mariage spirituel :

> cette flamme d'amour, c'est l'esprit de son Époux, qui est l'Esprit-Saint... telle est l'opération de l'Esprit-Saint dans les âmes transformées en amour que les actes intérieurs qu'il fait sont de flamboyer ; ce sont des inflammations d'amour en lesquelles la volonté unie de l'âme aime de façon très relevée, faite un amour avec cette flamme... ainsi, en cet état, l'âme ne peut produire d'actes car l'Esprit-Saint les produit tous et l'y meut, et pour autant tous ses actes sont divins puisqu'elle est produite et mue par Dieu ; d'où il semble à l'âme que chaque fois que cette

---

69. Cf. *infra,* p. 179.
70. Ll 1,3-4 ; cf. *infra,* p. 209 et *id.,* note 85.

> flamme flamboie, la faisant aimer avec saveur et modes divins, elle est en train de lui donner vie éternelle, car elle l'élève à opération de Dieu en Dieu. [71]

— A la fois air et feu, ombre et lumière, la flamme permet de distinguer ton sur ton toutes les richesses de l'âme et de Dieu à l'intérieur de leur vie commune :

> ces splendeurs sont les notices amoureuses que les flambeaux des attributs de Dieu donnent d'eux-mêmes à l'âme, notices en lesquelles, unie selon les puissances, elle aussi resplendit comme eux, transformée en splendeurs amoureuses... comme l'air qui est dans la flamme, embrasé et transformé en la flamme, car la flamme n'est pas autre chose que de l'air enflammé ; et les mouvements et splendeurs que fait cette flamme ne sont ni seulement l'air ni seulement le feu dont elle est composée, mais union de l'air et du feu, et le feu les fait faire à l'air qu'il tient enflammé en soi. [72]

A partir de là va se développer tout un jeu d'ombres chinoises en vertu de lois optiques qui étonneraient Descartes, mais qui permettent d'associer la distinction du projetant et du projeté à une égalité de luminosité entre les deux :

> chaque chose possède et projette une ombre conforme à la dimension et aux propriétés de la chose elle-même. Si la chose est opaque et obscure, elle projette une ombre obscure, et si la chose est claire et subtile, elle projette une ombre claire et subtile ; et ainsi, l'ombre d'une ténèbre sera une autre ténèbre à la manière de cette ténèbre et l'ombre d'une lumière sera une autre lumière à la dimension de cette lumière. [73] ;

ce qui donne par exemple :

> l'ombre que projette sur l'âme le flambeau de la beauté de Dieu sera une autre beauté à la dimension et propriété de cette beauté de Dieu... [74]

---

71. *Id. ;* cf. *infra,* pp. 209 s.
72. Ll 3,9.
73. Ll 3,13.
74. Ll 3,14.

et de même Dieu projettera-t-il en l'âme tous ses attributs et, finalement, se projettera-t-il lui-même en ombre lumineuse. Ici, relisant le texte de sa première rédaction, Jean de la Croix accentue encore le réalisme de cette présence ombratile de Dieu en l'âme et ajoute :

> cette ombre est tellement selon les dimension et propriété de Dieu qu'elle est [— *non pas ombre* de *Dieu, ce qui sépare encore trop l'un de l'autre,* mais :] Dieu *lui-même* en ombre. [75]

— La physique des quatre éléments assigne à chacun d'eux son « lieu naturel », une « sphère » vers le centre de laquelle il est perpétuellement attiré :

> ... le feu monte toujours du bas vers le haut, avec appétit de s'engouffrer au centre de sa sphère. [76] ;

la différence de sphère entre l'air et le feu permet de ce fait de penser la tension de l'âme transformée en amour et sans cesse renvoyée hors d'elle-même vers la gloire et l'au-delà :

> [dans ces jeux de la flamme... ] il semble que l'Esprit-Saint soit toujours en train de chercher à achever de donner à l'âme la vie éternelle et à achever de la transporter à sa gloire parfaite, la faisant alors véritablement entrer en lui... de même que tous les mouvements et flamboiements que la flamme fait avec l'air enflammé sont pour l'emporter avec elle au centre de sa sphère... mais comme l'air demeure en sa propre sphère, elle ne l'emporte pas. [77]

— A la fois lumière et chaleur, la flamme permet de penser l'actuation immédiate des puissances inférieures et supérieures de l'âme par l'Esprit-Saint, actuation que ces puissances réfléchissent au-dessus de leur exercice propre et différencié :

75. Ll 3,14 ; passage absent de la première rédaction.
76. 2N 20,6.
77. Ll 3,10.

Ô flambeaux de feu !
Dans vos resplendescences,
Les profondes cavernes du sens
Qui demeurait obscur et sans yeux,
Avec d'étranges excellences,
Chaleur et lumière donnent au Bien-Aimé d'un même jeu. [78]

Or,

> ces cavernes sont les puissances de l'âme : mémoire, entendement et volonté. [79]

Tels sont les premiers mouvements d'un concert qui intègrera finalement dans une harmonie nouvelle tous les éléments anthropologiques reçus par Jean de la Croix dans de multiples contextes. Ce que l'image du feu vient de nous découvrir, c'est le principe du passage d'un univers sémantique à l'autre, qu'une première lecture de l'œuvre nous avait forcé à mettre en évidence, passage de la vérité de l'être à la vérité de l'amour.

Ici renaît l'éternelle objection : la bûche reste quand même une « chose », le feu reste une « chose », on ne nomme que des « choses », et nommer l'esprit est nommer une « chose » (« l'esprit est un os » dira Hegel, confessant son véritable point de vue a-spirituel et celui de ses disciples, fussent-ils lecteurs de Jean de la Croix comme lui-même l'était de Eckhart), on ne parle d'amour qu'en termes de « choses » et d'être, ou bien l'on se tait, et Jean de la Croix n'a pas échappé à cette loi du langage. C'est vrai, mais Jean de la Croix est *conscient* de cette loi du langage qui est donc une loi de *l'esprit* et non pas des choses, et c'est là qu'il se montre grand auteur : respectant le paradoxe de l'expérience mystique qui n'est autre que celui du langage, il crée une langue qui se dénonce elle-même en ce que chacun de ses éléments n'est repérable qu'en mouvement perpétuel, en virtualité de transformation d'amour, donc en tranformation

---

78. Ll 3, strophe.
79. Ll 3,18.

d'amour, car l'amour est actuel ou n'est pas. La logique de l'amour est le silence plein de l'acte pur et celle du mariage spirituel est la mort *physique* du mystique :

> si Dieu ne maintenait… ici la chair en sa faveur, protégeant la nature de sa main droite — comme il fit avec Moïse dans le rocher pour qu'il puisse voir sa gloire sans mourir —, à chacun de ces flamboiements la nature se corromprait et mourrait. [80] ;

mais jusque là,

> il lui lance ses blessures comme des flamboiements très tendres d'amour délicat, exerçant avec gaieté et avec fête les arts et les jeux de l'amour. [81]

Cette rencontre subsistante figurée par la bûche enflammée intègre donc en fin de compte le temps qui passe dans l'acte pur ; certes, cette intégration reste tangentielle et l'ineffable reste ineffable, mais il prend une position solide dans le discours en en devenant le foyer. L'en décalerions-nous même imperceptiblement en redonnant quelque finitude objective à la bûche ou au temps contre la flamme ou l'instant, que nous établirions aussitôt un mouvement de bascule entre nature pure et surnature qui deviendraient deux forces antagonistes concurrentes et non plus concourantes, mouvement qu'il est de mode d'appeler « dialectique », mais que nous préférons nommer avec Kierkegaard « répétition », répétition pure de l'être en soi, mort de l'amour au seuil de l'impossible consommation, car l'amour ne souffre pas de quantité, ne « souffre pas de retard » dit Jean de la Croix :

> l'amour s'introduit selon le mode de la forme en la matière, qui s'introduit en un instant. [82]

80. Ll 1,27 ; cf. *infra*, pp. 207 ss.
81. Ll 1,8.
82. Ll 1,33 — Toute objection de l'être contre l'amour date en fait de quelque 2 500 ans et nous semble le type même de l'illusion retrospective propre au penseur occidental : son regard trop habitué à l'univers des choses ne voit plus que l'arbre cache la forêt et que l'être cache l'amour dont il n'est dès lors plus possible de parler qu'en le tuant, en l'objectivant.

Ce que met en cause cette objection n'est pas l'Occident comme tel mais

## II. Temps et désir

### 1. *L'éveil de la conscience comme désir*

La distinction durée/instant, essence/acte traverse donc toute la vision anthropologique de Jean de la Croix. Elle se révèle au mystique au fil d'une prise de conscience progressive de la nature linguistique de son itinéraire, et elle atteint un point de tension extrême dans le mariage spirituel, avec comme horizon sa résolution dans la mort physique. Mais en considérant une prise de conscience, c'est une conscience « prise » que l'on considère, indépendamment de son flux qui constitue pourtant comme tel la seule donnée spirituelle brute, avant tout retour sur elle-même, sa seule donnée immédiate dirait Bergson. Aussi introduirons-nous ici cette forme première de l'esprit humain selon la phénoménologie de son développement, c'est-à-dire de sa naissance continuelle, et non plus selon les formes particulières de la pensée.

---

l'incapacité de certains de ses exposants à en *penser* — et donc de nouveau faiblesse proprement *spirituelle* — les conditions de possibilité, le fait que l'amphibologie du mot « être » ne soit ni accidentelle, ni naturelle, mais *conventionnelle* :

> ... ce qu'Aristote nous donne pour un tableau de conditions générales et permanentes n'est que la projection conceptuelle d'un état linguistique donné. On peut même étendre cette remarque. Au-delà des termes aristotéliciens, au-dessus de cette catégorisation, se déploie la notion d'« être » qui enveloppe tout. Sans être un prédicat lui-même, l'« être » est la condition de tous les prédicats. Toutes les variétés de l'« être-tel », de l'« état », toutes les vues possibles du « temps », etc., dépendent de la notion d'« être ». Or, ici encore, c'est une propriété linguistique très spécifique que ce concept reflète. Le grec non seulement possède un verbe « être » (ce qui n'est nullement une nécessité de toute langue), mais il a fait de ce verbe des emplois tout à fait singuliers. Il l'a chargé d'une fonction logique, celle de copule (Aristote lui-même remarquait déjà qu'en cette fonction le verbe ne signifie proprement rien, qu'il opère simplement une *synthesis*), et de ce fait, ce verbe a reçu une extension plus large que n'importe quel autre. En outre, « être » peut devenir, grâce à l'article, une notion nominale, traitée comme une chose ; il donne lieu à des variétés, par exemple son participe présent, substantivé lui-même et en plusieurs espèces (τὸ ὄν ; οἱ ὄντες ; τὰ ὄντα) ; il peut servir de prédicat à lui-même, comme dans la locution : τὸ τὶ ἦν εἶναι désignant l'essence conceptuelle d'une chose, sans parler de

Mais voilà que le seul propos d'écrire sur la conscience immédiate nous remet en demeure de parler de l'instant dans l'écoulement du temps : on ne saisit pas une naissance en acte, mais seulement une forme achevée, et donc passée, de ce qui est déjà né. La conscience comme telle est pure vacuité de l'instant à venir, et sa seule actualité est de le digérer aussitôt comme passé ; aussi est-il plus juste de dire que nous allons tenter de saisir la première forme de ce passé de la conscience, son *passage* à la temporalité. Cette conscience comme passage indique deux directions à notre enquête : tournée vers ce qui n'est pas encore, la conscience est aussi bien *désir* ; tournée vers ce qui est déjà, elle est aussi bien échec, *faillite*, puisqu'elle demeure tournée vers ce qui n'est pas encore : il n'y a pas de conscience plate, rassasiée de son objet, il n'y a de conscience qu'en attente, mais attente qui ne nous est accessible que sous la forme de cette faillite, forme morte d'un désir non réalisé.

Ce désir qui apparaît au cœur de la conscience va constituer la catégorie la plus fondamentale de l'anthropologie de Jean de la Croix. Elle émerge des textes après quelques tâtonnements : c'est bien comme désir qu'il pense le flux spirituel et en termes de faillite qu'il l'exprime. Une lecture selon d'autres catégories aboutit rapidement à des impasses ; la « consciencia », par exemple, apparaît très rarement dans son texte, et toujours comme conscience morale ; des termes voisins tels que « conocimiento » (mais qui indique toujours un acte de connaissance objective), « advertencia » (mais qui est toujours lié à la volonté comme faculté), ou « entender » (mais qui se réfère toujours de quelques façon à l'entendement comme faculté), ne convergent absolument pas vers la définition d'un élément anthropologique simple ; la découpe sémantique est autre et le texte se rebelle si l'on y cherche directement des catégories empruntées au registre de la

---

l'étonnante diversité des prédicats particuliers avec lesquels il peut se construire, moyennant les formes casuelles et les prépositions... c'est dans une situation linguistique ainsi caractérisée qu'a pu naître et se déployer toute la métaphysique grecque de l'« être », les magnifiques images du poème de Parménide comme la dialectique du Sophiste. La langue n'a évidemment pas orienté la définition métaphysique de l'« être », chaque penseur grec a la sienne, mais elle a permis de faire de l'« être » une notion objectivable, que la réflexion philosophique pouvait manier, analyser, situer comme n'importe quel autre concept. (E. BENVÉNISTE, *op. cit.*, pp. 70-71.)

connaissance : celle-ci n'y apparaît que sous un état très dérivé, trop dérivé pour offrir une donnée univoque. Alors que tout le contraire se produit avec le vocabulaire du désir : à travers « deseo », « apetito », « querer », etc., on devine puis on peut arrêter un sens absolu, sans autre référence qu'à lui-même, de « deseo »: Et de même que symétriquement au point sémantiquement fixe du *temps* s'est révélé le point fixe de l'acte, de même la passivité absolue de la *défaillance* se révèlera corrélative du *désir*.

Arrêtons-nous sur l'analyse du mot « deseo » (ou « desear ») lui-même [83]. Une lecture un peu attentive montre très vite le soin avec lequel il est introduit ou refusé ; c'est un mot réservé et lourd, riche de données anthropologiques précises. Remarquons tout d'abord que « deseo » appartient au vocabulaire *religieux* de Jean de la Croix : ce qu'on l'on désire, c'est la vision de Dieu, c'est son amour, c'est Dieu lui-même. Sur un ensemble de 166 emplois, 13 seulement revêtent un sens profane [84] ; et encore peut-on réduire, voire effacer, ce chiffre en ramenant cas par cas ce sens profane à un faux sens religieux [85].

Ce « deseo » porte une fois sur deux sur un objet spirituel bien déterminé (désirer mourir d'amour, désirer la Croix du Christ, etc.) : 88 fois exactement [86]. De là, il devient désir de

83. On pourrait la compléter par celle de « apetito » pour laquelle nous fournissons des éléments plus bas, pp. 237 ss.

84. 2S 21,12
3S 5,1 / 11,6 + / id + / 20,1 + /
Ct 9,6 / 9,7 + / id + / 19,5/29,6 / 29,7 / 29,9 / id /

85. Ainsi en 2S 21,12, l'erreur des prophètes du roi Achab sera précisément d'identifier à tort « sus apetitos y deseos » avec la volonté de Dieu, de leur conférer un sens religieux qu'ils n'ont pas, et c'est d'ailleurs pourquoi ils seront déçus. De même Ct 9,6 compare explicitement le désir — profane — d'un aliment et le désir — religieux — de Dieu. Otons encore 5 citations explicites, remarquons que 2S 5,1 est une quasi-citation, et il ne reste que 5 emplois de « deseo » en Ct 19 et Ct 29 qui font partie d'énumérations systématiques de tout ce qui peut avoir trait à la vie mentale, sans davantage de spécification.

86. 1S 13,9 / id / id /
2S 4,6 / 19,13 / id / id / id / id / id + / id + / id / id / id / id / 26,4 /
1N 1,1 / 2,7 / 9,3 /
2N 14,1 / id / 19,4 / 21,12 / 22,1 /
Ct 6,7 / 9,7 / id / 11,2 / 11,4 / 11,8 / 12,2 / id / id / id / 12,3 / id / id / 12,5 / 13,4 / 15,5 / 16,7 / 23,2 / 25,1 / id / id / 26,8 / id / 26,9 / id / id / 27,2 / 27,6 / 27,8 / 29,9+ / 29,11 / 29,15 / 31,3 / 31,9 / id / 32,2 / id / 32,5 / 33,6 / id + / 35,3 / 35,7 / 35,11 / id / id + / id / 35,12 / id / 35,13 / id / id / id / 36,2 / 36,5 / 37,2 / 37,3 / 38,11 / 38,12 /
Ll 1,31 + / 1,36 / 2,27 / 3,18 + / 3,23 + / 3,62 /

Dieu pour lui-même, l'« Ur-woet », la « rage d'aimer » des mystiques flamands, désir fondamental et puissant, dominant toute la vie mentale, car

> à l'âme qui désire Dieu, la compagnie d'aucune chose ne porte consolation. [87]

Ce sens apparaît 23 fois [88]. Et ce désir qui polarise la vie de l'âme autour de l'union rencontre un désir équivalent de la part de Dieu qui en est le sujet à 6 reprises, car

> [telle] est la prétention et le désir de l'Époux. [89]

Pris en un sens toujours plus radical, le désir devient l'expression d'une pure passivité indéterminée :

> … que je te puisse aimer avec toute la plénitude et tout le rassasiement que mon âme désire, sans terme ni fin. [90]

Et au-delà de la plénitude de la possession divine,

> il n'y a plus rien à désirer. [91]

Ce sens revient 35 fois. [92]

Le passage d'un sens à l'autre est assez fluide ; l'un approfondit l'autre et tous sont subordonnés à cette indétermination finale.

---

87. Ct 34,3.
88. 2N 11,7 + / 13,4 / 19,4 / 19,5 / 20,1 + /
Ct 2,1 / 2,2 / 2,3 / 2,4 / 2,5 / 6,2 / 6,6 / 7,6 / 11,2 / id / 12,2 / 16,6 / 33,5 / 34,3 /
Ll 3,18 + / 3,23 + / 3,26 / 3,28 /
Il faut ajouter à ce sens celui du désir pris explicitement pour l'espérance théologale en Ct 29,11.
89. Ct 38,9 / id / id /
Ll 2,7 / 3,28 / 3,54 /. De plus, en Ct 27,6, la communauté du désir est si forte entre Dieu et l'âme que l'on ne peut grammaticalement l'attribuer à l'un plutôt qu'à l'autre : « todo el deseo y fin de la alma y de Dios… ».
90. Ll 1,36 ; Lucien-Marie p. 740.
91. 2N 9,10.
92. 2N 11,5 / id / id / 11,7 / 12,6 / 20,3 / id + / id + /
Ct Prol 1 / 2,8 / 3,1 / 8,2 / 11,5 / 15,5 / 27,6 / 33,2 / 33,6 / 34,7 / 35,13 /
Ll 1,1 / 1,2 / id / 1,28 / 1,33 / 1,36 / id / 2,28 / 3,8 / 3,23 / id / id / id / id / 3,26 / 3,68 /

Par exemple, quel est le niveau psychologique exact du « désir » suivant :

> l'âme appelle « pasteurs » ses *désirs*, affections et gémissements, pour autant qu'ils [= les pasteurs] repaissent l'âme de biens spirituels. [93] ?

Mais surtout, tous les emplois du « désir » l'acheminent vers un usage absolu qui finit par désigner le sujet de la vie spirituelle, équivalent à l'âme elle-même dans son dynamisme :

> [si tu me montrais clairement l'objet de ma foi] comme le réclame mon désir... ; [94]

lequel plante ses racines si profondément qu'il est

> cette grande force de *désir abyssal* de l'union à Dieu. [95]

C'est donc tout le mouvement de l'âme qui réside, en puissance ou en acte, dans son désir, symétrique du désir de Dieu ; si bien que depuis le premier éveil de la conscience, c'est-à-dire depuis cette résistance qui nous révèle la consistance propre d'une réalité qui n'est plus nous-même, jusqu'au paroxysme de la perception abyssale des « profondes cavernes du sens », chacun de ses moments est ordonné à son terme qui n'est autre que la consommation du mariage spirituel :

> Tout le *désir* et la fin de l'âme et de Dieu *en toutes ses œuvres* est la consommation et perfection de cet état [de mariage spirituel.] [96]

93. Ct 2,2.
94. Ct 11,5.
95. Ct B 17,1 ; nous faisons une entorse à notre règle générale de ne pas utiliser Ct B au profit de cette expression particulièrement heureuse qui semble bien dans la veine de Jean de la Croix lui-même.
96. Ct 27,6 ; cf. *supra*, 120, note 89 — Cette proposition d'un désir coextensif à la vie de l'âme est étroitement liée à celle que nous rencontrerons plus bas d'un dynamisme immanent qui la porte de la dissemblance à la ressemblance de Dieu. Sur cette corrélation héritée de toute la tradition platonicienne, cf. ARNOU (R.), *Le désir de Dieu dans la philosophie de Plotin*, 2e éd., Rome, 1967, spécialement pp. 93 ss et 148-156.

C'est donc toute la vie humaine et toute la vie divine qui sont contenues dans ce désir ; mais si tout désir est de près ou de loin désir d'union, c'est qu'en réalité, *il est comme tel l'union elle-même*, car,

> comme dit saint Grégoire..., lorque l'âme désire Dieu avec entière vérité, elle possède déjà ce qu'elle aime.[97]

Entre un désir quelconque de l'âme et l'union du mariage spirituel, c'est cette « entière vérité » qui fait toute la différence, et de l'un à l'autre le progrès ne sera ni dans le désir, ni dans l'union qui sont tous les deux là à tout moment, mais dans la révélation de l'union comme vérité du désir. C'est cet itinéraire qu'il faut analyser maintenant.

2. *Du premier désir à la gloire*

a) *Le mécanisme fondamental désir/faillite*

Si le désir dont l'âme est capable se révèle « abyssal », sa satisfaction sera corrélativement

> ce qui excède tout sentiment et goût.[98],

ce à quoi l'âme ne saurait donc parvenir d'elle-même ; si bien que d'elle-même elle ne peut que défaillir, c'est-à-dire désirer encore plus, devenir désir du désir et s'enfoncer en lui sans la retenue d'aucun objet fini :

> Lorsque [l'âme] voit son désir frustré... elle défaille en son avidité.[99];

97. Ll 3,23 — Sur les rapprochements entre saint Grégoire et Jean de la Croix, cf. Dom LECLERCQ (J.), *L'amour des lettres et le désir de Dieu,* 2e éd., Paris, 1963, chap. 2 et 4 ; et SULLIVAN (L.), *The « Moralia » of pope St Gregory the great and its influence on St John of the Cross,* en Ephemerides Carmeliticae XXVII (1976), pp. 453-488, et XXVIII (1977), pp. 59-103.
98. 2S 4,6.
99. 2N 19,5.

et tout ce qui n'est pas cette défaillance la prive d'elle-même et, partant, relance sa défaillance :

> lorsqu'elle désire *quelque chose*, en cela-même elle se fatigue. [100]

Car

> l'âme n'a pas plus d'une volonté, et celle-ci, si elle s'embarrasse et emploie en *quelque chose* ne reste pas libre, seule et pure, comme il est requis pour la divine transformation. [101]

Mais ce « quelque chose » à dépasser et qui fait obstacle au désir est aussi bien la condition et l'aliment du mouvement auquel il s'oppose : une fusée n'avance pas dans un vide de forces, mais dans un réseau complexe de pesanteurs qu'elle intègre au mieux, c'est-à-dire qu'elle désintègre, et en cela consiste tout l'art de l'astronaute ; de même est-ce par rapport à « quelque chose » que le désir s'éprouve tel, et par rapport à son insuffisance qu'il acquiert une nouvelle force :

> En ce chemin, il faut toujours cheminer pour arriver, ce qui est aller ôtant toujours les volontés, et non pas en les alimentant ; et si l'on ne finit pas de les ôter toutes, on ne finit pas d'arriver. [102]

Entre « cheminer » (caminar) et « arriver » (llegar), entre le mouvement et son terme, il y a donc un équilibre que seul détruirait l'arrêt du dynamisme de l'âme sur l'immobilité d'un objet fini ; « Amor meus, pondus meus ! » disait déjà saint Augustin. Toute la densité de l'âme est dans sa capacité à s'auto-dépasser.

---

100. 1S 13,13.
101. 1S 11,6.
102. *Idem ;* peu importe que la chose soit grande ou petite : il dépend d'un fil que l'oiseau prisonnier ne s'envole et d'une rémora que le navire n'avance (cf 1S 11,4). — Sur le rôle moteur du désir dans la vie spirituelle, cf. saint Augustin, *In Ep Ia Iohannis*, Ml 35, 2 008-2 009.

> Oh ! Dans ce simple manger de l'esprit, si les spirituels savaient combien ils trouveraient le goût de toutes les choses s'ils ne voulaient pas les goûter ! [103]

On retrouve la perpétuelle équivalence de la créaturalité et de la création, de la finitude et de l'acte pur, du combustible et de la combustion.

Ce débordement permanent du désir par lui-même, voilà donc le ressort du dynamisme de l'âme qui ne peut venir au *tout* qui la comblera autrement que par le désir de tout et sans la négation de tout ce qui n'est pas tout :

> Pour venir à goûter tout, ne veuille prendre goût à rien ; pour venir à posséder tout, ne veuille posséder quelque chose en rien ; pour venir à être tout, ne veuille être quelque chose en rien ; pour venir à savoir tout, ne veuille savoir quelque chose en rien ; pour venir à ce que tu ne goûtes pas, il te faut aller par où tu ne goûtes pas ; pour venir à ce que tu ne sais pas, il te faut aller par où tu ne sais pas ; pour venir à ce que tu ne possèdes pas, il te faut aller par où tu ne possèdes pas ; pour venir à ce que tu n'es pas, il te faut aller par où tu n'es pas. Lorsque tu t'arrêtes en quelque chose, tu laisses de t'élancer au tout ; car, pour venir totalement au tout, il te faut te nier totalement en tout ; et lorsque tu viens à le tenir totalement, il te faut le tenir sans rien vouloir ; car si tu veux tenir quelque chose en tout, tu ne tiens pas purement en Dieu ton trésor. [104]

---

103. 1S 5,4.

104. 1S 13,11-12 — « Todo y nada » : ce résumé courant de la doctrine présumée de Jean de la Croix risque parfois de ramener la vie spirituelle à un simple problème de vases communicants, comme si « rien » avait une valeur sémantique égale, quoique de signe inverse, à « tout », si bien qu'en vidant d'un côté on remplirait de l'autre ! Il y aurait là une réduction pélagienne qui disparaît si l'on replace, non pas cette dialectique, mais cette pulsation du désir dans son contexte : regardons le dessin du Mont Carmel (cf. pp. 20-21) dont elle est la légende ; nous lisons en son sommet : « seulement demeurent sur ce Mont la gloire et l'honneur de Dieu. » L'opposition n'est donc pas entre tout et rien (et par voie de conséquence on ne deviendra pas tout en devenant rien !), mais entre le Mont Carmel et quoi que ce soit d'autre. Il s'agit d'une préférence, non d'une destruction. Si nous insistons, c'est que sur ces pages se sont édifiés les procès d'un Jean de la Croix panthéiste et surtout quiétiste : cf. par exemple la minutieuse enquête de Sanson (H.), *Saint Jean de la Croix entre Bossuet et Fénelon,* Paris, 1953. — Pour une juste évaluation du « nada » chez Jean de la Croix, cf. Ruiz Salvador (F.), *op. cit.,* pp. 414-442, et Maritain (J.), *Les degrés du savoir,* Paris, 1932, pp. 658-664. — Cf. *infra*, pp. 268 ss.

Un désir qui ne s'exprime qu'en termes de défaillance, tel est le paradoxe du dynamisme de l'anthropologie de Jean de la Croix ; il n'est autre que la transposition de l'impossibilité de ressaisir la création autrement que dans la créaturalité, l'acte dans la finitude et la combustion dans le combustible.

Remarquons immédiatement l'expression de ce mécanisme sous plusieurs formes littéraires. Nous avons déjà rencontré la substance de l'âme comme *centre* [105]. C'est à ce centre que l'âme se porte dans son désir :

> Ô flamme vive d'amour !
> Tu blesses tendrement
> Au centre le plus profond de mon âme... [106]
>
> ... car c'est dans la substance de l'âme, où ni le centre du sens ni le démon ne peuvent parvenir, que se passe cette fête du Saint-Esprit ; et pour autant, elle est d'autant plus sûre, substantielle et délectable qu'elle est plus intérieure, car elle est d'autant plus pure qu'elle est plus intérieure, et plus elle a de pureté, plus Dieu se communique abondamment, et fréquemment, et généralement ; et ainsi y a-t-il plus de délectation et de jouissance de l'âme et de l'esprit, car Dieu est l'artisan de tout, sans que l'âme ne fasse rien de soi-même. [107]

Cette concentration centripète de l'âme en sa substance n'est qu'une image : de nouveau, le passage du désir de l'union à l'union n'est pas un processus transitif, mais un simple dévoilement de leur équivalence, car

> il faut savoir que l'âme en tant qu'esprit n'a ni haut ni bas plus profond et moins profond en son être, comme en ont les corps quantitatifs ; puisqu'en elle il n'y a pas de parties, elle n'a pas plus de différence en son intérieur qu'en son extérieur, car elle est tout entière d'une manière et n'a pas de centre quantitativement plus profond et moins profond, vu qu'elle ne peut être plus illuminée en une partie qu'en une autre, comme le peuvent les corps physiques. [108]

---

105. Cf. *supra,* p. 52.
106. Ll 1, strophe.
107. Ll 1,9.
108. Ll 1,10.

Cette image d'une force centripète, replacée dans une cosmologie que l'étude de la combustion nous avait fait préciser, va permettre de penser à la fois le dynamisme et la non-transitivité de la vie de l'âme, grâce à ce qu'une physique plus moderne appellerait « conservation de l'énergie » sous sa double forme potentielle et cinétique :

> le feu ou la pierre ont vertu et mouvement naturels pour venir au centre de leur sphère et ne peuvent passer au-delà ni laisser d'y venir, si ce n'est en raison de quelque empêchement contraire et violent. [109]

Un « empêchement contraire et violent », voilà ce qui s'interpose entre le désir et l'union ; celle-ci n'est donc pas moins présente dans l'âme que l'énergie potentielle dans la pesanteur de la pierre :

> lorsque la pierre se trouve de quelque manière à l'intérieur de la terre, quoiqu'elle ne soit pas en son plus profond, elle se trouve de quelque manière en son centre, car elle est à l'intérieur de la sphère de son centre, et activité, et mouvement. [110]

Dès lors, le progrès consistera dans la suppression de tous les obstacles à la transformation de l'énergie potentielle en énergie cinétique :

> toutefois, nous ne dirons pas que [cette pierre] se trouve au plus profond de sa phère, qui est le cœur de la terre, et ainsi lui reste-t-il vertu, et force, et inclination pour descendre et venir jusqu'à l'ultime et plus profond centre si l'on ôte l'empêchement de devant elle ; et lorsqu'elle y parviendra et ne trouvera plus de soi vertu et inclination pour davantage de mouvement, nous dirons qu'elle se trouve en son centre le plus profond. [111]

---

109. Ll 1,11.
110. *Id.*
111. *Id.*

Une autre image de ce progrès, commune à toute la tradition spirituelle, est celle d'une échelle d'amour ; Jean de la Croix la traite explicitement dans Nuit Obscure où il l'utilise simultanément sur deux registres [112] : moral (qui ne nous intéresse pas ici), et mystique pour indiquer la passivité absolue de l'âme amoureuse « hissée » par son amour tout au long de l'échelle :

> Parlant maintenant un peu plus substantiellement de cette échelle de contemplation secrète, nous dirons que la propriété principale pour laquelle elle s'appelle ici « échelle » est parce que la contemplation est science d'amour, lequel... est notice infuse amoureuse de Dieu qui tout ensemble illustre et énamoure l'âme jusqu'à la hisser de degré en degré à Dieu son créateur ; car seul l'amour est celui qui unit et joint l'âme à Dieu. [113]

Le dynamisme de l'âme ici n'est plus désir mais *amour,* réponse amoureuse à l'amour de Dieu ; le passage entre « amour » et « désir » se fait ici par le verbe « enamorar », c'est-à-dire « rendre amoureux », « énamourer », si l'on nous concède cet archaïsme courtois qui a le mérite d'indiquer d'un seul mot l'amour envers Dieu comme éveil d'un désir qui porte à lui, « eros » bien plus primitif que l'« agapé » [114]. C'est pourquoi « deseo », quoique bien moins fréquent que « amor » dans l'œuvre de Jean de la Croix, désigne cependant plus proprement le dynamisme de toute son anthropologie, et c'est également pourquoi nous préférons comprendre l'amour dans le désir plutôt que l'inverse.

Par ailleurs, cette image de l'échelle d'amour voit sa dimension verticale un peu corrigée dans la Montée du Carmel par une association à l'image thérésienne des demeures concentriques de l'âme :

---

112. 2N 18-20.
113. 2N 18,5.
114. Cf. Littré : « énamourer = donner de l'amour » — Voilà qui devrait suffire à ôter tout fondement aux thèses envahissantes de NYGREN (A.), *Erôs et Agapé — La notion chrétienne d'amour et ses transformations,* Paris, 1944. Pour constater leur survivance dans la lecture de Jean de la Croix trente ans après leur parution, cf. MAIO (E.A.), *St John of the Cross : The imagery of Eros,* Madrid, 1973. (Pour une critique approfondie de Nygren, cf. SANSON, *l'Esprit humain...,* pp. 247-259. Parallèlement à Nygren et avec les mêmes influences, voir de ROUGEMONT (D.), *L'amour et l'Occident,* Paris, 1939 ; 3e éd., Paris, 1972, notamment pp. 167-187).

> le Seigneur ne s'arrêtera pas de faire monter l'âme de degré en degré jusqu'à la divine union et transformation... de telle sorte que s'il vainc le démon au premier degré, il passera au second, et si également au second, il passera au troisième et ainsi de suite pour toutes les sept demeures, jusqu'à ce que l'Époux mette l'âme au « cellier du vin » de sa parfaite charité, que sont les sept degrés d'amour.[115]

L'image de l'échelle, enfin, renvoie et nous réintroduit à celle du feu qui en développe le dernier degré selon une réflexion sur l'acte et la durée que nous connaissons désormais. Le passage de l'une à l'autre ne laisse pas d'être surprenant dans le raccourci qui conclut les trois chapitres du commentaire au *De decem gradibus amoris* d'Helvicus Teutonicus :

> par cette théologie mystique et cet amour secret, l'âme sort de toutes les choses et de soi-même et monte à Dieu ; car l'amour est assimilé au feu qui monte toujours du bas vers le haut, avec appétit de s'engouffrer au centre de sa sphère.[116]

Mais l'image du feu qui réchauffe et illumine est-elle à son tour autre que l'envers de celle de la *nuit*, froide et obscure, du désir pur, image majeure qui couvre toute l'œuvre de Jean de la Croix, mais qui n'est qu'une image, supposant dès lors la lumière pour être comprise, lumière fondamentale dans laquelle se meuvent Jean de la Croix et son lecteur à la recherche du langage ombratile de leur éblouissement ?

> Il arrivera que la plus grande peine que l'âme sente sera la connaissance de ses propres misères, en laquelle il lui semble qu'elle voit *plus clairement que la lumière du jour* qu'elle est pleine de maux et de péchés, car Dieu lui donne

---

115. 2S 11,9.

116. 2N 20,6 — Sur les précédent littéraires de l'image de l'échelle d'amour et sur l'attribution du *De decem gradibus amoris* à HELVICUS TEUTONICUS, cf. de SURGY (P.), *La source de l'échelle d'amour de saint Jean de la Croix*, en Revue d'Ascétique et de Mystique 27 (1951), pp. 18-40 et 327-346.

cette *lumière* de connaissance en cette *nuit* de contemplation... [117]

Le mécanisme du désir défaillant ainsi établi, voyons selon quelles étapes il se déploie en amenant ce désir à sa vérité d'union par l'avènement du langage mystique.

b) *Les étapes du désir défaillant*

> Il y a longtemps, semble-t-il, que le lecteur désire demander s'il est obligatoire, pour parvenir à ce haut état de perfection, qu'une mortification totale en tous les appétits, petits et grands, l'ait précédé ; et s'il suffira de mortifier certains d'entre eux et en laisser d'autres, au moins ceux qui semblent de peu d'importance ; car cela semble une chose dure et bien difficile que l'âme puisse parvenir à une telle pureté et nudité qu'elle ne tienne ni volonté ni affection en quelque chose que ce soit. A cela je réponds que... les appétits *volontaires*, soit de péché mortel... soit de péché véniel... soit seulement d'imperfections..., *tous*, aussi minimes soient-ils, doivent être vidés et l'âme doit manquer d'eux tous pour venir à cette union totale. [118]

---

117. S Prol 5 ; cf. *infra*, pp. 264 ss. — Ainsi la typologie et le vocabulaire de la nuit mystique sont-ils purement conventionnels, sans égard à quelque nuit « en soi » qu'il faudrait traverser pour aller à Dieu. « Dieu est lumière » nous dit saint Jean, « en lui point de ténèbres » ; et saint Paul affirme de même que l'on n'approche de Dieu que « a claritate in claritate ». Certes, saint Jean et saint Paul restent eux aussi dans le domaine des images, mais leur image de la lumière, appliquée à la connaissance fondamentale de Dieu, est bien plus ambitieuse et à bien plus grande échelle que celle des ténèbres appliquées à la seule phénoménologie de l'expérience mystique par quelques auteurs spirituels. Des zones entières de la spiritualité chrétienne en ont fait l'économie ; cf. l'étude du P. I. HAUSHERR, *Les Orientaux connaissent-ils les « nuits » de saint Jean de la Croix ?* en Orientalia Christiana Périodica 12 (1946), pp. 5-46. On voit donc qu'il n'est pas question de faire de la nuit tout à la fois le symbole des symboles, le principe métaphysique et l'expérience fondamentale de Jean de la Croix selon l'optique de J. BARUZI, *Saint Jean de la Croix et le problème de l'expérience mystique,* 2e éd., Paris, 1931, pp. 306-330. — Excellente mise au point en CRISÓGONO DE JESÚS, *San Juan de la Cruz, el hombre...*, I, p. 123. (Cf. *infra*, p. 167.)

Pour une étude comparative du problème, on se reportera aux nombreuses communications de qualité apportées aux Journées de Psychologie religieuse d'Avon-Fontainebleau (21-23 septembre 1938) rassemblées en Études carmélitaines, octobre 1938.

118. 1S 11,1-2.

Il n'y a donc aucune exception ; nous avons déjà vu que l'âme n'a qu'une volonté, et donc tout ce qui est *voulu* et qui n'est pas l'union empêche du fait même l'union. Ce qui est en cause est la volonté comme telle (« ... je parle des [appétits] *volontaires ;* car les appétits naturels empêchent peu ou pas l'union. »[119]). Le problème des étapes successives du désir, des degrés de l'échelle d'amour ou des centres de la pierre devient donc celui des objets finis sur lesquels l'âme va se porter dans sa descente vers son centre le plus profond, dans sa résolution à sa propre substance.

Nous avons déjà rencontré ces étapes qui, de l'extérieur vers l'intérieur et la profondeur, opèrent une concentration de l'âme autour d'un point idéal et fuyant dans une insaisissable mobilité, en deçà et au-delà de toute fixation ontologique : « monde extérieur », « sens », « esprit », voilà les objets successifs que le désir intègre et dépasse l'un après l'autre dans la révélation de sa propre consistance spirituelle. Nous voyons confirmé ici que la disposition concentrique du texte de Jean de la Croix obéissait d'emblée au dynamisme de l'amour[120], disposition qui peut cependant réintroduire un double danger : celui d'oublier que toute gradation, même corrigée par une reprise circulaire de son origine, n'est jamais qu'un support rédactionnel pratique qui, d'une part, ne rend pas compte du fait qu'il n'y a rien à acquérir dans la vie spirituelle, processus de simplification et de reconnaissance d'une réalité qui est chemin vers elle-même, et qui, d'autre part, omet que Dieu puisse opérer cette simplification dans un tout autre ordre que celui de cette habituelle successivité. Rappelons l'avertissement de Jean de la Croix :

> Dieu porte l'âme de degré en degré jusqu'au plus intérieur. Non pas qu'il soit toujours nécessaire de conserver cet ordre de premier et de dernier aussi ponctuellement que cela ; car parfois Dieu fait l'un sans l'autre, ou le moins intérieur pour le plus intérieur, ou tout à la fois ; il en est comme Dieu voit qu'il vaut mieux à l'âme ou comme il veut la gratifier. Cependant, la voie ordinaire est conforme à ce qui a été dit.[121]

119. 1S 11,2.
120. Cf. *supra*, p. 39.
121. 2S 17,4 — cf. *supra*, p. 47.

En suivant les simplifications du désir, nous traversons donc de part en part la citadelle de l'âme dont la disposition en enceintes concentriques ordonnait dès le départ ses éléments en fonction du dynamisme de l'amour. Ce faisant, nous tirons de nouveau à nous la masse totale du vocabulaire anthropologique de Jean de la Croix, non plus selon les groupements circulaires d'une vue aérienne, mais selon l'agencement linéaire des façades d'une ruelle qu'un regard horizontal prend en enfilade depuis son ouverture sous le rempart jusqu'à son débouché sur la grand'place de la ville. Pour repérer les états du désir à travers ce vocabulaire, il faudrait, cette fois-ci, non plus l'affecter d'un indice d'éloignement par rapport au centre de l'âme, mais d'une valeur de transformation en ce que nous avons appelé son énergie cinétique. Les croisements des ruelles et des murailles de la cité établiraient alors l'ossature sur laquelle il serait possible d'étendre ultérieurement dans toute son ampleur l'anthropologie mystique. Qu'il suffise ici d'en avoir indiqué le principe et nous en renvoyons encore une fois l'application à une lecture d'ensemble ultérieure qui constituera notre quatrième et dernière lecture.

Arrêtons-nous encore un instant sur la grand'place de la ville. Que devient alors le désir sans plus d'objet fini à dépasser ? L'image de la flamme reste valable : elle ne s'éteint pas une fois achevée son œuvre de purification, elle s'embrase au contraire en devenant pure transformation ; l'union mystique est toujours *par* transformation (et non *après* : « unión por transformación »). Aussi le désir continue-t-il son expansion, repoussant à l'infini ce qui n'est pas lui : les limites de la troisième toile de cette vie d'abord, et c'est sa demande de la mort physique,

> afin qu'au plus tôt je te puisse aimer avec toute la plénitude et tout le rassasiement que mon âme désire sans terme ni fin. [122] ;

les limites de la divinité ensuite : l'âme donne Dieu à Dieu dans la mesure exacte où Dieu se donne à elle ; mais nature divine comme nature humaine ne sont que la monnaie d'un échange

---

122. Ll 1,36 ; LUCIEN-MARIE p. 740.

dont toute la valeur tient dans ses partenaires et non dans ce qui n'en est que le support et le signe, même indispensable. Aussi le fond du désir est-il de ne recevoir qu'en donnant et de ne donner qu'en recevant,

> et ainsi te verrai-je en ta beauté, et toi, tu me verras en ta beauté ; et tu te verras en moi en ta beauté, et moi je me verrai en toi en ta beauté ; et ainsi, que je paraisse toi-même en ta beauté, et que tu paraisses moi-même en ta beauté, et que ma beauté soit ta beauté, et ta beauté ma beauté, et moi je serai toi en ta beauté, et toi tu seras moi en ta beauté, car ta beauté même sera ma beauté. [123]

Recevoir en donnant, donner en recevant, voilà la défaillance absolue de la réciprocité subsistante, c'est-à-dire union *par* transformation de *ce que* l'on est en *ce qu'est* l'autre, mais non pas de *qui* l'on est en l'autre. Le principe de cette réciprocité est vu ici par Jean de la Croix comme une beauté commune qui permet à Dieu et à l'âme de se reconnaître sans disparaître : il n'y a plus entre l'Époux et l'épouse du Cantique le « miroir des eaux argentées » qui les séparait autant qu'il les unissait. En réalité, ce thème de la beauté nous introduit déjà au cœur du mystère du surnaturel tel que nous verrons Jean de la Croix le développer dans notre troisième lecture [124], et à celui de l'illumination de la foi qui constitue comme telle toute l'expérience mystique et que nous verrons s'organiser tout au long de notre quatrième lecture [125]. La modulation de ce donné-reçu déploie en effet entre Dieu et l'âme toute la Sagesse du Père :

> ... « nous entrerons plus avant dans l'épaisseur », dans l'épaisseur de tes œuvres merveilleuses et de tes jugements profonds, dont la multiplicité est si grande et de tant de différences qu'elle se peut appeler « épaisseur », car en eux la sagesse est abondante et pleine de mystères... « Nous irons vers les hautes cavernes de la pierre » ; la « pierre »... est le Christ,... les « hautes cavernes » sont les mystères

---

123. Ct 35,5. Cf. *infra*, pp. 158 ss. — On sent ici GUILLAUME de SAINT-THIERRY, *Exposé sur le Cantique des Cantiques,* Sources Chrétiennes 82, § 94.
124. Cf. *infra*, p. 147.
125. Cf. *infra*, p. 179.

> hauts, élevés et profonds en sagesse de Dieu qu'il y a dans le Christ sur l'union hypostatique de la nature humaine avec le Verbe divin, et la correspondance qu'il y a entre elle et l'union des hommes en Dieu, et la convenance de justice et de miséricorde de Dieu sur le salut du genre humain en manifestation de ses jugements. [126]

Cette réciprocité exacte (« je », « tu », « nous »), voilà le désir dans sa défaillance. Désirer Dieu avec vérité, c'est le posséder, certes, mais posséder Dieu, c'est le donner : voilà l'union comme vérité du désir ; elle est don de Dieu à Dieu par l'âme qui engendre en lui le Saint-Esprit au moment même où elle le reçoit de lui :

> « Là-bas tu me montrerais ce que mon âme prétendait ». Cette prétention est l'égalité d'amour *que toujours l'âme désire naturellement et surnaturellement*... et pour cela elle désire la transformation actuelle, car l'âme ne peut venir à cette égalité d'amour si ce n'est dans la transformation totale de sa volonté avec celle de Dieu... ; et ainsi l'âme aime-t-elle Dieu avec volonté de Dieu, qui est aussi bien sa volonté ; et ainsi l'aimera-t-elle autant qu'elle est aimée de Dieu, car elle l'aime avec volonté de Dieu lui-même, dans le même amour dont il l'aime, qui est l'Esprit-Saint. [127].

Aussi ce désir qui prétend à l'égalité d'amour avec Dieu rencontre celui de Dieu qui prétend à l'égalité d'amour avec elle, désir sans lequel il n'y aurait ni égalité, ni transformation, mais possession sans réciprocité :

> chacun se désire et donne et échange pour l'autre. [128]

Le « désir de Dieu » est donc à la fois objectif et subjectif, et cette perpétuelle amphibologie grammaticale qui permet l'équivocité de la nuit indifférenciée ou du miroir transparent révèle toute sa richesse dans l'union mystique, au moment où l'âme se reconnaît enfin en Dieu qui peut dès lors devenir partenaire explicite et sujet du désir :

---

126. Ct 35,10-36,3.
127. Ct 37,3.
128. Ct 11,7 ; cf. *supra*, p. 109.

> Il lui en a coûté beaucoup à Dieu d'amener ces âmes jusque là, et il apprécie beaucoup de les avoir amenées à cette solitude et au vide de leurs puissances et opérations pour pouvoir leur parler au cœur, *ce qui est ce que lui toujours désire,* leur prenant la main, régnant maintenant en l'âme avec abondance de paix et repos, faisant *défaillir* les actes naturels des puissances, avec lesquels, travaillant toute la nuit, [l'âme] ne faisait rien ; il leur repaît l'esprit sans opération des sens, car ni les sens ni leur opération ne sont capables de l'esprit. [129]

«Capaz de el espíritu» : il n'y a en fait qu'un unique désir, commun à Dieu et à l'âme, mais c'est Dieu qui l'infuse continuellement en l'âme, désir qui n'est autre que l'aspiration du Saint-Esprit dont l'âme défaillante est enfin capable au moment où elle le reconnaît en le donnant à Dieu :

> [L'Esprit-Saint], dans cette manière d'aspirer avec cette sienne aspiration divine, élève très hautement l'âme et l'informe pour qu'elle aspire en Dieu la même aspiration d'amour que le Père aspire en le Fils et le Fils en le Père, et qui est l'Esprit-Saint même qu'ils lui [= à l'âme] aspirent en la transformation susdite ... l'âme unie et transformée en Dieu aspire en Dieu à Dieu la même aspiration divine que Dieu — demeurant en elle — aspire en lui-même à elle. [130]

Un mouvement respiratoire : voilà ce qu'indique à tous les niveaux de la vie spirituelle le mécanisme désir/faillite. Il se révèle à lui-même dans l'union mystique comme procession du Saint-Esprit en l'âme. Jusque-là, l'ombre projetée par les objets finis sur les parois des «profondes cavernes du sens» empêchait l'esprit humain de ressaisir sa propre capacité divine, laquelle vient à la lumière lorque plus rien n'empêche sa défaillance :

> la forme spirituelle de l'esprit est l'union d'amour. [131]

---

129. Ll 3,54 — Cf. Ct 38,9 :

> En la voix de l'Epoux qui parle en l'intime de l'âme, l'épouse sent la fin des maux et le commencement des biens... Parce qu'il lui donne la voix afin qu'elle la donne à Dieu conjointement avec lui (para que ella en uno la dé junto con El a Dios), car *telle est la prétention et le désir de l'Époux.*

130. Ct. 38,3 ; cf. *infra,* p. 325.
131. 2N 3,3 ; cf. *supra,* pp. 59 et 67.

## III. SUBSTANCE - ACTE PUR - FAILLITE : LA RÉSIGNIFICATION DU RÉEL

L'âme est ombre de sa substance ; le temps est ombre de l'acte ; le désir est ombre de sa faillite. Substance, acte et faillite se révèlent finalement les formes spirituelles de la réalité au point de fuite de trois axes sémantiques. Une fois ôtées les divisions purement *opératoires* que le langage introduit dans l'âme considérée en la mécanique de ses éléments, dans le temps considéré en la succession de ses instants et dans le désir considéré en la finitude de ses objets, il reste cette forme immédiate et ineffable d'une réalité inutile et gratuite, perçue comme telle dans la conscience mystique. Jean de la Croix nous a mené à cette gratuité en remontant laborieusement jusqu'à leur origine des habitudes mentales que dénonce point par point l'irruption injustifiable de cette immédiateté crevant touche par touche, « toque » par « toque », la toile sémantique dont notre activité recouvre le monde et qui se révèle alors n'être que cela [132]. Le sens habituel conféré aux choses, fussent-elles choses divines, tombe ainsi morceau après morceau ; en un premier temps, le discours mondain se recompose, se corrige, se réorganise pour réparer la toile et oublier au plus vite ces accrocs d'un non-sens insupportable, mais lorsque toute la toile est déchirée et le sens mondain du monde définitivement irréparable, le spirituel reste face à la Sagesse du Père en son état natif, extrême nuit ou extrême lumière selon qu'il considère le monde disparu ou Dieu [133].

---

132. Je feuilletais le livre du Père Bruno sur saint Jean de la Croix quand mon regard est tombé sur ces vers que je connaissais déjà :

> Adonde te escondiste, Amado,
> Y me dejaste con gemido ?
> Como el ciervo huiste,
> Habiéndome hérido...

J'en ai éprouvé une émotion profonde, comme si une voix forte m'eût appelé dans le silence. Pendant l'espace d'une seconde, j'ai eu l'intuition de ce que peut être la vie mystique, et de ce que peut être aussi, *vue de l'autre côté,* la vie que nous menons dans le monde. (GREEN (J.), *Journal,* 30 octobre 1934 ; édit. La Pleïade, Œuvres complètes IV, p. 340.)

Jean de la Croix se meut dans cet univers nouveau [134], dans lequel il connait

> … les créatures par Dieu, et non Dieu par les créatures ; ce qui est connaître les effets par leur cause et non la cause par les effets, celle-ci étant une connaissance par vestiges et celle-là une connaissance essentielle. [135]

Mais il n'en reste pas moins que cette connaissance engendrant un texte, et peu importe ici de savoir pourquoi, elle établit du fait même ce point de vue rétrospectif (« conocimiento trasero », c'est-à-dire exactement : « connaissance par derrière ») et participe dès lors au sens mondain du monde : écrire suppose du papier, une plume et un vocabulaire empruntés aux finalités communes de notre univers de causes et d'effets [136]. A plusieurs reprises nous avons constaté qu'il n'y a de *communication* au sens propre qu'entre des personnes qui *échangent* des *choses* : l'échange est un acte spirituel, mais qui suppose un gage, un témoin matériel qui puisse en supporter le sens, l'intention. Cette organisation intentionnelle du monde, voilà encore le langage. Si le propre du mystique est d'être conscient de son paradoxe et de l'arbitrariété du rapport des mots et des choses, le propre du

---

133. Cf. GUILLAUME de SAINT-THIERRY, *Exposé sur le Cantique des Cantiques :*

> Quand il [ = le Verbe] lui parle, il se parle soi-même à elle (seipsum ei loquitur), et ainsi, c'est en lui-même qu'il lui fait connaître tout ce qu'il veut qu'elle sache, à elle à qui il parle ; *fait pour elle Sagesse, il fait en elle tout ce qu'il veut.* (Source Chrétiennes 82, § 141.)

134. Rappelons le prologue de Vive Flamme : « c'est en l'état d'amour enflammé… que l'âme parle ici… » (Ll Prol 4.)

135. Ll 4,5 ; cf. *infra,* pp. 253-254.

136. … Il ne faut pas oublier que les mystiques, en tant que mystiques, ne sauraient appartenir à l'Église enseignante. Leur « confuse » lumière, la seule qui leur appartienne en propre, n'est pas l'auréole des docteurs. On s'étonne parfois que l'autorité les juge et les condamne. Quoi de plus simple ? De ce qui s'est passé au centre de leur âme, le Pape lui-même ne peut rien connaître. Mais dès qu'ils ouvrent la bouche ou qu'ils prennent la plume, les voilà réduits à la condition et à la fortune des écrivains ordinaires : les voilà, non plus mystiques, mais théologiens, philosophes, poètes, bons ou mauvais, suivant le cas, dignes d'admiration, ou de pitié, ou de censure. (BREMOND (H.), *op. cit.,* p. 595.)

chrétien est d'en connaître la loi au titre de l'incarnation du Verbe et de créer le concept de « personne » pour la penser [137]. Aussi le mystique chrétien sait-il qu'entre son expérience et ce qu'il peut en dire se glisse l'épaisseur de sa créaturalité, ou, ce qui revient au même, de sa mortalité comme puissance d'incarnation du Verbe, puissance de ce langage absolu dont il souhaite dès lors l'avènement : « brise la toile de cette vie ? » [138]. Or, Jean de la Croix est mystique et chrétien, non pas qu'il en fasse la confidence, mais parce que l'Église se reconnaît en lui lorsqu'elle le déclare saint et docteur mystique. Nous tenons là de quoi fixer exactement son intention et sa position d'écrivain par rapport à nous. La vie mystique, nous a-t-il dit, se joue « de substance nue à substance nue » entre Dieu et l'âme, hors de tout langage mondain et selon le langage de Dieu. Mais elle est indissociable d'une reconnaissance de ce langage mondain qui accapare notre capacité symbolique (au sens linguistique précis rencontré plus haut [139]), c'est-à-dire notre esprit. En écrivant, Jean de la Croix parie sur lui-même et sur nous ; sur nous en supposant que quelque expérience de notre précarité existentielle aura amorcé ce processus de reconnaissance :

> mon intention... n'est pas de m'adresser à tous, mais à quelques personnes [du Carmel] à qui Dieu fait grâce de les mettre sur la voie étroite de cette montagne... ; [140]

sur lui en supposant par sa décision même d'écrire que son texte fournira à ce processus les moyens *culturels* d'aboutir :

> ... pour que chaque âme qui lira cela réussisse de quelque manière à voir le chemin qu'elle prend et celui qu'il lui convient de prendre si elle prétend parvenir au sommet de cette montagne. [141] ;

---

137. Une enquête historique montrerait probablement que l'extension de la notion de *personne* — divine ou humaine — et *elle seule*, comme catégorie de pensée irréductible ou comme sujet éthique absolu, recouvre exactement l'expansion du Judéo-Christianisme et « l'évangélisation » de l'expérience mystique.
138. Ll 1,36 ; cf. *supra,* pp. 95-96.
139. Cf. *supra,* p. 87, note 9.
140. S Prol 9.
141. S Prol 7.

le tout est que l'âme se comprenne elle-même, et pour cela la seule lecture du texte est porteuse d'efficacité : le comprendre, c'est se comprendre, et se comprendre c'est se découvrir uni depuis toujours au Dieu caché sous les contresens du monde. Dans un itinéraire où toute l'activité est du côté de Dieu et toute la passivité du côté de l'âme, Jean de la Croix parie finalement sur le caractère providentiel de la rencontre salutaire du lecteur et de son texte.

L'examen de la position de Jean de la Croix écrivain vient de nous faire poser deux affirmations essentielles, peut-être inhabituelles, lourdes de conséquences théologiques : le chrétien connaît la loi du langage ; mais alors le monde ne serait-il pas *pensable* hors du Christ ? Le mystique, en se comprenant, se découvre depuis toujours uni à Dieu : mais l'union n'est-elle pas le point d'arrivée de la vie spirituelle plutôt que son point de départ ? Deux questions qui n'en font qu'une : quelle consistance, quelle autonomie donner à ce qui n'étant pas Dieu, l'attend, le prépare, y mène, etc.? Quelle densité donner au « monde » ? Aucune !

> En plus de cette vie d'amour, par lequel l'âme vit en quoi que ce soit qu'elle aime, l'âme prend vie *naturellement et radicalement* en Dieu, comme aussi toutes les choses créées, selon ce qui dit Saint Paul : « In ipso vivimus, movemur et sumus »... et Saint Jean : « Quod factum est, in ipso vita erat », c'est-à-dire : « tout ce qui fut fait était vie en Dieu ». [142]

Du même coup, nous évacuons toute « nature pure » et, partant, toute idée d'une acquisition de quoi que ce soit de supplémentaire et dans l'expérience mystique et dans la vie chrétienne [143], et nous établissons avec l'Évangile la nécessité de penser la *relation pure* dans un effort intellectuel perpendiculaire à l'ontologie :

142. Ct 8,3 — On remarque la lecture de Jn 1,4, ponctué, avec la tradition mystique et contre la Vulgate, avant le « Quod », et la traduction de « in ipso » par « Dieu » et non pas « Verbe » ; cf. Ct 13,5 et Ll 4,4 (intégrant également Ac 17,28). Sur l'histoire de cette ponctuation, cf. CRISÓGONO DE JESÚS, *San Juan de la Cruz - Su obra..*, II, p. 65.

143. Point bien précisé en SIMEÓN DE LA SAGRADA FAMILIA, *El principio teológico prévio y fundamental de toda la obra Sanjuanista,* Revista de Espiritualidad, 1944, pp. 225-237.

> forma significata per hoc nomen *persona,* non est essentia vel natura, sed *personalitas.* [144]

Jusque là, tous les sens partiels dont le désir affecte les choses sont ordonnés à l'Évangile et l'attendent non pas comme leur prolongement mais comme leur vérité : « ce que vous adorez sans le connaître, je viens, moi, vous l'annoncer. » [145]

Jean de la Croix occupe donc une place très précise dans la possible expérience mystique de son lecteur : non pas *entre* Dieu et lui (le contact est immédiat ou n'est pas), mais légèrement en retrait, comme un indicateur ; tel Jean-Baptiste, il montre le Royaume qui est en nous et désigne l'Époux par son nom : « el Señor Jesús, Esposo dulcíssimo » [146], et se retire « ravi de joie à la voix de l'Époux » [147]. C'est sur ce *nom* de l'Époux que s'achève le Cantique Spirituel, après quoi Jean de la Croix se tait. L'Époux était là depuis la première ligne (« Où t'es-tu caché, Bien-Aimé, et tu me laissas gémissante ? » [148] ), mais *jamais nommé*. De la première à la dernière ligne du Cantique, Jean de la Croix remonte toute l'archéologie du désir, l'Époux échappant à l'épouse, leurs regards se fuyant à peine se croisent-ils, jusqu'à sa saisie dans la défaillance complète de son invocation, dans

> le recueillement intérieur, en lequel le Seigneur Jésus, Époux très doux, veuille bien mettre tous ceux qui invoquent son Nom très saint. [149]

Littérairement, toute la composition du Cantique Spirituel porte à cette invocation finale qui prend tout son relief lorque l'on constate, par une lecture de tous les appellatifs de la deuxième personne de la Trinité, qu'ici seulement *Jésus* est désigné comme l'Époux en fuite depuis un premier embrassement dont l'épouse ne parle qu'au passé [150]. Symétrique de ce premier embrasse-

---

144. Saint Thomas, S.T. Ia 39, 3 ad 3.
145. Ac 17,23.
146. Ct 39,7.
147. Jn 1,29.
148. Ct 1, premier vers de la première strophe.
149. Ct 39,7.
150. Partout ailleurs dans le Ct, la deuxième personne de la Trinité reçoit un appellatif fonctionnel : « Sagesse », « Verbe », « Christ », etc. Une seule apparition de « Seigneur Jésus » en 13,10 pourrait sembler affaiblir ce point ; mais il

ment, la reconnaissance de l'Époux dans l'union mystique suppose donc une seule condition nécessaire et suffisante : la connaissance de ce *Nom*. A défaut (c'est-à-dire finalement *à défaut d'évangélisation*), la relecture du mystique par lui-même ne sera pas complète et s'épuisera dans la consumation de ses faux-sens sans reconnaissance de la transformation d'amour, et donc sans transformation d'amour à proprement parler ; elle restera de l'ordre des « choses spirituelles » [151]. Mais ce nom une fois donné, une fois ouvert l'univers culturel des relations subsistantes et des personnes, c'est tout l'homme qui peut être pensé en état d'union, du plus intérieur au plus extérieur, jusqu'à

> toutes ces puissances [sensitives qui] descendent et s'inclinent de leurs opérations naturelles, s'en retirant vers le recueillement intérieur [152], en lequel le Seigneur Jésus,

---

s'agit d'une quasi-citation biblique et de toute façon sur un niveau transcendental et très éloigné de la phénoménologie mystique. Cette remarque architecturale ne nous serait pas apparue décisive sans la constatation d'un phénomène analogue chez Fray LUIS de LEÓN, (*Los nombres de Cristo,* éd. BAC, 1957*;* p. 776), où la longue enquête sur le nom propre du Christ aboutit à la révélation de Jésus, « deleite del alma y su compañia ». D'une manière générale, le Cantique Spirituel de Jean de la Croix a tout à gagner à être confronté à *Los nombres de Cristo* qui en donne souvent les clefs de lecture. — Pour un rapprochement littéraire précis entre Jean de la Croix et Fray Luis de León, cf. GARCIA LORCA (Francisco), *De Fray Luis a San Jean,* Madrid, 1972.

151. Défaut d'évangélisation et non pas défaut d'expérience : l'Évangile n'a rien à perdre à saluer une authentique vie mystique hors de l'Église et tout à gagner à prétendre en dévoiler la subordination et la destination à l'Incarnation du Christ. Nous voyons ainsi se dénouer un faux problème considérable : « peut-on être mystique et ne pas être chétien ? Peut-on être chrétien et ne pas être mystique ? » Il est évident que l'on mélange ici les plans. D'où trois solutions également désastreuses : ne voir finalement aucune supériorité du chrétien sur le non-chrétien pour sauver la mystique païenne (Simone WEIL : « Les mystiques de presque toutes les traditions religieuses se rejoignent presque jusqu'à l'identité. » (*Lettre à un religieux,* Paris, 1951, p. 97, cité en DEBLAERE (A.), *Témoignage mystique chrétien,* Studia Missionalia 26 (1977), p. 123)) ; voir une supériorité du chrétien et exclure le non-chrétien de la vie mystique (STOLZ (A.), *Théologie der Mystik,* Ratisbonne, 1936, p. 75 ; de CORTE (M.), *L'expérience mystique chez Plotin et chez saint Jean de la Croix,* Études Carmélitaines, 1935, vol. II, pp. 164-215 ; SALMONA (B.) *Identitá metafísica e uguaglianza per amore,* Ephemerides Carmeliticae XX (1969), pp. 79 ss) ; conférer au baptisé un droit et un devoir mystiques absolus (il faudrait citer ici les *centaines* d'auteurs qui ne voient dans la vie mystique qu'un prolongement logique de la vie chrétienne « normale » : on trouvera une esquisse de cette position dans notre Annexe sur la lecture théologique de Jean de la Croix, *infra,* pp. 264 ss.) Sur l'ensemble de la question, nous dépendons directement des travaux du P. Deblaere, notamment l'article cité au cours de cette note.

152. Ct 39,6.

> Époux très doux, veuille bien mettre tous ceux qui invoquent son Nom très saint.[153]

C'est à partir de là que Jean de la Croix relit avec nous l'Écriture Sainte (« la Escritura divina »), l'histoire et le monde, Sagesse du Père et graphisme divin dont les traits dessinent le Verbe se faisant chair,

> car le Verbe est très haute Sagesse essentielle de Dieu.[154] Nous irons vers les hautes cavernes de la pierre... « Petra autem erat Christus ».[155]

Avec la grande tradition patristique, c'est sur ce verset de la première Épître aux Corinthines (I Co 10,4) que Jean de la Croix établit son exégèse spirituelle, non seulement de l'Écriture, mais à travers elle de toute la réalité dont le Verbe est le chiffre, caché à ceux qui ignorent le nom de Jésus,

> car l'âme voit ici d'une certaine manière que ces choses sont comme le caillou dont saint Jean dit qu'il sera donné au vainqueur, et sur le caillou un nom écrit que personne ne connaît, sinon celui qui le reçoit.[156]

Mais pour l'épouse en possession de ce chiffre caché,

> chaque mystère de ceux qu'il y a dans le Christ est très profond en Sagesse et possède de nombreuses cavités de ses jugements cachés de prédestination et prescience sur les fils des hommes... il y a beaucoup à creuser dans le Christ, car il est comme une mine abondante avec de nombreuses

---

153. Ct 39,7 — On voit que cette invocation finale est double : en même temps qu'il nous indique le Nom de l'Époux, Jean de la Croix intercède pour nous auprès de lui : « Veuille... ». Ce seul mot contient toute sa prière pour ceux qui connaîtront, par lui, le Nom ; prière présente, elle aussi, dès le début du Cantique Spriritue1, mais révélée en même temps que ce Nom parce qu'il y enracine son efficacité. C'est en ce sens que la lecture des œuvres de Jean de la Croix est providentielle, fruit de sa prière et non du hasard : son invocation prévient et rejoint celle de son lecteur.

154. Ct 35,6.

155. Ct 36,3.

156. Ll 2,21 sur Apoc 2,17.

> cavités de trésors : pour autant que l'on creuse, on n'y trouve aucune fin ni aucun terme ; au contraire, avançant en chaque cavité on trouve de nouvelles veines de nouvelles richesses ici et là. C'est pour cela que Saint Paul parle du même Christ en disant : « In quo sunt omnes thesauri sapientiae et scientiae Dei absconditi » [Col. 2,3]... Et Moïse demandant à Dieu qu'il lui montre sa gloire, il lui répondit qu'il ne pourrait la voir en cette vie, mais qu'il lui montrerait tout le bien, c'est-à-dire possible en cette vie ; et cela fut que le mettant dans la fente de la pierre, qui est le Christ (comme nous avons dit), il lui montra ses épaules [Ex. 33,21], ce qui fut lui donner connaissance des mystères de ses œuvres, particulièrement ceux de l'incarnation de son Fils. [157]

Introduite en la Sagesse du Père, l'épouse voit donc toute chose resignifiée selon une architecture dont le Christ incarné supporte tout le poids. Mais Jean de la Croix resserre encore la porte étroite : le Christ auquel s'unit l'épouse est Jésus *crucifié*. C'est la croix de Jésus qui opère sacramentellement le passage à ce sens nouveau, et c'est du haut de la croix que toute chose est vue selon la Sagesse du Père :

> Et ainsi, parlant avec elle [= l'épouse], il lui dit comment elle devint son épouse au moyen de l'arbre de la Croix , lui donnant en cela la faveur de sa miséricorde, voulant mourir pour elle et la rendant belle de cette manière... [158]

C'est donc sous l'arbre de la croix que se fait le mariage spirituel, comme c'est sous l'arbre de Vie que se défit le premier embrassement qui laissa l'épouse gémissante et dont la plainte ouvre le Cantique Spirituel,

---

157. Ct 36,3-4 — Ce développement de I Co 10,4 est dans le droit fil d'une tradition patristique qui remonte à travers tout le Moyen-Age jusqu'à la première exégèse chrétienne, jusqu'à Origène et saint Paul. Exemple chez Origène :

> Le Seigneur voulant exhorter Moïse à se mettre dans la vérité lui dit : « Voici une place à côté de moi, mets-toi sur cette pierre ». Et en fait, si le Christ était cette pierre [I Co 10,4], il déclare aussi : « Je suis la Vérité » [Jn 14,6] ; c'est pourquoi il est probable que les paroles : « Mets-toi sur cette pierre » équivalent à dire : « mets-toi dans la vérité ». (*In Iohannem*, éd. Preuschen, 22, § 240.)

158. Ct 28,2.

> car ta mère, la nature humaine, fut violée en tes premiers parents sous l'arbre, et toi, c'est là aussi, sous l'arbre de la Croix, que tu fus réparée.[159]

Ainsi ces deux arbres n'en font-ils qu'un :

> A l'ombre du pommier,
> C'est là que tu me fus donnée pour épouse...
> [l'Époux] entend par le pommier l'arbre de la Croix, où le Fils de Dieu racheta, et, par conséquent, épousa la nature humaine, et par conséquent épousa chaque âme.[160]

On remarque l'ordre de ces conséquences : dans « les ordinations et dispositions de sa Sagesse »[161] qui se découvrent alors, Dieu commence par le mariage avec chaque âme et finit par la rédemption, ordre que l'histoire de l'Église remonte jusqu'à la ré-union mystique,

> Et là-bas tu me donnerais alors,...
> Ce que tu me donnas l'autre jour...[162]

C'est donc par la Croix du Christ que s'opère le passage au sens spirituel de toute chose, la re-signification du réel par le

---

159. Ct 28,5.
160. Ct 28,3.
161. Ct 28,5.
162. Ct 37, strophe — A vrai dire, un doute, d'autant plus insoluble qu'on l'examine davantage, peut naître dans cette subordination de conséquences ; si la grammaire en est claire, une lecture plus large pourrait comprendre l'inverse de notre version en traduisant « por consiguiente » et « consiguientemente » de façon finale plutôt que causale. Nous ne trancherons pas, mais admirerons au contraire le télescopage des trois plans qui détruit finalement leur causalité et leur subordination chronologique au profit d'une équivalence entre l'histoire de l'âme et celle de l'Église.

Par ailleurs, dans tout ce paragraphe nous avons traduit « desposar » par « épouser » pour ne pas avoir à trancher non plus entre « fiançailles » et « mariage », deux étapes de la vie conjugale que Jean de la Croix distingue parfois, mais pas toujours, en opposant « matrimonio » à « desposorio », ce qui n'aide pas le lecteur mais n'a ici aucune importance. Une étude du vocabulaire nuptial de Jean de la Croix reste d'ailleurs à faire — et elle serait intéressante (mais non décisive, on le verra plus loin — cf. *infra,* p. 371, note 579) pour interpréter certains passages où l'on hésite sur le degré d'irrévocabilité du « desposorio » —, car il semble refléter par son flottement une évolution peut-être en cours dans la pratique matrimoniale de l'Espagne au lendemain du concile de Trente. Mais ce n'est là qu'une hypothèse.

dévoilement de son chiffre caché, du Verbe qui l'organise, passage de la loi de la chair à la loi de l'Esprit :

> A l'heure où le Christ prononça sur la Croix : « Consummatum est » et où il expira, cessèrent... toutes les cérémonies et rites de l'Antique Loi. [163]

Le rideau déchiré du Temple ouvre à l'épouse le chemin de l'Époux :

> que l'âme qui désire vraiment la Sagesse désire d'abord vraiment entrer plus avant en l'épaisseur de la croix, qui est le chemin de la vie. [164]

Nous verrons que la logique de ce désir conduit tout droit « hasta la muerte de amor »[165], et qu'au cœur du mariage spirituel la Croix du Christ est plantée parce qu'en elle seule s'épuise l'élan de l'épouse dans la perpétuelle défaillance d'un don qui déborde et relance sans cesse ce désir :

> en la croix sont les délices de l'esprit. [166]

Nous la retrouverons de ce fait comme clef de voûte de notre quatrième lecture de l'œuvre de Jean de la Croix, dans laquelle la mort physique d'amour s'affirmera décidément comme centre de gravité de toute la vie mystique. Qu'il suffise ici d'en avoir indiqué le principe par l'analyse du dynamisme de l'anthropologie de Jean de la Croix.

***

Une seconde lecture de l'œuvre de Jean de la Croix nous a donc mené au seuil de l'irréversible « consummatum est » dans l'embrassement de l'Époux et de l'épouse sous l'arbre de la Croix, retrouvailles attendues depuis le péché d'Ève. On en

163. 2S 22,7 ; cf. 3S 39,40.
164. Ct 35,13.
165. Cf. Lettre 11.
166. 1N 7,4.

devine un faisceau d'harmoniques possibles et Jean de la Croix l'esquisse à grands traits : l'Église corps du Christ et épouse du Christ :

> Nous ferons des guirlandes... ce vers s'entend très justement de l'Église et du Christ ; l'Église, son épouse, parle avec lui en disant : « nous ferons des guirlandes », comprenant par « guirlandes » toutes les âmes saintes engendrées par le Christ en l'Église. [167]

— de là, la communion des saints :

> ... la première couronne [des guirlandes] sont les Vierges, ... la deuxième ... les docteurs,... la troisième ... les martyrs, ... et toutes ensemble, elles seront une couronne pour l'accomplissement de la couronne de l'Époux, le Christ. [168]

— la liturgie comme présence réelle de l'Époux à un troisième niveau de signification du cosmos :

> [le Père dit au Fils]
> ... que Dieu homme serait et que l'homme Dieu serait.
> Qu'Il vivrait avec eux, qu'avec eux Il mangerait.
> Et qu'avec eux pour toujours Il allait demeurer,
> Tant que ce siècle fluant vienne à s'achever.
> Qu'alors ils se réjouiraient ensemble, en éternelle mélodie,
> Pour ce qu'Il est la tête de l'épouse qu'Il s'est uni... [169]

— le mystère de Marie enfin,

> élevée depuis toujours à ce haut état d'union à Dieu. [170]

A côté d'une anthropologie mystique, nous trouvons donc dans la Croix du Christ le principe d'une « ecclésiologie mystique », d'une « liturgie mystique » et d'une « mariologie mystique ».

---

167. Ct 21,7.
168. *Idem.*
169. Poème 3, vers 139 ss ; Lucien-Marie pp. 944-945.
170. 3S 2,10.

Nous ne les développerons pas puisque tel n'est pas notre propos et tel n'est pas le centre des préoccupations de Jean de la Croix lorsqu'il écrit à ses dirigés (ou assimilés) pour leur permettre de se relire eux-mêmes selon « el lenguaje de Dios ».

Jusqu'ici nous n'avons mis en évidence que des lois de *lecture* du texte de Jean de la Croix en l'abordant sous deux angles différents et en laissant volontairement de côté tout le matériau qui n'était pas indispensable à ce travail de repérage. Combinant maintenant ces deux approches, nous serions armé pour tenter d'organiser ce matériau et de penser avec Jean de la Croix toute l'anthropologie mystique dans sa disposition selon une structure évolutive. Mais avant d'aborder cette lecture globale, nous gagnerons à faire la somme des simplifications intellectuelles que les deux premières lectures nous ont imposées en examinant ce que devient le statut de la vie même de l'intellect dans cette évolution. En transférant les séparations mentales du monde des choses à celui des personnes, ne va-t-elle pas mettre en cause l'effort théologique lui-même en ce qu'il postule de près ou de loin deux sphères d'êtres, la sphère naturelle et la sphère surnaturelle, dont il combine les interactions ? Aussi notre troisième lecture de l'œuvre de Jean de la Croix, en suivant non plus le vocabulaire des parties de l'âme ou celui du temps et du désir, mais celui du surnaturel, va sans doute montrer qu'il obéit au même retournement d'un sens mondain à un sens spirituel d'abord caché, mais dont la mise en lumière nous ouvrira définitivement l'accès à la vérité divine de l'homme.

Troisième lecture

# NATURE ET SURNATURE
# RÉALISME FONDAMENTAL
# DE L'ANTHROPOLOGIE DE JEAN DE LA CROIX

Nous venons de pressentir qu'un fil d'écriture important doit relier à travers l'œuvre de Jean de la Croix les emplois multiples du « surnaturel ». En première approximation, il semble faire du mot deux usages contradictoires, ce qui ne laisse pas de plonger le lecteur dans une certaine perplexité ; mais fidèle à un style qui nous est désormais familier, Jean de la Croix joue de notre étonnement comme d'un ressort pour nous forcer à penser avec lui plus profondément, plus *simplement*, une unité détruite par des modes non spirituels de parler de Dieu ; et le rapport que nous constaterons finalement entre les usages de « sobrenatural » sera un cas particulier de l'inversion qu'il impose à nos habitudes mentales lorsqu'il faut penser l'homme pour répondre à des nécessités de direction spirituelle.

« Surnaturel, cela veut dire : qui dépasse le naturel ».[1] Cette définition générale associe, tant dans la conscience théologique de son époque que dans celle de tout l'Occident depuis le XIIIe siècle, l'idée d'une intervention divine à celle d'un résultat hors du commun. Et si Jean de la Croix s'attache à deux usages principaux sur la base de cette première définition, c'est qu'il sépare d'abord à l'extrême ces deux idées, l'une considérant la cause, l'autre l'effet. Mais au terme d'une série de rectifications sémantiques, il fera échapper le mot à cet univers de causes et d'effets pour nous montrer que, loin d'être la marque extraordi-

---

1. 2S 4,2.

naire du divin dans un cours des choses qui aurait sa consistance et son histoire propres, ce que nous appelons spontanément « surnaturel » est le support ordinaire, l'envers, la face cachée d'un « naturel » que nous lui opposons comme s'il allait de soi que la nature fût ce qu'elle est. Entre le début et la fin de cette cascade de rectifications, l'effort de Jean de la Croix sera de conserver la vérité de l'usage reçu du mot en en développant la charge spirituelle implicite, c'est-à-dire cette référence à l'action divine que contient de près ou de loin toute idée de dérogation sacrée à un cours profane du monde. Le progrès sera d'en avoir dénoncé les restrictions comme autant de superstitions génératrices de faux-sens.

On comprend déjà qu'au terme de cette redéfinition, surnaturel et naturel indiqueront les mêmes *choses* et qu'ils ne s'opposeront pas plus que ne s'opposaient sens et esprit dans l'âme ou bien temps et éternité dans le désir. Les découvertes que nous fait faire Jean de la Croix ne portent pas sur des différences entre des choses, mais sur la consistance spirituelle et gracieuse de la réalité que nos finalités pratiques enfermaient dans un monde d'essences et de raisons suffisantes. Ce résultat ajouté à ce que nous écrivions plus haut de l'inconsistance de l'univers « objectif »[2], continuera à nous acheminer vers l'idée pure de liberté et d'esprit, vers une architecture de la pensée que ne gouverne déjà plus tant l'utilité de la connaissance du bien et du mal que la reconnaissance entrevue du Verbe se faisant chair.

## I. Surnaturel et vie théologale

Partons avec Jean de la Croix de l'usage théologique habituel du mot « surnaturel » ; il sépare

> ce qui est du vieil homme, c'est-à-dire l'habileté de l'être naturel,

de ce qui est de l'homme nouveau,

2. Cf. *supra,* pp. 138 ss.

> se revêtant d'une nouvelle habileté surnaturelle selon toutes ses puissances.[3]

Entre les deux, il y a toute la nuit de ces puissances inhabiles à saisir naturellement le surnaturel, nuit après laquelle et comme par une création nouvelle

> Dieu se met à illustrer l'âme surnaturellement.[4]

Entre ces deux capacités de l'âme, le rapport est inversement proportionnel du fait que

> la lumière surnaturelle et divine obscurcit d'autant plus l'âme qu'elle comporte plus de clarté et de pureté,[5]

alors que

> l'âme qui se trouverait en obscurité et s'aveuglerait en toutes ses lumières propres et naturelles verrait surnaturellement,[6]

car

> le naturel venant à manquer à l'âme enamourrée, le divin s'y infuse immédiatement, naturellement et surnaturellement, pour qu'il n'y ait pas de vide en la nature.[7]

Autrement dit, la différence de *nature* entre les deux lumières fait que l'une est obscurité pour l'autre.

Jusqu'ici, les termes de « lumière » et de « ténèbre » ne sortent pas du cadre d'un traité classique sur la vie théologale et que Jean de la Croix résume en bonne scolastique :

> La foi, disent les théologiens, est un habitus de l'âme certain et obscur. Et la raison pour laquelle elle est un habitus obscur est qu'elle fait croire des vérités révélées par Dieu lui-même, lesquelles sont au-dessus de toute lumière

3. 1S 5,7.
4. 2S 2,1.
5. 2N 7,2.
6. 2S 4,7.
7. 2S 15,4 ; cf. 2S 17.5 / 3S 2,2.

> naturelle, et elles excèdent tout entendement humain, sans aucune proportion. De là vient que, pour l'âme, cette lumière excessive qui se donne à elle par la foi lui est ténèbre obscure, car le plus prive du moins ; tout comme la lumière du soleil estompe toutes les autres lumières, de telle sorte qu'elles ne paraissent pas lumière lorsqu'elle luit, et comme elle vainc notre puissance visive de telle sorte qu'elle l'aveugle et la prive de la vue plutôt qu'elle la lui donne pour autant que sa lumière est très disproportionnée et excessive par rapport à la puissance visive, de même la lumière de la foi opprime et vainc celle de l'entendement par son grand excès ; celle-ci ne s'étend d'elle-même qu'à la science naturelle, quoiqu'elle tienne puissance pour le surnaturel pour le moment où Notre-Seigneur la voudra mettre en acte surnaturel. [8]

Rien en tout cela qui ne se trouve chez saint Thomas dans les premières questions de la $II^{a}$ $II^{ae}$. Mais on doit souligner ici que si toute la vie mystique est pensée par Jean de la Croix à l'intérieur de la vie théologale, il faut cependant éviter d'en rétrécir le concept, et introduire pour cela deux termes qui vont élargir les catégories de naturel et de surnaturel aux dimensions d'une anthropologie plus ancienne, celle des Pères et de la tradition spirituelle, les termes de « *ressemblance* » et de « *beauté* ».

Si l'union mystique est assurément la prise de conscience parfaite de la vie théologale, et si elle est du fait même l'expérience par excellence de la vie surnaturelle, Jean de la Croix préfèrera employer l'expression d'« union de ressemblance » (« unión de semejanza ») pour la désigner :

> L'union et transformation par amour de l'âme avec Dieu… n'est pas toujours faite, mais seulement lorsqu'il vient à y avoir ressemblance d'amour ; et pour autant elle s'appellera union de ressemblance. [9]

Et cela parce que

> [Dieu donne pouvoir de devenir enfants de Dieu]… à ceux qui, renaissant par grâce, mourant d'abord à tout ce qui est

8. 2S 3,1.
9. 2S 5,3.

> du vieil homme, s'élèvent au-dessus d'eux-mêmes au *surnaturel*, recevant de Dieu telle renaissance et filiation.. ; et renaître en l'Esprit-Saint en cette vie est tenir une âme très *semblable* (simílima) à Dieu en pureté, sans tenir en soi aucun mélange d'imperfection ; et ainsi peut se faire la pure transformation par participation d'union. [10]

Ce thème de la ressemblance, nous l'avons déjà pressenti dans l'analyse de l'image de la flamme [11]. L'exploitation qu'en faisait Jean de la Croix nous permettait de conclure à un passage de la logique de l'être à la logique de l'amour :

> l'amour produit une telle sorte de *ressemblance* en la transformation de ceux qui s'aiment qu'il se peut dire que chacun est l'autre et que tous deux sont un. [12]

Au-delà de cette transformation, ce qui était en jeu dans l'image de la flamme, c'est le principe platonicien puis patristique de la connaissance amoureuse du semblable par le semblable, principe qui soustrait par avance connaissance et amour au domaine de l'ontologie [13]. Nous tenons là le pivot de la conversion intellec-

---

10. 2S 5,5 sur Jn 1,13 et 3,5.
11. Cf. *supra,* pp. 102 ss.
12. Ct 11,7 ; cf. *supra,* p. 109.
13. Aristote ne s'y est pas trompé, qui dit de ses prédécesseurs : « Tous, pour ainsi dire [= à l'exception d'Anaxagore]... affirment que le semblable se connaît par le semblable et, puisque l'âme connaît tout, ils le constituent avec tous les principes... » (*De Anima*, 405b, 10-20). Et il cite un peu plus haut Empédocle en ces termes : « Nous voyons la terre par la terre et l'eau par l'eau, l'air divin par l'air et le feu destructeur par le feu, l'amour par l'amour et la discorde par la discorde affreuse... » ;
avant de faire allusion à Platon : « De même Platon dans le Timée construit-il l'âme avec les éléments : en effet, pour lui le semblable se connaît par le semblable (γιγνώσκεθαι γάρ τῷ ὁμοίῳ τὸ ὅμοιον) ». (*De Anima,* 404 b 13-18.) Cette « construction de l'âme » dans le Timée en fonction de cette connaissance naturelle nous semble une allusion à Timée 45ab que nous citons amplement dans la mesure où ce texte constitue véritablement une matrice de l'expression de la connaissance mystique pour la tradition chrétienne :

> Les premiers organes que les dieux fabriquèrent furent les yeux porteurs de lumière ; ils les fixèrent sur le visage dans le but que je vais dire. De cette sorte de feu qui a la propriété de ne pas brûler et de fournir une lumière douce, ils imaginèrent de faire le propre corps de chaque jour, et le feu pur qui est en nous, frère de celui-là, ils le firent couler par les yeux en un courant de parties lisses et pressées, et ils comprimèrent l'œil tout entier,

tuelle que nous propose Jean de la Croix : le passage d'une philosophie de l'être à une philosophie de la personne. Aristote puis saint Thomas se demanderont : « comment se fait-il que je connaisse ? », et traitant la question comme un cas particulier du problème de l'être, ils découperont aussi finement que possible dans la nature du connaissant et du connu ce qui leur appartient en propre et ce qui leur est commun [14], sans poser un seul instant la question de leur séparation artificielle supposée par cette chirurgie ontologique ; alors que Platon et les mystiques se seront déjà demandés en dehors de toute position théorique du problème de la connaissance : « comment se fait-il que je ne connaisse pas, ou pas complètement ? », et ils auront déjà répondu par le mystère d'une dissemblance entre des formes pourtant suffisamment reconnaissables entre elles pour indiquer

---

> mais surtout le centre, de manière qu'il retînt tout autre feu plus épais et ne laissât filtrer que cette espèce de feu pur. Lors donc que la lumière du jour entoure le courant de la vision, *le semblable rencontrant son semblable,* se fond avec lui, pour former dans la direction des yeux un seul corps, partout où le rayon sorti du dedans frappe un objet qu'il rencontre à l'extérieur.
>
> Ce corps, soumis tout entier aux mêmes affections par la similitude de ses parties, touche-t-il quelque objet ou en est-il touché, il en transmet les mouvements à travers tout le corps jusqu'à l'âme et nous procure cette sensation qui nous fait dire que nous voyons. Mais quand le feu parent du feu intérieur se retire à la nuit, celui-ci se trouve coupé de lui ; comme il tombe en sortant sur des êtres d'une nature différente, il s'altère lui-même et s'éteint, parce qu'il n'est plus de même nature que l'air ambiant, lequel n'a point de feu. Il cesse alors de voir... (trad. CHAMBRY).

Cette exigence d'une similitude élémentaire entre les deux termes qu'unissent amour et connaissance traverse toute la tradition mystique jusqu'en Jean de la Croix :

> pour unir deux extrêmes, ce qui est le cas de l'âme et de la divine Sagesse, il est nécessaire qu'ils viennent à convenir en un certain moyen de *ressemblance* entre eux (convenir en cierto medio de semejanza entre sí). (2S 16,7.)

Ce moyen de ressemblance, l'image du feu l'illustrait :

> Le feu a t-il à se joindre et à s'unir à la bûche ? Il faut que la chaleur ... dispose d'abord la bûche avec assez de degrés de chaleur pour qu'elle tienne une grande *ressemblance et proportion* avec le feu. (2S 8,2.)

14. Cf. *De Anima* 402a 1 :

> La connaissance étant parmi les choses belles et appréciables... nous estimons l'enquête sur l'âme particulièrement importante et primordiale. Il semble en effet que sa connaissance importe grandement à la vérité tout entière.

leur primordiale communion, mystère qui donne son espace à une anthropologie évolutive, celle de la réminiscence chez Platon, celle qui pour toute la tradition patristique et spirituelle s'étendra de l'image à la ressemblance de Dieu dans la lecture du premier chapitre de la Genèse ; pour les Pères comme pour Platon, penser l'homme constituera un processus salutaire, puisque la venue à la conscience de cette communion primordiale entre sujets spirituels la rétablit de quelque façon. [15]

---

15. Nous ne pouvons pas accumuler ici les témoignages patristiques, qui, tant à travers saint Irénée qu'à travers Origène et saint Augustin, montreraient cette anthropologie dynamique et la convenance qu'elle a trouvée dans la vision platonicienne du monde et de l'homme. Les études sur ce point ne manquent d'ailleurs pas. Citons seulement une conclusion exemplaire du P. Hausherr à propos de Maxime le Confesseur, mais qui nous semble transposable dans une large mesure à un « moderne » comme Jean de la Croix :

> Nous savons qu'il n'est pas facile... de parler clairement et pertinemment du surnaturel. Ce mot étant un comparatif, tout le vocabulaire qu'il commande change de sens pour peu que le terme de conparaison se modifie, que la ligne de référence se déplace, encore que celle-ci porte toujours le même nom : nature. Chez les Pères grecs, si l'on ne veut pas s'empêtrer dans des difficulté inextricables, et même se fourvoyer, il faut jusqu'à preuve du contraire entendre « nature » au sens de nature historique, incluant l'aptitude passive, et non pas purement obédientielle, à la déification. Autrement dit, sauf exceptions qui se rapprochent davantage de notre langage actuel, il faut supposer que le « kat'eikona » ne diffère pas essentiellement, mais seulement en degré de perfection, « kath'homoiosin », même quand l'image est dite naturelle et la ressemblance surnaturelle. En fait, si les Pères se mettaient à *notre* point de vue, ils diraient, sans changer d'opinion, que surnaturelles, elles le sont l'une et l'autre. Et ils ajouteraient, combinant notre point de vue avec le leur, que nous devrions appeler la ressemblance deux fois surnaturelle : une fois quant à la potentialité, et une fois quant à l'actuation de la potentialité. Il convient encore de remarquer que l'ontologique et le moral se mêlent perpétuellement, ou pour mieux dire, qu'ils ne font qu'un dans la vie, pour qui envisage l'être humain une fois constitué dans sa « nature » réelle. D'où il suit que souvent, lorsque les Pères parlent morale, ascèse, spiritualité pratique, dans une langue toute commandée par leur concept de nature, ils ont facilement pour nous l'air d'ignorer ou de nier la surnaturalité ontologique de la grâce, parce que *tout* bien est pour eux « selon la nature » ; ou, au contraire, de ne rien ignorer des catégories ontologiques aujourd'hui en usage dans le traité de la grâce, alors que les différents états qu'ils distinguent ne sont peut-être *in recto* que des états de volonté, *in obliquo* seulement, des états ontologiques dépendants de la volonté individuelle, et pas du tout nos *status* réels ou possibles de l'humanité comme telle. (HAUSHERR (I.), *Philautie,* Roma, 1952, pp. 136-137.)

Cf. également la conclusion du P. CROUZEL en *Théologie de l'image de Dieu chez Origène*, Paris, 1956, et, pour une vue globale du problème dans les termes où nous le posons ici, de LUBAC (H.), *Le mystère du Surnaturel,* Paris, 1965.

Telle est sans aucun doute l'attitude intellectuelle profonde reflétée par l'œuvre de Jean de la Croix, même si l'angle sous lequel il aborde les problèmes anthropologiques est marqué, bien plus que chez ses prédécesseurs, par une sensibilité très moderne à leur nature linguistique : reconnaître la liberté infinie qui donne sens en nous à ce qui n'en a pas en soi, c'est retrouver notre communion primitive avec tout sujet spirituel, et c'est du fait même notre seul véritable progrès en humanité. Il est ré-union de ce qu'une considération de la matière avait fait croire un instant divisé.

Aussi bien, symétriquement à cette ressemblance d'union, Jean de la Croix voit-il la dissemblance d'une «désunion mystique» dont la prise de conscience donne son élan à la vie spirituelle :

> … l'âme doit se dénuder de toute créature, de toutes ses actions et capacités propres, c'est-à-dire de celles de son entendement, de son goût et de ses sens, pour que, rejeté tout ce qui est *dissemblable* et *disconforme* (disímil y disconforme) à Dieu, elle vienne à recevoir ressemblance de Dieu… et ainsi se transforme en Dieu.[16]

Cette ressemblance, c'est elle que nous poursuivons depuis que son esquisse s'est évanouie du miroir de la fontaine cristalline[17] : le calme reflet n'a duré que l'instant perdu d'un souvenir, mais souvenir suffisant pour nous mettre sur la voie

> … des yeux tant désirés
> Et que je garde à l'ébauche en mon cœur.[18]

Narcisse penché sur l'eau mourut d'épuisement en contemplation de son propre regard, noyé dans la pure essence de son éternel visage, victime de la répétition et du principe d'identité : Narcisse est Narcisse est Narcisse… Pour échapper au piège il eût fallu forcer l'infiniment même à devenir indéfiniment autre, ouvrir une brèche ontologique, disloquer sa définition par

16. 2S 5,4.
17. Cf. *supra*, p. 41.
18. Ct 11, strophe.

l'irruption de l'irrationnel et de l'histoire là où il n'y avait que la surface égale d'une plate éternité, il eût fallu casser le miroir. Hors du temps qui passe, la perpétuité même de l'image la condamnait soit à résoudre sa propre fascination en une indifférence sans fond, soit à métamorphoser par une substitution soudaine cette essence captive et captivante : Narcisse évanoui en fleur fut rendu au temps, mais il n'était plus Narcisse.

Mais un souffle frémit sur les ondes, le miroir bouge, s'anime et disparaît en pure transparence : ce n'était pas mon regard qu'il reflétait, mais *un autre* me regarde que je ne voyais pas, celui dont l'image est gravée dans mon cœur :

> Il y avait quelqu'un ; je ne connaissais pas son visage ; c'était une image devant mes yeux.[19]

La vision n'a duré que l'instant d'un clin d'œil, mais dans le croisement de leurs deux regards, l'épouse et l'Époux se sont reconnus. Et alors seulement l'épouse se découvre elle-même en lui : dans la reconnaissance, l'image s'anime en ressemblance et se révèle personne là où il semblait n'y avoir qu'une chose. Et c'est l'éveil de l'âme reconduite en sa relation constitutive à la Sagesse de Dieu, mouvement du Verbe en sa substance intime lui révélant endormie en elle-même

> une puissance immense, comme la voie d'une multitude de perfections, de milliers de vertus innombrables de Dieu.[20]

Jusque là, la vie n'était qu'un rêve. Et

> il semble alors à l'âme que le Bien-Aimé s'éveille en son sein où il demeurait auparavant comme endormi...[21],

mais d'un sommeil qui lui conférait déjà la vie puisqu'

> il faut savoir que Dieu demeure dans toutes les âmes secret et caché dans leur substance, parce que si cela n'était pas, elles ne pourraient subsister.[22]

19. Job 4,14 en Ct 13,20.
20. Ll 4,10.
21. Ll 4,14.
22. Ll 4,14 ; cf. *supra*, p. 52.

Dieu et le mystique ne préexistent donc pas à leur rencontre comme interlocuteurs séparés, mais le mystique se découvre en Dieu ; mieux : il se découvre dans l'acte de sa propre création, entre l'image et la ressemblance du créateur.

Mais revêtir la ressemblance de Dieu, c'est équivalemment revêtir sa *beauté*, mot-clef du Cantique Spirituel et que nous avons déjà rencontré au cœur de l'échange mystique [23]. Une beauté commune, voilà ce qui permettrait l'égalité de cet échange. Approfondissons-en le contenu.

Si le mot « hermosura » n'a pas de sens technique dans la Montée du Carmel ni dans Nuit Obscure, il obéit en revanche à un usage très précis dans le Cantique Spirituel (ainsi que lors de ses quelques apparitions en Vive Flamme), et qui complète le passage des catégories de nature/surnature à celles de dissemblance/ressemblance en en accentuant la connotation visuelle.

Fondamentalement, la Beauté qualifie le Verbe Fils de Dieu :

> Pour l'âme, dire : « Allons-nous en voir ta beauté sur la montagne », c'est comme dire : « rends-moi semblable et conforme (aseméjame e infórmame) en la beauté de la Sagesse divine », qui est le Fils de Dieu. [24]

Mais puisque

> tout ce qui fut fait était vie en lui, [25]

nous allons retrouver sa double trace en toute chose, trace de la création et trace de la re-création, celle du Verbe et de l'image, celle du Christ et de la ressemblance, celle de la nature bonne et celle de la grâce belle :

> Selon ce que dit Saint Paul, « le Fils de Dieu est la splendeur de la gloire du Père et le visage de sa substance. » Il faut donc savoir que Dieu regarda toutes choses par ce seul visage de son Fils, ce qui fut leur donner l'être *naturel*, leur communiquant maintes grâces et dons *naturels* et les

23. Cf. *supra,* p. 132.
24. Ct 35,7.
25. Jn 1,4 ; sur cette lecture du verset de saint Jean, cf. *supra*, p. 77 note 2.

> rendant accomplies et parfaites, selon qu'il est porté dans la Genèse par ces paroles : « Dieu regarda toutes les choses qu'il avait faites, et elles étaient très bonnes. » Les regarder très bonnes, c'était les faire très bonnes dans le Verbe son Fils. Et non seulement il leur communiqua l'être et les grâces *naturelles*, les regardant, comme nous avons dit, mais aussi par ce seul visage de son Fils, il les laissa toutes revêtues de *beauté*, leur communiquant l'être *surnaturel* ; ce qui fut lorsqu'il se fit homme, l'exaltant en *beauté* de Dieu, et par conséquent toutes les créatures en lui, s'étant uni avec la nature de toutes en l'homme... Et ainsi, en cette élévation de l'incarnation de son Fils et de la gloire de sa résurrection selon la chair, non seulement le Père *embellit* les créatures en partie, mais nous pouvons dire qu'il les laissa entièrement revêtues de *beauté* et de dignité. [26]

On remarque l'assomption de toute créature dans l'incarnation du Fils et la saveur toute patristique qu'elle diffuse ici, mais elle est assomption d'une nature qui ne se comprend déjà que comme premier reflet de la Beauté fondamentale révélée dans la gloire du Christ, si bien que l'on ne parlera du « naturel » que comme dérivation du « surnaturel », et non le contraire, de la beauté créée que comme reflet de la beauté incréée :

> l'âme se met à voir avec grande clarté en la vive contemplation et en la connaissance des créatures, qu'il y a en elles une telle abondance de grâces et vertus et beauté dont Dieu les a dotées, qu'il lui semble qu'elles sont toutes revêtues d'admirable beauté naturelle, dérivée et communiquée de cette infinie beauté surnaturelle du visage de Dieu. [27]

Aussi retrouvons-nous la réminiscence de ce visage de Dieu comme moteur de la vie spirituelle : l'âme ayant reconnu le Verbe veut découvrir le Christ,

> et, pour autant, blessée d'amour par cette trace qu'elle a connue en les créatures de la beauté de son Bien-Aimé,

26. Ct 5,4 ; Lucien-Marie légèrement retouché p. 555.
27. Ct 6,1.

avec anxiété de voir cette beauté invisible, elle dit la strophe suivante :

> Las, qui pourra me guérir ?
> Achève de te livrer maintenant pour de vrai !
> Ne veuille plus désormais
> M'envoyer de messagers
> Qui ne savent me dire ce que je veux ! [28]

Nous voyons donc s'enrichir considérablement dans cet univers visuel de beauté, de formes et de ressemblances, le thème du *regard* de Dieu et de l'âme. Il apparaît de plus en plus nettement que le clin d'œil de la strophe 11 constitue la clef de voûte du Cantique Spirituel. En rassemblant les données du commentaire aux strophes 5 et 6 que nous venons d'analyser, nous pouvons apercevoir le regard originaire du Père créant toutes choses dans la vision du visage de son Fils, reflet de son propre visage ; et ce qu'il voit dans le visage de son Fils, c'est l'homme parfait exalté à une beauté divine dans la gloire de sa résurrection, homme parfait dont Jean de la Croix nous dit par ailleurs qu'il est l'Église [29] et qui rayonne la beauté de Dieu sur le cosmos tout entier. Ainsi la création est-elle reflet du reflet du visage du Père ; mais ce regard du Père ne s'épuise pas dans ce jeu de miroirs puisqu'à son tour la créature regarde autour d'elle et, découvrant d'où lui vient sa beauté, lève les yeux vers la Beauté invisible dont elle se voit revêtue et qu'elle veut saisir dans une possession symétrique de l'acte créateur du Père.

Nous avons vu le mariage spirituel comme une communion dans la Beauté en Ct 35 [30] ; nous en saisissons ici le principe : comme lors de la création, il est embellissement divinisateur de l'âme par le regard de Dieu :

---

28. Ct 6, strophe

29. A la fin de l'échange de beauté entre l'Époux et l'épouse — cf. *supra*, p. 132 —, Jean de la Croix ajoute :

> telle est l'adoption des enfants de Dieu, qu'ils diront à Dieu pour de vrai ce que le Fils lui-même dit au Père éternel en disant par saint Jean : « Omnia mea tua sunt, et tua mea sunt »... lui le dit par essence, en tant que Fils par nature, nous par participation, en tant que fils adoptifs ; et ainsi le dit-il non seulement pour lui, qui était la tête, mais pour tout son corps mystique qui est l'Église. (Ct 35,5.)

30. Cf. *supra*, p. 132.

> [*sur les deux premiers versets de la strophe 23*] « Quand tu me regardais », c'est-à-dire avec attachement d'amour — car nous avons déjà dit que regarder pour Dieu, c'est ici aimer —, « c'est leur grâce en moi que tes yeux imprimaient ». Par ces « yeux » de l'Époux, [l'épouse] entend ici sa divinité miséricordieuse, laquelle, s'inclinant sur l'âme avec miséricorde, imprime et infuse en elle son amour et sa grâce, l'*embellissant et l'exaltant ainsi à tel point qu'elle la fait participante de la divinité même.* [31]

Ainsi toute la vie divine pourra-t-elle être exprimée en termes de beauté et de regard, d'abord parce que, absolument parlant, l'âme est constitutivement belle, sa consistance tenant dans le regard du Père ; ensuite parce que le dévoilement à l'âme de sa propre beauté suppose un nouveau regard de Dieu, dévoilement qui est équivalemment sa transformation en la Sagesse de Dieu dont Jean de la Croix nous dit qu'elle est Beauté :

> l'âme ne peut se voir en la beauté de Dieu ni se montrer en elle à lui, si ce n'est en se transformant en la Sagesse de Dieu. [32] ;

enfin parce que tout ce processus de reconnaissance de Dieu et de l'âme dans le croisement de leurs regards est un perpétuel « ornement » de l'âme :

> au début [des fiançailles spirituelles], Dieu communique à l'âme de grandes choses de lui-même, l'embellissant de grandeur et majesté et l'ornant de dons et vertus et la revêtant de connaissance et honneur de Dieu. [33]

Ce processus est-il proprement « mystique » ou bien ne rend-il pas compte aussi de la simple croissance en nous de la grâce sanctifiante ? Nous constatons maintenant à quel point le problème est artificiel ; en passant avec Jean de la Croix des catégories de nature/surnature à celle de ressemblance, beauté, regard etc., nous venons de passer imperceptiblement d'une

---

31. Ct 23,3-4.
32. Ct 35,8.
33. Ct 13,2 ; cf. Ct 15,2-3 / 21,6-11 / 26,6.

analyse ontologique de l'homme face à Dieu (c'est-à-dire de la question : que se passe-t-il au point de rencontre de la nature humaine et de la nature divine ?) à une vision de l'homme se découvrant progressivement lui-même sous le regard de Dieu [34] ; ce qui a changé n'est pas la réalité décrite, mais le point de vue de celui qui la décrit : « ce qui est né de la chair est chair, ce qui est né de l'Esprit est esprit ! » Dans le sillage d'Aristote, il est *exact*, et jusqu'à un certain point irremplaçable, de nous donner les moyens de penser en termes d'oppositions les différences qu'il y a entre la lumière et les ténèbres, le temps et l'éternité, la nature et la grâce ; mais renaître à la vie spirituelle, c'est sortir de cet univers d'essences pour entrer dans un univers de *formes* [35] dont l'architecture est celle de l'incarnation du Verbe, ni plus ni moins *exacte*, ni plus ni moins *vraie* que celle d'Aristote, mais adaptée à la conscience de l'homme en état de transformation mystique (cette seule expression étant déjà contradictoire pour Aristote). Et cette transformation tient précisément dans la découverte du statut spirituel du langage qui lui permet de se penser, découverte de ce que les oppositions sont dans les mots et non pas dans les choses ; et disparaît à l'instant même la fatalité de la nuit, du temps qui s'écoule, bref : de la *nature* des choses. Le langage, jusqu'ici signe de nos désunions, inverse alors sa fonction et découvre une communion immédiate entre sujets parlants, et les mots révèlent subitement leur valeur fiduciaire, valeur d'échange mesurée par celui qui parle et non plus par ce dont il parle.

Mais Jean de la Croix ne nous porte pas à ce résultat en un instant ; il nous prend « nés de la chair », suppose notre bonne volonté, et nous aide à renaître de l'Esprit en faisant tomber une par une les valeurs magiques que notre fétichisme théologique associait plus ou moins consciemment aux idées de nature et de grâce. C'est ce processus qui l'a conduit à élargir les catégories de

---

34. Cf. SANSON (H.), *L'esprit humain...*, pp. 89-114.

35. Ce mot même de « forme» et ses composés mériteraient d'être étudiés dans le cadre de l'analyse de la ressemblance et de la beauté chez Jean de la Croix. Il a en effet un sens précis et riche de résonances patristiques lui aussi. Nous le retrouverons ultérieurement (cf. *infra*, pp. 157 ss) dans l'étude du vocabulaire visuel de Jean de la Croix.

naturel/surnaturel, puis à les abandonner au profit de celles de ressemblance et de beauté pour traiter de la vie théologale en termes spirituels.

## II. Préternaturel et surnaturel

Reste entier le problème de la seconde acception de « surnaturel », dont nous disions qu'à l'intérieur de sa définition générale, elle en considère l'effet plus que la cause : le surnaturel comme irruption insolite, qu'elle soit miracle, vision ou révélation, dans le cours habituel du monde mis momentanément hors circuit.

Là encore, « surnaturel, cela veut dire : qui dépasse le naturel » ; mais cette fois-ci la grâce ne va pas supposer la nature, elle va l'évacuer, et nous semblons partir dans une direction diamétralement opposée à celle que nous avons suivie jusqu'ici. Et nous verrons pourtant un point d'arrivée identique à celui que nous venons de découvrir, à savoir cette résolution des termes naturel/surnaturel en une vision élargie et simplifiée de la vie spirituelle.

Dans cette seconde acception, « surnaturel » désigne l'ensemble des « gratiae gratis datae » :

> par biens surnaturels, nous comprenons ici tous les dons et les grâces donnés par Dieu qui excèdent la faculté et la vertu naturelles et qui s'appellent « gratis datas », comme le sont les dons de sagesse et de science qu'il donna à Salomon, et les grâces dont parle Saint Paul [en I Co 12,9-10], à savoir : foi, grâce de guérisons, opération de miracles, prophéties, connaissance et discernement des esprits, explication des paroles et également don des langues. [36]

Certes, ni saint Paul, ni Jean de la Croix ne distinguent dans ce catalogue le strict préternaturel du surnaturel au sens moderne ; mais en fait, Jean de la Croix ne va traiter sous la rubrique des

36. 3S 30,1.

« biens surnaturels » que le préternaturel, pour l'opposer justement à la foi ou à la science ; si bien que l'on peut grouper ici avec lui l'ensemble des « noticias sobrenaturales » qui font opérer les puissances de l'homme de façon préternaturelle sur des réalités habituellement inaccessibles. L'important est qu'elles paraissent déroger et comme s'opposer à l'obscurité psychologique propre à la vie théologale.

La place que leur accorde Jean de la Croix peut dérouter le lecteur moderne, ordinairement soucieux de réduire le préternaturel au strict nécessaire, souci qui nous fait d'ailleurs prendre le problème qu'il pose beaucoup plus au sérieux que ne le prenait Jean de la Croix, peu inquiet de cerner l'authenticité ou l'inauthenticité de ses manifestations. C'est pourquoi, plutôt que de se livrer à un discernement dont nous allons voir immédiatement l'inutilité, il passe en revue sous le nom de « noticias sobrenaturales » toutes les informations réelles ou supposées qu'elles peuvent produire en l'âme. Tel est l'objet central de la Montée du Carmel : il épuise à lui seul plus de la moitié des emplois de « sobrenatural » (environ 100 sur 180) dans l'ensemble de l'œuvre ; et encore le traité est-il inachevé.

Selon la première acception du mot, le surnaturel excédant le naturel, il eût été impropre de parler de « notices surnaturelles des puissances » ; reprenons la définition d'une « notice » :

> comme disent les philosophes, « ab objecto et potentia paritur notitia », c'est-à-dire : de l'objet présent et de la puissance naît en l'âme la notice.[37]

Or,

> la foi, non seulement ne fait ni notice ni science, mais encore… elle prive et aveugle de toutes les autres notices et science.[38]

Résolvons tout de suite une petite difficulté de vocabulaire : le mot « notice » est conservé par Jean de la Croix pour désigner à

37. 2S 3,2 ; cf. *supra*, p. 48, note 30.
38. 2S 3,4.

peu près toutes les informations de l'âme, et pas seulement de ses puissances ; c'est encore un exemple de réemploi commode en spiritualité d'un terme emprunté à la philosophie. Si bien que l'état idéal et philosophiquement contradictoire de l'âme sera

> le divin repos et la divine paix [*donc plus de notices des puissances*] avec d'admirables et sublimes notices de Dieu ! [39]

Cette dernière notice, loin d'informer les puissances, est obscurité pour elles, et définit dans son apparente contradiction la contemplation parfaite en amont de leur exercice séparé :

> en un seul acte, Dieu communique à la fois lumière et amour, ce qui est une notice surnaturelle amoureuse,... et celle-ci est confuse et obscure pour l'entendement parce qu'elle est *notice de contemplation*. [40]

L'intérêt de ce double usage de « noticia » sera une fois de plus de permettre à l'âme d'échapper à la philosophie sans échapper pour autant à la connaissance de Dieu. Mais pour ne pas se laisser embrouiller dans les mots, que l'on se rappelle que cette seconde acception n'est pas celle de la « notice » au sens strict défini plus haut.

Selon la définition du sens propre de « notice », on ne peut donc parler de vie mystique en termes de « notices des puissances », celles-ci étant laissées « en olvido », « en oubli », par le contact divin dont la note caractéristique est d'être expérimenté « de substance nue à substance nue » comme une véritable re-création, et en ce sens comme l'éclosion d'une véritable sur-nature à l'intérieur de la vie non mystique. La vie mystique se joue *en amont* de la vie psychique, et celle-ci n'entre pas dans son circuit, même si elle en reçoit une direction nouvelle, une actuation nouvelle :

---

39. 2S 15,5.

40. Ll 3,49 ; Jean de la Croix se réfère ici très directement à l'« Amor ipse notitia est » de saint Grégoire qui parcourt toute la littérature spirituelle médiévale et qui est donc d'une toute autre provenance que la « notice » philosophique.

> cette notice générale et cette lumière surnaturelle... investit [l'âme] si purement et simplement, étant si dénudée et éloignée de toutes les formes intelligibles qui sont objets de l'entendement, que *celui-ci ni ne la sent ni ne la peut voir...* si bien que parfois l'âme se trouve en un grand oubli, tel qu'elle ne sut point où elle se trouvait ni ce qu'elle avait fait et il ne lui semble pas que du temps se soit écoulé pour elle. [41],

même si

> cette notice laisse l'âme, lorsqu'elle s'éveille, avec les effets qu'elle fit en elle sans qu'elle les sentit se faire, et c'est l'élévation de l'esprit à l'intelligence céleste, l'éloignement et l'abstraction de toutes les choses, de leurs formes et figures et souvenirs. [42]

Certes, cette suspension de la présence du mystique au monde n'est caractéristique que du début de son expérience, nous dit Jean de la Croix, conséquence du dédoublement initial des deux forces qui s'opposent avant de s'intégrer dans la restauration de l'unique dynamisme mental, force de Dieu qui l'attire vers lui et force de l'homme qui l'oriente vers le monde ; mais cette dichotomie momentanée et qui correspond finalement aux deux acceptions que Jean de la Croix fait de « noticia », ne souligne que davantage le niveau spécifique de l'expérience et de la « notice » mystiques : il est celui du point substantiel du contact divin, au-dessus des puissances différenciées qu'elle peut donc, en toute rigueur, ne pas informer.

C'est sur ce point précis de l'incapacité des puissances à sentir dans leur distinction cette notice générale que se greffe le deuxième sens de « surnaturel » et qu'il n'y a guère d'inconvénient à lire comme le « préternaturel » : non plus en amont de la vie psychique, le surnaturel ici devient au contraire une de ses composantes, il entre dans le fonctionnement des puissances et met comme à leur portée ce que le premier surnaturel infusait substantiellement en l'âme dans l'ombre d'un court-circuit mental :

---

41. 2S 14,10 ; cf. *supra*, p. 69, note 11.
42. 2S 14,11.

> l'entendement peut recevoir par deux voies des notices ou intelligences : l'une est naturelle, l'autre surnaturelle.[43]

Voilà précisément ce qui était impensable de la vie mystique, et tout simplement de la vie théologale. Et à partir du chapitre 10 du second livre, la Montée du Carmel sera un long catalogue de ces notices surnaturelles des puissances et des conduites à tenir à leur égard[44], conduites entièrement dictées par la considération de cette vie théologale que vient perturber le surnaturel parasite ; du moment où il est du niveau des *choses*, c'est-à-dire de l'appréhension distincte des puissances, il n'est plus du niveau de la « substance de l'âme », il n'est plus de l'ordre de l'esprit et se met en travers de l'union spirituelle « de substance nue à substance nue » ;

> il n'est pas de la condition de Dieu que se fassent des miracles ; et quand il les fait, il les fait faute de pouvoir faire mieux... *ils perdent beaucoup quant à la foi* ceux qui aiment se complaire en ces œuvres surnaturelles.[45]

Il n'y a aucune dérogation, car si l'attachement rend semblable et égal à ce à quoi l'on s'attache, s'attacher à autre chose que Dieu serait renoncer à la ressemblance, et donc à la connaissance de Dieu[46], car rien de créé ne ressemble à Dieu :

> il faut savoir que l'affection et l'attachement (la afición y asimiento) que l'âme porte à la créature rend cette même âme égale à la créature, et d'autant plus grande est l'affection, d'autant plus elle la rend égale et la fait ressemblante, car l'amour établit une ressemblance entre celui qui aime et celui qui est aimé.[47]

---

43. 2S 10,2.
44. Chap. 11 : les appréhensions de l'entendement au moyen de ce qui se représente surnaturellement aux sens corporels extérieurs ; chap. 16-18 : les appréhensions imaginaires surnaturelles ; chap. 19-22 : les visions et discours surnaturels ; chap. 24-32 : les visions et révélations surnaturelles de l'esprit, etc. ; livre III, chap. 7-13 : les notices surnaturelles de la mémoire ; chap. 30-32 : les notices surnaturelles de la volonté, etc.
45. 3S 31,9.
46. Cf. *supra*, pp. 150 s.
47. 1S 4,3.

Or,

> entre toutes les créatures supérieures et inférieures, aucune ... n'a de ressemblance avec l'être de Dieu.[48]

Dira-t-on que *voir* le Christ n'est pas voir une créature ? Une fois encore, ce qui est en cause n'est pas l'objet, mais le mode de connaissance, et une image du Christ reste une image créée du Christ, qu'elle soit en papier ou en idée[49]. Si bien qu'une fois passés en revue tous les cas possibles et imaginaires, Jean de la Croix affirme sans appel :

> aucune notice, aucune appréhension surnaturelle en cet état mortel ne peut servir [à l'âme] de moyen prochain pour la haute union d'amour avec Dieu, car tout ce que peut entendre et goûter la volonté et fabriquer l'imagination *est très dissemblable et disproportionné à Dieu.*[50]

C'est là un principe fondamental de toute direction spirituelle : ne pas empêcher la vie de l'Esprit par les choses spirituelles,

48. 2S 8,3.

49. Pour être honnête, reconnaissons que Jean de la Croix semble parfois admettre une vision « essentielle » de Dieu ici-bas, et qui dérogerait donc à ce que nous sommes en train de dire, dans quelques cas très rares, ceux de Moïse, d'Élie et de saint Paul. Mais l'explication embarrassée qu'il en donne en 2S 24,3 montre qu'il accorde difficilement une lecture, sans doute obligatoire à son époque, des passages bibliques concernés avec ses propres convictions. En Ct 13,14-21, sa position est plus nette : il y refuse l'hypothèse d'une vision même fugitive de Dieu et même pour saint Paul ou Élie, au long d'une réfutation précise mais prudente.

Il nous semble qu'en réalité la position de Jean de la Croix reste, dans son embarras, celle de saint Thomas d'Aquin telle que l'expose en détail le P. Maréchal (J.), *Études sur la psychologie des Mystiques,* Paris, 1937, II, pp. 193-254. (Nous croyons toutefois que les propres conclusions du P. Maréchal, décidément favorables à une vision véritablement « essentielle » de Dieu ici-bas, vont au-delà des prétentions du docteur angélique, et en tout cas au-delà de l'ensemble de la tradition mystique.)

— Pour une vision d'ensemble de la question à l'époque de Jean de la Croix, Cf. Orcibal, *op. cit.*, pp. 165-176 ; et Grisógono de Jesús, *San Juan de la Cruz - Su obra...*, pp. 294 et 423, dont nous rejoignons ici l'opinion, moins nuancée un peu plus loin (p. 327) et par trop schématique sur les précédents de la mystique allemande et flamande.

— Notons enfin qu'en Ct B 19,1, la vision de saint Paul en 2 Co 12 devient un argument pour refuser, non plus la *vision*, mais la *condition corporelle de la connaissance expérimentale* de Dieu ici-bas. Nous versons ces deux lectures de 2 Co 12 au dossier de l'inauthenticité de Ct B.

50. 2S 8,5.

fussent-elles surnaturelles ; ne pas empêcher le surnaturel par le surnaturel :

> todo lo natural, si se quiere usar de ello en lo sobrenatural, antes estorba que ayuda. [51],

c'est-à-dire : tout le naturel (fût-il surnaturel), si l'on veut se servir de lui dans le surnaturel (c'est-à-dire le plus naturel du naturel), dérange bien plus qu'il n'aide. Et cela parce que

> les puissances naturelles n'ont ni pureté, ni force, ni capacité pour pouvoir recevoir et goûter les choses surnaturelles à leur mode, qui est divin. [52]

Dès lors,

> c'est tenter Dieu que de vouloir traiter avec lui par voies extraordinaires, lesquelles sont les voies surnaturelles. [53]

Reste que ce parasite étrange existe, qu'il y a une variété surnaturelle du naturel ;

> et ici naît un doute, et le voici : s'il est vrai que Dieu donne à l'âme les visions surnaturelles, non pas pour qu'elle les veuille recevoir, ni s'y attacher, ni en faire cas, pourquoi donc lui sont-elles données ? vu qu'en elles l'âme peut tomber dans de nombreuses erreurs et dangers..., d'autant plus que Dieu peut donner à l'âme et lui communiquer spirituellement et en substance ce qu'il lui communique par les sens moyennant les dites visions et formes sensibles ? [54]

Une première réponse est d'inviter l'âme à en prendre occasion, comme de tout autre objet venant à tomber sous l'activité mentale, pour s'élever de la créature au créateur par un acte théologal de détachement intérieur et d'abandon à Dieu :

---

51. 3S 2,14.
52. 2N 16,4.
53. 2S 21,1.
54. 2S 16,6.

> l'homme doit se réjouir non de ce qu'il possède en lui ces grâces et les exerce, mais s'il en tire le second fruit spirituel, c'est-à-dire en servant Dieu en elles avec la véritable charité, en laquelle se trouve le fruit de la vie éternelle. [55]

Une deuxième réponse est de montrer, à côté des dangers particuliers de ces charismes, leurs avantages pour le bien commun de l'Église, selon le mot de saint Paul en I Co 12,7 : « à personne n'est donné l'Esprit, sinon pour le profit des autres » [56], et la suppléance de ces biens surnaturels à nos faiblesses naturelles [57] ; mais ce ne sont là que des réponses de convenance qui laissent intacte l'opposition du surnaturel au surnaturel, et c'est pourquoi nous devons avancer d'un pas encore pour tenter de la réduire.

## III. Préternaturel et vie théologale

Une autre réponse existe, en effet, indirecte mais puissante et essentielle pour saisir l'ensemble de la vision de Jean de la Croix sur le surnaturel : il va expliquer en deux temps le rapport fondamental qui existe entre nature et surnature, rapport de l'image à la ressemblance que nous avons déjà constaté, mais non justifié théologiquement. Or, pour une fois, Jean de la Croix va répondre au « pourquoi ? » et résoudre au même instant les apparentes contradictions entre les différents surnaturels.

1^er^ temps — Au fronton de sa théologie, Jean de la Croix inscrit deux adages : l'un, patristique, quoique de matrice platonicienne, que nous avons déjà analysé, celui de la connaissance du semblable par le semblable ; l'autre, scolastique, va en permettre le développement rationnel : « Quidquid recipitur in aliquo, recipitur in eo secundum modum recipientis. » [58]

---

55. 3S 30,5.
56. En 3S 30,2.
57. Cf. 2S 17.
58. Par exemple en 1N 4,2 / 2N 16,4 / Ll 3,34 / Ll 3,77 ; il s'agit là d'un « refrain » philosophique simple que l'on sent un peu partout sous-jacent au texte de Jean de la Croix.

A partir de là, face au surnaturel, de deux choses l'une :

— *ou bien l'homme est incapable* de le recevoir, parce que radicalement dissemblable à Dieu, et, partant, tout ce que nous avons dit de la vie théologale est une manière de constater une disproportion définitive entre nature et grâce, la foi sera un saut dans le vide et une préparation à la mort tandis que la vie mystique s'abîmera dans la conscience exaspérée de cette incapacité. Cette lecture de l'œuvre de Jean de la Croix est la plus fréquente, elle est notamment celle de l'auteur du Cantique B qui renvoie *post mortem* notre divinisation [59]. Dans cette hypothèse, le vrai surnaturel sera le préternaturel, intersection imprévisible et comme accidentelle des deux trajectoires indépendantes de Dieu et de l'homme.

— *ou bien l'homme peut* recevoir le surnaturel, cette possibilité indiquant une affinité constitutive entre le recevant et le reçu, qu'on l'appelle image, empreinte, puissance obédientielle etc. Dans cette hypothèse, le vrai surnaturel sera le premier examiné, et le second, en toute rigueur, pourrait sans inconvénient en être évacué, ou sinon il faudra le penser comme un cas particulier, gênant par sa forme insolite et non par sa nature, de ce commerce incessant entre l'homme et Dieu. [60]

2e TEMPS — De ce commerce où tout part de Dieu et revient à Dieu, où la nature n'est qu'une dérivation de la surnature, il faut déduire logiquement une initiative et une action fondamentale de Dieu face à une passivité fondamentale de l'homme ; il faut donc au même moment penser le rapport entre les deux comme un mode naturel du surnaturel ou surnaturel du naturel, une « actuation créée par l'acte incréé » [61]. Lorsque la vie spirituelle devient consciente d'elle-même, voilà ce que cela donne :

> Dieu, dans le mode de donner, traite alors avec l'âme selon une notice simple et amoureuse ; aussi l'âme doit-elle traiter également avec lui en un mode de recevoir selon une

---

59. Cf. Annexe II.
60. Cf. *supra*, p. 153, note 15.
61. Cette heureuse expression du P. de la Taille posant à peu près notre problème n'a malheureusement pas tenu ses promesses puisqu'elle réserve ses possibilités à la vision béatifique (cf. *infra*, p. 261, note 244).

> notice et attention simple et amoureuse, de telle sorte que se joignent ainsi notice avec notice, et amour avec amour, car il convient que celui qui reçoit se fasse au mode de ce qu'il reçoit et non d'une autre manière, pour pouvoir le recevoir et conserver comme il se donne, car, comme disent les philosophes, « toute chose reçue est dans le recevant selon le mode du recevant »...

Arrêtons un instant notre lecture : nous venons de retrouver les deux adages chers à Jean de la Croix, mais *le second est tout simplement renversé et son application contredit sa citation :* l'homme recevant s'adapte au Dieu reçu et non plus le contraire ! A présent, voici ce qui en résulte pour l'âme :

> ... d'où il est clair que si alors l'âme ne délaisse pas son mode naturel actif, elle ne recevra pas ce bien sinon selon un mode naturel, c'est-à-dire qu'elle ne le recevra pas mais restera seulement en acte naturel ; car le surnaturel ne cadre pas avec le mode naturel et n'a rien à voir avec lui...

Il faudra donc que ce soit le naturel qui cesse son acte propre pour « cadrer » avec le surnaturel :

> ... cette notice amoureuse, si ... elle se reçoit passivement en l'âme selon le mode surnaturel de Dieu, et non selon le mode naturel de l'âme, il s'ensuit que pour la recevoir, l'âme doit demeurer très annihilée (anihilada) en ses opérations naturelles, désembarrassée, en repos, tranquille, pacifique et sereine selon le mode de Dieu. [62]

Voilà la « non-activité » de l'âme que nous avions reconnue plus haut comme la perfection de son désir [63] et que nous retrouvons ici comme son actuation par l'acte incréé. Mais cet état vient *en fin de l'itinéraire* présenté par Jean de la Croix, lorsque la vie spirituelle est réellement telle parce que consciente de l'être :

> la forme spirituelle de l'esprit est l'union d'amour. [64]

62. Ll 3,34.
63. Cf. *supra,* pp. 137 s.
64. 2N 3,3 ; cf. *supra,* pp. 59 s ; 67 s ; 134.

En revanche, *au début de la vie spirituelle, l'adage scolastique jouera* et l'on aura une adaptation du Dieu reçu à l'homme recevant, un mode naturel du surnaturel, ce qui réintroduit sous forme pédagogique le deuxième surnaturel : il faut bien que Dieu s'abaisse pour élever l'homme ;

> Ce n'est pas que Dieu ne voulût bien lui donner aussitôt la sagesse de l'esprit, dès le premier acte, si les deux extrémités, qui sont l'humain et le divin, le sens et l'esprit, pouvaient convenir par voie ordinaire et se joindre par un seul acte, sans qu'il intervînt premièrement de nombreux actes de disposition — lesquels conviennent entre eux avec ordre et suavité, les uns servant de fondement et de disposition aux autres ;... *Dieu va perfectionnant l'homme à la manière de l'homme*, du plus bas et extérieur jusqu'au plus haut et intérieur. D'où vient que premièrement il lui perfectionne le sens corporel, l'incitant à user des bons objets naturels, parfaits et extérieurs : comme à ouïr les sermons et la messe, voir des choses saintes, mortifier le goût dans la nourriture, mater le toucher avec la pénitence et l'austérité. Et quand ces sens sont déjà quelque peu préparés, il a coutume de les perfectionner davantage, *leur départant quelques faveurs surnaturelles* et caresses pour les confirmer de plus en plus au bien, *leur offrant quelques communications surnaturelles*, comme visions corporelles de saints ou de choses saintes, de très suaves odeurs, des paroles et, dans le toucher, de très grandes délices : par quoi le sens est fort confirmé en la vertu et rendu étranger à l'appétit des mauvais objets. En outre, les sens corporels intérieurs... comme sont l'imaginative et la fantaisie, sont conjointement perfectionnés et habitués au bien par des considérations, des méditations et des saints discours, instruisant l'esprit en tout cela. Or, Dieu a coutume d'illuminer ces personnes, étant disposées par cet exercice naturel, et de les spiritualiser davantage *par quelques visions surnaturelles*... avec lesquelles aussi... l'esprit profite grandement: lequel, tant en les unes quand les autres se polit et se forme peu à peu. Ainsi Dieu mène l'âme de degré en degré jusqu'au plus intérieur. [65]

---

65. 2S 17,4 ; Lucien-Marie, pp. 182-183.

Il faut cette patiente reconstruction de l'univers des choses naturelles et surnaturelles pour élever l'homme à ce point intérieur et substantiel où il se découvre esprit. Mais durant la reconstruction, manquant de ce point de vue final, il est comme l'enfant s'imaginant que le paysage bouge parce qu'il ignore que le train avance, il lui faut les secousses des « choses surnaturelles » pour l'éveiller à la vraie nature du mouvement. Cet apprentissage dure aussi longtemps que la vision naturaliste de la réalité, c'est-à-dire tant que l'activité humaine se prend pour l'action divine, laquelle se trouve rejetée par contre-coup dans un monde surnaturel entendu comme irrationnel et magique, *opposition qui ne recouvre rien d'autre que l'ignorance de l'essence gracieuse de la réalité*.

En résumé, sur la base d'une similitude constitutive entre nature et surnature, entre l'homme et Dieu, la vie spirituelle consiste en un passage d'un mode naturel du surnaturel à un mode surnaturel du naturel. Maintenant, qu'est-ce qui est décisif dans le dévoilement de cette similitude, qu'est-ce qui rendra l'homme à son identité divine ? La question n'est plus théologique mais historique : il y a eu, de fait, la perte mystérieuse de cette identité, et nous sommes, de fait également, en train de la retrouver. Car enfin nous ne pouvons parler indéfiniment du naturel et du surnaturel en esquivant le fait massif qu'il faille mille pages à Jean de la Croix et des années au moindre mystique pour s'apercevoir que c'est la même chose ! Cette histoire, notre histoire, elle est celle de toute Révélation ; elle nous prend fils d'Adam, puis fils d'Abraham et enfin fils de Dieu ; notre cécité spirituelle, c'est celle du vieil homme qui est en nous, et c'est pourquoi il faudrait inclure ici la longue parenthèse des chapitres 19, 20 et 21 du deuxième livre de la Montée du Carmel, dans laquelle Jean de la Croix développe la légitimité et la nécessité d'une telle manière de procéder naturellement dans les choses surnaturelles au cours de l'Ancien Testament. Jean de la Croix en prend pour exemple les conversations entre Dieu et les patriarches dans la Genèse et le livre des Juges, les prophéties d'Élie ou de Jonas et de toute l'histoire d'Israël ; ce faisant, sa lecture de la Bible peut sembler aussi grossière que sa lecture des états d'âme de ses dirigés, dans la mesure où il ne s'intéresse pas un instant au niveau psychologique exact des « révélations » et admet toujours l'hypothèse la plus favorable au préternaturel ; plutôt que de s'enliser dans les complications d'un discernement inutile, il préfère accumuler tous les avantages supposés d'un tel mode de traiter avec Dieu pour renforcer d'autant le « sed contra » qui nous attend au chapitre 22 : l'Ancien Testament est image du Nouveau tout comme la nature humaine est image de sa surnature divine. Le problème, tant biblique que mystique, n'est pas de la vérité « en soi » des révélations, mais de leur seule vérité vraie, c'est-à-dire selon l'Esprit qui allait venir avec le Christ, et seule cette lecture en Esprit et Vérité est la bonne [66], le surnaturel « naturel » n'étant que l'ombre du surnaturel théologal qui nous est donné avec le Christ :

> Nous avons dit pourquoi la volonté de Dieu n'est pas que les âmes veuillent recevoir par voie surnaturelle des choses distinctes de visions ou locutions, etc. Par ailleurs, nous avons vu ... et recueilli à partir des témoins de l'Écriture qu'une telle façon de traiter avec Dieu avait cours dans la Loi Ancienne et qu'elle était licite, et non seulement licite, mais que Dieu l'ordonnait, et que lorsqu'ils [= les hommes de l'Ancien Testament] ne le faisaient pas, Dieu les reprenait... ; pourquoi donc maintenant, dans la Loi Nouvelle de la grâce n'en serait-il pas comme auparavant ? A cela il faut répondre que la cause principale pour laquelle en la Loi de l'Écriture il était licite d'interroger Dieu et il convenait que les prophètes et les prêtres demandassent des révélations et des visions à Dieu, était parce qu'alors la foi n'était pas encore bien fondée, ni établie la Loi évangélique ; et ainsi était-il nécessaire qu'ils interrogeassent Dieu et que Dieu leur parlât, tantôt par des paroles, tantôt par des visions et révélations, tantôt en figures et en ressemblances, tantôt par l'une des multiples autres manières de signifier ; car tout ce qu'il répondait, et disait, et révélait, était des mystères de notre foi et des choses touchant à elle ou acheminant à elle ... Cependant, *maintenant qu'est fondée la foi au Christ* et manifestée la

66. L'exégèse de Jean de la Croix sur ce point pourrait être signée par Origène. A ce titre, le P. de LUBAC en fait à juste titre le dernier représentant de son *Exégèse médiévale*, vol. 4, Paris, 1964. Cf. également VILNET (J.), *Bible et mystique chez saint Jean de la croix*, Bruges, 1949.

> Loi évangélique en cette ère de grâce, il n'y a plus de quoi l'interroger de cette manière, ni matière à ce qu'il parle et réponde comme alors, car en nous donnant, comme il nous le donna, son Fils, qui est une Parole venue de lui — et il n'en a pas d'autre — il nous a tout dit à la fois d'un seul coup en cette seule Parole, et il n'a plus rien à dire.[67]

Tout le développement que donne Jean de la Croix de ce thème du Christ-Parole du Père et plénitude de la Révélation vaudrait d'être cité pour son lyrisme ; c'est là le cœur de son cœur, c'est là qu'il respire à l'aise et laisse courir sa plume à une allure que nous ne retrouverions que dans le feu de ses lettres les plus ardentes :

> Si tu veux que je te réponde une parole de consolation, regarde mon Fils qui m'est soumis et obéissant et affligé pour mon amour, et tu verras combien il t'en répondra. Si tu veux que je t'explique des choses cachées ou des événements, fixe seulement les yeux sur lui, et tu trouveras des mystères très cachés et la sagesse et les merveilles de Dieu qui sont enfermées en lui ... et si encore tu veux d'autres visions et révélations divines ou corporelles, regarde-le encore humanisé et tu y trouveras plus que tu ne penses ...[68]

Allons directement au centre de cette vision du Christ proposée aux amateurs de surnaturel :

> ... de là résulte qu'il n'y a plus à attendre de doctrine ni aucune autre chose par voie surnaturelle, car à l'instant auquel le Christ prononça sur la croix : « Consummatum est », lorsqu'il expira, ce qui veut dire : c'est achevé ; non seulement s'achevèrent ces modes, mais encore toutes les autres cérémonies et rites de la Loi Ancienne. Et ainsi devons-nous en toutes choses nous guider par la loi du Christ-homme.[69]

Nous avons bien lu : *la mort du Christ est la mort du surnaturel en même temps que la mort de la Loi* ; de la religion des prophètes et

---

67. 2S 22,2-3.
68. 2S 22,6.
69. 2S 22,7.

des docteurs, c'est-à-dire de la religion du Livre, l'achèvement de l'incarnation du Verbe nous fait passer à la religion en Esprit et Vérité ; du surnaturel « insolite » il nous fait passer au surnaturel théologal. A partir de là, Jean de la Croix développe tout le mystère de l'Église comme lieu actuel de l'Esprit du Christ et de l'intelligence spirituelle de la réalité — c'est tout l'objet de la fin de ce chapitre 22 —, mais il suffit à notre propos d'avoir repéré le moment *historique* qui commande en chacun de nous le processus de reconnaissance de notre identité divine et le long apprentissage du mode surnaturel de notre nature : ce moment, c'est le « Consummatum est » du Vendredi Saint. Une fois de plus, nous retrouvons la Croix au cœur de l'intelligence johannicrucienne de l'expérience mystique.

***

Voilà mené à son terme le retournement d'une habitude mentale profondément enracinée dans le païen qui dort plus ou moins en chacun de nous : païen n'est pas celui qui nie le surnaturel, mais celui qui nie le naturel en affirmant Dieu contre l'homme. C'est à lui que Jean de la Croix répond : regarde le Christ, Fils de Dieu « humanado », et tu verras l'homme là où il est depuis toujours : en Dieu.

En tête de cette lecture, nous écrivions que l'opposition ténèbres/lumière ne vaut qu'en termes de nature [70], c'est-à-dire d'exclusion réciproque, et nous avons constaté par ailleurs que la nuit de l'âme n'est qu'une image majeure utilisée par Jean de la Croix pour figurer précisément cette exclusion, qui est celle de l'esprit par une pensée spontanément ontologisante et qui n'a de ce fait aucune prise sur lui — d'où une sensation de fuite indéfinie, parce qu'indéfinissable, et dès lors insupportable parce qu'inévitable — . Mais que l'âme vienne à échapper à l'alternative entre ce qu'elle croit être sa nature et sa surnature, que s'évanouisse le monde des *choses,* et l'homme se découvrira restitué à lui-même dans la ré-union par un processus historique

70. Cf. *supra,* pp. 149 s.

de ce qu'un drame historique avait séparé. Cette réunion *ne remplace pas* les ténèbres par la lumière ni la nature par la grâce, mais elle *dépasse* leur opposition par une saisie immédiate — et donc indicible en droit — de la réalité.[71]

Cette considération du surnaturel a donc été une reconquête de notre esprit comme don immédiat et gracieux, et avec lui c'est encore l'idée pure de *passivité* qui s'aperçoit au point de fuite du langage, là où l'on ne peut plus rien faire parce que l'on ne peut plus rien dire. Jean de la Croix s'approche tangentiellement, par voie négative, de ce point substantiel de toute réalité, point vers lequel convergent tous les axes d'écriture que nous tentons d'isoler un par un. Ce faisant, nous sommes renvoyés à l'interrogation sur la fonction même du langage dans cet univers où ne joue pas le principe de non-contradiction : toute lecture de Jean de la Croix y reconduit.

Faut-il ajouter pour finir qu'a disparu le problème, resté sans vraie solution, de l'interférence du « surnaturel naturel » avec le « surnaturel théologal » ? C'est que le problème n'en est pas un pour Jean de la Croix, mais seulement pour qui s'étonne, au nom de la nature des choses, de voir une fois sur mille une pierre monter au lieu de descendre et trouve normal qu'elle obéisse les neuf cent quatre-vingt-dix-neuf autres fois aux lois de la gravitation universelle.[72] Pauvre science moderne si Newton

---

71. Cf. *supra*, p. 87. Nous touchons ici le débat historiquement considérable sur l'existence ou l'inexistence d'une véritable contemplation « acquise ». CRISÓGONO de JESÚS, *San Juan de la Cruz - el hombre...*, I, chap. III, montre bien en quel sens on peut en parler chez Jean de la Croix et comment le débat a été empoisonné par le manque de distinction entre contemplation *naturelle* et contemplation *surnaturelle*. Cf. aussi POULAIN, *Des grâces d'oraison*, Paris, 1931, chap. IV, nº 6 et Appendice I. D'un point de vue pratique, on se reportera à GABRIEL de SAINTE MARIE-MADELEINE, *La contemplation acquise*, Paris, 1949.

72. Il est significatif que le P. Poulain lui-même — pour lequel notre sympathie est des plus grandes — se heurte ici à un mur théologique lorsqu'il lui faut penser des états préternaturels sans référence à quelque force spirituelle (*op. cit.*, pp. 582-602) : au fond de l'impasse, il doit réintroduire le miracle, non pas comme *signe* particulier de la présence de Dieu dans telle ou telle situation contingente — ce que nous admettons bien volontiers avec toute la Tradition de l'Église —, mais comme solution irrationnelle au problème mal posé de l'opposition de la matière à l'esprit comme celle de Satan au Christ. Certes, Poulain ne nie pas totalement la possibilité de droit de succédanés profanes aux phénomènes para-mystiques (lévitation, stigmates, extases, etc.), mais il en nie la réalité de fait pour mieux affirmer le caractère miraculeux de tous les phénomènes paramystiques

avait cru en la sacrosainte « nature des choses » ! Et aux irréductibles tentés de demander : « Mais enfin, Jean de la Croix croyait-il oui ou non aux miracles ? », nous serions tenté de répondre : oui ! et bien plus que nous ! mais cela n'avait pas la moindre importance pour lui, car enfin,

> au moment de sa mort, ... [le Christ] fit sa plus grande œuvre, telle qu'il n'en fit aucune de toute sa vie ni sur la terre ni au ciel par ses miracles et par ses œuvres, et *ce fut de réconcilier et unir le genre humain par grâce avec Dieu.* [73]

« authentiques » (c'est-à-dire, pour lui, « chrétiens »), sans peut-être se rendre parfaitement compte qu'« authentique » risque ici de devenir synonyme d'« invérifiable » et de détruire à sa racine la science d'observation de ce type de phénomènes qu'il appelle de ses vœux.

73. 2S 7,11.

Quatrième lecture

# INTENSITÉ ET DISTINCTION DÉVELOPPEMENT D'UNE ANTHROPOLOGIE MYSTIQUE

Si nous faisons le point de nos lectures successives de l'œuvre de Jean de la Croix, nous constatons que le mouvement centripète du texte nous reconduit toujours à la considération de son acte de naissance dans l'expérience mystique elle-même. Jean de la Croix, nous le disions dès le départ sous bénéfice d'inventaire, écrit de là où il sait que son lecteur est appelé à le rejoindre : sur la Croix de la Bienheureuse Passion par laquelle le Christ s'unit à l'homme depuis le Vendredi Saint. Certes, ce lieu rédactionnel est virtuel dans la mesure où le langage meurt à mesure de son incarnation, mais il n'en reste pas moins le point unique d'où le spirituel reçoit tout le sens de toute réalité dans l'univocité absolue de « Consummatum est », garantissant l'universalité du Logos par l'épuisement irrécupérable du signifiant dans le signifié. C'est ici que le Verbe se fait chair, et c'est au plus près de ce point de fulguration spirituelle que Jean de la Croix nous parle, et qu'il nous parle de l'homme. Si nous mesurons le chemin parcouru depuis la première invitation du Christ à le suivre, nous voyons toute la conscience mondaine de l'homme ramenée vers ce point au terme d'un processus de simplification, de concentration, d'unification : la réalité n'est plus le monde et sa trame d'objectivité, mais l'Esprit et le désir, non plus le naturel naturaliste, mais l'univers gracieux d'une sur-nature découverte comme nature superlative et non pas comme nature autre. L'expérience mystique est celle de ce complet retournement : « Mors et vita duello conflixere mirando, dux vitae mortuus regnat vivus — La mort et la vie s'affrontèrent en un combat prodigieux ; le prince de la vie mis à mort règne vivant ! »

Établi dans cette mort vivante, le spirituel voit « en Esprit et en Vérité », et il voit que le mondain ne voit pas, qu'il se détourne, qu'il fuit ; il voit le dos de celui qui ne voit pas. Du spirituel au mondain, la différence est celle de leur regard inverse sur l'unique et commune réalité. Et Jean de la Croix va guider le mystique dans l'univers « à l'endroit », organisant son anthropologie pour cette conscience nouvelle par rapport à laquelle l'autre, celle de l'univers « à l'envers », ne développait qu'une *« anti-anthropologie »,* si l'on nous permet cette expression ; nous la conserverons au long des pages suivantes, car dans l'initiation du mystique au langage de Dieu, Jean de la Croix va perpétuellement jouer sur cette inversion : puisque les contours du Créateur et de la créature sont les mêmes, puisque l'esprit et le monde ont en commun *les mêmes mots*, il est possible de désigner l'endroit par l'envers sur cette surface de séparation.

Autrement dit, tout ce qui précède n'était d'une certaine façon que la reconnaissance préliminaire d'une méthode pour entrer dans le texte de Jean de la Croix. A partir de maintenant, nous pouvons suivre en tout point la réorganisation de la conscience du spirituel du point de vue intérieur et phénoménologique qui fut celui de Jean de la Croix. Cette conscience, nous allons la voir se développer selon les deux directions qui sont celles de la vie elle-même : toute vie grandit par son volume et par sa complexité. De même l'expérience mystique va-t-elle progresser selon une intensité croissante et une distinction croissante, exprimables très approximativement en termes de volonté et d'intelligence, de chaleur et de lumière, puisque pour Jean de la Croix comme pour Guillaume de Saint-Thierry ou pour saint Grégoire déjà cité, « amor ipse notitia est », ce qui devient l'unité « calor y luz » dans Vive Flamme. Et tout comme la vie part d'une seule cellule indifférenciée, le vecteur rédactionnel de Jean de la Croix nous portera de la touche mystique la plus subtile à la complète absorption dans le mariage spirituel.

## I. Intensité croissante de l'expérience mystique

### 1. *La blessure d'amour dans le Cantique Spirituel*

#### a) *Perception de la blessure comme réalité* CONTRADICTOIRE

> Où t'es-tu caché,
> Bien-Aimé, et tu me laissas gémissante ?
> Comme le cerf tu as fui,
> M'ayant blessée ;
> Je sortis à ta recherche, appelant, mais tu étais parti. [1]

Le lecteur de Jean de la Croix ouvre le Cantique Spirituel sur ce cri d'amour et de douleur ; quelque chose de rapide et de violent vient d'arriver : un coup, une poursuite, et puis la déception de l'amoureuse qui n'a plus qu'à panser sa plaie. Qu'est-ce que cette « blessure d'amour » ?

> ... il faut savoir qu'outre de nombreuses autres sortes de visites que Dieu fait à l'âme par lesquelles il la *blesse* et l'élève en amour, il a l'habitude de faire certains attouchements incandescents d'amour qui *blessent* et *transpercent* l'âme à la manière d'une flèche de feu, et qui la laissent toute cautérisée par le feu d'amour ; et *ces blessures s'appellent proprement blessures d'amour* ; ce sont d'elles que l'âme parle ici. Elles enflamment si fort la volonté en affection que l'âme se met à s'embraser en feu et flamme d'amour. [2]

Cette réponse définit deux plans : 1) toute visite de Dieu à l'âme peut être vue comme une « blessure », et une blessure qui l'élève en amour ; 2) plus particulièrement les « attouchements », dont nous avons déjà remarqué l'importance[3], sont des blessures extrêmement vives, et c'est par analogie avec elles que toute visite de Dieu est appelée « blessure » sur le premier plan.

---

1. Ct 1, strophe.
2. Ct 1,17.
3. Cf. *supra*, p. 57, note 55.

De plus, en même temps que la sensation de la blessure, cette réponse introduit celle du *feu*, ainsi que la comparaison de l'action d'une *flèche*, deux éléments appelés à un développement fécond. Retenons enfin de cette première réponse la forme de la cicatrice laissée par cette blessure : elle est très locale et profonde (causée par une flèche), et non sanglante (sa douleur est celle d'un cautère), si bien que l'ensemble constitué par cette blessure connote simultanément l'idée de ponctualité d'un acte précis et celle de durée d'un processus transitif de réparation douloureuse ; l'âme expérimente finalement sa blessure comme une rencontre passée et présente, à la fois destructrice et réparatrice, bref, comme la contradiction d'un acte permanent. Mais dans l'analyse que nous allons en faire, la logique nous imposera de disloquer l'unité de cette expérience et d'en considérer successivement les éléments, à l'exemple de Jean de la Croix lui-même dont nous avons vu le malaise perpétuel devant ce nécessaire étirement de l'immédiateté vitale dans la concaténation du langage. [4]

Tout d'abord, la permanence de l'acte blessant attise en l'âme le désir de voir porté à son achèvement un processus de pénétration dont la durée lui est insupportable et désirable tout à la fois, un peu comme le coup de bistouri d'un chirurgien malhabile n'en finissant pas d'atteindre les racines du mal qu'il doit extirper :

> ... la rigueur dont l'amour use avec elle semble intolérable à l'âme, non pas du fait qu'il l'ait blessée (car elle tient plutôt de telles blessures d'amour pour la santé), mais du fait qu'il l'a laissée ainsi blessée et peinante *sans l'avoir blessée davantage* jusqu'à l'avoir achevé de tuer. [5]

On voit la profonde ambiguïté de cette blessure qui est en même temps santé, ambiguïté qui s'applique à toutes les blessures spirituelles, des plus sourdes que Dieu fait tout doucement en l'âme, aux plus aiguës, semblables à cet attouchement incandescent, mais bien plus évidemment dans la vivacité de ces dernières,

---

4. Cf. *supra*, p. 94.
5. Ct 1,18.

> car ces visites d'amour ne sont pas comme d'autres... ; celles-ci, il ne les fait que pour blesser, plus que pour guérir, et pour dépouiller, plus que pour satisfaire, vu *qu'elle ne servent pas plus qu'à aviver* la notice et augmenter l'appétit, et par voie de conséquence, *la douleur*. Ces blessures s'appellent blessures d'amour *et elles sont très savoureuses* à l'âme ; c'est pourquoi elle voudrait continuer à mourir toujours mille morts sous ces élancements, car ils la font sortir d'elle et entrer en Dieu. [6]

L'ambiguïté s'accentue : l'âme voudrait en finir, mais en finir dans un perpétuel élancement. Voici définitivement fondée la contradiction de l'expérience mystique : à la fois acte et durée, suprêmement redoutable et désirable, douloureuse et délicieuse, elle est *vie*, vie portée à un tel degré d'intensité que l'âme n'en voit l'avenir que dans une mort immédiate.

Ensuite, Jean de la Croix va découper des degrés à l'intérieur de cet insupportable processus de pénétration :

> en cette affaire d'amour, il y a trois façons de souffrir pour le Bien-Aimé ;... la première s'appelle blessure [herida],... elle naît de la notice que l'âme reçoit par les créatures, qui sont les plus basses œuvres de Dieu [7]... La seconde s'appelle plaie [llaga], laquelle s'établit plus profondément en l'âme que la blessure, et pour autant elle dure davantage, car elle est comme une blessure déjà transformée en plaie... et cette plaie se fait en l'âme moyennant la connaissance des œuvres de l'Incarnation du Verbe et des mystères de la foi ; lesquels, pour être de plus grandes œuvres de Dieu et enserrer en eux un plus grand amour qu'en les créatures, font en l'âme un plus grand effet d'amour ;... cette seconde façon est déjà comme une plaie accomplie, qui dure [8] ;... La troisième façon de peiner en amour est comme mourir, ce qui est avoir maintenant la plaie enflammée, l'âme devenue toute enflammée, et elle meurt en vivant jusqu'à ce que l'amour la tuant, il la fasse vivre en vie d'amour, la transformant en amour. Et ce

6. Ct 1,19.
7. Ct 7,2.
8. Ct 7,3.

> mourir d'amour arrive en l'âme moyennant un attouchement de notice suprême de la Divinité,... lequel attouchement n'est ni continuel ni abondant, car l'âme se détacherait du corps, mais il passe brièvement ; et ainsi l'âme demeure mourant d'amour, et elle meurt davantage en voyant qu'elle n'achève pas de mourir d'amour. [9]

Blessure, plaie, mort, la progression se fait de l'extérieur vers l'intérieur jusqu'à la transformation de tout l'être spirituel en mort vivante d'amour :

> en tuant, tu as changé la mort en vie. [10],

dira Vive Flamme, qui se situera tout entière à l'intérieur de cette mort en acte permanent.

Maintenant, qui est l'acteur de cette pénétration ? Si la blessure est le début de cette transformation de la mort en vie, on comprend que l'amour appelant l'amour,

> dans les blessures d'amour il ne peut y avoir de remède si ce n'est de la part de celui qui a blessé. [11] ;

et tout le rôle de l'âme se bornera à désirer d'autant plus ce remède qui la blessera davantage qu'elle en est déjà plus profondément blessée,

> appelant avec la force du feu causé par la blessure. [12]

Nous retrouvons le dynamisme de l'âme tombant toujours plus vite dans son désir, car tout ce qu'elle peut d'elle-même, c'est désirer encore plus, et accélérer ainsi sa chute [13] ; si ce n'est qu'ici, c'est le creusement même de la blessure qui devient principe de négation de tous les obstacles à sa propre expansion, comme provoquée par une démangeaison inexorable, besoin pour l'âme

---

9. Ct 7,4.
10. Ll 2, strophe, vers 6 ; cf. *infra,* pp. 218 s.
11. Ct 1,20 ; cf. Ct 12,6.
12. Ct 1,20.
13. Cf. *supra,* pp. 121 ss.

de sentir sa plaie toujours plus à vif, et entretenue par cela même qui l'a causée :

> « Je sortis à ta recherche »... ; il faut savoir que ce « sortir » se comprend de deux manières : l'une, sortant de toutes les choses,... l'autre, sortant de soi-même ;... et c'est comme si elle avait dit : « mon Époux, dans cet attouchement que tu fis et dans cette blessure d'amour, tu me tiras non seulement de toutes les choses, me rendant étrangère à elles, mais encore tu me fis sortir de moi (...) et tu m'élevas à toi, appelant vers toi [14] »... Mais tu étais parti ! [15]

Cette démangeaison, c'est donc l'Époux qui l'a fait naître et qui l'entretient en l'âme. Et par définition, l'âme s'en rend compte toujours trop tard, du moins le croit-elle, faute de quoi il n'y aurait ni poursuite ni creusement : à peine l'âme veut-elle saisir la cause de ses maux qu'elle échoue,

> sans appui de moi ni de toi ! [16]

Ce n'est pas qu'une nouvelle et peut-être dernière étape reste à franchir avant la possession, c'est que bien plus profondément

> celui qui est énamouré de Dieu vit toujours peiné en cette vie, car il est déjà remis à Dieu, attendant... la remise de la claire possession et vision de Dieu, appelant vers elle, et en cette vie on ne la lui donne pas ; et s'étant déjà perdu d'amour pour Dieu, il n'a pas trouvé le gain de sa perte, puisqu'il manque de cette possession du Bien-Aimé, car il s'est perdu. [17]

« Il s'est perdu » : fin absolue ; il semble à l'âme qu'elle n'ait plus rien à attendre de la vie terrestre qui ne fait que la séparer de Dieu en qui elle s'est remise :

---

14. Ct 1,20.
15. Ct 1,21.
16. *Idem.*
17. *Idem.*

> [Ô mon âme], comment peux-tu persévérer en cette vie du corps, vu qu'elle t'est mort et privation de cette vie véritable de ton Dieu, en qui, plus véritablement qu'en ton corps, toi tu vis par essence, amour et désir ? [18]

Elle est comme un poisson hors de l'eau, dira ailleurs Jean de la Croix [19], et cette situation est irréductible et restera l'état normal du mystique comme de tout homme jusqu'à sa mort. C'est dans sa mort qu'il vivra, ou alors il lui faudra mourir physiquement, car désormais il *sait,* et c'est là toute sa différence d'avec le non-mystique, que vivre, c'est toujours vivre hors de soi :

> L'âme vit davantage en ce qu'elle aime que dans le corps où elle anime, car ce n'est pas dans le corps qu'elle trouve sa vie [*en el cuerpo ella no tiene su vida*], bien plutôt, c'est elle qui la donne au corps, et elle, elle vit en ce qu'elle aime... [20] ;

et c'est la conscience aiguë de ce déchirement, qui est pourtant le lot de tout homme venant en ce monde, qui torture le mystique :

> et comme l'âme *voit* qu'elle tient sa vie naturelle en Dieu en raison de l'être qu'elle tient en lui, et aussi sa vie spirituelle en raison de l'amour avec lequel elle l'aime, elle se plaint de ce qu'elle persévère toutefois dans la vie corporelle qui l'empêche de vivre pour de bon là où pour de bon elle a sa vie par essence et par amour. [21]

A partir d'ici, la seule chose qui pourrait modifier l'alternative vie physique/vie spirituelle serait une modification de ce que l'âme entend par la vie d'ici-bas, c'est-à-dire une compénétration de la vie physique et de la vie spirituelle, et c'est précisément ce que nous allons voir maintenant se développer au fil du creusement de la blessure qui contient en germe la douleur de l'absence blessée et la douceur de la présence blessante ; nous

18. Ct 8,2.
19. Cf. Poème 1.
20. Ct 8,3.
21. *Idem.*
22. Ct 9,3.

allons voir le mystique s'enfoncer dans l'une et dans l'autre, ou plus exactement dans l'une puis dans l'autre si l'on considère que ces deux composantes de son unique expérience vont successivement prévaloir à l'intérieur d'un état psychologique dont nous avons découvert d'emblée la contradiction vitale. Dans le texte du Cantique Spirituel, le premier mouvement correspond aux 11 premières strophes, le second aux suivantes.

b) *Développement de la perception* NÉGATIVE *de la blessure dans le Cantique*

Les 11 premières strophes du Cantique Spirituel vont donc moduler le gémissement de l'âme blessée, à la recherche de l'impossible soulagement,

> non pas qu'elle s'en prenne [au Bien-Aimé] de l'avoir blessée (car l'amoureux, plus il est blessé, plus il est satisfait), mais de ce que l'ayant blessée au cœur, il ne la soigne pas en achevant de la tuer ; car les blessures d'amour sont si douces et si savoureuses que si elles n'aboutissent pas à mourir, elles ne peuvent satisfaire l'âme. [22]

C'est cette plainte qui s'étire tout au long de la première partie du Cantique Spirituel ; arrêtons-nous seulement sur les trois images qui en relèvent la sensation de blessure : le cerf, la flèche et le Phénix.

L'image du cerf est empruntée au Cantique des Cantiques, au titre de sa vivacité à se montrer puis à disparaître :

> dans le Cantique des Cantiques, l'épouse compare l'Époux au cerf et à la chèvre des montagnes en disant : « Similis est dilectus meus caprae hinnuloque cervorum »... : et cela en raison de sa vivacité à se cacher et à se montrer, ce que le Bien-Aimé a l'habitude de faire dans les visites qu'il fait aux âmes, et dans les feintes et les absences qu'il leur fait sentir après de telles visites ; c'est pour cela qu'il leur fait sentir avec plus de douleur l'absence, selon ce que l'âme donne maintenant à entendre ici lorsqu'elle dit : « m'ayant blessée ». [23]

23. Ct 1,15.

Le Bien-Aimé est insaisissable, la blessure qu'il inflige est toujours perçue « après », comme cicatrice, et lui-même n'est jamais vu que de dos, en fuite après l'attouchement blessant. Son apparition sous l'image du cerf est fugitive en ce début du Cantique Spirituel, ce qui en renforce encore l'effet de rapidité ; mais elle suffit, comme une tête de pont, à recevoir la poussée d'un arc très long et de grande puissance esthétique : enjambant et réunissant du même coup les 11 strophes de lamentation qui ouvrent le texte, le cerf réapparaît en Cantique 12, après la 11e strophe, charnière dont nous ne cesserons de découvrir l'importance, mais il réapparaît *blessé*, et non plus blessant, parce qu'il aura été à son tour transpercé d'amour à la vue de l'épouse ; et à partir de là, c'est-à-dire à partir des fiançailles spirituelles, une blessure commune unira définitivement leur sort :

> ... Reviens, colombe,
> Car sur le sommet des monts
> Apparaît le cerf blessé,
> Savourant la brise fraîche de ton vol. [24]

De même l'image de la flèche est-elle simplement annoncée dans le passage que nous avons pris comme définition de la blessure d'amour [25], mais avec une puissance qui va lui permettre de survoler tout le Cantique Spirituel, et encore au-delà nous la retrouverons au cœur de Vive Flamme. Nous avons dit qu'elle porte avec elle l'idée d'une pénétration rapide, profonde et ponctuelle ; c'est pourquoi elle qualifie exactement l'attouchement ressenti par le mystique à l'origine de la blessure d'amour :

> ... certains attouchements incandescents d'amour qui blessent et transpercent l'âme à la manière d'une flèche de feu... [26]

C'est elle qui amorce la « consumation » de l'âme du Ps 72 (« Inflammatum est cor meum etc. »), mais cette consumation

---

24. Ct 12, strophe, vers 2-5 ; Lucien-Marie p. 580.
25. Ct 1,17, *supra*, p. 181.
26. *Idem.* ; cf. Ct 8,4.

n'est pas destruction, elle est passage à un nouveau mode d'existence comme le montre la petite image du Phénix renaissant de ses cendres :

> [l'âme] semble se consumer en cette flamme, et elle la fait sortir d'elle-même et se rénover tout entière et passer à *une nouvelle manière d'être*, tel l'oiseau Phénix qui se réduit en cendres et renaît de nouveau. David dit en parlant de cela : ... « mon cœur fut enflammé et mes reins changèrent, et moi je fus réduit à rien et je n'ai su ». [27]

L'ardeur de cette flèche et la consumation du Phénix annoncent une autre ligne d'expression de l'expérience mystique, quoique très liée à celle de la blessure, la ligne thermique, supportée par les nombreuses images du feu ; n'en anticipons pas les développements : avec cette première apparition, essentiellement douloureuse, de la blessure et des figures qui l'accompagnent, nous venons de planter le cadre d'une perception somatique globale de Dieu, et Jean de la Croix va maintenant la meubler.

c) *Développement de la perception* POSITIVE *de la blessure dans le Cantique*

Dans la 12e strophe du Cantique Spirituel, nous retrouvons l'âme *après* ce qu'elle a tant désiré ; l'attouchement mortel qui devait achever la blessure a eu lieu ;

> le Bien-Aimé lui a découvert quelques rayons de sa grandeur et divinité, selon son désir. [28]

Cet instant a suffi pour sentir le paradis à portée de la main :

> ces rayons furent d'une telle qualité et communiqués avec une telle force qu'il [= le Bien-Aimé] la fit sortir d'elle-même par ravissement et extase, [29]

27. Ct 1,17.
28. Ct 12,2.
29. *Idem.*

mais aussitôt arrêtés par l'âme elle-même :

> Détourne ton regard, Bien-Aimé, car je m'envole !... l'épouse dit cela parce qu'il lui semblait que son âme s'envolait de sa chair, et c'est ce qu'elle désirait. [30]

Pourquoi ce refus au moment même où s'accomplissait son désir ? Parce que l'Époux ne s'est laissé atteindre que pour signifier à l'âme que cet envol n'est pas sa volonté :

> ce désir et cet envol, l'Époux l'empêche aussitôt en disant : « Reviens, colombe », car la communication que tu reçois maintenant de moi n'est pas encore de cet état de gloire auquel toi tu prétends maintenant. [31]

Autrement dit, l'âme pourrait, certes, s'envoler de la chair et demeurer avec son Époux, mais en même temps que sa disponibilité, il lui montre que cet envol, pour infiniment savoureux qu'il soit, n'est pas encore la gloire, bref, qu'il serait dommage de se contenter d'aussi peu. [32]

---

30. *Idem.*
31. *Idem.*
32. Cf. RUUSBROEC :

> Je voudrais maintenant vous montrer les obstacles auxquels se heurtent les hommes qui marchent dans un tel transport et les dommages qu'ils encourent ... quand l'homme entre dans cet état d'impatience, il tombe dans une véritable canicule. Et l'éclat des rayons divins est si ardent et si brûlant, tombant de là-haut, le cœur aimant, déjà blessé, s'enflamme si bien du dedans quand s'allument à ce point l'ardeur de ses affections de l'impatience du désir, que l'on cesse de se contenir pour verser dans l'agitation (de mensche valt in ongheduere ende in onghepaytheiden), tout comme une femme en travail d'enfant qui ne peut voir le terme de ses souffrances. Si l'on veut alors regarder sans cesse dans son propre cœur blessé et vers Celui qu'on aime, la douleur ne fait que s'accroître. Le mal va augmentant jusqu'à ce qu'on se dessèche en sa nature de chair (die mensche ane der lijflijcker natueren verdorret ende verdroocht) ... *on meurt ainsi dans le transport d'amour* [in woede van minnen=la rage d'aimer dont nous parlons *supra,* p. 65] *et on va au ciel sans purgatoire*. Sans doute il a une belle mort celui qui meurt d'amour, mais tant que l'arbre peut porter de bons fruits, mieux vaut ne pas le laisser périr... (*Les noces spirituelles,* livre II, 3e partie, 3e mode, 4. Nous reprenons la traduction française en BIZET, *Ruysbroeck, Œuvres choisies,* Paris, 1946, pp. 259-260 ; texte original en JAN VAN RUUSBROEC, *Werken* I, Tielt, 1944, pp. 165-166 ; édition latine de SURIUS, *Opera* ..., Cologne, 1552, p. 333.)

On rapprochera également de Ct 12 le passage voisin de Ruusbroec (original p. 167) sur le vol, non pas de la colombe, mais de la fourmi. Le parallélisme de

Voilà pour l'Époux ; mais du côté de l'épouse la demande d'interrompre cet instant n'est pas la simple réponse à cette invitation ; elle est extrêmement complexe et va montrer la structure intime de cette blessure mortelle :

> au début, [cet attouchement] survient avec grand détriment et terreur de la nature... ;

il s'avère donc, une fois reçu, aussi redoutable qu'il était désiré, si bien que maintenant l'âme le refuse et le désire simultanément :

> ... et ainsi, ne pouvant pas souffrir cet excès en un sujet si faible, l'âme dit en cette strophe : « Détourne-les, Bien-Aimé », c'est-à-dire : détourne tes yeux divins car ils me font m'envoler, sortant de moi-même, en contemplation suprême, au-dessus de ce que supporte la nature. [33]

Et de ce fait, l'excès de cet envol tant désiré produit tous les effets d'une blessure physique ; littéralement, elle « démolit » celui qui le reçoit :

> parfois, le tourment qui se sent en de telles visites est si grand qu'il n'y a pas de tourment qui disjoigne ainsi les os et réduise le naturel à une telle extrémité, à tel point que si Dieu n'y pourvoyait, la vie s'achèverait [34].

---

l'ensemble devient frappant si l'on considère que Ruusbroec enclave le passage cité dans les « revelacien ochte visione » (Surius : « De raptu et revelationibus ») dont Jean de la Croix nous dit en ce même commentaire à la strophe Ct 12 :

> Il y aurait lieu ici de traiter des différents rapts et extases et autres ravissements et vols subtils de l'esprit qui arrivent d'ordinaire aux spirituels, mais puisque mon intention n'est autre que d'expliquer brièvement ces strophes comme je l'ai promis dans le prologue, il faut laisser cela à qui le sait mieux traiter que moi... (Ct 12,7).

De ce fait, nous irions plus loin que Orcibal (J.), *op. cit.*, pp. 66-79, dans l'affirmation d'une probable lecture directe de l'édition de Surius des œuvres de Ruusbroec par Jean de la Croix.

33. Ct 12,2 ; cf. Ct 12,3.

34. Ct 12,4.

> Et en vérité, il semble qu'il en soit ainsi à l'âme en laquelle cela se passe, car elle sent l'âme se détacher des chairs et abandonner le corps. Et la cause en est que de telles faveurs ne se peuvent pas recevoir beaucoup en la chair, car l'esprit est élevé à se communiquer à l'esprit divin qui vient à l'âme, et ainsi lui faut-il par force abandonner de quelque manière la chair ; et de là vient

si bien que c'est par « grande terreur » que l'âme supplie ainsi son Bien-Aimé de détourner son regard.

Mais les sentiments de l'âme ne s'épuisent pas encore dans cette dualité ; ils vont encore se dédoubler : même dans ces conditions de refus, elle désire que dure cette communication :

> pourtant, ce n'est pas parce que l'âme dit [au Bien-Aimé] qu'il les [= ses yeux] détourne, qu'il faut comprendre qu'elle veuille qu'il les détourne, car c'est là une déclaration de peur naturelle, comme nous avons dit ; au contraire, lui en coûterait-il beaucoup plus qu'elle ne voudrait pas perdre ces visites et ces dons du Bien-Aimé, car, quoique souffre la nature, l'esprit s'envole au recueillement surnaturel à jouir de l'esprit du Bien-Aimé, et c'est ce qu'elle désirait et demandait. [35]

Contradiction ? Oui, l'âme ne sait vraiment pas ce qu'elle veut ! Mais cette contradiction ne montre de nouveau que la condition mortelle comme telle, si ce n'est qu'elle s'impose à la conscience avec une évidence insoutenable, comme un second degré dans la blessure d'amour, comme un enfoncement dans l'évidence de la présence absente du Bien-Aimé ; et la vie du spirituel sera désormais infiniment jouissante en même temps qu'infiniment dolente, jusqu'au jour de la spiritualisation complète de sa nature infirme :

> ceux qui ne sont pas encore parvenus à l'état de perfection mais cheminent en l'état de profitants éprouvent ces sentiments ; car ceux qui [y] sont parvenus éprouvent alors toute la communication faite en paix et amour suave, et ces extases cessent ; elles étaient *des* communications qui disposaient pour *la* communication totale. [36]

---

que la chair doit souffrir et, par conséquent, l'âme en la chair, en raison de l'unité qu'ils possèdent en un seul suppôt. Et pour autant, le grand tourment que l'âme ressent au temps de ce genre de visite et la grande terreur qui lui vient de se voir traiter par voie surnaturelle lui font dire : « Détourne-les, Bien-Aimé ! » (*idem ;* cf. Ct 13,19, *infra,* p. 319)

35. Ct 12,5.
36. Ct 12,6.

Et cette communication totale aura un corollaire : la mort physique voulue et réalisée conjointement par l'Époux et l'épouse, non plus comme destruction mais comme consécration consciente, sens définitif conféré à la nature, en un mot : spiritualisation.[37]

Dici là, la blessure reste ouverte que ni l'Époux ni l'épouse ne veulent donc refermer, mais sans revenir pour autant à l'attente précédente ; avec l'« attouchement » de la 12e strophe, quelque chose d'irréversible a eu lieu et un nouveau mode de communication s'est établi entre l'Époux et l'épouse, mode que Jean de la Croix — selon une terminologie qu'il est en train de créer avec sainte Thérèse — appelle « fiançailles » spirituelles, préalable au « mariage » spirituel :

> Reviens, colombe... mais reviens à moi qui suis celui que tu cherches, blessée d'amour ; car moi aussi, comme le cerf, blessé de ton amour, je commence à me montrer à toi par ta haute contemplation, et je prends récréation et rafraîchissement dans l'amour de ta contemplation.[38]

Dieu s'est donc laissé blesser à son tour, et voilà le cerf de la 1re strophe qui revient :

> « sur le sommet des monts apparaît le cerf blessé » : ... lorsqu'il est blessé, [le cerf] va en hâte chercher du rafraîchissement aux eaux fraîches ; et s'il entend la plainte de sa compagne et sent qu'elle est blessée, aussitôt il va avec elle et la soigne et la caresse ; et ainsi l'Époux fait-il maintenant, car, voyant l'épouse blessée de son amour à lui, le voilà lui aussi blessé de son amour à elle dans son gémissement, *car chez les amoureux, la blessure de l'un est commune aux deux*, et les deux éprouvent un même sentiment. Et ainsi, c'est comme s'il avait dit : « Reviens à moi, mon épouse ; si tu vas blessée d'amour pour moi, moi

37. Cf. *infra*, pp. 213 ss. — Là encore, on ne se croirait pas en devoir d'insister sur un point aussi net si la littérature « sur » Jean de la Croix n'avait fait de son prétendu nihilisme un thème à succès. Pour un exemple massif d'une interprétation de ce genre, cf. HOORNAERT (R.), *L'âme ardente de saint Jean de la Croix,* Tournai, 1947, où toute cette ardeur s'emploie à ne plus en avoir.
38. Ct 12,2.

> aussi, comme le cerf, je viens à toi blessé en ta blessure »... [39]

La perception de cette *réciprocité* de la blessure d'amour, voilà la nouveauté des fiançailles spirituelles ; notons que c'est par rapport à elles que Jean de le Croix définit ici le sens propre du mot *contemplation* :

> « il apparaît sur le sommet des monts » : c'est-à-dire sur la hauteur de ta contemplation en cet envol. Car la contemplation est un endroit élevé par où Dieu commence en cette vie, mais n'achève pas, à se communiquer et à se montrer à l'âme ; c'est pourquoi il ne dit pas qu'il achève de paraître, mais qu'il apparaît, car, pour hautes que soient les notices qui se donnent de Dieu à l'âme en cette vie, elles sont toutes comme quelques apparitions très détournées. [40]

A proprement parler, la contemplation et la vie contemplative supposent donc cette blessure commune ressentie comme telle ; c'est à partir d'elle que vont s'unir pour toujours l'Époux et l'épouse, c'est en fonction d'elle que se construit tout le Cantique Spirituel, car dans la perfection de l'union mystique

> « [l'Époux] se communique à [l'épouse] sans moyens étrangers d'anges, ou d'hommes, ou de figures, ou de formes, étant lui aussi — comme elle est énamourée de lui — blessé d'amour pour elle ». [41]

### 2. *Première extension du registre intensif/somatique :* FEU *et* BLESSURE

La blessure d'amour, autant comme acte ponctuel que comme état permanent qui en résulte, permet donc d'encadrer tout le Cantique Spirituel. Pourquoi Jean de la Croix lui a-t-il donné cette importance ? Sans doute parce qu'elle lui permet de relier deux pôles fondamentaux de l'expérience mystique : d'une

---

39. Ct 12,9.
40. Ct 12,10.
41. Ct 34,2 ; cf. Ct 34,7.

part la réalité physique de la blessure de Ct 12,2 que nous avons à peine analysée, blessure dont la douleur infinie se propage sous le coup de l'attouchement divin à travers toute l'œuvre et en devient ainsi un puisssant facteur d'unité littéraire ; d'autre part l'expérience de la croix du Christ, de cette croix « en laquelle sont toutes les délices de l'esprit » : nous l'avons déjà rencontrée au point de retournement de la conscience du mystique, au point de ce que nous avons appelé la « resignification du réel », passage à la sacramentalité de son être [42], et nous la retrouverons au cœur de l'union du Christ au mystique [43].

Mais de la douleur de la plaie à la saveur de la croix, il nous faut élargir progressivement le thème de la blessure et en même temps sortir de l'analyse du seul Cantique Spirituel.

---

42. Cf. *supra,* pp. 135 ss.

43. Cf. *infra,* p. 200, note 61. — N'oublions pas que le thème de la Croix du Christ désirée par l'âme-épouse, est un horizon permanent, plus que l'objet d'un développement systématique, chez Jean de la Croix ; c'est surtout dans les lettres de direction spirituelle qui nous restent de lui, dans ses avis et ses poèmes aussi, qu'il est traité pour lui-même, terrain qui n'est pas exactement celui de notre investigation. Constatons seulement que lorsqu'il lui faut résumer tout un enseignement en une formule simple, c'est souvent une exclamation d'adoration de cette croix qui lui échappe, par exemple :

> ... si vous voulez parvenir à la possession du Christ, ne le cherchez jamais sans la croix ! (Lettre 24) ;

ou encore cette adjuration au spirituel toujours tenté d'éviter le chemin de la croix :

> Ô âmes qui désirez cheminer en assurance et avec consolation parmi les choses de l'esprit, si vous saviez combien il vous convient de pâtir et de souffrir pour parvenir à cette assurance et à cette consolation ... vous ne chercheriez en aucune façon à recevoir consolation, ni de Dieu, ni des créatures ; au contraire, vous porteriez votre croix et, attachées à elles, vous voudriez être abreuvées de fiel et de pur vinaigre, et estimeriez cela un grand bonheur, voyant comment, mourant ainsi au monde et à vous-mêmes, vous vivriez à Dieu avec délectation d'esprit ! (Ll 2,28 ; LUCIEN-MARIE pp. 753-754. Cf. 2S 7,4-11 / Ct 35,13 / avis 86 / avis 91 / avis 101.)

C'est qu'il n'y a pas pour Jean de la Croix quelqu'au-delà de la Croix qu'elle nous ferait mériter ; le mariage spirituel est aussi bien une crucifixion (Ct 28) et

> celui qui ne cherche pas la croix du Christ ne cherche pas la gloire du Christ. (avis 101.)

C'est pourquoi, sous-entendant toujours I Co 2,

> ... il convient que ne nous manque pas la Croix, comme à notre Bien-Aimé, jusqu'à la mort d'amour. (Lettre 11.)

a) *Feu et blessure : perception* NÉGATIVE

La blessure est indissociable d'une brûlure dans l'ensemble des textes que nous avons analysés ; l'image de la bûche embrasée, notamment, en comportait [44] le dynamisme de pénétration douloureuse et circulaire :

> lorsqu'ont été purifiées les imperfections les plus extérieures, le feu d'amour se met à blesser ce qu'il lui faut consumer et purifier plus à l'intérieur. [45]

Aussi les tourments de la deuxième nuit de l'âme sont-ils exprimés à leur tour en termes de blessure et d'inflammation ; elle ressent

> une inflammation d'amour en l'esprit, par laquelle, au milieu de ces tourments obscurs, elle se sent blessée vivement avec acuité en fort amour divin. [46]

La blessure s'associe donc au feu pour exprimer le ressort du mouvement de l'âme, son désir fondamental :

> cette âme blessée va à la recherche de son Dieu... étant mourante d'amour pour lui. [47]

Désormais tout ce désir peut-être lu comme le creusement de cette plaie d'amour, tout comme nous l'avons déjà analysé selon la pénétration de la flamme d'amour [48], et tout comme l'âme se transformait alors en feu, elle se transforme ici en blessure, tout son désir la dévorant comme un ulcère au point qu'

> il ne lui reste plus d'endroit par où pourrait la blesser quelque flèche du siècle. [49]

---

44. Cf. *supra,* pp. 105 ss.
45. 2N 10,7.
46. 2N 11,1 ; cf. 2N 11,5 / 2N 12,6-7 etc.
47. 2N 13,8.
48. Cf. *supra,* pp. 105 ss.
49. 2N 21,7 — On peut remarquer l'opposition de ces « flèches du siècle » à la flèche d'amour dont l'heureuse blessure ouvre le Cantique Spirituel et ne cessera de s'approfondir jusqu'au cœur de Vive Flamme (Cf. *supra,* p. 181 et *infra,* pp. 217 ss).

Aussi pourrons-nous maintenant voir cette transformation comme une perception somatique globale, à la fois tactile et thermique, croissance envahissante d'une blessure enflammée indiquant le cœfficient d'intensité de l'expérience mystique.

Dès le début de cette analyse phénoménologique de la blessure d'amour, nous avons vu que c'est à proprement parler une « cautérisation » qu'opère l'attouchement divin [50]. Cette inflammation de la plaie permet d'en exprimer l'effet de rénovation, avons-nous dit : la cautérisation est une destruction, mais une destruction positive, en ce qu'elle laisse une cicatrice saine à l'emplacement d'une plaie malsaine (en l'occurrence celle des « flèches du monde ») ; voyons le détail de ce mécanisme de substitution :

> il faut savoir que le cautère du feu matériel produit toujours une plaie en la partie où il s'applique, et il a cette propriété que s'il s'applique sur une plaie qui n'était pas de feu, il la rend telle qu'elle soit de feu. Et ce cautère d'amour a cette propriété de laisser aussitôt blessée d'amour l'âme qu'il touche, soit qu'elle fût blessée d'autres plaies de misères et de péchés, soit qu'elle fût saine ; ... cependant, il y a ici une différence entre ce cautère amoureux et celui du feu matériel : celui-ci , la plaie qu'il produit, il ne peut la guérir si l'on n'applique pas d'autres médications ; mais la plaie du cautère d'amour ne peut pas se guérir par une autre médecine que le cautère lui-même qui opère la guérison, et c'est le même qui guérit la plaie et la produit en la guérissant ; car chaque fois que le cautère d'amour touche la plaie d'amour, il produit une plus grande plaie d'amour, et ainsi il guérit et soigne d'autant plus qu'il blesse davantage. Car l'amoureux est d'autant plus sain qu'il est plus blessé et la guérison que produit l'amour est de blesser et de provoquer plaie sur plaie, jusqu'à ce que la plaie soit si grande que toute l'âme vienne à se résoudre en plaie d'amour ; et de cette manière, toute cautérisée et

50. Ct 1,17. Cf. *infra,* p. 181.

> devenue une seule plaie d'amour, elle est toute saine en amour, parce que transformée en amour.[51]

Ce que Jean de la Croix expose ainsi, c'est la formule développée du processus évoqué dans l'image du Phénix et son commentaire au Ps 72[52]. On en remarque trois données principales :
1) la résolution en une seule plaie de tout ce qu'est l'âme ; mais on ne peut parler de plaie que relativement à un reste d'organisme sain, si bien que la totalité de cette résolution, en détruisant l'idée même d'organisation biologique, fonde celle d'une actuation pure, d'une pure « mise à vif » du sujet spirituel par transmutation en énergie d'amour de son support ontologique. On reconnaît le passage de l'être à la personne rencontré dans l'analyse de la flamme.[53]
2) le caractère autogène de ce processus ; toute la causalité de l'amour est dans l'amour : « la guérison que produit l'amour est de blesser. » C'est un mouvement qui s'entretient par lui-même et celui qui le subit ne dépense aucune énergie (ce qui ne préjuge pas de sa liberté mais seulement de son activité).
3) l'indifférence à ce processus de l'état préalable du sujet auquel il s'applique : santé, misère ou péché, tout est combustible à ce feu d'amour. En résumé,

> l'âme se réduit à rien par amour, ne sachant rien si ce n'est le seul amour.[54]

Cette transmutation, c'est d'abord l'acuité de la blessure toute fraîche de Ct 1 qui nous en avertit ; mais elle est aussi bien l'œuvre plus sourde et plus cachée révélée de point en point par

---

51. Ll 2,7 — Cf. encore Ruusbroec :

> Être blessé d'amour, c'est la sensation la plus suave et le tourment le plus cuisant qu'on puisse supporter. Être blessé d'amour est un signe certain de guérison future. Cette blessure spirituelle vous remplit d'aise et vous fait mal en même temps. Le Christ, Soleil véritable, se mire et reflète dans le coeur blessé qui demeure ouvert, et de nouveau Il appelle à l'union. Cela renouvelle la blessure et toutes les meurtrissures. Trad. Bizet, p. 255; original p. 161 ; Surius, p. 331.)

52. Cf. *supra,* p. 189.
53. Cf. *supra,* pp. 102 ss.
54. Ct 1,18.

les dizaines et les dizaines d'apparitions du feu et de la flamme tout au long de l'œuvre de Jean de la Croix, « l'amour étant assimilé au feu »[55], ressenti négativement avant les fiançailles spirituelles, positivement ensuite, mais exprimant par la continuité d'une brûlure lancinante la permanence du travail de Dieu en l'âme. Comme dans toute croissance, des moments de fièvre rappellent qu'une transformation souterraine et puissante est en cours, mais son rythme reste celui des processus vitaux, car du premier réchauffement à la flamme vivante d'amour, il s'écoule ordinairement tout le temps de pénétration du feu dans la bûche, telle que nous l'avons déjà rencontrée.[56]

Mais ce feu transformant et douloureux de l'amour de Dieu révèle plus profondément encore une valeur sacrificielle si l'on considère qu'il entre en concurrence avec un autre feu : l'appétit de l'âme. Nous verrons en son temps la richesse recouverte par ce mot d'« appétit »[57] ; qu'il suffise de noter ici que

> l'appétit de [l'âme] est comme le feu et il grandit si l'on y jette du bois...[58]

et que, tout comme pour le feu divin, tout peut lui devenir combustible :

> ... les appétits, s'ils ne sont pas attachés, continueront toujours à ôter davantage de vertu à l'âme, et ils croîtront pour le mal de l'âme, comme des gourmands sur un arbre... ils sont aussi bien comme les sangsues qui sont toujours en train de sucer le sang des veines...[59]

Non pas que l'appétit réintroduise en l'âme un dynamisme antagoniste de celui de Dieu et dont nous n'avons cessé de dénoncer le caractère imaginaire : c'est bien le même, mais détourné et dévalué, « aliéné », et c'est en ce sens que l'on doit parler de concurrence entre le feu divin et celui de l'appétit ; or,

---

55. 2N 20,6.
56. Cf. *supra*, pp. 102 ss.
57. Cf. *infra*, pp. 359 ss.
58. 1S 6,6.
59. 1S 10,2 ; cf. 1S 6 *passim* / 1S 7 *passim* / etc, et *infra*, p. 227.

l'âme est un autel sacré sur lequel ne doit brûler que le feu sacré, autel du sacrifice dressé par Jacob sur le mont Béthel[60], autel dressé par Moïse au désert devant l'arche qui contenait les tables de la Loi et la verge d'Aaron, figures de l'Évangile et de la Croix[61], autel de la présence de Dieu signifiée par le feu divin qu'entretenaient les fils de Lévi, image de l'unique sacrifice que Dieu lui-même consume en l'âme :

60. ... le patriarche Jacob voulant aller sur le mont Béthel pour y ériger un autel à Dieu sur lequel il lui pût offrir un sacrifice, il commanda auparavant trois choses à ses gens : La première, qu'ils jetassent loin d'eux tous les dieux étrangers ; la seconde, qu'ils se purifiassent ; la troisième, qu'ils changeassent d'habits. Par ces trois choses, il est donné à entendre que l'âme qui voudra monter en cette montagne pour y faire de soi-même un autel sur lequel on offre à Dieu un sacrifice de pur amour, de louange et de pure révérence, avant que de monter au haut de la montagne doit avoir parfaitement accompli ces trois choses : la première, qu'elle bannisse de soi tous les dieux étrangers, la seconde, qu'elle se purifie du reliquat que ces appétits lui ont laissé en l'âme, par la nuit obscure du sens — les niant et s'en repentant d'une façon ordinaire ; et la troisième qu'elle doit avoir pour parvenir à cette haute montagne, est le changement d'habits : lequels, moyennant l'œuvre des deux premières choses, Dieu lui changera de vieux en nouveaux, mettant en l'âme une nouvelle façon d'entendre Dieu en Dieu — laissant l'ancienne intelligence de l'homme — et un nouvel amour de Dieu en Dieu — la volonté étant désormais dépouillée de ses vieilles affections et de ses goûts d'homme ; et mettant l'âme en une nouvelle connaissance et en un abîme de contentement — les autres connaissances et vieilles images étant désormais mises à part ; et faisant cesser tout ce qui est du vieil homme — qui est l'habileté de l'être naturel — et le revêtant d'une nouvelle habileté surnaturelle, selon toutes ses puissances. (1S 5,6-7 ; LUCIEN-MARIE, pp. 93-94.)

On voit clairement, à travers une lecture allégorique de Gn 35, que le retournement opéré par Dieu dans l'union mystique intègre ce qu'il est convenu d'appeler « ascèse » mais qui est avant tout un sacrifice de « pur amour, de louange et de pure révérence », disposition *religieuse* et non pas morale. De même, un peu plus haut, Jean de la Croix relit-il Ex 20 et Ex 34 (Moïse invité à tout quitter au pied de l'Horeb pour monter à la rencontre de Dieu), ainsi que la nécessaire vacuité de l'arche d'alliance en Ex 27,6 et sa nécessaire solitude en IR 5,2-4.

61. Dieu consent et veut qu'il y ait là où lui-même se trouve, seulement cet appétit : conserver la loi de Dieu parfaitement et porter sur soi la Croix du Christ. Et aussi, il n'est pas dit dans la divine écriture que Dieu ordonna de mettre en l'arche, où se trouvait la manne, autre chose que le livre de la Loi et la verge de Moïse, qui signifie la Croix ; car l'âme qui ne prétendrait pas autre chose que de conserver parfaitement la loi du Seigneur et de porter la croix du Christ serait l'arche véritable qui contiendrait en elle la manne véritable qui est Dieu. (1S 5,8.)

On remarque de nouveau — à travers le même procédé de lecture allégorique portant cette fois-ci sur différents éléments provenant à la fois du Deutéronome, des Nombres et de Hb 9,4 — l'affirmation de la valeur sacrificielle de tout

> ... en l'état d'union, l'âme ne sert pas d'autre chose que d'autel sur lequel Dieu est adoré en louange et amour, et sur lequel Dieu seul demeure... sur cet autel il ne permettait ni qu'il y eut un feu étranger, ni qu'il y manquât jamais le sien.[62]

Aussi bien le feu sacré de Dieu consume-t-il, comme autrefois au Sinaï, toutes les impuretés qu'il trouve sur son autel ; et c'est pourquoi il y a une particulière convenance à exprimer la purification produite par le contact de Dieu en termes de feu et de flammes :

> comme le feu consume la rouille et l'impureté du métal... l'âme pâtit dans la purgation du feu de cette contemplation.[63]

Toute la Nuit Obscure peut, en fait, être lue comme le développement de ce processus autour de l'image centrale de la bûche, image que nous avons vue reprise dans Vive Flamme[64]. En rendre compte serait citer les 200 et quelques apparitions de « fuego » et de « llama » dans ces deux traités, sans préjudice du reste du vocabulaire thermique.

Il faut enfin noter une autre richesse dans l'expression de cette purification comme une brûlure : elle permet de penser la continuité de l'action divine entre ici-bas et au-delà :

> tout comme les esprits se purifient en l'autre vie par un feu ténébreux matériel, en cette vie ils se purifient et deviennent limpides par un feu amoureux, ténébreux spirituel.[65] ;

---

l'itinéraire spirituel en tant que le sacrifice auquel il s'intègre est celui-là même, unique, du Christ en croix, et qui se trouve de ce fait au centre de la réflexion ascétique de Jean de la Croix. (Cf. *supra,* p. 195.)

62. 1S 5,7, illustré par le sacrilège de Nadab et Abiud en Lv 10,1. (Cf. aussi 3S 38,3).

63. 2N 6,5 ; cf. 1N 3,3 / 2N 9,3 / 2N 10 et toute l'image de la bûche progressivement enflammée ; / 2N 12 etc.

64. *Supra,* pp. 102 ss ; cf. LI 1,18-25. A cette image de la bûche peut s'associer, à partir du Ps 11,7, celle de l'argent raffiné par le feu (LI 2,29).

65. 2N 12,1; cf. 2N 6,6 / 2N 10,5 / 2N 12 / 2N 20,5 / LI 1,21 / LI 1,24 / LI 2,25. De même en LI 2,29, sur Ps 11,7, le passage à l'au-delà est comme une huitième épreuve du feu après les sept d'ici-bas.

et, par ricochet, de penser l'au-delà selon un mode de présence/absence de Dieu analogue à celui qu'expérimente ici-bas le mystique.

b) *Feu et blessure : perception* POSITIVE

En même temps que la blessure devient savoureuse au spirituel, le feu change de signe et, sans cesser d'être perçu en continuité avec le feu purificateur, il devient lui aussi délectable. Le point de retournement est de nouveau situé vers la 12e strophe du Cantique Spirituel dans laquelle se révèle une ambivalence du feu parallèle à celle de la suavité et de la douceur de la blessure : un vent frais s'est levé sur l'âme lorsque le Bien-Aimé a cédé à ses instances [66], et,

> de même que l'air donne fraîcheur et rafraîchissement à celui qui est fatigué par la chaleur, de même ce souffle d'amour rafraîchit et recrée celui qui brûle avec feu d'amour. [67]

Est-ce la fin de ce feu ? Bien au contraire ! il s'attise de ce vent frais qui le rend simultanément rafraîchissant,

> car ce feu d'amour tient une telle propriété que l'air avec lequel il [*grammaticalement,* il *peut renvoyer ici aussi bien à l'âme qu'au feu*] prend fraîcheur et rafraîchissement est *davantage* feu d'amour, car en l'amant, l'amour est une flamme qui brûle avec appétit de brûler *davantage*, comme fait la flamme du feu naturel. [68]

Cet état associant désormais la fraîcheur à la brûlure est stable à partir des fiançailles spirituelles et en attente du mariage. Toutefois, prélude à ce nouveau mode d'inflammation, le Bien-Aimé visite sa fiancée, et ces visites, elle les appelle « touches d'étincelle » [69] :

66. Ct 12 10-11.
67. Ct 12,12.
68. Ct 12,12.
69. « Toque de centella » ; nous traduisons ici « toque » par « touche », ce qui affaiblit un peu le jeu « toque de centella/toque del Amado » dans la suite du texte, mais « attouchement d'étincelle » nous semble par trop insupportable dans le corps du poème.

> il faut savoir que cette « touche d'étincelle » dont parle l'âme ici est un attouchement très subtil que le Bien-Aimé produit parfois en l'âme, même lorsqu'elle est dans la plus grande insouciance, si bien qu'il lui embrase le cœur en feu d'amour, et il semble que ce soit une étincelle de feu qui aurait jailli et l'aurait embrasée ; et alors, avec grande promptitude, comme qui se souvient tout à coup de quelque chose, la volonté s'embrase pour aimer, et désirer, et louer, et rendre grâce, et révérer, et estimer, et prier Dieu avec saveur d'amour. [70]

Mais parfois cette étincelle fait long feu et l'âme s'enivre, plutôt qu'elle ne s'enflamme, de son contact prolongé et plus supportable parce que moins violent. Sa brûlure est celle d'un breuvage alcoolisé, à la saveur puissamment relevée par une macération adéquate :

> [« le vin aromatisé... »] ce vin aromatisé est une autre faveur beaucoup plus grande que Dieu fait parfois aux âmes des profitants, en laquelle il les enivre en l'Esprit-Saint avec un vin d'amour suave, savoureux et puissant : c'est pourquoi elle [= l'épouse] l'appelle « vin aromatisé », parce que, comme le vin aromatisé est cuit avec de nombreuses épices différentes, odoriférantes et puissantes, de même cet amour, qui est celui que Dieu donne à ceux qui sont déjà parfaits, est déjà cuit et introduit en leur âme, et aromatisé avec les vertus que l'âme a déjà obtenues ; lequel, aromatisé avec ces précieuses épices, met en l'âme, lors des visites que Dieu lui fait, une telle vigueur et une telle abondance de suave ivresse, qu'il lui fait envoyer à Dieu avec grande efficace et force des émissions ou émanations de louange, amour et révérence, etc., que nous venons de dire. [71]

Cette suave ivresse introduit donc l'image du vin, que nous retrouverons ultérieurement [72], mais sa préparation et sa cuisson lui confèrent la force du feu, si bien que brûlure suave de l'ivresse

---

70. Ct 16,5.
71. Ct 16,7.
72. *Infra*, p. 372.

et choc de l'étincelle ne diffèrent que par leur durée et leur intensité dans l'amorce, chez les profitants, de la vie que Jean de la Croix appelle « parfaite » :

> il faut savoir que cette faveur de la suave ivresse ne passa pas aussi vite que l'étincelle, car elle est plus stable ; car l'étincelle touche et passe, mais son effet dure un peu, et parfois beaucoup ; mais le vin aromatisé a l'habitude de durer longtemps, lui et l'effet qu'il produit, ce qui est... amour suave en l'âme ; ... quoique pas toujours au même degré d'intensité, car il faiblit ou croît sans que l'âme y puisse quoi que ce soit, car parfois, sans qu'elle fasse rien pour sa part, l'âme ressent en l'intime substance que son esprit se met suavement en ébriété et en inflammation de ce vin divin, selon ce que dit David : « concaluit cor meum intra me, et in meditatione mea exardescet ignis ». Les émissions [= la louange, l'amour, la révérence, etc.] de cette ivresse d'amour durent parfois tout le temps qu'elle dure ; d'autres fois, quoiqu'elle soit en l'âme, c'est sans ces émissions, et quand elles y sont, c'est plus ou moins intensément selon que l'ivresse est plus ou moins intense. En revanche, les émissions ou effets de l'étincelle durent ordinairement plus qu'elle-même — ou plutôt elle les laisse en l'âme — et ils sont plus enflammés que ceux de l'ivresse, car parfois cette divine étincelle laisse l'âme s'embraser et se consumer en amour.[73]

Nous voyons ainsi peu à peu l'âme s'habituer à la douceur du feu divin ; d'étincelle en étincelle et d'ivresse en ivresse (celle-ci dure quelques heures, voire quelques jours[74]), elle se laisse apprivoiser par son Bien-Aimé dont les attouchements ne bouleversent plus la nature comme au premier jour des fiançailles spirituelles. Il y a ainsi pour l'âme comme un temps d'entraînement préalable au mariage spirituel dans lequel les secrets de Dieu lui seront communiqués, puis sa personne même dans l'échange parfait des natures de l'Époux et de l'épouse, « devenus un seul esprit en deux natures[75]. » Nous avons vu

---

73. Ct 16,8.
74. *Idem.*
75. Ct 27.3.

comment la physique des quatre éléments appliquée au phénomène de la combustion permettait à Jean de la Croix de penser cette communion sans confusion [76] : elle est celle du bois et du feu dans « la flamme qui consume et n'afflige plus » :

> laquelle flamme se comprend ainsi pour l'amour de Dieu désormais parfait en l'âme. Car pour être parfait, il lui faut avoir ces deux propriétés, à savoir : qu'il consume et transforme l'âme en Dieu, et que l'inflammation et la transformation de cette flamme en l'âme ne l'afflige pas. Et ainsi cette flamme est-elle désormais amour suave, car en la transformation de l'âme en elle, il y a conformité et satisfaction des deux parties ; et pour autant, elle n'afflige plus par variation en plus ou en moins comme elle le faisait avant que l'âme n'arrive à la capacité de ce parfait amour. Car, y étant arrivée, l'âme demeure maintenant aussi transformée et conforme à Dieu que le charbon enflammé l'est au feu, sans cette fumée et ce crépitement qu'il émettait avant qu'il le soit, et sans l'obscurité et les accidents propres qu'il possédait avant que le feu n'entre complètement en lui. [77]

On voit donc que ce qui a changé dans ce passage à la transformation et à la douceur du feu, ce n'est pas l'ardeur de la flamme mais la capacité de l'âme. Nous en avons déjà analysé le processus sous l'angle explicatif ; ce qui nous intéresse ici est de voir la disparition de tout caractère pénible dans son déroulement au fur et à mesure de la compénétration de Dieu et du sujet spirituel :

> Ces propriétés d'obscurité, de fumée et de crépitement, l'âme les possède ordinairement avec quelque peine et fatigue touchant l'amour de Dieu, jusqu'à ce qu'elle arrive à un tel degré de perfection d'amour que le feu d'amour la possède pleinement, complètement et suavement, sans peine de fumée ni de passions et accidents naturels, mais au contraire transformée en flamme suave, laquelle la consu-

76. Cf. *supra*, pp. 105 ss.
77. Ct 38,14.

> ma sur tous ces points et la changea en Dieu, et en cela ses mouvements et actions sont désormais divins. [78]

A lire cette fin — ou quasi — du Cantique Spirituel, parfaite consommation du mariage mystique, il semble que la flamme n'ait plus qu'à brûler calmement d'un feu unique et agréable à Dieu sur l'autel de l'âme. Et pourtant l'ambiguïté d'une suavité incandescente demeure, et tout Vive Flamme en sera le développement. De nouveau, laissons de côté l'intérêt explicatif de cette combustion pour n'en retenir et approfondir ici que l'aspect descriptif d'une prise de conscience extrêmement riche, sur la base du dernier traité de Jean de la Croix.

D'une part, la situation fondamentale de l'âme y reste celle de la fin du Cantique Spirituel, à laquelle se réfère explicitement le prologue de Vive Flamme :

> dans les strophes expliquées plus haut, nous parlons du plus parfait degré de perfection auquel il se peut parvenir en cette vie, qui est la transformation en Dieu... [79] ;

d'autre part, cette transformation marque un nouveau départ :

> ... cependant, ces strophes [= celles de Vive Flamme] traitent de l'amour plus qualifié et perfectionné à l'*intérieur* de ce même état de transformation ; car bien qu'il soit vrai que ce que celles-ci et celles-là disent constitue un seul état de transformation et qu'en tant que tel il soit impossible de passer au-delà, toutefois, avec le temps et l'exercice, l'amour peut se « qualifier » (si je puis dire) et se « substantifier » bien davantage ; tout à fait comme le feu : quoiqu'ayant pénétré la bûche il la tienne transformée en lui et demeure maintenant uni avec elle, toutefois, si le feu s'attise davantage et prolonge son action en elle, la bûche devient beaucoup plus incandescente et enflammée, au point d'étinceler et de flamboyer. [80]

C'est ce nouveau mode de percevoir le feu divin, qui va se développer dans Vive Flamme :

78. *Idem.*
79. Ll Prol 3.
80. *Idem.*

> … c'est ainsi qu'elle le ressent et ainsi qu'elle le dit en ces strophes avec intime et délicate douceur d'amour incandescent en sa flamme… [81]

Jetons un regard en arrière pour comprendre ces perpétuels re-départs des images et des descriptions phénoménologiques dans l'œuvre de Jean de la Croix : le feu de la Montée du Carmel, de Nuit Obscure et des onze premières strophes du Cantique Spirituel était d'abord douloureux, et l'on pouvait s'attendre à le voir disparaître en même temps que la douleur ; mais à partir de cette onzième strophe, une nouvelle brûlure se déclare, bien plus intense que celle de la purification, quoique très suave en même temps qu'insupportable, au moins à sa naissance ; on pouvait de nouveau s'attendre à la voir disparaître avec le mariage spirituel ; or celui-ci survient comme un embrasement, mais d'autant plus supportable qu'il est doux et puissant cette fois-ci, « flamme qui consume et n'afflige plus » ; et maintenant nous voilà en présence d'une quatrième brûlure qui se superpose aux trois autres ! en attendant d'en voir bientôt poindre une cinquième, celle de la plaie séraphique ! Que se passe-t-il d'une blessure à l'autre, d'une brûlure à l'autre ? Nous constatons qu'à chaque reprise, Jean de la Croix est parti d'un point, point rédactionnel et point psychologique, et de là il a déroulé son exposition par rayonnement, pénétrant des zones mentales toujours plus éloignées du point de départ, éloignées vers l'extérieur, mais aussi vers l'intérieur, c'est-à-dire plus profondes ; comme une araignée tisse sa toile, il construit son texte en reliant d'abord les mots selon des cercles concentriques (et c'est pourquoi du début à la fin de l'œuvre le même sujet spirituel est vu sous des intensités différentes, sous des distances différentes par rapport au centre de la toile), puis il retourne au point de départ et relie et renforce ses permiers cercles par des axes qui leur sont perpendiculaires (et c'est pourquoi chaque élément du sujet spirituel peut être suivi pour lui-même dans la variation de sa distance par rapport au centre de la toile) : méthode d'écriture extrêmement complexe en ce que les deux mouvements se

81. Ll Prol 4.

croisent sans cesse, plus selon les besoins d'un argument que selon un plan préétabli (l'araignée renforce un ancrage, puis repart filer sa toile d'un autre côté pour en augmenter la portée, puis retraverse l'ensemble sans travailler etc., si bien qu'il n'y a rien de si anarchique que la façon dont elle s'y prend — qui saurait dire ce qu'elle tirera de son premier fil ? — et rien de si organisé que le résultat qu'elle obtient), méthode que nous tentons d'épouser par celle de nos lectures successives. Nous retrouvons en cela la structure fondamentale de l'anthropologie mystique telle qu'elle nous est apparue au premier coup d'œil [82], mais surtout nous comprenons de mieux en mieux que cette structure aussi vivante que le travail de l'araignée est la seule qui puisse ne pas trop trahir la simultanéité de données contradictoires pour la logique habituelle : l'expérience d'une pénétration, d'une intériorisation psychique d'une part ; et celle d'un renouvellement de tout l'être, et non pas sa résolution dans une concentration, d'autre part.

Revenons à la brûlure qui semble décidément l'un des rayons portants de notre toile d'araignée : à chacune de ses apparitions, Jean de la Croix est parti d'une pointe de feu ; cette pointe investit peu à peu toute l'âme, si bien qu'insensiblement cet investissement (qu'il soit purificateur, unificateur ou transformant, peu importe) devient un *état* d'âme, l'action devenant qualité, mais cet état nouveau n'arrive que pour supporter une renaissance du feu qui lui a donné naissance ; c'est que

> le feu monte toujours du bas vers le haut, avec appétit de s'engouffrer au centre de sa sphère. [83]

Nous retrouvons étendu à toute l'œuvre de Jean de la Croix le mouvement perpétuel d'échec positif du désir : un état d'arrivée est toujours un point de départ, avions-nous vu [84] ; la vie de l'âme est dynamisme, reconcentration centripète et centrifuge tout à la fois, elle est *vie* à l'état pur avec tout ce que cela contient d'irréductible aux éléments qu'elle synthétise, irréductibilité que tout l'effort de Jean de la Croix cherche à sauver dans

---

82. Cf. *supra*, p. 38.
83. 2N 20,6 ; cf. *supra*, p. 114.
84. Cf. *supra*, pp. 131 s.

Mais ce flamboiement qui sent la vie éternelle intègre en même temps la richesse de la blessure d'amour qui croît et s'étend avec le feu, et avec elle toutes les harmoniques que nous en avons relevées. En effet, si l'aspect « blessure » du cautère s'était quelque peu estompé vers la fin du Cantique Spirituel lorsque la flamme se consumait « sans nulle rigueur » dans le mariage mystique considéré comme un état, il reparaît maintenant que cette même flamme reprend à un niveau plus profond son mouvement de va-et-vient perpétuel, réveillant ainsi la démangeaison qui s'était calmée ; en cet état,

> l'Esprit-Saint exerce les vibrations glorieuses de sa flamme [92],

vibrations qui remettent à vif la cicatrice de la blessure :

> comme l'amour n'est jamais en repos mais en mouvement continuel, comme la flamme lance toujours des flammèches de-ci de-là, et l'amour, dont l'office est de blesser pour énamourer et délecter, étant dans cette âme en vive flamme, il lui envoie ses blessures comme des flammèches très tendres d'amour délicat, exerçant joyeusement et en fête les arts et les jeux de l'amour. [93]

Nous voyons donc cette blessure reporter dans le mariage spirituel l'association ambivalente de douleur et de saveur qui était la sienne durant les fiançailles ; mais de nouveau, l'excès de cette saveur comme de cette douleur, même s'il ne se heurte plus à quelque imperfection morale ou autre de l'âme, va buter contre les limites de la nature humaine « ut sic » ; au cœur de la nuit, nous avons vu le mystique réclamer la mort comme seule issue à ses maux, au seuil des fiançailles spirituelles, nous l'avons vu la demander comme seule satisfaction de ses désirs, et voilà maintenant que la même prière va revenir, et d'autant plus instante que l'âme en perçoit plus intensément la portée : la vision béatifique seule la comblera de cette « saveur de vie

92. Ll 1,17.
93. Ll 1,8.

éternelle » en train de lui être donnée. C'est cette prière qui couronne le début de Vive Flamme :

> [commentant le vers : « achève si tu le veux »]... achève maintenant de consommer parfaitement avec moi le mariage spirituel avec ta vision béatifique... ; en effet, quoiqu'il soit vrai qu'en cet état si élevé l'âme soit d'autant plus conforme et satisfaite qu'elle est davantage transformée en amour,... toutefois, comme elle vit encore en espérance, en laquelle il est impossible de ne pas sentir du vide, elle reste avec autant de gémissement (quoique suave et délicat) que lui fait défaut la possession achevée de l'adoption des enfants de Dieu, [ce qui sera] lorsque sa gloire se consommant, son appétit s'apaisera. Lequel appétit, même accordé au mieux à Dieu ici-bas, ne se rassasiera jamais ni ne s'apaisera jusqu'à ce que paraisse sa gloire, d'autant plus qu'il en possède maintenant la saveur et la gourmandise... ; à tel point que si Dieu ne maintenait également ici la chair en sa faveur, protégeant la nature de sa main droite — comme il fit avec Moïse dans le rocher pour qu'il puisse voir sa gloire sans mourir —, à chacun de ces flamboiements la nature se corromprait et mourrait, la partie inférieure n'ayant pas capacité pour souffrir un feu de gloire si abondant et si élevé. [94]

On remarque immédiatement la différence entre cette demande et celle du début des fiançailles spirituelles : ici, c'est bien la *gloire* qui est goûtée, et non le simple envol de l'âme, même si elle ne peut se consommer ; aussi, contrairement à celle de la fiancée, la prière de l'épouse devient-elle légitime :

> pour autant, cet appétit et sa supplique ici n'est pas avec peine, car l'âme ici n'est pas capable d'en avoir, mais avec désir suave et délectable, demandant [cet achèvement] en conformité d'esprit et de sens ;... [95],

conformité à quoi ? à la volonté de Dieu, car désormais l'âme tient

94. Ll 1,27.
95. Ll 1,28.

> ... la volonté et l'appétit faits tellement *un* avec Dieu, qu'elle considère comme sa gloire d'accomplir la volonté de Dieu.[96]

Le rapprochement de ces différents textes permet d'établir l'équivalence rigoureuse : la gloire de l'âme, c'est d'accomplir la volonté de Dieu ; mais la gloire de Dieu, c'est sa manifestation à l'âme dans la plénitude de l'adoption filiale, si bien que l'âme et Dieu ont ici en commun une même gloire et une même volonté :

> l'âme réclame ici à l'Époux ces deux demandes qu'il nous a enseignées dans l'Évangile, à savoir : « Adveniat Regnum tuum, fiat voluntas tua » ; et ainsi est-ce comme si elle disait : « achève », à savoir de me donner ce règne, « si tu le veux », c'est-à-dire que telle est ta volonté [según es tu voluntad].[97]

« Telle est ta volonté » : point final ! Jean de la Croix affirme sans autre commentaire et passe à autre chose. On ne voit pas comment échapper à cette affirmation abrupte d'une demande légitime de la mort physique au terme de la vie mystique.[98]

Aussi cette troisième reprise de la demande de la mort physique nous amène-t-elle, plutôt qu'à tenter son impossible contournement, à approfondir encore le thème de la blessure qu'elle vient parachever : toute la fin de la première strophe de Vive Flamme[99] est une analyse de cette seule mort véritablement mystique (la seule que connaissent *effectivement* les mystiques

---

96. *Idem.*

97. *Idem.*

98. Cf. l'analyse détaillée de toute la prière de l'âme, *supra,* pp. 95 ss. On voit donc que c'est l'union qui tue et non pas la mort qui permet l'union. Ni SANSON (*L'esprit-humain...,* p. 70), ni CRISÓGONO de JESÚS (*San Juan de la Cruz-Su Obra...,* p. 9, et I-chap. 13) qui va pourtant très loin dans la réhabilitation de la composante somatique de l'expérience mystique, n'ont vu cette inversion fondamentale qui est pourtant évidente dans l'existence du Christ lui-même comme consommation de son Incarnation.

D'une manière générale, il nous semble que les meilleurs interprètes de Jean de la Croix n'ont pas assez exploité l'exemplarité du Christ pour comprendre l'itinéraire spirituel, ce à quoi Jean de la Croix invite pourtant clairement en 2S 7 et Ct 36-37.

99. Ll 1,29-36, commentaire du vers : « brise la toile de cette douce rencontre » ; cf. *supra,* pp. 95 ss.

que Jean de la Croix qualifient de « parfaits » ? Ici le texte ne répond pas, mais des données hagiographiques — et pour commencer celles concernant Jean de la Croix lui-même — nous inclineraient à répondre affirmativement), la seule qui soit conforme à la volonté de Dieu devenue celle du spirituel. Or ce matériau nous montre que ce qui sépare Dieu du mystique, ce ne sont pas les créatures (que Jean de la Croix appelle « première toile »), ce ne sont pas les opérations bonnes ou mauvaises de l'âme (qu'il appelle « deuxième toile »), bref, que cette séparation *n'existe pas* entre Dieu et l'homme, mais *entre l'homme et l'homme*, qu'elle est sa créaturalité même, ce que Jean de la Croix appelle

> la toile sentitive qui comprend *seulement* l'union de l'âme et du corps, qui est la vie sensitive et animale [100] ;

elle est *« la vie »*, au sens le plus banal du terme. C'est pourquoi la fin (c'est-à-dire à la fois l'achèvement et le but) de la vie mystique sera une rupture *sensitive*, physiologique, une « mise à mort » que détaillent les derniers paragraphes de cette première strophe (elle est violente, tranchante, instantanée etc.), blessure décisive que toutes les autres blessures annonçaient et anticipaient, et que par retour nous comprenons maintenant comme autant d'échos de ce seul instant *par rapport auquel Jean de la Croix pense donc toute la vie spirituelle*,

> car tout le désir et la fin de l'âme et de Dieu en toutes ses œuvres est la consommation et perfection de cet état. [101] ;

instant de l'accord de la volonté, c'est-à-dire finalement de la gloire, de Dieu et de l'âme, car tous leurs désaccords, ce que Jean de la Croix mettait sous les deux autres « toiles », ont été consumés

> par les rencontres pénibles de cette flamme lorsqu'elle était pénible ; car en la purgation spirituelle dont nous avons

100. Ll 1,29.
101. Ct 27,6 ; cf. *supra*, p. 121.

> parlé plus haut, l'âme achève de rompre avec ces deux toiles [102], et de là, elle vient à s'unir [103] comme elle l'est ici, et il ne reste plus à rompre que la troisième [toile] de la vie sensitive. [104]

Toute la vie mystique est donc pensée par rapport à une réalité d'ordre *somatique* autant que *spirituelle*, par rapport à un événement symétrique de l'instant d'incarnation vers lequel le spirituel n'a cessé de remonter au fil de la prise de conscience de sa double et contradictoire appartenance au temps et à l'éternité ; et voilà peut-être en dernière analyse le pourquoi du privilège de ce registre somatique dans l'expression de ce que nous avons appelé la composante «intensive» de l'expérience mystique à travers le thème de la blessure. Si nous portons un regard rétrospectif sur nos lectures de l'œuvre de Jean de la Croix, nous voyons se télescoper toutes les étapes de la vie spirituelle dans cette mise à mort qui est gloire de l'épouse en même temps que de l'Époux. Et nous voilà de nouveau renvoyés à un acte sacrificiel: nous avons vu l'âme comme l'autel du sacrifice de louange, sur lequel brûle le seul feu agréable à Dieu [105] ; si nous relisons par exemple les trois conditions requises au sacrifice de Jacob, nous comprenons maintenant que l'acte de «pur amour, de louange et de pure révérence», c'est celui qui met fin à la vie mortelle :

> ... l'âme qui voudra monter en cette montagne pour y faire de soi-même un autel... doit avoir parfaitement accompli ces trois choses : la première, qu'elle bannisse de soi tous les dieux étrangers — qui sont toutes les affections et attachements étrangers ;...

(voilà la «première toile», toile

---

102. Première rédaction de LI : «*con* estas dos telas» ; deuxième rédaction : «*en* estas dos telas». Nous préferons la première, plus correcte grammaticalement, et qui souligne que ces deux toiles sont extérieures à l'âme : on rompt *avec* ces deux toiles alors que Dieu rompra *la* troisième toile (complément d'objet direct).

103. Première rédaction «unirse», employé absolument, sans le «con Dios» de la deuxième rédaction qui l'affaiblit quelque peu.

104. Ll 1,29.

105. Cf. *supra*, p. 200.

temporelle qui comprend toutes les créatures... toutes les choses du monde...)

...la seconde, qu'elle se purifie du reliquat que ces appétits lui ont laissé en l'âme ;...

(voilà la « deuxième toile », toile

naturelle, qui comprend les opérations et inclinations purement naturelles... tous les appétits et affections naturels...)

... et la troisième qu'elle doit avoir pour parvenir à cette haute montagne, est le changement d'habits, lesquels... Dieu lui changera de vieux en nouveaux, mettant en l'âme une nouvelle façon d'entendre Dieu en Dieu... et un nouvel amour de Dieu... De sorte que désormais son opération humaine soit changée en divine, qui est ce qu'on obtient en état d'union, en laquelle l'âme ne sert d'autre chose que d'autel où Dieu est adoré en louange et amour, et seul Dieu demeure en elle. [106]

(voilà la « troisième toile », toile

sensitive, qui comprend seulement l'union de l'âme et du corps... [107])

A la veille de la mort d'amour, ces trois conditions sont donc désormais remplies, le sacrifice peut se consommer, et c'est pourquoi,

l'âme se sentant au temps de ces rencontres glorieuses si proche de sortir pour posséder complètement et parfaitement son règne [*voilà exaucé l'Adveniat Regnum tuum commun à l'Époux et à l'épouse*] en les abondances où elle se voit enrichie — car ici elle se connait pure et riche et pleine de vertus et disposée pour le règne, car en cet état Dieu laisse voir à l'âme sa beauté et lui confie les dons et les

---

106. 1S 5,7 ; LUCIEN-MARIE, pp. 93-94, avec correction de la dernière phrase. Cf. *supra,* p. 200, note 60, et *infra,* pp. 229 ss.

107. Ll 1,29 ; cf. *supra,* p. 213.

> vertus qu'il lui a donnés, car *tout pour elle se change en amour et en louanges...* —, ... elle supplie que se rompe la toile de cette douce rencontre. [108]

Ainsi la consommation de ce sacrifice d'amour et de louanges sur l'autel de l'âme est-il bien la mort *voulue* d'une volonté commune par Dieu et par l'âme, il est la venue du Règne de Dieu en l'âme, et pour autant il n'est autre que la consommation de l'unique sacrifice de la Croix ; et c'est bien là que Jean de la Croix place la consommation du mariage spirituel :

> A l'ombre du pommier,
> C'est là que tu me fus donnée pour épouse,
> C'est là que je te donnai la main
> Et que tu fus rétablie,
> Là par où ta mère avait été violée.
>
> ... [l'Époux] entend par le pommier l'arbre de la Croix où le Fils de Dieu racheta et, par conséquent, épousa la nature humaine, et par conséquent épousa chaque âme. [109]

Ainsi sommes-nous reconduits de nouveau à cette Croix en laquelle sont toutes les délices de l'esprit : il n'y a d'achèvement de la vie mystique que dans cet achèvement de l'incarnation du Christ. Il suppose de la part de qui le reçoit une acceptation libre, offerte, un « fiat » dont la plénitude théologale, c'est-à-dire la pleine conscience de n'être soi qu'en Dieu, mesure exactement la qualité mystique d'une expérience humaine :

---

108. Ll 1,31.

109. Ct 28, strophe, et 28,3 — Chez Jean de la Croix comme chez tout chrétien, c'est donc bien la Croix du Christ qui est au cœur de la vision de l'homme, du monde et de Dieu ; on comprend dès lors l'échec massif de Baruzi (et avec lui de tout un rationalisme pseudo-mystique) lorsqu'il cherche à excuser le mystique de la croix en vertu d'une appréhension supérieure du cosmos, de l'Un ou de l'Être. Le mélange de Spinoza, de Leibniz et de Plotin qui fournit ses pages les plus convaincues à Baruzi devient explosif lorsqu'il aboutit à reconstituer un mystère chrétien sans Christ ou un Christ sans croix :

> ... lorsque Jean de la Croix, au plus profond de l'état théopathique désire, entrer dans « l'épaisseur de la Croix », c'est d'un Mystère qu'il est épris, *et non du drame humano-divin saisi comme un fait.* (BARUZI (J.), *op. cit.*, p. 680. Cf. toute la synthèse de « L'état théopathique ».)

> d'où il faut savoir que le mourir naturel des âmes qui parviennent à cet état, même si la condition de leur mort est semblable à celle des autres quant à la *nature,* comporte cependant beaucoup de différences dans la *cause* et le mode de la mort ; car si les autres meurent d'une mort causée par infirmité ou par usure du temps, celles-ci, même si elles meurent en infirmité ou en grand âge, rien d'autre ne leur arrache l'âme que quelqu'impétuosité et rencontre d'amour beaucoup plus élevée que les précédentes, plus puissante et plus vaillante, puisqu'elle peut rompre la toile et emporter le joyau de l'âme. [110]

Cette mort active (ce « mourir ») est une conclusion, aussi bien thématique que rédactionnelle, et le commentaire à la première strophe de Vive Flamme se suffit à lui-même ; et d'ailleurs le passage au commentaire de la deuxième strophe se fait sans aucune transition. Il existe cependant entre cette première partie et les suivantes un rapport architectural puissant : comme dans le Cantique Spirituel, la demande de la mort physique n'est que le prélude d'une symphonie qui va en reprendre successivement tous les thèmes. Aussi, continuer à lire Vive Flamme sera revenir en arrière avec Jean de la Croix et renforcer l'analyse du mariage spirituel en tant qu'état, même si nous venons d'en voir le sommet en tant qu'acte, toujours fidèles en cela à la dynamique du texte comme de la vie mystique qui est de pousser le plus vite et le plus loin possible une flèche de feu, qui irradiera et diffusera ensuite son effet dans toutes les zones traversées. C'est dire du même coup que poursuivre cette lecture amplifiera encore les harmoniques de la blessure incandescente.

Remarquons d'abord que la transformation du mariage spirituel qui culmine dans la vivification de la mort physique par le sacrifice de la croix et la spiritualisation de la chair, est un immense « changement de signe » de cette blessure :

> Ô cautère suave !
> Ô savoureuse plaie !
> Ô douce main ! Ô attouchement délicat !

---

110. Ll 1,30.

Qui sens la vie éternelle
Et paies toute dette ;
En tuant, tu as changé la mort en vie.[111]

Tout le commentaire en prose à cette deuxième strophe va développer la contradiction de ces expressions. En un premier temps, n'en relevons que les éléments nouveaux pour la phénoménologie de la blessure.

*« Ô cautère suave ! »* : contradiction entre l'intensité de la cause (la fulguration de la puissance divine) et la douceur de l'effet ;

> comme Dieu est feu infini d'amour, lorsqu'il veut toucher l'âme un peu vigoureusement, l'ardeur de l'âme est en un tel degré suprême d'amour qu'il lui semble qu'elle est en train de s'embraser au-dessus de tous les brasiers du monde...[112] ;

mais au même moment,

> ce feu de Dieu..., qui consumerait avec plus de facilité mille mondes que le feu d'ici-bas une poignée de lin, ne consume ni n'épuise l'âme en laquelle il flamboie de cette façon, ni ne lui donne aucune peine, mais au contraire, il la défie[113] et délecte à mesure de la force de l'amour embrasant et flamboyant en elle suavement.[114]

*« Ô savoureuse plaie ! »* : la plaie est effet du cautère suave ; nous avons vu plus haut[115] que le cautère a l'avantage de ne pas préjuger de l'état sain ou malsain de la surface qu'il vient simultanément blesser et cicatriser. La nouveauté est qu'il s'agit ici de la plus haute intensité qui s'en puisse ressentir :

111. Ll 2, strophe ; cf. *supra,* p. 184.
112. Ll 2,2.
113. « la endiose » : littéralement intraduisible, évoque une pénétration plus intime que la déification ou que la divinisation. (Cf. *infra,* pp. 350 ss.)
114. Ll 2,3 (cf. Ll 2,5) ; nous traduisons : « s'embrasant et flamboyant en elle... » et non pas « l'âme s'embrasant et flamboyant en lui... », comme le réclamerait le pronom personnel masculin, au titre de la première rédaction beaucoup plus explicite sur ce point.
115. Cf. *supra,* p. 197.

> ce cautère et cette plaie, nous pouvons comprendre qu'il est au plus haut degré qui se puisse être en cet état... ;

pourquoi ? parce que

> ... c'est ici un attouchement qui se fait seulement de la divinité en l'âme sans aucune forme ni figure intellectuelle ou imaginaire. [116]

C'est le contact « de substance nue à substance nue » dont nous avons vu plus haut [117] que sa simplicité indiquait la spécificité de l'expérience mystique : thématisé sur l'axe d'une blessure croissante, nous l'y retrouvons fort logiquement au point d'intensité maximale dont les autres ne sont en quelque sorte que des dérivations. Mais l'une d'entre elles doit nous retenir ici.

Parmi ces dérivations, Jean de la Croix, en effet, attache une attention spéciale à un type particulier de cautère, celui qui, rejaillissant de l'âme dans le corps y produit des effets spectaculaires : il s'agit de la « plaie séraphique », à l'origine des stigmates. Mais Jean de la Croix, tout en lui assignant une place privilégiée, et sous certains aspects analogue à celle de la mort physique d'amour, prend bien soin de nous avertir qu'il s'agit là d'un cautère moins purement spirituel que le « cautère suave » en ce qu'il implique une médiation intellectuelle :

> [par rapport au cautère suave] il y a beaucoup d'autres manières pour Dieu de cautériser l'âme qui n'approchent ni ne valent celle-ci... [118] il y a cependant une autre manière de cautériser l'âme *avec forme intellectuelle* qui est d'habitude fort relevée, et cette manière, la voici : il arrivera que, l'âme étant enflammée en amour de Dieu, *quoiqu'elle ne soit pas aussi qualifiée* que nous venons de le dire [à propos du cautère suave]... elle sente pénétrer en elle un séraphin avec une flèche et un dard très incandescent en feu

116. Ll 2,28.

117. Cf. *supra*, p. 57 et 2S 31 ; ces attouchements sont équivalemment des « paroles substantielles » de Dieu en l'âme, qui opèrent en elle ce qu'elles signifient et, tout comme le cautère, la font passer à une nouvelle manière d'être sans la moindre activité de sa part.

118. Ll 2,8.

> d'amour, transperçant cette âme déjà incandescente comme un brasier, ou, pour mieux dire, comme une flamme, et il la cautérise vivement.[119]

Il s'agit donc à l'intérieur de l'état parfait de mariage spirituel d'un acte imparfait, moins parfait que la plaie savoureuse causée par le cautère suave, mais particulièrement aigu et vif, et qui peut de ce fait, comme la mort d'amour, se traduire somatiquement :

> si parfois Dieu permet que quelque effet [de cette œuvre séraphique] sorte au sens corporel de la façon dont elle blessa à l'intérieur, la blessure ressort et meurtrit l'extérieur, comme il arriva lorsque le séraphin blessa saint François.[120]

Mais attention ! ici la traduction somatique est ambiguë : d'une part, reflet dans la chair de ce qui se passe en l'âme, elle s'inscrit bien comme la mort physique d'amour dans le mouvement d'incarnation de l'esprit et de spiritualisation corrélative de la chair ; en ce sens,

> d'autant plus grand sera le délice et la force d'amour que cause la plaie à l'intérieur de l'âme, d'autant plus grand sera celui de l'extérieur en la plaie du corps, et, l'un croissant, l'autre croîtra. Cela arrive ainsi parce que ces âmes étant purifiées et établies en Dieu, ce qui est cause de douleur et tourment à leur chair corruptible est doux et savoureux en leur esprit fort et sain ; et ainsi est-ce chose merveilleuse de sentir croître la douleur dans la saveur...[121] ;

cette antinomie grandissante est bien dans la ligne vitale de la rupture de la toile sensitive ; mais d'autre part, limite posée par la chair à l'esprit, cette traduction somatique va directement à l'encontre de cette même rupture :

---

119. Ll 2,9.
120. Ll 2,13.
121. Ll 2,13.

> lorsque la plaie est seulement en l'âme sans qu'elle se communique à l'extérieur, le délice peut être plus intense et plus élevé ; car, comme la chair tient l'esprit sous son frein, lorsque les biens spirituels de celui-ci se communiquent aussi à celle-là, elle tire les rênes et freine par le mors ce cheval léger de l'esprit et calme son grand emballement, car lorsqu'il exerce sa force, les rênes finissent par se rompre ; cependant, jusqu'à ce qu'elles se rompent, elles ne cessent de le maintenir retenu dans sa liberté. [122]

Si bien que les stigmates et les phénomènes analogues sont alors le signe d'une retenue de l'esprit par le corps et évoquent plus le frein mis à l'envol de l'âme lors des fiançailles spirituelles [123] que l'actuation parfaite du mariage spirituel par la mort physique d'amour. Avec Jean de la Croix, nous ne pouvons qu'enregistrer cette contradiction qui nous semble irréductible dans la lecture de la plaie séraphique, et dès lors retourner à l'essentiel, de l'avis même de l'auteur, et qui est de voir plus nettement sur cet exemple que partout ailleurs la croissance simultanée, et pour ainsi dire verticale, de la douleur et de la saveur dans l'âme touchée par Dieu :

> dans cette cautérisation qui la transperce avec cette flèche, la flamme de l'âme s'attise et monte tout droit avec force, comme le fait un four incandescent ou une forge lorsqu'on y fourgonne ou que l'on y agite le feu et attise la flamme ; et alors, sous le coup de la blessure de ce dard incandescent, l'âme ressent la plaie dans des délices excessives, car, outre qu'elle soit toute remuée en grande suavité par l'agitation et le mouvement impétueux causé par ce séraphin, ce en quoi elle ressent grande ardeur et fusion d'amour, elle ressent la blessure subtile et l'herbe venimeuse avec laquelle le feu introduisait vivement comme une pointe vive en la substance de l'esprit comme au cœur transpercé de l'âme. [124]

---

122. Ll 2,13 ; cf 2,14.
123. Ct 12 ; cf. *supra,* p. 191.
124. Ll 2,9 — Nous confessons notre embarras pour traduire cette dernière phrase. Lucien-Marie préfère, peut-être à juste titre, envenimer le dard plutôt que la plaie (p. 745).

Avec cette acuité exceptionnelle du dard venimeux fiché en plein cœur du mystique, nous sommes particulièrement bien placés pour vérifier la règle générale de la diffusion concentrique de toute transformation spirituelle à partir d'un attouchement ponctuel ; ici, le point de contact ne peut pas être plus précis : il est l'intersection même de la chair et de l'esprit, le « cœur de l'âme » ; et nous allons voir que la zone de diffusion sera infinie :

> Et en ce point intime de la blessure qui semble se fixer au milieu du cœur de l'esprit, là où se sent la quintessence du délice, qui pourra parler comme il le faudrait ? Car l'âme y sent comme un grain de moutarde absolument infime, infiniment vif et incandescent, lequel envoie à partir de lui et en circonférence un feu d'amour vif et incandescent ; lequel feu, naissant de la substance et force de ce point vif où se trouve la substance et force de l'herbe, l'âme sent qu'il se diffuse subtilement par tous ses vaisseaux spirituels et substantiels, selon sa puissance et sa force, ce en quoi l'âme sent se fortifier et croître l'ardeur et s'affiner tellement l'amour en cette ardeur, qu'il semble qu'arrivent en elle des flots de feu amoureux atteignant au sommet et au tréfonds des abîmes, l'amour envahissant tout ; en cela il semble à l'âme que tout l'univers soit un océan d'amour sur lequel elle se trouve portée, ne pouvant voir un terme ni une fin où s'achèverait cet amour, sentant en elle-même, comme nous avons dit, le point vivant et le centre de l'amour.[125]

Voici l'âme contenant l'amour et en même temps portée sur l'amour de l'univers entier ; la loi de diffusion concentrique n'est jamais apparue aussi clairement : à la précision de la blessure répond l'extension de l'amour « envahissant tout ». Mais cette clarté pose ici un problème de lecture dont l'importance déborde les quelques paragraphes que nous sommes en train d'analyser. Jean de la Croix, introduisant la plaie séraphique, indiquait nettement qu'elle était « moins qualifiée » que la « plaie savoureuse » dont nous avons vu qu'elle était du « plus haut degré qui se puisse être en cet état »[126]. Il semble donc qu'en plaçant

---

125. Ll 2,10.
126. Cf. *supra,* pp. 218 ss.

maintenant la plaie séraphique au cœur de la diffusion universelle de l'amour, Jean de la Croix dépasse quelque peu la prétention initiale de son commentaire et la considère comme équivalente à cette plaie savoureuse. Et, de fait, la fin du commentaire de celle-ci vérifie étonnamment les conclusions du commentaire de celle-là en énonçant la même loi fondamentale :

> Ô plaie savoureuse et d'autant plus hautement savoureuse que le cautère a touché au centre infini de la substance de l'âme, embrasant tout ce qui se peut embraser pour caresser tout ce qui se peut caresser ! [127]

Un tel glissement entre le début et la fin d'une explication est fréquent chez Jean de la Croix, et d'autant plus fréquent qu'il entend exposer ce que ressent l'âme aux frontières supérieures de la vie mystique ; sa pensée, comme le feu qu'il décrit alors, semble « toujours monter vers le haut, avec appétit de s'engouffrer au centre de sa sphère » [128], et les conclusions dépassant de ce fait les prémisses, le lecteur se surprend à douter du sens de ces accumulations superlatives. Mais la difficulté s'estompe si l'on se reporte aux avertissements du prologue de Vive Flamme : Jean de la Croix sait qu'il s'approche tangentiellement de l'indicible, il le cerne par approximations de plus en plus serrées et ses tentatives multiples ne sont autres que ces « llamaradas », que ces « coups de feu » de l'âme se sentant à la veille d'être emportée sous le coup de grâce de l'amour, et au fond il n'y a que cela qui l'intéresse et c'est par rapport à cela que tout le reste est pensé. Encore une fois, le centre architectural de Vive Flamme et de toute l'œuvre de Jean de la Croix est la fin du commentaire à sa première strophe : la mort physique d'amour sur la Croix du Christ. On peut en parler tantôt selon l'état qu'elle vient parfaire, tantôt selon l'acte sacrificiel lui-même, mais toujours en deçà du seul instant décisif, commun au Christ et au mystique, l'instant du « consummatum est » [129], point unique de déflagration de tout l'amour du monde, lorsque « se brise la toile de cette douce

127. Ll 2,8.
128. 2N 20,6 ; cf. *supra,* p. 114.
129. 2S 22,7 ; cf. *supra,* pp. 144 et 175.

rencontre », et avec elle les conditions mêmes du langage, le seul langage ici étant la chair se faisant Verbe, resignification sacramentale du réel dans l'achèvement de l'Incarnation [130].

Voilà où nous porte la phénoménologie de la blessure : au centre de l'amour. Cependant, à force de frôler les limites, il faut un jour les franchir, et nous ne pouvons plus avancer dans l'analyse de la dimension intensive de l'expression de l'expérience mystique sans changer le grossissement de notre microscope et élargir notre champ de lecture ; de la blessure nous sommes passés à la plaie, puis de la plaie nous sommes passés à la mise à mort : or cette dernière étape n'est plus un simple approfondissement du processus de pénétration spirituelle, mais l'entrée dans une sphère nouvelle où la vie répond à la mort et non plus seulement la douceur à la douleur. Aussi allons-nous maintenant repartir de ce point d'arrivée pour voir dans l'ensemble de l'œuvre de Jean de la Croix la perception du passage de l'existence mondaine à l'existence substantielle comme celle d'une transmutation de la mort en vie sur l'autel de la Croix : « Ô douce main qui sens la vie éternelle, en tuant, tu as changé la mort en vie ! »

### 3. *Deuxième extension du registre somatique/intensif :* MORT *et* VIE

La mort physique d'amour semble donc le pivot de toute l'œuvre de Jean de la Croix et se charge de ce fait d'un poids peut-être inattendu ; le couple mort/vie, présent à chaque page, acquiert du même coup une tout autre valeur signifiante que la simple opposition logique entre deux destinées possibles ou entre deux chemins à choisir. « En tuant, tu as changé la mort en vie ! » : les deux termes ne sont plus alternatifs mais se compénètrent dans l'expérience d'une mort et d'une résurrection simultanées, c'est-à-dire d'une résurrection tout simplement, car il n'y a d'expérience que de la vie, et la mort n'est en rigueur de termes que la pure « non-expérience ». La conscience de cette venue à la vie, voilà finalement tout l'itinéraire mystique ; nous

130. Cf. *supra*, p. 142.

allons la voir émerger du néant de l'univers chaotique des « choses ».

Commençons par constater que l'analyse précédente nous a introduit à une bonne partie du vocabulaire de la mort chez Jean de la Croix. Nous avons vu le mystique la rencontrer trois fois : mort de désespoir au cœur de la nuit de l'esprit, mort violente lors des fiançailles spirituelles, mort douce et puissante, enfin, dans l'achèvement du mariage spirituel, la seule véritablement digne du mystique. Mais cette triple rencontre charpente l'ensemble de son itinéraire et c'est comme telle qu'elle nous intéresse maintenant. En effet, l'antinomie mort/vie, même si elle repose en dernière analyse sur ces trois piliers, est perçue dès l'aube d'une existence spirituelle, car la loi en est permanente :

> Tu ne tues jamais si ce n'est pour donner la vie, tout comme tu ne blesses jamais si ce n'est pour guérir ;... tu m'as blessée pour me guérir, ô divine main, et tu as tué en moi ce qui me tenait morte sans la vie de Dieu en laquelle je me vois vivre maintenant. [131]

Cette mort donnée par Dieu commande donc tout le processus de résurrection, tout le passage d'une fausse vie à une vraie vie grâce à une mortification qui est en même temps une vivification.

Au départ de ce processus, ce que l'âme tiendrait spontanément pour sa vie est en réalité sa mort :

> pour entrer en cette divine union, tout ce qui vit en l'âme doit mourir... [132] ;

et pour autant, la première moitié de Nuit Obscure se présente comme

> le mode et la manière selon lesquels l'âme est sortie de soi et de toutes les choses selon l'affection, mourant à toutes et à elle-même par véritable mortification, pour finir par vivre en vie d'amour douce et savoureuse avec Dieu. [133]

131. Ll 2,16.
132. 1S 11,8.
133. 1N declaración, 1.

Toute affection à ce qui n'est pas en Dieu, c'est-à-dire tout fruit de l'« appétit naturel », ce feu que nous avons vu opposé au feu de Dieu sur l'autel de l'âme [134], doit donc être mise à mort, car il n'y a pas place en l'âme pour deux amours :

> si l'âme ne les mortifiait pas, ils [les appétits] ne s'arrêteraient pas [de croître] jusqu'à produire en elle ce que l'on dit que les fils de la vipère font en leur mère : à mesure qu'ils croissent dans son ventre, ils mangent leur mère et la tuent, et eux restent vivants au prix de leur mère ; de même les appétits non mortifiés arrivent à tel point qu'ils tuent l'âme en Dieu parce qu'elle ne les a pas tués en premier. [135]

Le mot même de mortification revient des dizaines de fois — principalement dans la Montée du Carmel — comme autant d'échos de la mort d'amour du mystique à laquelle s'oppose cette mort de l'âme qu'est l'ensablement de son désir dans l'univers des « choses » :

> [... « en tuant, tu as changé la mort en vie »...] ce que l'âme appelle ici « mort », c'est tout le vieil homme ;... la vieille vie est mort de la nouvelle ;... tous les appétits de l'âme et ses puissances, selon leurs inclinations et opérations... étaient d'eux-mêmes opération de mort et privation de vie spirituelle. [136]

Cette inversion du cours du désir, ou plutôt sa réintégration dans les profondeurs de l'unique désir de Dieu, l'âme va la ressentir comme le chemin même de la croix, car c'est de nouveau là que vient se consacrer toute sa capacité d'amour, que son être naturel vient se transformer en expérience spirituelle, que sa chair vient ressusciter :

> Il faut que le bon spirituel comprenne *le mystère de la porte et du chemin du Christ* pour s'unir avec Dieu, et qu'il sache

---

134. Cf. *supra,* pp. 200-201.
135. 1S 10,3 ; cf. en particulier 1S 3,1 / 1S 6,7 / 1S 10,2 (*supra,* p. 200) / 3S 26,6 etc...
136. Ll 2,33.

> qu'il s'unira d'autant plus à Dieu et fera œuvre d'autant plus grande qu'il s'annihilera davantage pour Dieu selon ces deux parties, sensitive et spirituelle. Et lorsqu'il en viendra à être réduit à rien, ce qui sera l'humilité suprême, *alors l'union spirituelle entre l'âme et Dieu sera faite*, ce qui est le plus grand et plus haut état auquel il se puisse parvenir en cette vie. Il ne consiste donc pas en récréations, en goûts et en sentiments spirituels, mais *en une vivante mort de croix* sensitive et spirituelle, c'est-à-dire intérieure et extérieure. [137]

Et tant que cette croix ne se révèle pas telle, c'est-à-dire avant la révélation des fiançailles spirituelles,

> l'âme se sent en décomposition et démolition face à ses misères, en mort cruelle de son esprit... *car il lui faut demeurer en ce sépulcre de la mort obscure pour la résurrection spirituelle qu'elle attend.* [138]

Tout Nuit Obscure décrit cette attente du sépulcre dont la Montée du Carmel démontre la nécessité, à l'exemple du Christ [139], mais exemple vivifié par l'union théologale au Christ, point de passage obligé entre la mort et la vie (« esta puerta de Cristo » [140]), perpétuellement mort pour le monde et vivant pour Dieu :

> Oh ! qui donc pourrait faire comprendre jusqu'où Notre-Seigneur veut qu'atteigne cette négation ?... c'est cela que notre Sauveur voulut dire en disant : « celui qui veut sauver son âme la perdra... et celui qui perdra sa vie pour moi, celui-là la gagnera », à savoir : celui qui renoncera *pour le Christ* à tout ce qu'il peut désirer et goûter, choisissant ce qui s'apparente le plus à la croix (...), celui-là la gagnera. Et c'est cela qu'enseigne sa Majesté à ces deux disciples qui étaient en train de lui demander [de siéger à] sa droite et [à]

137. 2S 7,11 ; « Il faut que... » : conjectural, la phrase étant introduite comme une proposition subordonnée sans lien avec ce qui précède.
138. 2N 6,1.
139. 2S 7,8-11.
140. 2S 7,2.

sa gauche, lorsque, ne leur donnant aucune réponse à la question de cette gloire-là, il leur offrit *le calice que lui devait boire*, comme chose plus précieuse et plus sûre en cette terre que la jouissance.[141]

A partir de là, repérer tous les détails de la passion de l'âme reviendrait à transcrire tout le texte de Nuit Obscure. Parce que Nuit Obscure s'adresse précisément à qui est plongé vivant au tombeau et que sa douleur abyssale empêche d'écouter tout raisonnement ; le raisonnement, il a eu sa place avant, dans la Montée au Carmel, mais maintenant toute objectivation de sa propre situation par le spirituel disparaît, car il n'a plus aucune initiative ; il n'y a plus pour lui que la passion, cette écrasante passivité de la mort vivante[142] au sein de laquelle tout ce qu'il peut entendre se réduit à un souffle, celui de Jean de la Croix redisant comme à l'oreille d'un agonisant : « après la mort, la résurrection... attendez, attendez, attendez ». Car cette mort est *comme telle* union au Christ — « ... lorsqu'il viendra à être réduit à rien... alors l'union spirituelle entre l'âme et Dieu sera faite... » —, mais l'âme ne le sait pas ou ne le sent pas ; entre la mort et la résurrection se glisse *le temps* qui dure, comme épaisseur de la conscience, et qui révèle ainsi toute sa consistance : elle est spirituelle. Le temps n'est pas d'abord milieu chronologique, il est attente pure[143], non pas du futur, mais du caché, il est patience, essence de la passion. Et tant que dure cette non-conscience, c'est-à-dire jusqu'à la onzième strophe du Cantique Spirituel, lors du clin d'œil de l'Époux révélant à l'épouse dans le miroir des eaux cristallines que c'est bien lui qu'elle avait pris pour son propre reflet[144], la seule logique de cet état conduit à la première demande de la mort physique :

---

141. 2S 7,6.
142. A coté de sa valeur d'abord théologale, Baruzi (*op. cit.*, p. 621) a bien vu que la « passion » de Jean de la Croix dénote la non-activité de l'âme (cf. *infra*, p. 232, note 156) avant d'être un état pénible (l'ambiguïté du mot « paceder » est extrêmement suggestive : la racine de la souffrance est cette aliénation de l'agir), et qu'à travers toute l'œuvre, Jean de la Croix joue sur le couple hacer/padecer :

> ... porque el camino de padecer es más seguro y aun más provechoso, que el de gozar y hacer. (2N 16,9.)

143. Cf. *supra*, pp. 87 s et 100 ss.
144. Cf. *supra*, p. 155.

> Comment persévères-tu,
> Ô vie ! ne vivant pas là où tu vis ? [145]

Pour cette âme, « sa vie naturelle lui est comme la mort » [146], et tout ce qui lui reste en propre est sa supplication à l'Époux enfui :

> puisque c'est toi la cause de la plaie en douleur d'amour,
> sois la cause de la santé en mort d'amour. [147]

Nous retrouvons notre point de départ ; la blessure appelle la mort parce que l'amour appelle l'amour jusqu'à en mourir :

> Je meurs de ce que je ne meurs. [148]

Si nous faisons maintenant le point de ces multiples retournements de la mort en vie et de la vie en mort autour du thème central de la blessure mortelle d'amour, nous constatons qu'ils reposent sur la symétrie exacte entre une vie divine spirituelle et une mort humaine naturelle, symétrie condensée ainsi par Jean de la Croix croyant citer saint Augustin :

> Toi, Seigneur, tu es vie ; et moi je suis mort. [149]

Jusqu'ici, c'est le caractère douloureux de cette prise de conscience qui nous a guidés, parce que dans le schéma chronologique selon lequel nous avons l'habitude de décomposer les processus vitaux, il est le premier à apparaître et à modeler l'âme jusqu'aux fiançailles spirituelles ; mais il n'est pas moins vrai de dire qu'*à un autre niveau*, plus profond, celui qui est justement caché sous la conscience actuelle de la passion, Dieu est ressenti dès le départ de l'itinéraire spirituel comme *vie fondamentale*, en contrepoint de cet autre pôle que je ressens en ce moment en moi-même comme mort par contraste avec cette vie, contraste indiquant aussi bien ma capacité à vivre cette vie fondamentale.

---

145. Ct 8, strophe.
146. Ct 8,3.
147. Ct 9,3.
148. Poème 1.
149. 1 S 5,1.

Derrière cette symétrie et ce retournement, Jean de la Croix place l'un des textes pauliniens les plus exploités par la tradition mystique : « ce n'est plus moi qui vis, c'est le Christ qui vit en moi » (Gal 2,20) [150], transposition dynamique de la sentence statique prêtée à saint Augustin. Et ce transfert en moi de la vie du Christ, voilà le passage du feu — corrélatif de la mortification — à la flamme — corrélative de la vivification —, même si l'identité essentielle des deux indique que cette vie n'est pas autre que la mienne, mais qu'elle en est la face tournée vers Dieu comme la mienne en est la face tournée vers le monde :

> L'âme appelle cette flamme « vive »... parce qu'elle lui fait un tel effet qu'elle la fait vivre en Dieu spirituellement et sentir vie de Dieu. [151]

Telle est la perception mystique fondamentale ; en dernière analyse, elle n'est autre que la seule véritable perception de soi-même :

> Tu as tué en moi ce qui me tenait morte, sans la vie de Dieu en laquelle je me vois vivre maintenant... [152] L'âme ayant ses opérations en Dieu par l'union qu'elle possède avec Dieu, elle vit la vie de Dieu, et ainsi sa mort s'est-elle changée en vie, c'est-à-dire la vie animale [s'est changée] en vie spirituelle. [153]

La troisième strophe de Vive Flamme détaillera cette résurrection, par analogie avec le flamboiement de la flamme tel que nous l'avons déjà analysé [154] : ses opérations sont désormais celles de la béatitude dont seule la sépare la « toile sensitive de cette vie ».

Il faut bien voir que c'est à cette résurrection décrite comme une vie fondamentale par rapport à l'univers des apparences que s'opposent *tous* les autres emplois — et ils sont nombreux — de « vida » ou de « vivir » chez Jean de la Croix, emplois indiquant

---

150. Ct 11,7 / Ct 27,6 / Ll 2,34.
151. Ll 1,6 ; cf. Ct 22,5 / Ll 1,7 / Ll 2,35, etc.
152. Ll 2,16 ; cf. *supra*, p. 226.
153. Ll 2,34.
154. Cf. *supra*, pp. 102 ss.

en fait la mort de l'âme. En effet, lorsque Jean de la Croix parle de « esta vida » (des centaines de fois), c'est pour la distinguer de « la vida » tout court ; « esta vida », c'est la vie « ordinaire » (la vôtre, la mienne), illusoire, dont l'horizon permanent est l'usure et la mort mondaines, de signe inverse à celui de la mort physique d'amour. Cet usage négatif est pratiquement sans exception dans la Montée du Carmel et dans Nuit Obscure (sauf aux derniers degrés de l'échelle d'amour insérée dans sa deuxième partie [155]), qui se lamentent sur l'incompatibilité de « esta vida » avec la vraie vie ; et à partir du Cantique Spirituel, « esta vida » continue à désigner sinon l'opposition, du moins une limite à la vie spirituelle : même subtilisée, elle reste la toile qui la contient jusqu'à ce que la mort vienne la libérer, et en ce sens notre « animalité » pose un obstacle irréductible à notre spiritualité.

Il est tentant — et beaucoup ont succombé à la tentation — d'attribuer cet indice négatif de la chair à une position anthropologique faussée dès le départ par un parti-pris platonisant. On n'a pas manqué de le reprocher à Jean de la Croix comme à tous les mystiques, sans considérer qu'il énonce là une constatation existentielle et non pas une proposition métaphysique : notre être-dans-la-chair est équivalemment ce que nous avons appelé notre « non-passivité » [156], ce résidu mais aussi cette condition de toute expérience spirituelle. Nous avons vu en effet qu'il n'y a de langage que successif, qu'étiré par la matière dans l'espace et dans le temps [157], et tant mieux pour Platon s'il a

---

155. 2N 20.

156. Cf. *supra*, p. 55 — J. Maritain a fort bien vu que tel est l'enjeu de l'apparent quiétisme de Jean de la Croix :

> Saint Jean de la Croix décrit la contemplation comme un non-agir, quand saint Thomas la définit comme *l'activité la plus haute*. Pourtant ils sont d'accord : l'un est placé au point de vue ontologique, et de ce point de vue il n'est pas d'activité plus haute que d'adhérer vitalement à Dieu, par l'amour infus et la contemplation infuse, sous l'influx de la grâce opérante. L'autre est placé au point de vue de l'expérience mystique elle-même, et de ce point de vue la suspension de toute activité *de mode humain* doit apparaître à l'âme comme une non-activité. Ne pas se mouvoir soi-même, cesser toute opération particulière, être en acte souverain d'immobilité attentive et amoureuse, elle-même reçue de Dieu, n'est-ce pas *ne rien faire* au sens non pas ontologique, mais psychologique et pratique du mot ? (*op. cit.*, pp. 649-650) — cf. *supra*, pp. 227 s.

157. Cf. *supra*, pp. 93 ss.

constaté cette pesanteur de la chair qui confère toute sa densité au logos !

Mais ce couple esprit/chair, « vida »/« esta vida », indique aussi bien l'association permanente de la vraie vie de l'homme nouveau à la mort simultanée du vieil homme ; homme nouveau tourné vers Dieu, vieil homme tourné vers le monde : nous retrouvons les deux registres anthropologiques non pas exclusifs mais inverses l'un de l'autre, l'un « en creux » de l'autre, dont nous avons exprimé les rapports comme ceux d'une anthropologie et d'une « anti-anthropologie ». Nous constatons une dernière fois ce rapport dynamique comme le retournement de toute l'activité humaine en actuation divine, de telle sorte que l'âme

> fasse cesser tout ce qui est du vieil homme, c'est-à-dire l'habileté de l'être naturel, et se revête d'une nouvelle habileté surnaturelle selon toutes ses puissances, de sorte que désormais son opération humaine soit changée en divine. [158]

### 4. *Conclusion sur l'axe intensif de l'anthropologie mystique et du registre tactile/somatique : la* MAIN *et le* TOUCHER *de Dieu*

Approfondissant le contenu d'un attouchement initial ressenti par le spirituel, nous avons vu à travers les thèmes de la blessure, du feu, de la vie et de la mort, se dessiner un axe de cristallisation somatique des données de l'expérience mystique selon une intensité et une extension croissantes. D'une perception ponctuelle et comme étrangère de Dieu survenant dans le cours de l'existence mondaine, nous sommes passés à une pénétration de plus en plus complète, à un véritable retournement de cette existence dans l'envahissement de la mort par la vie, celle-ci révélant celle-là au fil de sa continuelle résurrection. Avant d'examiner l'autre axe de cristallisation de l'expérience mystique qui sera celui de sa *distinction croissante*, nous voudrions ressaisir une dernière fois l'unité de ce processus de résurrection, mais cette fois-ci non plus tant du côté de l'effet

158. 1S 5,7 ; cf. *supra*, pp. 215 ss et Ct 29.

produit par la blessure mortelle que de celui d'où elle provient, c'est-à-dire du côté de *la main* dont le toucher imprime cette sensation brûlante et pénétrante, main caressante et puissante de Dieu et de l'Époux.

Rappelons d'abord la technicité du verbe « tocar » et du substantif « toque » dans l'œuvre de Jean de la Croix ; elle fut évidente dès notre première lecture[159] : c'est presque toujours Dieu qui est sujet grammatical des centaines d'emplois de « tocar », et presque toujours pour désigner un événement mystique. En revanche, la technicité de « la main » n'apparaît pas aussi immédiatement : dans la Montée du Carmel, son emploi est absolument étranger à un quelconque contexte mystique ; il en va de même pour la plupart de ses emplois dans Nuit Obscure et ce n'est que dans le Cantique Spirituel et dans Vive Flamme que l'on peut de façon décisive en isoler un usage bien déterminé réservé à l'attouchement en l'âme de la main de Dieu. Jean de la Croix prend alors solidement appui sur la Bible qu'il cite fréquemment lorsqu'elle attribue à la « main de Dieu » l'origine de la vie ou de la mort de ses amis[160], lorsqu'elle évoque la précarité de celui que « la main de Dieu » abandonne à la mort[161], la douleur du prophète sur lequel « la main de Dieu » s'est abattue[162], ou au contraire la générosité de « la main de Dieu » qui s'ouvre pour donner vie à toute chose[163]. Mais comme nous avons vu par ailleurs que le toucher mystique se fait « à nu »[164], sans intermédiaire, sans « moyen » proprement dit, parler de « la main de Dieu », c'est parler de Dieu lui-même ; cependant, à l'intérieur de cette immédiateté de l'action divine, l'image d'une main divine va permettre de distinguer une cause, un acte et un effet en décomposant grossièrement la psychologie du geste meurtrissant, et d'introduire ainsi sans séparation ni confusion la Trinité au sein de la vie mystique : l'acte de blesser, en effet, est un mouvement complet d'une unité cinétique parfaite, mais c'est aussi bien : a) l'effet, b) d'une contraction

159. Cf. *supra*, p. 57, note 55.
160. Exemple : Dt 32,39 en Ll 2,16.
161. Exemples : Ps 87,6-8 en 2N 6,2 ; Lam 3,1-20 en 2N 7,2 / Ll 1,21.
162. Exemples : Lam 3,1-20 en 2N 7,2 / Ll 1,21 / ; *Job* 19,21 en 2N 5,7 / Ll 2,16.
163. Exemple : Ps 144,16 en Ct 6,1.
164. Cf. *supra*, par exemple pp. 53 s.

musculaire, c) de la main. De même Jean de la Croix procède-t-il avec la deuxième strophe de Vive Flamme :

> Ô cautère suave !
> Ô savoureuse plaie !
> Ô douce main ! Ô attouchement délicat !...
>
> Dans cette strophe, l'âme donne à entendre comment les trois personnes de la très sainte Trinité, Père, Fils et Esprit-Saint, sont celles qui opèrent en elle cette œuvre divine d'union ; ainsi la main, le cautère et l'attouchement, *en substance* sont *une même chose*. Et elle leur attribue ces noms pour autant qu'ils conviennent à chacun *au titre de l'effet* qu'il produit : le cautère est l'Esprit-Saint, la main est le Père et l'attouchement le Fils. [165]

Reprenons un par un ces éléments. Le cautère, avons-nous vu, associe une cicatrice à une blessure ouverte ; il est, de ce fait, exactement la transformation en acte de l'âme sous l'attouchement divin. L'attribuer au Saint-Esprit est donc conférer à celui-ci toute l'ardeur, l'activité et la vie de la blessure, « la blessure en tant que blessure », alors que ce qui en est le résultat et l'aspect passif sera la plaie proprement dite :

> Ô savoureuse plaie... : [elle est] la plaie que *produit* le cautère. [106]

Maintenant, il n'y aurait ni plaie ni cautère s'il n'y avait le toucher du Fils et la main du Père pour l'appliquer. Cette main dont nous avons entrevu la richesse biblique est à la fois infiniment puissante et miséricordieuse dans son attouchement :

> ... main si douce pour mon âme, tu touches en t'appliquant doucement, alors que si tu t'appliquais un peu pesamment tu enfoncerais le monde entier..., main qui fut si dure et rigoureuse pour Job en le touchant un peu vigoureusement, et d'autant plus aimable et suave pour moi qu'elle fut dure pour lui. [167]

---

165. Ll 2,1.
166. Ll 2,6.
167. Ll 2,16 (cf. Job 19,21) ; cf. 2N 5,7.

Plus largement, cette main de Dieu qui touche l'âme immédiatement au plus intime de sa substance s'avère être celle qui la guidait plus confusément depuis toujours ; c'est elle d'abord qui l'a créée, car,

> quoiqu'il y ait beaucoup d'autres choses que Dieu effectue par une main étrangère, celle des anges ou des hommes par exemple, pour ce qui est de créer, jamais il ne le fit ni ne le fait par une autre main que la sienne propre. [168] ;

c'est elle qui l'a conduite ensuite, car

> c'est [Dieu] qui doit guider l'âme par la main là où elle ne saurait aller [169],

c'est lui l'artiste qui modèle l'âme à sa ressemblance comme une image parfaite [170], c'est à sa main que s'oppose la « main grossière » du directeur spirituel qui ne laisse pas l'artiste travailler en paix [171]. Aussi l'âme doit-elle

> s'abandonner aux mains de Dieu et ne pas se mettre entre ses propres mains ou entre celles de ces deux aveugles [que sont les mauvais directeurs spirituels ou le démon] [172].

Il faut enfin rapprocher de cette « main » de Dieu ses « bras » qui portent l'âme comme un petit enfant ne sachant pas encore marcher [173] et qui ne doit pas essayer d'avancer tout seul en se débattant [174].

Quant au toucher de cette main, il pénètre « jusqu'au centre le plus profond » de l'âme du spirituel, mais ce faisant il reste le Fils, le Verbe dont la définition exacte est celle d'un contact, au-delà de tout être :

---

168. Ct 4,3.
169. Ll 3,29.
170. Ll 3,42.
171. Ll 3,42 / Ll 3,54 / Ll 3,56.
172. Ll 3,67 ; cf. Ll 3,59 / Ll 3,27.
173. 1N 8,3.
174. Ll 3,66 / Ll 3,67.

> Ô attouchement délicat, Verbe Fils de Dieu, par la délicatesse de ton être divin tu pénètres subtilement la substance de mon âme, et en la touchant délicatement, tu l'absorbes en toi toute entière. [175]

L'attouchement indique donc simultanément une personne et une opération ; il n'y a pas ici à séparer entre l'action et sa conséquence : autrement dit, il s'agit d'une *création.* Ce que le mystique ressent ici en amont de cet attouchement, c'est bien l'origine absolue, toujours fuyante et sans la moindre consistance ontologique, le point de fuite « subtil », « délicat », *pré-essentiel* de toute chose en ce que toute chose en reçoit son essence ; et en aval, il en ressent l'effet comme le débordement envahissant toute ontologie d'une plénitude *sur-essentielle.*

Nous manions ici une terminologie délicate que l'histoire a chargée d'un lourd contentieux entre théologiens et spirituels ; mais son mérite irremplaçable est de situer la vie mystique dans une perception immédiate et globale de l'acte divin, à la fois en-deçà et au-delà de toute conceptualisation métaphysique [176] :

> *seuls...* verront et sentiront ton attouchement délicat *ceux-là, qui, en s'éloignant du monde, se sont établis en délicatesse*, la délicatesse s'accordant à la délicatesse, et ainsi pourront-ils te sentir et te jouir ; ceux-là, tu les touches d'autant plus délicatement que la substance de leur âme devenue maintenant délicate et nette et purifiée, éloignée de toute créature, et de toute trace, et de tout toucher [de créature], toi tu es caché en elle, demeurant très solidement en elle. [177].

Nous retrouvons à la fois le principe de l'union et de la connaissance du semblable par le semblable [178] et l'association de la substance à l'idée d'une subtilité extrême. Précisons encore :

> il faut savoir qu'une chose a d'autant plus de contenance et de capacité qu'elle est plus affinée en elle-même, et qu'elle

175. Ll 2,17.
176. Cf. nos remarques sur l'usage de « substance » et « essence » chez Jean de la Croix, *supra,* p. 53, note 50.
177. Ll 2,17.
178. Cf. *supra,* pp. 151 ss.

> est d'autant plus diffuse et communicative qu'elle est plus subtile et délicate. Le Verbe est immensément subtil et délicat, qui est l'attouchement qui touche l'âme ; l'âme est le vase de grande contenance et capacité, en raison de la finesse et de la grande purification qu'elle a en cet état. [179]

Subtilité et délicatesse en même temps que capacité illimitée du Verbe et de l'âme : nous sommes bien dans l'univers de l'existence substantielle qui nous était apparue d'emblée au cœur de l'anthropologie mystique. Le regard de l'âme s'est détourné des finalités mondaines, et avec elles se sont évanouies les barrières établies par la considération des essences et s'est révélée l'éternelle et immédiate communication des personnes [180]. C'est cette communication que perçoit maintenant le mystique parce qu'aucune appréhension d'espèce créée ne vient plus retourner sur lui-même l'acte de connaissance :

> ... cet attouchement est attouchement de substance, c'est-à-dire de substance de Dieu en substance de l'âme. [181]
>
> Il faut aussi savoir que l'attouchement est d'autant plus subtil et délicat, et qu'il communique d'autant plus de délice et de délicatesse là où il s'applique, que cet attouchement comporte moins d'encombrement et de grosseur. Cet attouchement divin ne comporte aucun encombrement ni aucune grosseur, car le Verbe qui le produit est étranger à tout mode et à toute manière et est libre de tout encombrement de forme, figure et accidents, ce qui d'ordinaire circonscrit, borne et limite la substance... [182]

Mais avec l'immédiateté et la globalité de cette connaissance revient son ineffabilité ; l'entrée dans l'éternité se fait en silence parce qu'au-delà de l'être et du non-être nécessaires à la parole :

> ... et ainsi, cet attouchement dont on parle ici, pour autant qu'il est substantiel, c'est-à-dire de la substance divine, est ineffable. Enfin ! ô attouchement ineffablement délicat du

179. Ll 2,19.
180. Cf. *supra*, pp. 108 ss.
181. Ll 2,21.
182. Ll 2,20.

> Verbe ! car ce qui se passe en l'âme ne se fait pas avec moins que ta substance parfaitement simple et ton être parfaitement simple, lequel étant infini est infiniment délicat ; et pour autant, il touche si subtilement, et amoureusement, et éminemment, et délicatement, qu'il sent la vie éternelle. [183]

Cet effleurement silencieux de la vie éternelle impose *deux remarques :*

— une fois éliminés au profit de la *relation pure* les supports rationnels de l'ontologie, le *toucher* révèle un immense avantage par rapport aux autres organes des sens dans l'expression de cette connaissance réelle mais ineffable ; il permet de penser l'association d'une subtilité ponctuelle (ce qui est la limite inférieure de toute localisation, de toute définition) à une intensité maximale (affirmation pure de la réalité). Nous ne serions pas étonné qu'à la suite d'une longue tradition — que l'on pense seulement à l'importance du « gherinen » chez Ruusbroec par exemple —, Jean de la Croix ait cherché et trouvé dans la *substance* la notion objective fondamentale corrélative de cette sensation tactile fondamentale. En effet, nous l'avons rencontrée au cœur de sa pensée dès notre première lecture de son œuvre avec la même ambivalence qu'une impression tactile : simultanément centre infiniment petit d'une structure anthropologique concentrique et qualité de la même structure prise comme totalité, elle nous a permis le passage d'une lecture mondaine à une lecture mystique de l'unique réalité humaine sur deux axes rédactionnels orthogonaux, avec une progression inverse de l'un sur l'autre, exactement comme une fonction hyperbolique ; de même qu'à la valeur nulle de la variable correspond la valeur infinie de la fonction, à la réduction de l'âme en son centre le plus profond correspond le transfert en Dieu de toute son existence.

— la même intuition d'une intensité infinie correspondant à un encombrement nul nous renvoie à l'image fondamentale de la flèche qui pénètre instantanément le cœur de la substance de l'âme et l'irradie progressivement par zones concentriques [184]. Là

183. *Idem.*
184. Cf. *supra*, pp. 187 ss.

encore, un élément rédactionnel qui pourrait de lui-même paraître très accessoire s'avère en réalité l'un des piliers de toute l'œuvre de Jean de la Croix.

Pour en finir avec « la main » et « le toucher » de Dieu, il nous reste à voir que cet attouchement aussi subtil que pénétrant, Jean de la Croix l'oppose au « toucher » grossier du monde et qui demeure pour autant extérieur à la substance de l'âme, capable, non de se l'unir par transformation substantielle, mais tout au plus de se la juxtaposer numériquement :

> avec la force de ta délicatesse, tu détaches et éloignes l'âme de *tous les autres attouchements des choses créées*, et tu te l'appropries et te l'unis en toi seul... [185]

Détachement d'un côté, appropriation de l'autre : il ne s'agit absolument pas d'une simple substitution du créateur à la créature ; les « choses créées » ne font qu'encombrer, alors que l'attouchement divin est une appropriation « par l'intérieur ». A partir de là,

> ... tu laisses en l'âme un effet et un goût si fin que *tout autre attouchement de toutes les choses* élevées ou basses lui paraît grossier et bâtard, et les regarder suffit à l'offenser, et il lui serait pénible et de grand tourment de les manier et de les toucher. [186]

Inversement, la profondeur de l'appropriation divine, ressentie comme un attouchement délicieux, se révèle par instant avec une intensité particulière dans ce que Jean de la Croix appelle ses « redondances au corps » et qui montrent bien que le toucher divin ne s'oppose pas au toucher grossier du monde par un moindre réalisme sensuel, mais au contraire par la libération de toute la capacité de jouissance somatique du sujet spirituel :

> De ce bien de l'âme redonde parfois dans le corps l'onction de l'Esprit-Saint, et toute la substance sensitive jouit, tous

---

185. Ll 2,18.
186. *Idem.*

> les membres et les os et les moëlles, non pas si faiblement que lorsque cela arrive communément, mais avec sentiment de grand délice et de gloire qui se ressent jusqu'aux dernières articulations des pieds et des mains ; et le corps ressent tant de gloire en celle de l'âme qu'à sa manière il exalte Dieu, le sentant en ses os, conformément à ce que dit David : « Tous mes os diront : Dieu, qui est semblable à toi ? »[187]

La gloire de Dieu est donc ressentie par le corps passé lui aussi à l'existence substantielle : le réalisme de l'expérience mystique ne peut pas être exprimé plus clairement. Aussi, tout comme la mort physique d'amour commandait une cascade d'échos à travers tous les usages de la mort et de la blessure dans l'œuvre de Jean de la Croix[188], il nous semble ici que cet autre instant de plénitude somatique qu'est la perception corporelle de la gloire de Dieu soit l'un des pôles rédactionnels de toute l'œuvre : associé à ces autres sommets que sont pour le corps l'envol de l'âme et la plaie séraphique, il achève de privilégier la région du toucher dans l'expression de l'intensité de l'expérience mystique.

Si nous récapitulons maintenant l'exploration de ce premier axe fondamental de l'expérience mystique à laquelle nous avait invité le cri de l'âme blessée au seuil du Cantique Spirituel, nous voyons donc s'affirmer de blessure en blessure et de délice en délice, de la mort mondaine à la vie divine, une ligne rédactionnelle extraordinairement *sensuelle*, nous voyons la vie spirituelle se dessiner comme une véritable résurrection de tout l'homme, du plus intérieur au plus extérieur, corrélative de sa mise à mort du plus extérieur au plus intérieur. Nous avons rencontré très tôt l'importance des « toques » dans l'œuvre de Jean de la Croix[189] ; nous voyons maintenant que *toute* expérience spirituelle est accompagnée d'un « attouchement ». Mais il y a plus : lorsque nous verrons converger toutes les données de l'anthropologie mystique vers le thème du mariage

---

187. Ll 2,22.
188. Cf. *supra*, pp. 223 ss.
189. Cf. *supra*, p. 57.

spirituel, nous retrouverons ce toucher de Dieu au cœur de l'expression la plus complète, la plus charnelle en même temps que la plus spirituelle, de l'union d'amour. De même que nous avons vu les « bras » de Dieu portant l'âme dans son enfance, de même verrons-nous alors l'abandon de l'épouse entre les bras de l'Époux et la chaste évocation de l'étreinte conjugale dont l'anticipation est décrite par Jean de la Croix dans les termes les plus nets lorsqu'il voit la main du Bien-Aimé effleurer l'épouse prise d'un véritable spasme, unissant pour un instant toutes ses capacités de recevoir et de donner :

> De cet attouchement divin l'épouse parle ainsi dans le Cantique des Cantiques : « Dilectus meus misit manum suam per foramen, et venter meus intremuit ad tactum ejus » ; ce qui veut dire : « Mon Bien-Aimé passa la main par la fente de ma robe et mon ventre tressaillit sous sa caresse ». [190]

---

190. Ct 16,6 ; une telle hardiesse dans l'interprétation que Jean de la Croix donne ici du « foramen » latin a fait peur à ses traducteurs. Parmi les 31 traductions françaises, italiennes, anglaises, allemandes et flamandes que nous avons pu examiner et qui s'étalent de 1622 à nos jours, *seule la première,* celle de Gaultier (R.) (*Cantique d'Amour divin, entre Jésus-Christ et l'Ame dévote*, chez Adrian Taupinart, Paris MDCXXII), qui témoigne par ailleurs d'un état du texte bien plus concis que celui dont témoignera, 5 ans *plus tard*, la première édition imprimée du Cantique Spirituel (à Bruxelles, en 1627), rend l'idée exprimée par Jean de la Croix :

> L'Epouse dit és Cantiques, que son bien aymé passa la main dans un petit trou, et que son ventre trembla quand il *y* toucha...(p. 106).

Tous les autres traducteurs, soit sautent simplement le passage, soit traduisent « foramen » par une « ouverture » incompréhensible ou par l'ouverture d'une construction, une serrure par exemple, sans rendre l'idée d'un attouchement proprement dit. Et parmi les commentateurs, nous n'avons rencontré cette interprétation que chez Pepin (F.) (une fois n'est pas coutume!), *Noces de feu...*, Paris-Tournai, Montréal, 1972, p. 217.

Que telle soit pourtant l'intention de Jean de la Croix nous paraît incontestable. Certes, « foramen » n'implique pas de soi une acception de ce type (cf. par exemple le *Glossarium* de Du Cange), mais il ne la repousse pas non plus et cette phrase mystérieuse du Cantique des Cantiques a été historiquement commentée de multiples façons, même si, à notre connaissance, l'interprétation de Jean de la Croix est unique. L'important est de voir que tout son commentaire va jouer précisément sur l'équivoque « manera = fente » et « manera = manière, mode » :

> la « manera » par où est entrée cette main [Jean de la Croix indique donc bien une ouverture] est la « manera » et le mode et le degré de perfection de l'âme [ici, plus question d'ouverture]...» (Ct 16,6).

## II. Distinction croissante de l'experience mystique

### 1. *Le regard dans le Cantique Spirituel*

La lecture de l'ensemble de l'œuvre de Jean de la Croix à partir du thème de la *blessure* dans le Cantique Spirituel s'est finalement révélée fructueuse dans la découverte d'un axe majeur d'expression de l'expérience mystique : celui de sa croissance en intensité selon une perception de plus en plus somatique.

Un pressentiment analogue à celui qui nous avait engagé à l'exploitation du thème de la blessure nous invite à partir maintenant de celui du *regard*, qui nous est déjà apparu comme extrêmement central dans l'architecture de l'œuvre [191] et qui semble polariser les éléments de l'autre axe majeur et complémentaire du premier dans l'expression de l'expérience mystique : celui de sa croissance en *distinction* et en *organisation* selon une perception fondamentalement *visuelle* et *lumineuse*.

Notre méthode sera celle déjà suivie : ouvrant les premières pages du Cantique Spirituel, nous y chercherons les composantes visuelles de la conscience mystique ; on peut supposer qu'elles nous conduiront à constater un phénomène de retournement du rôle de ces composantes, analogue à celui de la blessure, vers les strophes décisives des fiançailles spirituelles ; après quoi, nous devrions pouvoir élargir notre champ d'investigation à l'ensemble du registre visuel et lumineux à travers toute l'œuvre de Jean de la Croix.

---

Que « manera » soit un terme technique de la couture médiévale et baroque ressort d'ailleurs clairement de Carominas, *Diccionario crítico etimológico de la lengua castellana,* Berna, 1954, qui atteste l'archaïsme, et de Moliner, *Diccionario de Uso Español,* Madrid, 1966-67, qui le définit comme « l'ouverture latérale des jupes des femmes par où elles pouvaient passer la main et atteindre leur bourse » (leur « faltriquera », autre terme archaïque).

191. Cf. *supra,* p. 154.

192. Cf. *supra,* p. 181.

a) *La cachette ou le regard perdu*

Nous avons déjà vu le Cantique Spirituel s'ouvrir sur l'image d'un cerf en fuite[192] après la mystérieuse blessure de l'épouse qui s'écrie :

> Où t'es-tu caché, Bien-Aimé,
> Et tu me laissas gémissante ?[193]

Autant que le thème de la blessure, cette image initiale introduit donc celui d'une cachette de l'Époux. Où est-il caché ? Nous avons analysé plus haut la réponse de Jean de la Croix du point de vue théologique : le Verbe se cache en l'âme où le Père l'engendre de toute éternité, et c'est là le principe *et* de sa subsistance naturelle, *et* de sa vie surnaturelle, *et* de son éventuelle expérience mystique. Ce qui nous intéresse dans cette triple présence cachée, c'est l'itinéraire de l'âme vers elle-même, se cachant à son tour en elle-même pour trouver son Époux en cette cachette :

> il faut noter, pour savoir trouver cet Époux,... que le Verbe, conjointement au Père et à l'Esprit-Saint, demeure caché essentiellement au centre intime de l'âme ; pour autant, l'âme qui a à le trouver par union d'amour, il lui convient de sortir et de se cacher de toutes les choses créées, selon la volonté, et d'entrer en très grand recueillement à l'intérieur d'elle-même, communiquant là avec Dieu en entretien amoureux et affectueux, estimant tout ce qu'il y a au monde comme si ce n'était pas ; c'est pour cela que saint Augustin, parlant avec Dieu dans les Soliloques, a dit : « Je ne te trouvais pas, Seigneur, au dehors, parce que je te cherchais mal au dehors, toi qui étais à l'intérieur ». Il est donc caché en l'âme, et c'est là que le bon contemplatif le doit chercher...[194]

A partir d'ici, la vie spirituelle sera un jeu de cache-cache entre l'âme et son Bien-Aimé au rythme de la révélation de cette

---

193. Ct 1, strophe, vers 1-2.
194. Ct 1,6.

présence « essentielle » de la Trinité en l'intime de l'âme, en son « centre le plus profond », point de sa propre création puisque nous savons par ailleurs que « le centre de l'âme, c'est Dieu » [195] ; jeu de cache-cache car

> dans le Cantique des Cantiques, l'épouse compare l'Époux au cerf... en raison de sa vivacité à se cacher et à se montrer, ce que le Bien-Aimé a l'habitude de faire dans les visites qu'il fait aux âmes, et dans les feintes et les absences qu'il leur fait sentir après de telles visites. [196]

C'est cette absence qui dominera la vie de l'âme jusqu'au moment des fiançailles spirituelles, et avec elle la recherche anarchique de l'Époux caché ; quelle que soit la vivacité des attouchements qui rappellent de loin en loin sa présence fondamentale, les onze premières strophes du Cantique ne sont qu'un long gémissement de l'épouse. Toute son occupation est de *« rôder »* (et de rôder de *nuit,* ce qui associe le thème de la cachette à l'image majeure de la Montée du Carmel et de Nuit Obscure) à la recherche de l'Époux disparu :

> Surgam et circuibo civitatem, per vicos et plateas quaeram quem diligit anima mea ; quaesivi illum et non inveni... [197]

Mais cette invisibilité est *double*, et le progrès de l'âme, dans les « attouchements » d'abord, dans l'union mystique ensuite, sera d'en prendre conscience et de dédoubler à son tour sa recherche ; en effet, fondamentalement

> celui qui est énamouré de Dieu vit toujours peiné en cette vie,... [peiné par rapport] à la claire possession et vision de Dieu... [198],

et en ce sens la recherche de la cachette de l'Époux ne définit pas autre chose que la foi comme seul mode de la rencontre de Dieu

---

195. LI 1,12 ; cf. *supra,* p. 52.
196. Ct 1,15.
197. Cant 3,2 in 2N 19,2 / Ct 1,21 / ; cf. 2N 20,3 / 2N 24,3.
198. Ct 1,21.

ici-bas. *Mais* l'alternative à la foi, et donc à « la peine de cette vie », n'est pas d'abord la vision béatifique, et la phénoménologie du toucher divin nous a montré que les fiançailles spirituelles marquent l'instant où l'âme s'en rend compte : Dieu s'y dévoile, se rend visible, si l'on veut, tout en restant caché. La foi peut être illuminée, elle peut connaître distinctement ce qu'elle possède immédiatement, et en ce sens elle peut le *voir* si l'on veut bien remarquer que cette analogie — qui réintègre donc dans l'obscurité de la foi tout le vocabulaire visuel — n'est pas moins justifiable que celle recouverte par l'expression de « vision béatifique » dont nous ne savons qu'une seule chose, c'est qu'elle se fera sans le secours d'aucun organe de la vue ! Cette réintégration de la vision *à l'intérieur* de la foi n'indique donc pas une dérogation à notre incapacité native de voir l'invisible, mais une qualité nouvelle de sa saisie théologale. Autrement dit, gémissant vers l'au-delà lors de la fuite de son Bien-Aimé, ce que l'âme va trouver dans les fiançailles spirituelles, ce n'est pas la mort qui, finalement, ne résoudrait rien en matière de vision, mais cette *illumination* et cette *visualisation* de sa foi.

Mais qui dit « foi », même illuminée, continue à dire « cachette » par rapport à un autre mode de l'union à Dieu qui sera celui de l'au-delà, car enfin nous ne prétendons pas que le caractère analogique de la vision béatifique en supprime la valeur de dévoilement ; et en attendant, c'est à l'intérieur de la cachette de sa créaturalité que l'âme elle-même doit pénétrer et se cacher pour s'unir au Dieu caché et ainsi le « voir ». On devine l'esquisse d'un itinéraire intérieur déjà rencontré et qui repose une fois encore sur le principe de l'union et de la connaissance du semblable par le semblable : nous venons d'en voir une formulation tirée de saint Augustin — qui domine en réalité toutes les pages que nous sommes en train d'analyser — ; elle va se développer encore dans un passage que nous empruntons très exceptionnellement à la version B du Cantique Spirituel, dans la mesure où l'expression en est particulièrement heureuse sans introduire aucune nouveauté substantielle par rapport à la version A :

> Puisque celui qu'aime mon âme est en moi, comment se fait-il que je ne le trouve ni ne le sens ? La cause en est qu'il

> est caché et que toi tu ne te caches pas aussi pour le trouver et le sentir ; car celui qui doit trouver une chose cachée, il lui faut pénétrer aussi caché qu'elle et jusqu'à l'endroit caché où elle se trouve ; et quand il la trouve, lui aussi est caché comme elle. [199]

Cette cachette de l'âme est donc à la fois une fin et un moyen : un moyen en ce qu'en abritant l'âme, elle la rend invisible à tout ce qui n'est pas Dieu [200], et notamment au démon [201], tout en la conformant à l'objet de sa recherche ; une fin en ce que c'est seul à seul que l'âme rencontre Dieu :

> Solitaire elle vivait,
> Et en solitude elle a posé son nid ;
> Et la guide en solitude,
> Solitaire, son ami,
> Lui aussi navré d'amour, en solitude. [202]
>
> ... car l'âme s'étant réservée en solitude de toutes choses par amour de lui, lui s'éprend grandement d'elle en cette solitude, tout comme elle s'éprit de lui en solitude, demeurant alors blessée d'amour pour lui. Et ainsi ne veut-il pas la laisser seule, mais lui-même, également blessé d'amour pour elle en la solitude qu'il connaît à cause d'elle, il la guide seul à seul, se la livrant à lui-même, accomplissant ses désirs, ce qu'il n'aurait pas fait en elle s'il ne l'eût trouvée en solitude. [203]

C'est toujours saint Augustin qui transparaît dans ce thème du recueillement comme attitude fondamentale du spirituel auquel Dieu se manifeste ; et, probablement grâce à une lecture directe des Confessions, sa présence s'affirme de plus en plus nettement à la conscience de Jean de la Croix en train de rédiger le Cantique Spirituel ; et ce sont des siècles d'augustinisme qui aboutissent à un écho comme celui-ci, véritable clef de la doctrine de Jean de la Croix en même temps que de toute la spiritualité chrétienne :

---

199. Ct B 1,9.
200. Cf. 2N 15,1 / 2N 16,13 / 2N 23,1 / 2N 24,3 / Ct 34,3-4.
201. Cf. 2S 1,1 / 2S 1,2 / 2N 23,2.
202. Ct 34, strophe ; LUCIEN-MARIE p. 666.
203. Ct 34,7.

> Époux chéri, recueille-toi au plus intérieur de mon âme, te communiquant à elle en cachette, lui manifestant tes merveilles cachées, étrangères à tous les yeux mortels.[204]

Mais avant ces retrouvailles par voie de réminiscence d'une réalité « plus intérieure à moi-même que moi-même », l'âme rôde aveuglée dans ce que saint Augustin encore appelle la « région de la dissemblance », si bien qu'avant de l'introduire « en son centre le plus profond », sa recherche la portera d'abord hors d'elle-même dans la multiplicité et l'extériorité des créatures :

> Ô forêts, sombres bosquets,
> Qui fûtes plantés par la main de l'Ami,
> Pâturage verdoyant,
> Ô pré de fleurs émaillé,
> Dites-moi s'il passa au milieu de vous.
>
> En répandant mille grâces,
> Il a passé par ces bois en grande hâte ;
> Posant sur eux son regard,
> D'un reflet de son visage,
> Il les laissa tout revêtus de beauté.[205]

Et ce large détour par le *passé* de la présence de l'Époux, par ses « vestigia », amènera l'âme au bord de la fontaine cristalline de la onzième strophe, où le visage fugitif du Christ vivant entraîne la

---

204. Ct 32,3 ; cf. 2N 17,6 / 2N 23 / Ct 32,2 / etc. cf. SAINT AUGUSTIN, *Confessions,* livre X ; VI, 8. Saint Augustin, une fois encore, ne fournit en cela aux siècles à venir que la cristallisation d'une tradition platonicienne qu'il a lui-même reçue à travers l'inévitable Plotin ; cf. ARNOU (R.), *Le désir de Dieu...,* pp. 195 ss.

205. Ct 4-5, strophes ; LUCIEN-MARIE p. 529 ; cf. saint AUGUSTIN :

> J'ai interrogé la terre et elle m'a répondu : « ce n'est pas moi ton Dieu ». Tout ce qui vit à sa surface m'a fait la même réponse ; j'ai interrogé la mer et ses abîmes, les êtres animés qui y évoluent et ils m'ont répondu : « Nous ne sommes pas ton Dieu, cherche plus haut que nous »... Alors j'ai dit à tous les êtres qui entourent les portes de mes sens : « Parlez-moi de mon Dieu puisque vous ne l'êtes point, dites-moi quelque chose de lui ». Et ils m'ont crié de leur voix puissante : « C'est lui qui nous a faits ». C'était par ma contemplation même que je les interrogeais, et leur réponse c'était leur beauté. (*Confessions,* X ; VI, 9, traduction P. de LABRIOLLE ; cf. l'ensemble du livre X. et MADEC (G.), *Oubli et souvenir de Dieu selon saint Augustin,* en Vie Spirituelle 625 (1978).)

prise de conscience irréversible de la présence du Verbe au cœur de l'épouse. Dans cette reconnaissance, qui n'est autre que les fiançailles spirituelles, se place le retournement décisif de la perception de Dieu et du monde, ouvrant l'expérience mystique à un univers *organisé* après qu'elle se soit longuement heurtée au mur impénétrable de ce qu'elle appelait leur être. Cette organisation, nous la découvrons d'abord comme une *visualisation* avons-nous dit ; elle repose en effet sur une réflexion de lumière qu'il nous faut maintenant analyser.

b) *Le miroir ou le regard retrouvé*

Que se passe-t-il exactement dans ce reflet de la fontaine cristalline ? [206] A la fin de la dixième strophe du Cantique Spirituel, l'âme résumait tout son désir en des termes déjà extrêmement visuels :

> ... et que mes yeux te voient,
> Puisque tu es leur lumière,
> Et c'est pour toi seul que je les veux garder.
>
> ... En cela l'âme oblige le Bien-Aimé à lui donner cette lumière de gloire. [207]

Mais cette lumière ne se décidant pas à venir et l'âme en restant inconsolable,

> ... elle se remet à parler à la foi comme à celle qui peut le plus vivement lui donner une lumière de son Bien-Aimé. [208]

En effet, si la foi est obscure pour les yeux de l'âme comme foi *théologique*, et si l'alternative à cette obscurité-là est la lumière de l'au-delà

---

206. Dans le développement suivant, nous résistons à la tentation d'utiliser Ct B 11, sans équivalent dans la version A, qui explicite ce passage essentiel de la foi à la foi illuminée. Hélas, l'état de cette version B 11 étant manifestement le fruit du remaniement, selon des critères voisins de ceux qui ont produit l'ensemble de Ct B, d'un texte primitif aujourd'hui disparu, la prudence commande de l'écarter en espérant seulement la découverte d'un manuscrit témoignant d'un état antérieur de cette strophe.
207. Ct 10,7-9.
208. Ct 11.2.

> (Ô foi du Christ mon Époux, si les vérités de mon Bien-Aimé que tu as infusées en mon âme avec obscurité et ténèbres, tu les manifestais maintenant avec clarté, de manière que ces notices informes que tu contiens en toi, tu me les montrais et me les découvrais tout à coup formellement et complètement en t'écartant d'elles, retournant [ce contenu] en manifestation de gloire !...) [209],

elle est claire et limpide comme foi *théologale* :

> Ô fontaine cristalline ! Elle appelle la foi « cristalline » pour deux raisons : la première parce qu'elle est du Christ son Époux ; et la seconde parce qu'elle a les propriétés du cristal en étant pure dans les vérités et forte et claire, limpide d'erreurs et de formes naturelles. [210]

Et cette foi théologale porte en germe dans sa limpidité l'éveil de l'âme à une *distinction* à l'intérieur de la perception globale de la présence de Dieu, une distinction qui va épouser les contours de la foi théologique, de ses « articles », et tracer ainsi l'esquisse, sinon l'image parfaite, du visage de l'Époux :

> ... si dans tes reflets argentés
> Tu dessinais soudain
> Les yeux tant désirés
> Et que je garde à l'ébauche en mon cœur ! [211]

Cette ébauche, voilà la foi :

> Par les yeux, l'âme entend les rayons et vérités divines, lesquelles... nous sont proposées par la foi en ses articles comme couvertes et informes. [212]

---

209. Ct 11,2 ; cf. Ct 11,4 / Ct 11,5.

210. Ct 11,3 ; Jean de la Croix joue sur l'ambiguïté de « cristalina », dérivé aussi bien de « *Cristo* » que de « *cristal* », du Christ que du cristal.

211. Ct 11, strophe ; nous traduisons « semblantes » par « reflets », mais Jean de la Croix joue en fait sur le double sens du mot : semblante = apparence + visage, ce qui éclaire tout son commentaire (Cf. CAROMINAS, *op. cit.)*

212. Ct 11,5.

En ce sens, la foi s'oppose à la vision béatifique :

> Elle dit qu'elle les garde à l'ébauche en son cœur... : comme l'ébauche n'est pas peinture parfaite, ainsi la notice de la foi n'est pas parfaite connaissance ; pour autant, les vérités qui s'infusent en l'âme par foi sont comme ébauchées, et lorsqu'elles seront en claire vision, elles seront en l'âme comme une peinture parfaite et achevée.[213]

Mais la foi ne fait pas que s'opposer à la vision béatifique, car la vie théologale est un tout, si bien qu'entre la nuit théologique et la lumière de l'au-delà il y a un troisième terme : *l'illumination* de l'âme, selon la foi mais par l'amour :

> Cependant, par-dessus cette ébauche de la foi, il y a *une autre ébauche* de l'amour en l'âme de l'amant, et elle est selon la volonté, en laquelle de telle manière s'ébauche la figure du Bien-Aimé et elle se dessine en l'âme si exactement et avec tant de vie lorsqu'il y a union d'amour, qu'il est juste de dire que le Bien-Aimé vit en l'amant et l'amant en le Bien-Aimé ; et l'amour produit une telle sorte de ressemblance en la transformation de ceux qui s'aiment qu'il se peut dire que chacun est l'autre et que tous deux sont un.[214]

Voilà le point décisif ! Il est de nouveau passage de la dissemblance à la *ressemblance* entre les deux partenaires qui rend leur échange possible car il y a désormais égalité entre eux :

> La raison en est que dans l'union et transformation d'amour, l'un donne possession de soi à l'autre, et chacun s'abandonne et se donne et s'échange pour l'autre, et tous les deux sont un par transformation d'amour. C'est ce que Saint Paul voulut donner à entendre lorsqu'il dit : « Je vis, mais non pas moi ; en effet c'est le Christ qui vit en moi ». Car en disant : « je vis, mais non pas moi », il donne à

213. Ct 11,6.
214. Ct 11,7 — Pour une analyse précise de processus d'illumination de la foi dans l'expérience mystique, Cf. EULOGIO de la VIRGEN DEL CARMEN, art. « *Illumination* » dans le Dictionnaire de Spiritualité, col. 1351-1369.

> entendre que, quoiqu'il vécût, ce n'était point sa vie à lui, car il était transformé en Christ.[215]

Certes, Jean de la Croix va répéter que cette transformation ne sera achevée que dans l'au-delà, mais dès ici-bas l'échange de vies entre l'Époux et l'épouse permet en quelque sorte de court-circuiter l'obscurité de la vie théologique, du fait que l'existence de l'âme étant désormais cachée en Dieu avec le Christ, cette vie théologique se dissout d'elle-même dans la vie théologale : il n'y a plus place en elle pour un discours sur « l'homme-hors-de-Dieu » dans la mesure où le principe de raison suffisante, qui en était de près ou de loin le ressort, est débordé par l'immédiateté de ce point de vue nouveau et beaucoup plus fondamental. Ce point de vue d'où l'âme regarde aussi bien le monde qu'elle-même ou que Dieu, c'est celui du Christ Sagesse du Père, auquel elle est unie et en qui elle se transforme. Nous avons déjà vu que l'union à Dieu est toujours union à Dieu *en tant que Sagesse*[216] : voilà pourquoi et comment il y aura distinction et organisation dans l'expérience mystique. Certes, l'âme ne « voit pas » Dieu au sens — analogique — où elle le verra dans l'au-delà, et dans cette mesure l'expérience mystique ne déroge pas un instant à l'ordre de la foi, mais elle *se* voit en Dieu, et transformée en lui, ce qu'elle voit en se voyant en lui, c'est lui en tant que transformé en elle. Et voilà la richesse de l'image du miroir ! en effet, les yeux que voit l'âme dans le miroir de la foi sont-ils les siens ou ceux du Bien-Aimé ? Rien dans le texte du Cantique Spirituel ne permet de le dire, et peu importe, car désormais leur regard est commun, *même s'il faut cette surface de séparation* d'un miroir, *mais d'un miroir d'eau*, c'est-à-dire simultanément réfléchissant et transparent, pour que l'âme s'en aperçoive. Et cette surface de séparation, c'est précisément la limite de la créaturalité, « toile de la douce rencontre »[217] qui permet tout à la fois au mystique de voir et de ne pas voir, et donc

215. Ct 11,7.
216. Cf. *supra*, p. 141.
217. Ll 1,29-36 ; cf. *supra*, pp. 214 ss. Simultanément limite à l'Être et condition de l'Incarnation, elle est aussi bien l'ὅρος des Stoïciens et de la Gnose, orthodoxe ou hérétique. Une fois de plus, Jean de la Croix retrouve — ou reçoit ? — une intuition des tout premiers Pères.

à la vie théologale de se « dessiner » selon un processus inverse de celui qui précédait les fiançailles spirituelles dans la connaissance de Dieu, non plus démonstratif (allant à Dieu par ses effets) mais descriptif[218] ; elle est donc très exactement la surface de formation du langage, présence/absence de l'objet désiré.

Mais ce dessin, cette ébauche, c'est celui de la Sagesse de Dieu, venons-nous de dire : aussi Jean de la Croix peut-il faire du miroir le point d'incarnation du Verbe en nous, parce qu'il fut d'abord le point de création de toute chose en lui :

> Selon ce que dit saint Paul, « le Fils de Dieu est la splendeur de la gloire du Père et le visage de sa substance ». Il faut donc savoir que Dieu regarda toutes choses par ce seul visage de son Fils, ce qui fut leur donner l'être naturel, leur communiquant maintes grâces et dons naturels et les rendant accomplies et parfaites, selon qu'il est porté dans la Genèse par ces paroles : « Dieu regarda toutes les choses qu'il avait faites, et elles étaient très bonnes. » Les regarder très bonnes, c'était les faire très bonnes dans le Verbe son Fils.[219]

Voilà donc la création comme premier reflet du Père dans le Fils, la nature comme chemin de la surnature et de sa prise de conscience mystique :

> Et non seulement il leur communiqua l'être et les grâces naturelles, les regardant, comme nous avons dit, mais aussi par ce seul visage de son Fils, il les laissa toutes revêtues de beauté, leur communiquant l'être surnaturel ; ce qui fut lorsqu'il se fit homme, l'exaltant en beauté de Dieu, et par conséquent toutes les créatures en lui, s'étant uni avec la nature de toutes en l'homme.[220]

---

218. Cf. Ll 4,5 et *infra*, pp. 254-255.

> ... le langage philosophique se propose avant tout de dire la réalité sans la toucher, le langage mystique de la faire deviner comme en la touchant sans la voir. (Maritain (J.), *op. cit.*, p. 648 ; cf. pp. 647-658 pour la distinction de ces deux langages.)

219. Ct 5,4 ; Lucien-Marie (légèrement retouché) p. 555.
220. Ct 5,4 ; *idem*. Cf. *supra*, pp. 156-157.

Avec cet acte de naissance du Verbe en nous, nous tenons le principe du retournement de la thématique des yeux et du regard, dans le Cantique Spirituel et dans l'ensemble de l'œuvre de Jean de la Croix. Et de fait, à peine l'épouse penchée sur la fontaine s'est-elle rendu compte de la profondeur divine de son reflet, qu'elle n'en supporte pas l'éblouissement : « Écarte-les, Bien-Aimé », c'est-à-dire écarte tes yeux et ton regard, car ce que l'âme vient de ressentir avec une clairvoyance insoutenable, c'est cette présence du Verbe en elle, « au-dessus de ce que souffre le naturel. »[221] Et nous connaissons déjà la réponse de l'Époux : sa gloire est dans cette présence d'incarnation, et mourir sous son coup serait s'en priver[222]. Aussi toute la suite de la vie mystique sera-t-elle une « éducation » du regard de l'âme à cet éveil en elle de la Sagesse de Dieu. A partir d'ici, l'âme va voir toute chose du point de vue de Dieu, contemplant de ses yeux ce que les Apologistes appelaient « economia » ou « dispositio », c'est-à-dire précisément ce regard éternel et efficace du Père concevant le monde et son histoire selon sa Sagesse (la *ratio Patris*) devenant du fait même son Verbe (*sermo*), chiffre de l'univers caché aux regards mortels jusqu'au jour de son incarnation[223]. Mettons en réserve ce vocabulaire patristique qui nous sera précieux pour évoquer la dispensation par le mystique de l'œuvre de Dieu, préparée pour lui « ante mundi constitutionem », et remarquons pour l'instant que cette prise de conscience correspond rédactionnellement à une inversion majeure du cours de l'écriture de Jean de la Croix. Son importance mérite de s'y arrêter quelque peu.

### c) *L'inversion du regard lors des fiançailles spirituelles*

L'âme se découvre donc non plus en aval mais en amont de la création, elle connaît

> les créatures par Dieu, et non Dieu par les créatures ; ce qui est connaître les effets par leur cause et non la cause par les

221. Ct 12,2-3.
222. Cf. *supra*, p. 190.
223. Cf. par exemple TERTULLIEN, *Adversus Praxeam*, V ; ML 2,160. Cf. *infra*, p. 296.

> effets, celle-ci étant une connaissance par vestiges [conocimiénto trasero = connaissance « par derrière »] et celle-là une connaissance essentielle.[224]

La direction de son regard s'est donc littéralement *retournée*.

Cette inversion du regard correspond dans la structure de l'œuvre de Jean de la Croix à deux types bien distincts d'utilisation des images. Dans le Cantique Spirituel, quelles sont les images autour desquelles se polarise la perception mystique et quelles sont celles au contraire qui en expriment l'envers, qui la « dépolarisent » par l'expression d'une radicale absence de Dieu ? Autrement dit, quelles images structurent l'anthropologie mystique et lesquelles structurent ce que nous avons déjà défini comme « l'anti-anthropologie » ?[225]

Jusqu'à la onzième strophe, c'est-à-dire tant que le regard de l'âme se perd dans le vide et que la recherche du Bien-Aimé n'aboutit pas, les seules expressions polarisatrices sont celles que nous avons déjà étudiées à propos de la composante tactile-intensive de l'expérience mystique : la blessure, le feu, la mort etc., et encore ne sont-elles pas tant des images que des désignations qui se prétendent *le moins équivoques possible* de la perception *négative* (et pour autant rigoureusement inimaginable) de la présence de Dieu, du Dieu « présent en tant que caché ». Après la onzième strophe, les mêmes expressions fonctionnent encore, mais indiquent désormais une perception *positive* de la présence de Dieu, du Dieu « caché en tant que présent » ; mais dans les deux cas, c'est bien la *présence* qu'elles expriment, et elles appartiennent donc à l'anthropologie mystique, ce qui ne serait pas le cas si elles exprimaient une absence réelle.

Cependant, après la onzième strophe, blessure, mort, etc. ne sont plus seuls à structurer le texte ; l'univers s'anime, parce que les yeux de l'épouse se sont ouverts ; tout va lui parler de Dieu, car elle voit tout comme Dieu voit tout dans sa Sagesse.

> comme celui qui après un long sommeil ouvre les yeux à la lumière qu'il n'attendait pas.[226]

---

224. LI 4,5 ; cf. *supra,* p. 136.
225. Cf. *supra,* p. 180.
226. Ct 14,24.

Entendons bien : ce n'est pas l'univers qui a changé, mais sa *fonction*, il devient *signifiant* alors qu'il était jusque là insignifiant, pur obstacle à la vision béatifique. Autrement dit, *l'univers était en réalité absent et Dieu seul était présent*. Prenons un exemple : tant avant qu'après la onzième strophe, l'épouse se meut dans un paysage pastoral, rempli de fleurs, de bosquets peuplés d'oiseaux[227], de sources[228], etc., mais aucun oiseau ne chante avant Cantique 11, les bois sont obscurs et n'évoquent aucune vie, les fleurs sont incolores et sans aucun parfum, il faut éviter de les cueillir etc.[229] ; bref, les images sont là mais *ne fonctionnent pas* et se cristallisent autour de l'invisibilité douloureuse de l'aimé, elles « dépolarisent » toute tentative d'exprimer la présence du Bien-Aimé, et pour autant, plus que d'images, c'est de *comparaisons* qu'il faut parler dans la structuration de l'anti-anthropologie ;

> qui donc pourra me guérir ?... parmi toutes les délices du monde, et les satisfactions des sens, et les goûts et les suavités de l'esprit, à coup sûr rien ne pourra me guérir, rien ne pourra me contenter... Toute âme qui aime vraiment ne peut vouloir se contenter ni se satisfaire tant qu'elle ne possède vraiment Dieu, car toutes les autres choses non seulement ne la satisfont pas, mais au contraire... font croître sa faim et l'appétit de le voir comme il est ; et ainsi en est-il de chaque visite de connaissance ou de sentiment ou de toute autre communication reçue du Bien-Aimé ; elles sont comme des messagers qui donnent à l'âme des nouvelles l'informant de ce qu'il est, augmentant et éveillant davantage son appétit, comme font les miettes dans une grande faim.[230]

Ce vide insaisissable, les créatures ne font donc que le souligner ; leur beauté est parfaitement stérile, elles ne renvoient aucun écho à l'âme qui les interroge, si ce n'est celui de l'absence :

227. Ct 3-4 / Ct 21 / Ct 25-26 / Ct 31 pour les fleurs ; Ct 4-5 / Ct 13 / Ct 27 / Ct 33-34 / Ct 38 pour les oiseaux.
228. Ct 3 / Ct 11 / Ct 13 / Ct 29 / Ct 35.
229. Ct 3,5.
230. Ct 6,3-4.

Ô forêts, sombres bosquets...
Pâturage verdoyant...
Dites-moi s'il passa au milieu de vous ! [231]

Que répondent les créatures ?

... Il a passé par ces bois en grande hâte...
... Il les laissa tout revêtus de beauté... ; [232]

réponse tout entière au *passé*, réponse « dépassée ». Nous sommes dans la région de la dissemblance [233]. C'est dire qu'actuellement la beauté des créatures est celle des « vestiges » du Bien-Aimé qui renvoient l'épouse à sa propre souffrance. Et les dix premières strophes du Cantique, ramenant toute chose à *ce qu'elle n'est plus*, constituent comme un « anti-poème » pour exprimer « l'anti-anthropologie » d'un exil renforcé par la non-perception de la présence de Dieu. [234]

---

231. Ct 4 strophe ; cf. *supra,* p. 248.
232. Ct 5, strophe ; cf. *supra,* p. 248.
233. Cf. *supra,* p. 248.
234. Plus largement, on peut se demander si l'on ne touche pas ici la loi éternelle de toute poésie, loi qui, à notre avis, résout le débat de la prétendue incompatibilité entre vie mystique et fonction poétique : loin de s'exclure, elles se supposent en ce qu'une image poétique n'est telle que par son pouvoir de créer une présence spirituelle, une fois dépouillée de toute fonction utilitaire, Cf. VALÉRY :

> ... le langage peut produire deux espèces d'effets tout différents. Les uns dont la tendance est de provoquer ce qu'il faut *pour annuler entièrement le langage même.* Je vous parle, et si vous avez compris mes paroles, ces paroles mêmes sont abolies. « Si vous avez compris », ceci veut dire que ces paroles ont disparu de vos esprits, elles sont remplacées par une contre-partie, par des images, des relations, des impulsions ; et vous posséderez alors de quoi retransmettre ces idées et ces images dans un langage qui peut être bien différent de celui que vous avez reçu...
>
> Par conséquence, la perfection d'un discours dont l'unique objet est la compréhension consiste évidemment dans la facilité avec laquelle la parole qui le constitue se transforme en tout autre chose, et le *langage*, d'abord en *non-langage* ; et ensuite, si nous le voulons, en une forme de langage différente de la forme primitive.
>
> En d'autres termes, *dans les emplois pratiques* ou abstraits du langage, *la forme*, c'est-à-dire le physique, le sensible, et l'acte même du discours *ne se conserve pas* ; elle ne survit pas à la compréhension ; *elle se dissout dans la clarté* ; elle a agi ; elle a fait son office ; elle a fait comprendre : *elle a vécu.*
>
> Mais au contraire, *aussitôt que cette forme sensible* prend par son propre effet une importance telle qu'elle *s'impose* et se fasse, en quelque sorte,

Il faut cependant corriger doublement cette dernière affirmation :
— d'une part, cette anti-anthropologie corrélative de l'absence de Dieu se développe sur un plan réflexe et qui se superpose à celui d'une présence bien plus fondamentale ; en ce sens, la fonction « dépolarisante » des créatures dans ces premières strophes n'ôte rien à la fonction polarisante de la blessure, de la mort, du feu, etc. ; au contraire, elle la souligne.
— d'autre part, il y a toujours les « toques » qui, de loin en loin, font prendre positivement conscience à l'âme de cette présence essentielle de Dieu, tellement plus fondamentale que l'exaspération réflexe de son absence, et qui élèvent momentanément cette présence à ce niveau réfléchi comme pour en réactiver le désir ; ainsi, bien avant la onzième strophe du Cantique, les créatures acquièrent-elles subitement et pour un instant une beauté d'une densité extrême :

> Mais, outre tout cela [tout cela = le témoignage extérieur des mystères de la création et de l'Incarnation], parlant maintenant un peu selon le sens et l'état d'âme de la contemplation, l'âme se met à voir avec grande clarté en la vive contemplation et en la connaissance des créatures, qu'il y a en elles une telle abondance de grâces et vertus et beauté dont Dieu les a dotées, qu'il lui semble qu'elles sont toutes revêtues d'admirable beauté naturelle, dérivée et communiquée de cette infinie beauté surnaturelle du visage de Dieu. [235]

---

respecter ; et non seulement remarquer et respecter, mais désirer, et donc reprendre — alors quelque chose de nouveau se déclare : *nous sommes insensiblement transformés,* et disposés à vivre, à respirer, à penser *selon un régime et sous des lois qui ne sont plus de l'ordre pratique* — c'est-à-dire que rien de ce qui se passera dans cet état ne sera résolu, achevé, aboli par un acte bien déterminé. *Nous entrons dans l'univers poétique. (Op. cit.* pp. 1325-1326 ; c'est nous qui soulignons.)

Par ricochet, cette gratuité de la poésie nous fait entrevoir qu'elle n'existe qu'à l'intérieur d'un univers sacré, d'une présence transcendant la contenance objective du mot qui ne vient plus là que pour la révéler. C'est dire qu'il existe entre le poète et le mystique une connivence secrète reposant sur la capacité sacramentelle de la parole, ce que Valéry note comme la puissance d'une forme sensible à nous transformer insensiblement.

235. Ct 6,1 ; nous traduisons « affecto » par « état d'âme », faute de pouvoir rendre mieux tout le sens technique de l'« affectus » d'un saint Bernard ou d'un Guillaume de Saint Thierry, très présents ici, ensemble psychologique indiquant

Mais Jean de la Croix a bien pris soin de souligner qu'il ne s'agit là que d'une parenthèse : « l'âme parlant maintenant un peu selon le sens et l'état d'âme de la contemplation » ; cependant, cet entrebâillement d'un instant devient permanent à partir des fiançailles spirituelles. Et qu'en résulte-t-il pour l'imagerie du Cantique ? L'inverse de ce qui se passait auparavant : à partir de la onzième strophe, les montagnes et les vallées deviennent fraîches et sonores, l'aurore se lève, le silence devient symphonie, les oiseaux chantent, les sources inondent un paysage qui s'anime selon un crescendo ininterrompu et qui portera l'âme dans un univers sur lequel se lèvent toujours plus de lumière, toujours plus de musique, toujours plus de couleurs et des odeurs de plus en plus délicieuses, autant d'éléments qu'il faudra reprendre un par un mais dont la convergence indique un retournement complet dans la conscience mystique.

Aussi nous faut-il reposer la question : que s'est-il passé dans le reflet de la fontaine cristalline ?

Nous avons vu le regard de l'épouse se dédoubler en apercevant celui de l'Époux au-delà du sien, par transparence et réflexion tout à la fois puisque ce miroir est un miroir d'eau [236] : ce dédoublement, voilà l'origine de l'illumination de la foi ; vu dans la fontaine, chaque objet va tout d'un coup renvoyer la lumière sous deux angles opposés, et va la refléter alors qu'il ne faisait auparavant que l'absorber. Pour le sujet qui la reçoit, telle est la clef du passage d'un regard purement théologique — en quête des causes par les effets — à ce que nous appellerons un « regard artistique » — en quête des effets par les causes —, sa conscience devenant le révélateur de l'acte gracieux de Dieu dans sa « dispositio » [237]. Aussi bien chaque créature subit-elle une inversion corrélative, elle se spiritualise et perd son opacité ontologique pour devenir par réflexion foyer de lumière, de son, d'odeur, etc. D'un univers aveugle et sourd, nous passons à un univers dans lequel la matière devient révélatrice d'une réalité fondamentalement spirituelle, et

un attachement intentionnel provoqué par une sollicitation divine bien précise (dont il se trouve être l'« effectus » corrélatif). — Cf. Ct 7,9 et *infra,* p. 326, note 427.

236. Cf. *supra,* pp. 154 s.

237. Cf. *supra,* p. 254.

> commence pour l'âme un état de paix et de délice et de suavité d'amour selon ce qui se donne à entendre dans ces strophes [= strophes 13-14] dans lesquelles elle ne fait pas autre chose que de raconter et chanter les grandeurs de son Bien-Aimé, qu'elle connaît et dont elle jouit en lui par la dite union de fiançailles. Et de même, dans le reste des strophes suivantes [= strophes 15-39], elle ne parle plus de peines ni d'angoisses comme elle le faisait auparavant, mais de communication et exercice d'amour doux et pacifique avec son Bien-Aimé, car en cet état, tout le rester finit.[238].

En cet état, nous pouvons donc dire que toute chose reçoit son existence liturgique en vertu de l'union consciente de l'âme à la Sagesse de Dieu : c'est en elle que toute chose fut créée et prend vie radicalement ; c'est en elle que toute chose, non plus : « indique » Dieu, mais rend Dieu présent réellement par le ministère du mystique[239] :

> En ces strophes, l'épouse dit que son Bien-Aimé est toutes ces choses [= *l'ensemble de la dispositio de la Sagesse de Dieu*], en lui-même et pour elle ; car, en ce que Dieu a coutume de communiquer dans de semblables transports, l'âme ressent et connaît la vérité de cette sentence que dit saint François, à savoir : « Mon Dieu et toutes les choses ». A partir de là, du fait que Dieu est toutes les choses pour l'âme et qu'il est le bien de toutes, la communication de ce transport s'explique par la ressemblance de la bonté des choses dans les dites strophes, selon ce qui sera expliqué en chacun de leurs vers. En cela, il faut comprendre que tout ce qui s'explique ici demeure en Dieu éminemment de manière infinie, ou, pour mieux dire, chacune de ces grandeurs dont on parle *est* Dieu, et toutes ensembles, elles *sont* Dieu ; et pour autant qu'en cette circonstance l'âme s'unit avec Dieu, elle sent toutes les choses être Dieu en un

238. Ct 13,2.
239. C'est ce qui nous a fait parler plus haut (cf. *supra,* p. 135) d'une « re-signification du réel ». — « Ce qui est secret ici, c'est la même chose que l'on proclame sur toutes les places publiques du monde et en particulier de l'Église… la différence avec le savoir habituel ne se trouve pas dans le savoir en tant que tel, mais dans l'amour qui seul le communique et y devient sélectif. » (H. Urs von Balthasar, *op. cit.,* 2e partie, p. 16.)

> être simple, selon ce que ressentit saint Jean lorsqu'il dit : « quod factum est, in ipso vita erat », c'est-à-dire : « ce qui fut fait était vie en lui. »[240] Et ainsi ne faut-il pas comprendre qu'en ce que l'on dit ici que ressent l'âme, il en est comme de voir les choses en la lumière ou les créatures en Dieu, mais que dans cette possession, elle sent que Dieu lui est toutes les choses.[241]

Panthéisme ? Non pas, car *sentir* que Dieu est toutes les choses, c'est affirmer une différence autant qu'une identité, sinon il n'y aurait pas de sensation parce que pas de médiation[242] ; nous ne faisons pas de l'ontologie mais de la phénoménologie :

> Et il ne faut pas comprendre non plus que, du fait que l'âme ressent Dieu si hautement en ce que nous sommes en train de dire, elle voit Dieu essentiellement et clairement ; il ne s'agit pas d'autre chose que d'une forte et copieuse communication et d'un reflet de ce qu'il est en soi.[243]

Concédons toutefois que si les intentions de Jean de la Croix sont limpides, l'aspect technique de sa distinction est un peu rapide, au risque d'atténuer le réalisme de l'ensemble du passage. Mais c'est qu'il a mieux à faire que de prévenir des suspicions de panthéisme dont il sait qu'elles sont le lot commun de tous les spirituels[244] : son lyrisme s'envole maintenant dans une grandiose

---

240. Sur cette lecture mystique de Jn 1,4, cf. *supra,* p. 138, note 142.

241. Ct 13,5.

242. Sur cette phénoménologie de l'affirmation d'identité, cf. les remarques pénétrantes de HEIDEGGER en *Identité et différence*, traduction française en *Questions I,* Paris, 1968, pp. 257-259 ; cf. *infra,* p. 269, note 259.

243. Ct 13,5 ; sur la portée exacte de cette terminologie d'« essence » et d'« éminence », cf. *supra,* p. 23, note 6.

244. N'oublions pas, toutes les fois que nous sentons Jean de la Croix mal à l'aise dans le maniement des « éminences », des « substances » et autres « essences », que toute sa formation a eu lieu à l'ombre du fameux Index de Valdès (1559), dernière venue des mises en garde de l'Inquisition contre la mystique « moderne » ; cf. ORCIBAL (J.), *Saint Jean de la Croix et les mystiques...*, chap. 1, et ANDRÉS (M.), *op. cit.,* chap. 22.

L'expression des mystiques sur ce point fait souvent peur aux meilleurs auteurs ; J. Maritain, avec son art habituel des distinctions, explique mieux que nous ne saurions le faire le véritable enjeu du « panthéisme » des mystiques :

> « Parfois, écrit le Père Poulain, les mystiques se laissent aller à des *exagérations* de langage, dans l'impuissance où ils sont de bien dépeindre tout ce qu'il y a d'élevé dans cette participation. Ils diront qu'on pense par la

litanie dont le refrain amplifié à chaque reprise emporte l'âme dans la région où toute chose prend naissance sous ses yeux dans le regard du Père :

> Mon Bien-Aimé, les montagnes... mon Bien-Aimé est ces montagnes pour moi...
> Les vallées solitaires ombragées... mon Bien-Aimé est ces vallées pour moi...
> Le sifflement des airs porteurs d'amour... l'âme dit ici que son Bien-Aimé est ce sifflement...

---

> pensée éternelle de Dieu, qu'on aime par son amour infini, qu'on veut par sa volonté. Ils semblent confondre les deux natures, divine et humaine. Ils décrivent ainsi ce que *l'on croit* sentir ; comme les astronomes, ils parlent le langage des apparences. » *(op. cit,* p. 282 ; cf. *ibid,* pp. 288-289)... pour exonérer saint Jean de la Croix de toute ombre de panthéisme ou de « confusion des deux natures », il n'est pas nécessaire d'admettre que dans l'instant qu'il enseigne les plus hauts mystères de l'union d'amour à la Vérité première il se laisse aller à des *exagérations* de langage, et qu'il parle le langage des apparences, décrit non pas ce qu'il sent, mais ce qu'il *croit* sentir, bref se tient « comme les astronomes », dans l'ordre de ce qui paraît, non de ce qui est, quand il témoigne des souveraines réalités vécues par lui. C'est une singulière invention de placer l'*apparence* au bout de la sagesse mystique, comme au bout d'un télescope. (Maritain, *op. cit.*, p. 743, note 2.)

Pour la mémoire du P. Poulain, rappelons toutefois qu'il dut, à son corps défendant, introduire quelques retouches théologiques à son texte et « abandonner quelques plumes » dans les mains d'un « éminent professeur de théologie » avant de livrer l'ouvrage à l'imprimerie... (cf. J.V. Bainvel, dans l'*Introduction à la dixième édition des Grâces d'Oraison,* pp. XI-XII.) Mais reprenons le texte de Maritain :

> Tant que l'amour n'a pas achevé de transformer l'âme, celle-ci vit de sa propre vie, progressivement divinisée sans doute, toujours enclose cependant en ses limites créées, toujours finie (non seulement quant à sa structure entitative, ce qu'elle sera toujours, mais quant à l'union d'amour elle-même qui cause ses opérations, et qui est comme la respiration de sa liberté). Elle est un tout qui fait des échanges avec le Tout. Mais lorsque la transformation d'amour est accomplie, et que tout dans l'âme est évanoui de ce qui n'exhale pas l'amour même, alors elle est en quelque façon le Tout, c'est l'infinité même de la vie de Dieu qui fait irruption en elle, comme si la mer entière entrait dans le fleuve, je dis dans un fleuve amoureux, jaillissant en opérations vitales, et qui pourrait devenir, depuis sa source, un seul *esprit* avec la mer. » (*Id.,* pp. 742-743.)

Pour reprendre une expression suggestive du Père de la Taille — quoique dans un contexte dont sa rigueur sémantique ne se serait sans doute pas accommodée — nous dirions volontiers que nous sommes ici en présence d'un cas « d'actuation créée par l'acte incréé ». (Cf. Recherches de Sciences Religieuses 18 (1928), pp. 253-268.)

> La nuit sereine… l'âme dit ici que son Bien-Aimé est pour elle la nuit sereine…
> La musique silencieuse… l'âme dit que son Bien-Aimé est cette musique silencieuse…
> La solitude sonore… elle dit que son Bien-Aimé est la solitude sonore…
> La cène qui restaure et énamoure… il est pour elle la cène qui restaure et énamoure… [245]

Jean de la Croix vient de nous le dire : c'est saint François qui le soutient dans ce cantique des créatures qu'il tisse sur la trame du Cantique des Cantiques, et comme saint François, c'est cela qu'il voudra entendre au moment « d'aller chanter Matines au ciel ». [246]

Tel est le scintillement argenté de la fontaine cristalline, tel est le principe d'animation, d'organisation vitale, d'un univers qui était comme en léthargie avant les fiançailles spirituelles. Cette organisation est fondamentalement *visuelle* : c'est un échange de regards que Jean de la Croix a placé au moment décisif de l'itinéraire mystique. On pourrait en analyser les raisons littéraires [247], mais plus profondément, il trace ainsi le deuxième grand axe de l'expérience mystique : une *distinction croissante*, contemporaine de l'intensité croissante exprimée en termes tactiles, dans la perception de Dieu.

## 2. *Extension du registre visuel de distinction croissante à l'ensemble de l'œuvre*

Avec ce regard de Dieu, parallèle au toucher de Dieu, nous sommes entrés dans le registre visuel de l'œuvre de Jean de

---

245. Ct 13-14 *passim*.

246. Procès de béatification, déclaration de Catalina de San Alberto. Il faut ici corriger SANSON, *L'Esprit humain…*, p. 63, qui voit une opposition définitive entre les créatures et Dieu dans l'actuation mystique.

247. A commencer par la structure éminemment visuelle du Cantique des Cantiques. Pour la poésie contemporaine, DÁMASO ALONSO a bien montré ce que Jean de la Croix doit ici à Garcilaso ; cf. *La poesía de San Juan de la Cruz,* 3e éd., Madrid, 1958 ; et *Poesía española*, 5e éd. Madrid, 1976, pp. 256 ss.

la Croix : le mystique se découvre dans le regard de Dieu, regard qui devient le sien et lui montre toute chose, comme la main de Dieu lui permettait de « palper » toute chose.

Prenons maintenant ce registre dans son extension à travers l'ensemble de l'œuvre.

### a) *Dieu est lumière. Loi du contraste*

Pour prêter un langage au mystique que l'immédiateté de l'expérience de Dieu plonge dans une éprouvante crise linguistique, pour lui permettre d'objectiver, de se dire, non pas Dieu, mais quelque chose de sa perception, bref, pour rassurer le mystique sur le caractère raisonnable quoiqu'irrationnel de ce qu'il vit [248], Jean de la Croix exploite une donnée extraordinairement simple de la Révélation, et tout son effort — effort qui définit le véritable directeur spirituel — est de sauver de tout compromis cette simplicité originaire : « Dieu est lumière, en lui point de ténèbres. » (I Jn 1,5).

Nous avons déjà indiqué la *nuit* comme une image majeure de l'œuvre de Jean de la Croix [249] : la vie mystique est une entrée dans la nuit, pénible d'abord jusqu'aux fiançailles spirituelles, savoureuse ensuite ( «la noche serena » du Cantique Spirituel [250]), mais une nuit dont on ne sort pas plus qu'on ne sort ici-bas de la foi ; et de même que Jean de la Croix a parlé d'une illumination de la foi, il placera une lumière intense au cœur de cette nuit, elle sera « nuit resplendissante » [251], mais elle restera nuit.

Toute la difficulté d'interprétation de cette image est de bien se rendre compte qu'elle est… une image ! Et que l'on ne peut dès lors la comparer qu'avec une autre image, celle du jour par exemple, et *non pas* avec quelque noumène kantien qu'elle

---

248. Cf. l'article bref et précis de André de la Croix O.C.D., *L'état de « Nuit obscure » est-il raisonnable ?,* Études Carmélitaines XXII (1937), vol. II, pp. 11-18. Malgré une position initiale particulièrement malheureuse (« …le mystique sanjuaniste… ayant consciencieusement fait le vide autour de soi, utilise la foi théologale pour adhérer au Dieu caché… »), l'auteur montre bien la logique théologique de l'obscurité théologale.

249. Cf. *supra,* p. 128.

250. Ct 14.

251. Poème 9,5.

prétendrait désigner. Certes, le problème du degré de réalité de ce qu'elles évoquent — une lumière et des ténèbres spirituelles — existe, car parler de lumière et de ténèbres spirituelles est encore manier des notions analogues, mais à un *niveau* déjà différent, d'un degré moins équivoque que les images du jour et de la nuit. Peut-on remonter au-delà et désigner *univoquement* un « quelque chose » indiqué par « lumière » ou par « ténèbres » ? Non. Au-delà de la prédication de la lumière, la seule chose que l'on puisse dire univoquement de Dieu est qu'il est hyper-lumineux, et donc tuer le langage car « hyper » implique aussi bien la négation que l'affirmation : Dieu n'est à proprement parler ni lumière ni ténèbres, parce qu'à proprement parler Dieu n'est pas.

Remarquons toutefois — la chose est essentielle — que cette indicibilité rencontrée au-delà de la lumière fondamentale n'a pas du tout la même valeur que celle que l'on pourrait supposer au-delà des ténèbres qui lui seraient opposées : le Dieu hyper-lumineux est indicible *positivement*, par excès, alors que les ténèbres n'indiquent *rien*, purement et simplement. Elles n'indiquent pas une réalité de signe opposé à Dieu, non pas même la non-réalité, c'est-à-dire finalement l'envers de la réalité, mais la simple condition a posteriori de la réalité, le milieu mental dans lequel baigne l'affirmation.

Arrêtons-nous un instant : nous tenons *la* clef de lecture des mystiques. Le mouvement intellectuel de Jean de la Croix reflété dans l'établissement du rapport lumière/ténèbres est bien celui-là : cueillir une réalité qui s'offre à lui par excès pur, la cueillir en acte de diffusion, en surgissement préalable à toute cristallisation ontologique. Et si Jean de la Croix pose ainsi le problème éternel de la naissance de l'affirmation, c'est parce que notre position face à la réalité n'est pas neutre ; il n'y a pas de refuge dans une anti-réalité qui nous laisserait toute liberté pour en parler ou pour n'en pas parler. Parler, c'est ouvrir un champ de négation de la réalité qui vient dès lors à nous sous les espèces du Néant, passage de la transparence à l'opacité à travers la sensation originaire de la ténèbre et de l'angoisse, à travers la dévaluation irrécupérable du langage. Certes, il n'y a pas plus de réalité du néant qu'il n'y a de concept de l'angoisse, mais il y a de l'angoisse parce que, de fait, nous forgeons un concept de néant qui dénonce dès lors la réalité et lui donne consistance. Or, le drame de la majorité des interprétations de Jean de la Croix est d'avoir donné consistance aux ténèbres et à la nuit, tuant ainsi la réalité et son surgissement absolu, tout simplement par refus ou incapacité de pousser à ses dernières conséquences l'idée même de « rien », comme si elle se résolvait en un concept parmi les autres ; refus ou incapacité aussi d'analyser calmement le statut purement mythique de son corrélatif psychologique : l'angoisse. [252]

L'angoisse et la nuit révèlent donc la présence et la lumière, non pas au sens où elles stimuleraient dans une âme tourmentée l'élaboration d'idées particulièrement profondes *à propos* de la présence et de la lumière (« le silence éternel de ces espaces infinis m'effraie ! » — « un beau poème ! », commente Valéry...), mais au sens où il n'y a de connaissance humaine que *par contraste* et *par différence*, où il n'y a de vide que par abstraction du plein et d'ombre que par abstraction de la lumière.

Cette loi du contraste, et ce refus de lui donner quelque consistance ontologique que ce soit, commande toute la thématisation lumineuse et visuelle du progrès de l'expérience mystique comme perception de plus en plus distincte de Dieu. La suivre à travers l'œuvre de Jean de la Croix sera découvrir la croissance en organisation de la conscience comme donnée essentielle d'une anthropologie mystique, et cela à bien plus vaste échelle que notre seule analyse du regard dans le Cantique Spirituel.

### b) *L'âme réfractante et l'âme réfléchissante*

Dieu est hyper-lumineux ; à partir de là, parler de Dieu suppose une situation de ténèbre hors de laquelle, absorbé en lui, on ne parlerait pas. Mais ce point de vue obscur n'est jamais qu'un inévitable artifice de langage, involontaire ou volontaire, conscient ou inconscient ; or, Jean de la Croix veut qu'il devienne volontaire et conscient : le progrès spirituel n'est pas de connaître

252. Nous suivons de près ici la réflexion de HEIDEGGER en *Qu'est-ce que la métaphysique ?,* toujours bon guide lorsque l'évidence de l'insignifiance de l'être accule à penser l'acte même de penser. (Traduction française en *Questions I,* pp. 26 ss.)

la réalité — qui ne la connait ? — mais de *savoir* qu'on la connaît et ainsi d'être libre dans cette connaissance, libre non pas par rapport à ce qui est connu, mais par rapport à nous-mêmes qui connaissons, libre dans l'organisation de ce donné brut[253].

Constatons d'abord l'ampleur de ce contraste lumière/ténèbres dans l'œuvre de Jean de la Croix par l'abondance d'expressions telles que « lumière divine », « lumière de la divine union », « la lumière, c'est Dieu », etc. ; il suffit d'ouvrir au hasard la Montée du Carmel ou Nuit Obscure pour s'en rendre compte et constater une inondation lumineuse en *retrait de laquelle* sera introduit le thème de la nuit :

> L'âme passe par cette nuit obscure pour parvenir à la lumière divine.[254],

lit-on en tête de la Montée, mais aussi bien :

> la nuit n'est pas autre chose que la privation de lumière,[255]

et donc

> les ténèbres ne sont rien et moins que rien ![256]

Voilà ce qui semble trop simple au manichéisme chronique qui ne pense la vie qu'en termes de lutte et de destruction[257], et au

---

253. Cf. Crisógono de Jesús, *La percepción de Dios en la filosofía y en la mística,* Revista de Espiritualidad, 1945, pp. 119-130.
254. S Prol 1.
255. 1S 3,1.
256. 1S 4,1.
257. De nouveau, nous attirons ici l'attention sur l'idée d'une obligatoire destruction mentale du mystique qui imprègne bon nombre des présentations modernes les plus diffusées de Jean de la Croix ; nous avons mentionné la fascination exercée par le « nada » de Jean de la Croix sur Huysmans, le nihilisme d'un Rodolphe Hoornaert, etc. ; nous ne pouvons faire l'économie d'une citation de la même veine :

> L'union à Dieu, aspiration de tous les mystiques, est ici proposée comme l'identification surnaturelle à Dieu transcendant, dans sa sublimité, au-delà de tout sentiment, au-delà de toute connaissance, par la Nuit, par le Rien de Jésus crucifié. Il y eut des ténèbres sur toute la terre… (Pellé-Douël (Y.), *Saint Jean de la Croix et la nuit mystique*, Paris, 1960, p. 5.)

On ne peut que déplorer la concentration en une seule phrase des trois erreurs les plus tenaces de la littérature « sur » Jean de la Croix : le plus complet nihilisme, l'inconnaissance mystique et l'union conçue comme une identification à Dieu.

risque de nous répéter, nous redisons avec Jean de la Croix que *rien* ne s'oppose à la lumière divine et que toute la suite de l'itinéraire mystique consistera à accepter cette évidence.

Mais cette simplicité rebondit encore : s'il n'y a pas d'autre foyer de lumière que Dieu, et si nous sommes là pour le dire ou pour l'écrire, si donc nous ne sommes pas *rien*, c'est que nous sommes Dieu et que nous le savons ! Et donc l'union à Dieu n'est pas en avant de nous, elle est en nous, ou plutôt nous ne sommes qu'en elle ; si bien que pour entrer dans la lumière, il suffit d'être ce que nous sommes : Dieu ! Et comment pouvons-nous seulement nous étonner de cette simple affirmation de notre identité ? C'est bien qu'il y a dans le verbe « être » une équivoque qui révèle en nous une puissance mystérieuse de ne pas être ce que nous sommes, puissance de *différence* par contraste et dissemblance, en un mot puissance *d'exister* hors de notre être [258]. Contraste et dissemblance : il faut les deux pour parler de différence au sein d'une égalité fondamentale, et l'on voit dès lors s'esquisser deux développements distincts du registre visuel, celui de la luminosité et celui des formes, des contours.

Arrêtons-nous de nouveau pour mesurer la portée de cette affirmation de l'unicité absolue du foyer lumineux : elle n'exclut pas, elle inclut au contraire comme sa propre condition une altérité, non pas opposée et extérieure à la lumière, mais *en* elle, qui soit donc *la même chose mais non le même sujet*.

On voit donc que parler d'union *à* Dieu risque toujours de recouvrir un faux problème : celui d'une éventuelle désunion qu'il faudrait laborieusement rattraper. A vrai dire, la pédagogie spirituelle y gagne dans la mesure où l'on sait qu'elle n'est que cela : si l'itinéraire de l'âme est historique, il faut bien parler d'un « avant » et d'un « après » l'union, même si cet avant et cet après indiquent en fait des *niveaux* de prise de conscience d'une réalité permanente.

On voit également le danger — l'histoire montre qu'il n'est pas mince — de transformer cette pédagogie en démonstration métaphysique. De fait, elle semble avoir presque toujours conduit les lecteurs « irréligieux » (de forme mentale, sinon de

---

258. Cf. ARNOU (R.), *Le désir de Dieu...*, pp. 102-103.

comportement) des mystiques au panthéisme par une intégration de l'être historique dans l'être logique, du contingent dans le nécessaire par le jeu de l'équivocité du verbe « être ». Était-il fatal qu'il en fût ainsi ? La question déborde le cadre de notre investigation ; mais là comme ailleurs, il n'y a de fatalité que là où il y a des mythes ; et l'*être* en est un, et qui a peut-être vécu. [259] Aussi, sur ce terrain, plutôt que de débattre de l'essence et de l'existant, considérons qu'il n'y a aucun inconvénient pour notre propos à être taxé de panthéisme et à pouvoir commencer ainsi à parler d'autre chose. Moyennant quoi, débarrassés des barrières que l'essence des choses interposait entre les personnes, nous pourrons penser leurs relations en termes purement qualitatifs de différences visuelles, c'est-à-dire de contraste et de dissemblance/ressemblance.

A cet égard, notons un grand privilège du registre visuel, et qui en explique peut-être le choix pour exprimer cette perception d'une organisation de relations pures dans l'expérience mystique : nous concevons spontanément la lumière comme un milieu, comme un bain transparent et subtil, et non comme un élément extérieur à nous. Cette association d'omniprésence et de subtilité va permettre de contourner un gros obstacle psychologique pour parler de la communion des partenaires spirituels, l'obstacle de leur séparation naturelle. En effet, voir, c'est *déjà* être en relation, baigner dans une lumière commune :

> la lumière n'est pas l'objet propre de la vue, mais *le moyen* par lequel elle [= la vue] voit le visible. [260]

Or, il n'y avait pas de milieu tactile analogue. De plus, le toucher ne variant pratiquement qu'en intensité et très peu dans sa forme, ce qu'il permettait de penser, c'était seulement une croissance quantitative, allant de l'extérieur vers l'intérieur. Ici au contraire, la lumière omniprésente n'a de plus ni poids ni

---

259. Cf. *supra,* pp. 260 s ; l'histoire du problème n'est autre que celle des l'argument ontologique : si la définition de Dieu intègre sa révélation, il faut être panthéiste. Spinoza et Hegel l'ont été, saint Anselme et Descartes ne s'en sont sauvés que par le fidéisme. (Les données théoriques du problème sont parfaitement posées par ARNOU (R.), *Le désir de Dieu...*, chap. IV.)

260. 2S 14,9 ; cf. 1S 3,1 / 2N 8,3.

épaisseur, ce qui permet de penser une croissance qualitative, organisatrice, plus qu'intensive : de même que la lumière naturelle est milieu de distinction, de même

> cette lumière spirituelle étant si simple, pure et générale, ... l'âme connait et pénètre avec grande généralité et facilité toute chose d'ici-bas ou de là-haut.[261]

C'est cette simplicité qui caractérise la lumière : « général » ici n'a absolument pas le sens de « confus », ce que connotait au contraire la généralité du toucher, immédiateté sans transparence, mais le sens d'« universel », immédiateté transparente, milieu gnostique. De même que la lumière naturelle permet l'objectivation du monde par le jeu des différences d'éclairage, de même la lumière spirituelle permettra l'expression de son propre univers selon des différences de formes. Suivons-en la phénoménologie.

Au départ, Jean de la Croix place une opposition totale entre l'infinie lumière de Dieu et les ténèbres absolues qui sont hors de lui :

> *[à propos de Jer 4,23]...* en disant qu'il regarda les cieux et ne vit point de lumière en eux, il dit que toutes les lueurs du ciel, comparées à Dieu, sont de pures ténèbres.[262]

S'attacher à ce qui n'est pas Dieu est donc s'attacher à la nullité des ténèbres, et voilà toute la consistance des nuits mystiques :

> la raison pour laquelle il est nécessaire à l'âme de traverser cette nuit obscure de mortification des appétits et de négation des goûts en toutes les choses afin de parvenir à la divine union de Dieu, c'est que toutes les affections qu'elle place en les créatures sont pures ténèbres devant Dieu ; et l'âme qui en est revêtue n'a pas capacité pour être illustrée et possédée de la pure et simple lumière de Dieu si elle ne les repousse pas d'abord d'elle-même ; car la lumière ne peut aller avec les ténèbres, car, comme dit saint Jean :

261. 2N 8,5.
262. 1S 4,3.

> « tenebrae eam non comprehenderunt. » (Jn 1,5)... la raison en est que deux contraires ne peuvent tenir en un seul sujet, selon ce que nous enseigne la philosophie ; et les tènèbres, qui sont les affections aux créatures, et la lumière, qui est Dieu, sont contraires et n'ont entre elles aucune ressemblance ni convenance, selon ce qu'enseigne saint Paul aux Corinthiens en disant : « Quae conventio lucis ad tenebras ? » (II Co 6,14). [263]

Il en résulte pour qui se détourne des ténèbres vers la lumière un éblouissement absolu, seconde source de ténèbres, mais positive cette fois-ci, par excès et non plus par défaut :

> cette lumière est bien plutôt ténèbres pour lui, [264]

car

> ce qui est le plus lumière en Dieu nous est totalement ténèbres... ; de la même manière que les yeux de la chauve-souris se comportent avec le soleil, lequel les enténèbre totalement, notre entendement se comporte avec ce qui est le plus lumière en Dieu, [265]

et ceci proportionnellement à notre proximité du foyer lumineux,

> car d'autant l'âme s'approche de lui, d'autant elle sent d'obscures ténèbres et une profonde obscurité en raison de sa faiblesse ; tout comme celui qui parviendrait tout près du soleil : sa grande resplendescence lui causerait d'autant plus de ténèbres et de peine en raison de la faiblesse et de l'impureté de son œil. [266]

---

263. 1S 4,1-2 ; cf. 3S 10,2.
264. 1S 8,3.
265. 2S 8,6 ; cf. 3S 24,2.
266. « C'est de l'inconscience, non par hébètement mais par hyperconscience », disait déjà le P. Arnou de la contemplation plotinienne face aux soupçons d'A. Drews, voici plus d'un demi-siècle (*Le désir de Dieu dans la philosophie de Plotin*, 2e éd., Rome, 1967, p. 255) ; depuis Platon (cf. par exemple *Banquet* 210E) et pour la grande tradition mystique, l'extase est un réveil et non un sommeil, la contemplation n'est pas fusion mais enrichissement. — Pour se faire une idée de l'état contemporain de la thèse éternelle d'une obligatoire « hebetudo mystica », on lira l'article exemplaire de la Vie Spirituelle 612 (janvier-février 1976), pp. 88-101 : *Méditation transcendentale et prière chrétienne ;* et

Mais la violence de ce contraste recouvre en fait deux sensations distinctes qui vont vite se dédoubler pour ne se superposer de nouveau qu'au terme d'un processus d'accommodation qui s'achèvera lors de l'union mystique : d'une part la perception éblouissante de Dieu, et c'est la foi ; d'autre part la perception de soi-même comme écran à cet éblouissement, hyperlucidité non moins violente et insupportable que la première, car les deux procèdent de la même lumière. Mais si le principe de la foi est finalement la vision frontale de la source lumineuse, le principe de la lucidité suppose au contraire un observateur tournant le dos à la source lumineuse pour n'en recevoir que le faisceau réfléchi sur un écran. Si l'on ajoute que cet écran se révèlera être l'observateur lui-même, on comprend qu'il va falloir tricher quelque peu avec l'optique pour penser la simultanéité des deux perceptions. Mais Jean de la Croix n'étant pas plus professeur de physique que de philosophie, il suffit d'avoir signalé cette difficulté et de tenir fermement la distinction contenue dans la comparaison de la chauve-souris entre un éblouissement positif et un éblouissement que nous qualifierons de négatif, les deux étant destinés à se concilier par accommodation de l'un et de l'autre vers ce qui sera l'illumination de la foi :

> la lumière de Dieu qui illumine l'ange, le rendant éclatant... illumine naturellement l'homme, en l'obscurcissant du fait de son impureté et de sa faiblesse... [267]

c) *Transparence - opacité - réfraction - diffraction - réflexion*

« Illuminer en obscurcissant » : voilà le paradoxe qu'il ne faudra plus tenter de réduire pour comprendre simultanément la foi et l'illumination. Pour expliquer sans la résoudre cette apparente contradiction, il faut considérer une image que Jean de la Croix utilise à plusieurs reprises : celle d'une vitre traversée par

---

corrélativement l'avertissement de H. Urs von Balthasar, *Meditation als Verrat,* en Geist und Leben 1977, pp. 260-268, ne craignant pas de parler à ce propos « d'adultère envers l'amour crucifié » (p. 266). Cf. également Crisógono de Jesús, *San Juan de la Cruz-El Hombre...,* p. 157.

267. 2N 12,14.

les rayons solaires[268], mais d'une vitre du XVIe siècle, pleine de bulles et de défauts. D'une part la vitre se transforme en lumière dans la mesure où sa subtilité est celle-là même de l'éther parfaitement pénétrable par la simplicité du faisceau lumineux, mais elle ne se confond par pour autant avec lui car elle en reste numériquement distincte :

> ... la vitre conserve son être naturel distinct du rayon lumineux, tout en en étant illuminée.[269]

D'autre part, le moindre défaut ou la moindre tache de cette vitre ressort d'autant plus nettement que l'éclairage en est plus puissant.[270]

Sur ces deux phénomènes s'en greffent trois autres : ceux de la réfraction et de la diffraction, qui ne sont dus en réalité qu'à l'accumulation des défauts dans le verre, mais de défauts *translucides* ; et celui de la réflexion, la vitre faisant alors office de miroir grâce à ces mêmes défauts, mais en ce qu'ils ont d'*opaque*. Si bien que chaque vitre est traversée à sa manière par le rayon lumineux[271] et le renvoie également à sa manière[272], manière déterminée par ces défauts (sans aucun sens moral bien sûr), car une vitre parfaite ne fonctionnerait plus dans cette redistribution de la lumière. Or,

> l'âme est comme cette vitre,[273]

et c'est pourquoi elle est destinée à la transformation sans confusion en la lumière, par réfraction et par réflexion dans deux directions opposées.

Mais en attendant de renvoyer la lumière, l'âme l'absorbe et ressent les éléments de sa structure propre comme des taches

---

268. En 2S 5 / 2S 11 / 2S 16 / 2N 12 / Ct 17 / LI 3,77 — Sur les précédents de l'image de la vitre dans la tradition mystique, cf. ORCIBAL (J.), *Saint Jean de la Croix et les mystiques*..., p. 61.
269. 2S 5,7
270. Cf. 2S 16,10.
271. Cf. 2N 12,3.
272. Cf. Ll 3,77.
273. 2S 5,6

d'ombre, dans un contraste proportionné à l'éclairage qu'elle reçoit :

> les ténèbres et les autres maux que l'âme ressent lorsque cette lumière divine l'investit ne sont pas des ténèbres ni des maux de la lumière mais de l'âme elle-même, et la lumière l'éclaire pour qu'elle les voie.[274]

Le progrès spirituel consiste donc bien dans une prise de conscience ; cependant, la comparaison de la vitre telle qu'elle nous est apparue jusqu'ici est insuffisante pour expliquer le passage de l'opacité des taches à leur transparence, puis de leur transparence à leur rôle de répartition de la lumière : qu'elles soient éclairées de l'extérieur soulignerait plutôt l'impossibilité de ce passage, à moins que l'on ne fasse intervenir quelqu'agent extérieur non lumineux pour les supprimer, et supprimer du même coup leur rôle ultérieur. Mais cela remettrait en cause et la structure propre de la vitre et l'exclusivité de l'action de Dieu dans la vie mystique. Il faut donc presser encore l'image de la vitre et du rayon lumineux pour expliquer de quelque manière que le fait même pour l'âme de voir ses propres résistances à la lumière les rend translucides.

Énoncée comme nous venons de le faire, la proposition est évidente : voir l'obscurité, c'est la résoudre en lumière ! Et nous avons déjà dit que tout le processus mystique tient dans cette prise de conscience du caractère mythique et inconsistant de ce qui nous sépare de Dieu ; mais les choses sont un peu plus compliquées lorsqu'il faut les intégrer aux lois optiques de l'image du rayon lumineux ; aussi Jean de la Croix va-t-il la sauver grâce à un léger coup de pouce : ces poussières qui empêchent le passage de la lumière, considérons-les non plus dans le verre de la vitre, mais à l'air libre. Autrement dit, considérons pour un instant que les « taches » de l'âme sont autre chose que l'âme elle-même, et observons-les dans une chambre noire comme si elles nous étaient étrangères ; dans ces conditions,

274. 2N 13,10 ; cf. S Prol 5.

> le rayon de soleil qui entre par la fenêtre se voit d'autant moins clairement qu'il est plus limpide et pur de poussières ; et il paraît d'autant plus clair à l'œil que l'air comporte davantage de poussières et de particules.[275]

De notre point de vue d'observateur, les particules sont donc devenues révélatrices de la lumière, et non plus ce qui l'empêche d'être vue, à tel point que

> si les objets visibles sur lesquels le rayon ou la lumière font réflexion manquaient, on ne verrait rien.[276]

La lumière en tant que telle est donc parfaitement obscure et

> il s'ensuit que si le rayon entrait par une fenêtre et sortait par une autre sans tomber sur quoi que ce soit qui ait consistance corporelle, on n'y verrait rien.[277]

Qu'a fait Jean de la Croix en substituant l'air libre à la vitre ? Ce que nous faisons tous par rapport à nous-mêmes : plaçant l'âme non plus sur le passage du rayon lumineux mais à côté, il l'a placée en position de *réflexion sur* la lumière, en position *théologique* et non plus théologale, et c'est pourquoi son langage sur la lumière est redevenu celui des ténèbres, milieu mental dans lequel l'âme peut *s'imaginer* dans la lumière. L'alternative est absolue : on ne peut pas simultanément voir et se voir voyant ; on ne peut pas simultanément être illuminé et comprendre, et donc maîtriser, le phénomène : la vie mystique est silencieuse et solitaire ou elle n'est pas. Et nous croisons ici tout le thème du « secret », rencontré plus haut. Mais comme il n'y a pas de langage sans contraste et pas de contraste sans un retrait, Jean de la Croix établit quand il le faut une distance entre foyer lumineux, objet observé et observateur.

On voit du même coup la limite de tout discours *sur* la vie de l'esprit : il y a inversion obligatoire entre l'expérience et son explication ; on ne dissèque qu'un cadavre. Est-ce pour autant

275. 2N 8,3 ; cf. 2S 14,9.
276. 2S 14,9.
277. 2S 14,9.

inutile ? Jean de la Croix aurait-il mieux fait de se taire ? Non. On ne peut lui reprocher de ne pas nous avoir prévenu : tous ses prologues protestent de l'impossibilité de son entreprise, et il sait très bien qu'il parle de la lumière dans la ténèbre ; mais ce faisant, il ne fait que renvoyer à la lumière celui qui la trouve trop forte et vient l'interroger dans la région de l'ombre. « Il n'est pas la lumière, mais il rend témoignage à la lumière ! »

Voilà pour la réfraction de la vitre et de l'âme : le phénomène échappe définitivement à celui qui le subit. Maintenant, Jean de la Croix nous a annoncé aussi une *réflexion* de la lumière sur l'âme, dans l'image du verre à vitre. C'est-à-dire que les impuretés recevant les rayons lumineux vont elles-mêmes devenir autant de sources de diffusion lumineuse. Jean de la Croix ne retourne pas pour cela à l'image de la chambre noire et des poussières volant à l'air libre, car cette fois-ci il n'y a plus à les décoller de la vitre : c'est simultanément, comme une glace sans tain, que celle-ci laisse passer (réfraction) et renvoie (réflexion) les rayons. Et ce sont encore les défauts du verre qui permettent cette réflexion dans la réfraction par diffraction : baignée de lumière et comme transformée en elle, la vitre va se mettre à scintiller grâce à toutes ses impuretés. Rédactionnellement, ce n'est qu'après la onzième strophe du Cantique Spirituel que Jean de la Croix fait « scintiller » l'âme dans la lumière divine. Avant, elle ne peut simultanément laisser passer et renvoyer les rayons, et de ce fait elle ne se perçoit elle-même que par abstraction dans la nuit ; après, elle perçoit toute chose en elle-même dans sa lumière.

Certes, nous venons de tricher encore une fois avec l'optique : après avoir dit que les impuretés de la vitre sont celles de l'âme, nous en parlons comme des choses que perçoit l'âme. Il y a deux raisons à cela : d'une part, entré dans les fiançailles mystiques, Jean de la Croix ne se pose plus le problème de la cohérence de ses images pédagogiques ; d'autre part, toute comparaison vient mourir au bord du monde spirituel lorsque l'union mystique le révèle bel et bien intérieur à l'âme. Dès lors il ne faut plus se figurer d'une part l'âme avec la minceur d'une vitre, d'autre part Dieu et sa Sagesse comme un soleil, d'autre part encore le monde et son histoire plus ou moins éclairé entre les deux, mais plutôt un système gigogne de sphères transparentes, l'âme englobant

Dieu englobant sa Sagesse englobant le monde. L'âme tout entière voyante se met alors à se dilater aux dimensions de l'univers entier, pendant que le monde ontologique, celui que nous prenions pour le vrai, s'évanouit purement et simplement dans les ténèbres extérieures.

Après ce nécessaire démontage des images optiques de Jean de la Croix, voyons maintenant comment elles drainent le matériau anthropologique vers l'expression de l'expérience mystique selon cette croissance universelle en distinction et en organisation.

d) *L'âme réfractante*

L'âme devient donc « réfractante » par passage à la transparence des particules qui tout à la fois l'obscurcissaient et définissaient sa structure propre, c'est-à-dire par intégration dans le flux lumineux de ce qu'elle avait l'habitude d'en extraire pour le considérer par miroitement hors d'elle-même : tant que l'âme ignore — peu importe la cause de cette ignorance — d'où provient la lumière, tant qu'elle la croit hors d'elle-même, tout ce qui attire son œil, ce sont ces particules sur lesquelles elle se reflète ; et ce regard naïf se construit réflexivement un mécanisme psychologique simple et fonctionnel : l'âme se sent *en puissance* de voir ou de ne pas voir ces réflecteurs, en puissance d'organiser sa perception sur des plans qu'elle appellera « imagination » et « entendement ». Cette puissance indique que, détournée de la lumière, l'âme projette devant elle sa propre ombre qui devient le champ de miroitement des « objets », champ que la psychologie rationnelle exploitera avec ses méthodes propres et que Jean de la Croix développera en gros dans une direction aristotélico-thomiste lorsqu'il devra expliquer tel ou tel détail de son fonctionnement ; mais il ne nous intéresse pas pour lui-même puisqu'il n'est autre que l'anti-anthropologie de Jean de la Croix, c'est-à-dire le compte rendu exact de ce qui se passe en l'âme « ne-voyant-pas-la-lumière ».

La même âme regardant vers le foyer lumineux — et là encore peu importe la cause de cette conversion du regard — passe du fait même à la réfraction, et tout ce qui lui paraissait lumineux et hors d'elle-même s'évanouit ; et si sa capacité réflexe veut s'exercer sans changer cette orientation, elle ne portera plus que sur le vide absolu, sur le rien ténébreux : les contrastes disparus, plus rien n'a de contour, plus rien n'est appréhensible, et les perceptions claires et distinctes se fondent dans la généralité de l'éblouissement.

Avec cette généralité éblouissante, nous venons de définir *la foi* telle que Jean de la Croix la rencontre comme condition expérimentale de l'union à Dieu. On remarque tout de suite que la foi est donc fondamentalement une transparence, que sa clarté qui est celle-là même de l'unique lumière déborde celle de l'imagination et de l'entendement, non pas qu'en dernière analyse leurs sources soient différentes, mais parce qu'il y a entre elles la dévaluation d'une vision frontale du soleil à sa perception par réflexion sur un corps quelconque :

> comme la lumière du soleil estompe toutes les autres lumières de telle sorte qu'elles ne paraissent pas lumières lorsqu'elle luit, et comme elle vainc notre puissance visive de telle sorte qu'elle l'aveugle et la prive de la vue plutôt qu'elle la lui donne pour autant que sa lumière est très disproportionnée et excessive par rapport à la puissance visive, de même la lumière de la foi opprime et vainc celle de l'entendement par son grand excès. [278]

C'est pourquoi la foi théologale, parce que claire, et limpide, et transparente (« elle a les propriétés du cristal » [279]) est obscure pour les zones réflexes de l'imagination et de l'entendement [280] :

> plus les choses de Dieu sont en elles-mêmes relevées et claires, plus elles sont inconnues et obscures pour nous autres. [281]

Si bien que Dieu semble

> s'être entouré de nuages et de ténèbres, [282]

---

278. 2S 3,1 ; cf. 2N 5,3.
279. Ct 11,3 ; cf. *supra,* p. 250.
280. Cf. 1S 2,1 / 1S 3,1 etc.
281. 2S 8,6.
282. Ps 17,12 en 2N 16,11 ; cf. Ps 96,2 en 2N 5,3.

d'où le caractère réflexivement insoutenable de cette présence d'un Dieu séparé qu'aucune prière ne semble atteindre. Jean de la Croix l'illustre par tous les lieux scripturaires classiques pour les Pères : Dieu est présent dans la nuée qui guidait les Hébreux au désert [283], dans le nuage qui recouvrait Moïse parlant face à face avec Dieu dans le Sinaï [284], et qui emplissait le Temple de Jérusalem lors de son inauguration [285], dans la tempête d'où il s'adresse à Job etc. Mais l'expression privilégiée qu'il en donne reste celle du « rayon de ténèbre » du Pseudo-Denys, formule qui associe heureusement à travers tout le Moyen-Age l'évocation d'une clarté dynamique à celle d'une obscurité statique :

> Saint-Denys et d'autres théologiens mystiques appellent cette contemplation infuse « rayon de ténèbre » — c'est-à-dire pour l'âme ni illuminée ni purifiée —, car la force intellectuelle naturelle est vaincue par sa grande lumière surnaturelle... ; c'est pourquoi, en dérivant de lui à l'âme qui n'est pas encore transformée ce rayon éclatant de sagesse secrète, Dieu lui occasionne des ténèbres obscures dans l'entendement. [286]

Il faut également mentionner l'usage particulièrement riche — et traditionnel lui aussi — que Jean de la Croix fait de l'épisode biblique des cruches de Gédéon :

> [à propos de Jug 7,16] Tous les soldats de la milice de Gédéon tenaient les lumières en leurs mains et ils ne les voyaient pas parce qu'ils les tenaient cachées dans les ténèbres des cruches. Une fois brisées, aussitôt la lumière apparut ; de même la foi, figurée par ces cruches, contient en elle la lumière divine ; laquelle [foi] achevée et brisée par la rupture et la fin de cette vie mortelle, aussitôt apparaîtra la gloire et la lumière de la Divinité qu'elle contenait en elle. [287]

283. Ex 14,20 en 2S 3,4.
284. Ex 24,15-18 en 2S 9,3.
285. I Ch 8,12 en 2S 9,3.
286. 2N 5,3 ; cf. 2S 8,6 / Ct 13,16 / Ll 3,49. On remarque l'équivalence, qui s'expliquera ultérieurement entre « foi » et « contemplation infuse ».
287. 2S 9,3.

La foi est donc le milieu permanent de l'union à Dieu ici-bas, quel que soit son aménagement ultérieur par « illumination », et en ce sens il n'y a d'autre alternative à la foi que la vision béatifique par-delà la mort physique. Nous retrouvons le mur de la créaturalité contre lequel s'élançait sans succès l'épouse du Cantique tant qu'elle ne comprenait pas qu'il y avait moyen de le contourner par un autre type de rencontre du Bien-Aimé que la démolition de sa nature. Ici de même, la présence de Dieu est définitivement cachée à la nature, sans préjudice d'un autre mode de connaissance qui n'apparaît pas encore ; c'est pourquoi

> il est clair que, pour qu'en cette vie l'âme vienne à s'unir avec Dieu et à communiquer immédiatement avec lui, il lui faut de nécessité s'unir avec la ténèbre dont a parlé Salomon, en laquelle Dieu avait promis de demeurer, et se mettre en la nuée ténébreuse en laquelle il plut à Dieu de révéler ses secrets à Job, et *prendre en main* dans l'obscurité les cruches de Gédéon, pour tenir en ses mains (c'est-à-dire en les œuvres de sa volonté), la lumière, qui est *l'union d'amour*, quoiqu'obscurément en foi, pour que dès que se briseront les vases de cette vie qui *seuls retenaient la lumière de la foi*, [Dieu] se voit face à face, en gloire. [288]

C'est cette « prise en main » de l'entendement aveugle par la volonté qui indique l'attitude spirituelle de base ; ce qu'elle met en cause n'est pas la connaissance de Dieu, mais le fonctionnement naturel de l'entendement. Puisque

> la foi est obscure pour l'entendement, [289]

il faut bien que celui-ci s'en remette comme un aveugle qu'il est à quelqu'un qui voit clair. « S'en remettre » n'indique pas une démission ou un pis-aller pour l'âme, mais une volonté délibérée de ne pas faire comme si elle voyait, sachant que la loi de l'éblouissement lui interdit de voir autre chose que ce vers quoi elle ne veut plus marcher ; dès lors

---

288. 2S 9,4. Sur l'ambiguïté de certains textes de Jean de la Croix à propos du rapport entre vie mystique ici-bas et vie glorieuse au-delà, cf. le découpage de Ll 1,4 opéré par Ruiz Salvador (F.), *op. cit.*, pp. 668 s.

289. 1S 2,1 et *passim*.

> l'âme doit être obscure ou se mettre en obscurité de sa lumière pour qu'elle se laisse guider par la foi... en obscurité par rapport aux créatures,... et aussi doit-elle s'aveugler et s'obscurcir selon la partie rationnelle et supérieure..., [290]

autrement dit, par rapport à toute cette zone réflexe dans laquelle elle gouvernait l'univers ombratile de ses propres représentations. C'est pourquoi il lui faut finalement

> être en obscurité de tout ce qui peut entrer par l'œil, et de tout ce qui peut se recevoir par l'oreille et se peut imaginer par la fantaisie et comprendre avec le cœur. [291]

Mais dans cette remise délibérée est sauvé tout le fonctionnement raisonnable de l'âme. Loin d'être détruite, la raison ici est appliquée au gouvernement du territoire qui est le sien. Et c'est pourquoi Jean de la Croix pourra dire (à propos du choix d'un directeur spirituel) sans contradiction que « cet aveugle... doit surtout bien regarder ! » Dans le même passage (Ll 3,29-30), il souligne comme l'un des ressorts de la direction spirituelle que, si l'âme est aveugle quand il s'agit de « savoir *comme* Dieu est », elle sait cependant très bien « *ce que* Dieu est », science extérieure à son objet et qui relève comme telle du gouvernement de la raison.

Avançons d'un pas dans cette idée d'aveuglement pour voir qu'elle contient en germe sa propre illumination, et donc une alternative à la mort physique dans l'exaucement du désir de « voir » Dieu : l'éblouissement de la foi n'est pas seulement une question d'intensité lumineuse ; à y bien réfléchir, l'idée même d'intensité ne se soutient pas dans l'absolu, et lorsque Jean de la Croix l'a exploitée sur le registre tactile, c'était comme expression dynamique d'une croissance. Mais ici l'infinité immédiate de la lumière équivaut à une parfaite *simplicité*, sans différence de plus ni de moins, et partant elle est perçue sans possibilité de composition ni de division :

---

290. 2S 4,1-2.
291. 2S 4,4 ; cf. 1S 8,3 / 2S 3,6 / 3S 10,2 / 3S 19,3.

> cette notice étant d'autant plus pure et parfaite et simple, l'entendement la perçoit d'autant moins et elle lui paraît d'autant plus obscure.[292]

« Pureté », « perfection » et « simplicité » sont donc absolument liées et cette perfection de la lumière divine esquisse ici les deux composantes de toute perception visuelle : la luminosité et la forme de l'objet perçu. Pour l'instant, la forme est tout entière contenue dans la simplicité comme la luminosité l'est dans la limpidité, et pour autant tout ce qui est fonctionnement naturel, discursif, des puissances, trouble cette perception-limite par l'interposition de « nuages » de ce qui n'est pas Dieu :

> dès lors, si l'âme voulait comprendre et considérer des choses particulières, quand même seraient-elles des plus spirituelles, elle empêcherait la lumière limpide, simple et générale de l'esprit, mettant ces nuages au milieu d'elle.[293]

Refuser cette loi fondamentale est l'obstacle le plus important, le seul véritable obstacle à la vie mystique, et il ne semble pas exagéré de dire que, tant à l'intention des directeurs spirituels qu'à celle des âmes toujours tentées de

> revenir aux viandes et aux oignons qu'elles mangeaient autrefois en Égypte,[294]

ce soit l'affirmation de cette loi qui ait décidé la rédaction de toute la Montée du Carmel, de Nuit Obscure et d'une bonne partie des deux autres traités. Il faut à tout prix que l'âme reste dans cette lumière et qu'elle ne s'en forge pas une autre par réflexion qui la désorienterait ; son rôle est purement passif, même si, comme nous l'avons vu, il est conscient et responsable ; le tout est d'accepter de se laisser faire :

> il est seulement nécessaire, pour recevoir plus simplement et plus abondamment cette lumière divine, de ne se soucier

---

292. 2S 14,8
293. 2S 15,3.
294. 1N 9,5.

> d'interposer d'autres lumières plus palpables d'autres lumières ou formes ou notices ou figures de discours, parce que rien de cela n'est ressemblant à cette sereine et limpide lumière. D'où vient que si elle voulait alors entendre et considérer des choses particulières, pour spirituelles qu'elles fussent, cela empêcherait la limpide et simple lumière générale de l'esprit, interposant ces nuées : tout comme, à celui devant les yeux de qui on mettrait quelque chose en quoi sa vue s'arrêterait, on empêcherait la lumière et la vue de ce qui est au-delà. [295]

Aussi toute navigation à vue en matière mystique est-elle une contrefaçon, la plus périlleuse parce que la plus subtile étant ce que Jean de la Croix appelle la « mélancolie » [296], non plus sensation du vide de l'âme en suspens de toute activité réflexe, mais attachement morbide à un dernier rayon de lumière reflété au tréfonds de cette zone réflexe, si ténu qu'il pourrait justement être pris pour rien à l'instant où il polarise au contraire toute la conscience [297]. Or, fabriquer une fausse obscurité, c'est encore

295. 2S 15,3 ; LUCIEN-MARIE légèrement retouché p. 174.

296. Cf. 2S 13,6 / 1N 9,2.

297. Si nous écrivons « la plus périlleuse », c'est au titre des données de la vie de Jean de la Croix autant que de ses œuvres, et plus généralement en considérant la place que tient la « mélancolie » dans la littérature mystique. Le problème qu'elle pose est le suivant : comment distinguer le vide réflexe de la nuit mystique de la dépression nerveuse et de ses éventuelles fixations hystériques ? Problème considérable dans l'apostolat de Jean de la Croix : combien de fois ne le voyons-nous pas convoqué en même temps que les plus réputés directeurs de son temps au chevet de religieuses que l'on hésitait à classer parmi les mystiques, les possédés et les « mélancoliques » ? (cf. par exemple l'épisode de Marie de la Visitation lors du chapitre de Lisbonne en 1585 ; en GRISÓGONO de JESÚS, *Vida de San Juan de la Cruz*, Madrid, 1972, p. 258.) Pensons aux souffrances d'une sainte Thérèse devant ce genre de comité ! (cf. EFREN de la MADRE de DIOS y STEGGINK (O.), *Tiempo y vida de Santa Teresa*, Madrid, 1968, pp. 117 ss.) Face à ce problème, il donne des principes de discernement en 2S 13,6 et 1N 9,2, mais surtout il indique que là n'est pas le nœud de la question, car d'une part la « mélancolie » peut, comme tout attachement créé, être rectifiée par intégration à une intention droite et cesse alors d'être un obstacle à la vraie ténèbre de la foi ; vu son caractère excessivement pénible elle peut même constituer un terrain favorable (« la sécheresse purgative... quoiqu'elle soit parfois aidée de la mélancolie ou autre humeur — comme elle l'est très souvent — ne cesse pas pour autant d'exercer son effet purgatif... » — 1N 9,3) ; d'autre part, plus puissamment que toutes les psychanalyses du monde, la mise en lumière mystique de toute la structure mentale, que nous sommes en train de décrire, dénonce point par point les mythes par lesquels l'âme s'était isolée de la réalité ; c'est pourquoi la rectitude

retomber dans l'attachement à la faible dérivation intellectuelle de la lumière spirituelle, attachement portant peut-être sur l'infiniment petit, mais attachement naturel et non pas abandon. La vie mystique, faut-il le répéter, n'existe que « de substance nue à substance nue » entre Dieu et l'âme,

> par l'esprit pur en lequel il n'y a pas place pour la successivité du discours, [298]

et toute interférence des puissances de l'âme ou de tiers la détruit. Aussi la seule attitude cohérente de l'homme en cette entreprise est-elle bien de nier consciemment tout attachement à quoi que ce soit, ce qui peut se lire inversement comme « s'attacher à tout ce qui n'est pas quelque chose », c'est-à-dire à quelqu'un, à une personne, à Dieu, reconnu tôt ou tard sous son Nom lorsque les idoles auront été elles aussi toutes reconnues comme telles [299]. Nous retrouverons la dynamique du désir, et avec elle l'attirance d'une « pesanteur mystique » analogue à la pesanteur physique, comme seul moteur spirituel : il n'y a de véritable foi, cœur et charpente de la vie mystique, qu'infusée par Dieu.

---

d'intention du spirituel est infiniment plus sûre en définitive que toutes les tentations de discernement pour débarrasser l'âme de ses scories — normales ou pathologiques aux yeux des hommes —, en ce qu'elle aboutit à une réorientation de toute la vie mentale dans l'union mystique ; et au milieu d'un inventaire de toutes les composantes plus ou moins morbides des états d'âme non-mystiques (inventaire qui occupe tout 1N 1,8), Jean de la Croix est le premier à dire que là n'est pas l'important, car

> lorsque l'âme entrera en la nuit obscure, elle établira tous ces amours « en razón » ! (1N 5,8)

(cf. *supra,* p. 78.)

— Sur les aspects cliniques de la « mélancolie » plus ou moins mystique, on se reportera aux Études Carmélitaines XXII (1937), vol. II (et plus généralement aux publications nombreuses des Ét. Carm. sur le sujet). Mais l'ensemble de ce recueil passe par définition — et parfois fort consciemment (cf. Bruno de Jésus-Marie aux pp. 254-255), — à côté de la problématique de Jean de la Croix pour qui les catégories de normal et de pathologique ne sont finalement pas plus intéréssantes que celles de naturel et de surnaturel. Une fois encore, son anthropologie ne connaît qu'une division fondamentale : celle qui sépare le mondain du spirituel. Au-delà, il lui importe peu que le mystique soit malade ou bien portant, riche ou pauvre, marié ou célibataire.

298. 1N 9,8.

299. Cf. 1S 5,8, *supra,* p. 200, note 61. C'est là qu'intervient la Révélation du mystère du Christ en croix comme clef *culturelle* de la prise de conscience du *Nom* du véritable Dieu.

Quelles sont les étapes de cette infusion, et comment peut jouer de l'extérieur l'accompagnement culturel, la révélation du Nom de Dieu, proposé par Jean de la Croix ?

Une fois formellement disposée à la volonté de Dieu, ce qui, dans une chronologie spirituelle idéale correspond à une première réponse aux sollicitations divines avec le temps qu'elle suppose (ce « noviciat » est celui des « principiantes »[300]), l'âme atteint un dangereux palier : celui de la satisfaction procurée par cette nouvelle harmonie intérieure. Le risque d'attachement à la sainteté est d'autant plus grand que son objet est plus noble, et il en sera ainsi à tous les paliers de la prise de conscience mystique, moments de satisfaction devant un *résultat*, et donc moments statiques de retour réflexe extrêmement agréable sur le chemin parcouru :

> l'âme ne ressent pas toujours l'inflammation d'amour, mais seulement quelquefois, *lorsque la contemplation cesse de l'investir si fortement,* parce qu'alors l'âme a le loisir de voir et aussi de jouir du travail qui est en train de se faire car il lui est découvert ; parce qu'il lui semble que l'on cesse le labeur et que l'on retire le fer de la forge pour qu'apparaisse de quelque façon le travail que l'on est en train d'exécuter ; et alors l'âme a le loisir de pouvoir constater en elle-même le bien qu'elle ne voyait pas lorsque le labeur était en cours.[301]

Mais pendant ce temps, l'âme n'avance pas et se ressaisit au contraire, comme refroidit le fer retiré de la forge, ce qui est peut-être nécessaire pour reprendre haleine mais introduit aussi le danger de s'approprier, et donc de perdre, la présence de Dieu qui est en acte ou qui n'est pas. Et c'est pourquoi, en pleine euphorie psychologique,

> lorsque [ces débutants] marchent en ces exercices spirituels tout à fait selon leur saveur et leur goût, et lorsque le soleil

300. 1N 8,4. Jean de la Croix indique qu'il est plus rapide pour « la gente recogida », c'est-à-dire pour les gens retirés du siècle, que pour les autres, mais que personne n'en est exclu a priori.
301. 2N 10,6.

> des divines faveurs leur semble luire en elle tout à fait clairement, *Dieu* leur obscurcit toute cette lumière et leur ferme la porte et la source de la douce eau spirituelle qu'ils étaient en train de goûter en Dieu toutes les fois et aussi longtemps qu'ils le voulaient... et ainsi les laisse-t-il dans une telle obscurité qu'ils ne savent pas par où aller moyennant le sens de l'imagination et du discours.[302]

Dieu *seul* agit ici, et sans prévenir : nous retrouvons l'absolue nouveauté liée à l'absolue passivité de toute expérience mystique. Mais en fermant la porte et en éteignant les lampes, Dieu met l'âme en demeure d'errer selon l'imagination et le discours qui ne sont pas détruits pour autant, nous l'avons déjà souligné. Et que trouve-t-elle en errant ? non pas la lumière du soleil — elle en est éblouie —, mais tout ce qui n'est pas elle et sur quoi elle se reflète; et voyant bien que ce n'est pas cela qu'elle cherche, elle le renie au fur et à mesure qu'elle le trouve, le faisant du même coup changer de signe spirituel et passer de l'opacité à la transparence puisque cette négation indique à chaque fois un obstacle de moins à la lumière de la foi.

Il suit de là une constatation de première grandeur sur l'unité du processus spirituel, non seulement du côté de Dieu, mais également du nôtre, même si tout progrès comporte une sensation de rupture et d'absolue nouveauté par rapport au cours ordinaire de la conscience : cette errance de l'âme indique en effet que si ce que nous avons appelé la « pesanteur mystique » est le seul moteur spirituel, l'imagination et l'entendement fonctionnent aussi bien après — quoique sur un autre objet — qu'avant l'entrée dans la nuit contemplative. Si Dieu donne immédiatement à l'âme toute sa force, c'est à la manière dont le poids d'une horloge fournit à son mécanisme la force de fonctionner, et de fonctionner selon un mouvement alternatif marche/arrêt-marche/arrêt etc. De même est-ce à travers tous les rouages de l'activité mentale que la pesanteur mystique intègre dans le mouvement de descente du poids la résultante d'une multitude de forces, de masses en mouvement alternatif. Dans ce mouvement alternatif, le moment dynamique du pendule

302. 1N 8,3 ; cf. 1N 11,3 etc.

oscillant révèle en la développant l'énergie potentielle contenue dans son instant statique en bout d'oscillation ; de même l'instant où l'activité réflexe de l'âme se renie elle-même par déception dénonce-t-il la vérité lumineuse de ce qu'elle vient de renier[303]. Ainsi l'âme amène-t-elle peu à peu à la transparence toutes ses composantes, toutes les « taches de la vitre », jusqu'à ce qu'elle réfracte totalement la lumière divine. Voilà l'hyperlucidité qui accompagne la foi : elle naît de l'obligation d'errer réflexivement sous le coup de l'éblouissement.

Cette hyperlucidité est équivalemment la sensation croissante de l'incapacité radicale de la réflexion à se porter sur un objet divin, c'est-à-dire de la contradiction existant entre les termes d'« objet » et de « divin », et donc sensation que le monde objectif n'est tel que grâce à une convention secrète entre ce que l'âme appelle réflexivement sa volonté et son entendement, de s'exercer hors de la réalité, sensation d'avoir vécu pour la fabrication d'un monde de signe opposé à celui que baigne la lumière de la foi, monde qui se révèlera bientôt comme l'envers de la Sagesse de Dieu, c'est-à-dire de forme identique mais d'orientation contraire :

> l'entendement n'a pas capacité pour recevoir l'illustration de la Sagesse de Dieu, tout comme l'air enténébré n'a pas capacité pour recevoir celle du Soleil.[304] ;

cette sensation révèle finalement un égocentrisme — terme spirituel avant d'être moral — mesuré par le degré d'organisation que l'âme imposait autour d'elle-même grâce à ces facultés, selon des cercles concentriques que la pénétration du rayon de ténèbre retourne les uns après les autres :

> pour que les actes et mouvements intérieurs de l'âme parviennent à être mûs divinement par Dieu, ils doivent

303. Cf. *supra*, p. 123. Développant cette comparaison, nous dirions volontiers que Dieu a remonté la pendule au jour de notre création ; tout était là : la durée possible du mouvement, les rouages du mécanisme, etc. Restait à *révéler* cette durée en la développant sur un certain nombre de tours de cadran, développement au cours duquel une seule chose ne dépend pas de Dieu : la main qui lancera ou arrêtera le va-et-vient du balancier.

304. 1S 8,2.

> d'abord être obscurcis et endormis et pacifiés de toute son habileté et opération naturellement.[305]

Et de l'extérieur à l'intérieur, nous retrouverons les zones psychologiques qui nous avaient guidé dans la reconnaissance de la structure fondamentale de l'anthropologie de Jean de la Croix[306], au fur et à mesure que la foi va les pénétrer : sens corporels extérieurs[307], imagination[308], entendement[309], mémoire[310], volonté[311], celle-ci constituant le pôle autour duquel se cristallisent toutes les données de la vie mentale ; c'est elle qui indique les attachements que la foi vient détacher et intégrer dans sa lumière ; et nous retrouvons là aussi, de la plus extérieure à la plus intérieure, les régions du monde objectif que le mécanisme du désir nous avait fait traverser au fur et à mesure de la négation de ses satisfactions finies, et qui vont maintenant passer à la réfraction : biens temporels[312], biens naturels[313], biens sensuels[314], bien moraux[315], biens préternaturels[316], biens spirituels enfin[317], le dernier attachement étant celui de l'âme à son propre progrès.

---

305. 2N 16,6.
306. Cf. *supra*, pp. 47 ss.

> ... l'obscurité dont parle ici l'âme est à l'égard des appétits et puissances sensitives, intérieures et spirituelles, qui s'obscurcissent toutes de leur lumière naturelle en cette nuit, afin que, se purifiant à son égard, elles puissent être illuminées à l'égard du surnaturel. Parce que les appétits sensitifs et les spirituels sont endormis et amortis sans pouvoir goûter d'aucune chose, ni divine ni humaine ; les affections de l'âme, opprimées et serrées, sans pouvoir se mouvoir et sans trouver appui en rien ; l'imagination, liée sans pouvoir faire un bon discours ; la mémoire, effacée ; l'entendement, obscurci, sans pouvoir entendre chose qui soit ; et par conséquent aussi la volonté sèche et serrée, et toutes les puissances vides et inutiles ; et sur tout cela une épaisse et pesante nuée sur l'âme qui la tient angoissée et comme éloignée de Dieu. En cette façon, « à l'obscur », elle dit qu'elle allait « en assurance ». (2N 16,1 ; LUCIEN-MARIE p. 463.)

307. 2S 11-17.
308. 2S 12 / 2S 16-22 / 3S 12-13
309. 2S 8-11 / 2S 23-32.
310. 3S 2-11 / 3S 14-15.
311. 3S 16-45.
312. 3S 18-20.
313. 3S 21-23.
314. 3S 24-26.
315. 3S 27-29.
316. 3S 30-32.
317. 3S 33-45.

Ce retournement optique correspond donc simultanément à la passivité croissante de l'âme en même temps qu'à sa libération croissante et qu'à sa prise de conscience croissante de la réalité spirituelle, attitude confiante de l'aveugle d'autant plus agile et sûr de lui qu'il se laisse plus volontiers mener par son guide. Mais comme l'aveugle ne peut pas vérifier d'abord le chemin et faire confiance ensuite au guide, ce n'est que de l'extérieur que l'on peut l'encourager, au nom d'une clairvoyance indémontrable, à s'abandonner à Dieu ; rassurer l'aveugle, tel est l'objet de tout Nuit Obscure, avons-nous déjà vu [318] : Jean de la Croix ne cesse de lui répéter de ne pas s'inquiéter, de ne pas se désoler, mais surtout de ne pas tricher, car

> ordinairement l'âme n'erre jamais si ce n'est par ses appétits, ou ses goûts, ou ses discours, ou ses intelligences, ou ses affections ; car d'ordinaire en cela elle excède ou fait défaut, ou varie, ou divague, ou donne et s'incline en ce qui ne convient pas. D'où il est clair qu'une fois retenus toutes ces opérations et ces mouvements, l'âme reste à l'abri d'errer en eux, car non seulement elle se libère d'elle-même, mais aussi des autres ennemis que sont le monde et le démon, lesquels, une fois apaisées les affections et opérations de l'âme, ne peuvent lui faire la guerre par un autre côté ni d'une autre manière. [319]

Il n'y a qu'une porte à l'âme : ses affections et opérations. Quant à Dieu, il n'a pas besoin de porte puisqu'il demeure à l'intérieur. Aussi est-ce sur cette idée d'un nécessaire aveuglement de l'âme par rapport à elle-même — en tant que sa réflexion intervient de l'extérieur —, mais aussi par rapport aux autres hommes et aux anges, bons et mauvais, que se greffe toute la technique de direction spirituelle : son principe est de maintenir l'aveugle dans son aveuglement, de lui redire sans fin que là est sa sécurité, sinon son confort, de ne le confier ni aux « consolateurs de Job » [320], ni à lui-même, ni aux anges, car même alors,

---

318. Cf. *supra,* pp. 228-229.
319. 2N 16,2 ; cf. 2S 3,6 / 2S 4,2 / 3S 10,2 / 2N 8,4 / 2N 9,3 / 2N 16,7.
320. S Prol 4.

> lorsque Dieu visite l'âme moyennant le bon ange... l'âme ne va pas si complètement en obscurité et en cachette que l'ennemi ne l'approche quelque peu,[321]

puisque le propre de la ténèbre est d'être *sans aucun recours* psychologique.

Décrire la direction spirituelle selon Jean de la Croix déborderait notre enquête anthropologique, mais il en fait partie de constater que cette dénonciation des faux guides de l'âme repose sur l'affirmation que la vie mystique est *tout autre chose que tout le reste* et donc qu'elle ne peut s'inventer :

> si l'on expliquait à un aveugle de naissance comment est la couleur blanche ou jaune, malgré tout ce qu'on lui dirait, il ne comprendrait pas davantage ceci plutôt que cela.[322]
> ... il est impossible [à l'âme] de lever les yeux vers la lumière divine ni de se mettre à la penser, car elle ne sait pas comment elle est, ne l'ayant jamais vue ; et pour autant elle ne pourra pas non plus en avoir envie : elle aurait plutôt envie de la ténèbre puisqu'elle sait comment elle est, et elle ira de ténèbre en ténèbre, guidée par cette ténèbre.[323]

Le directeur spirituel ne peut donc pas plus que le spirituel lui-même suppléer à cette obscurité qui est celle de la foi :

> l'entendement doit être aveugle et dans l'obscurité *en foi seule.*[324] ;

et pour autant l'âme

> ne trouve ni consolation ni soutien en aucune doctrine ni en un maître spirituel.[325] ;

et c'est ce refus de tout autre secours que celui *purement intérieur* de la foi que doit entretenir *de l'extérieur* le directeur spirituel :

---

321. 2N 23,11.
322. 2S 3,2.
323. Ll 3,71.
324. 2S 9,1.
325. 2N 7,3.

> l'aveugle, s'il n'est pas bien aveugle, ne se laisse pas bien guider par le conducteur d'aveugle.[326]

Or, il n'y a qu'un « mozo de ciego », Dieu lui-même :

> Dieu est ici le maître et le guide de cet aveugle qu'est l'âme.[327]

La lumière divine, tout comme le désir dont elle est la transparence, est à elle-même son propre chemin. Aussi le fait même de la direction spirituelle, dont Jean de la Croix ne conteste pas la nécessité, est-il paradoxal : la découverte que Dieu est le seul guide et que l'itinéraire de l'âme est purement intérieur, ne se fait pas sans le secours extérieur de quelqu'un qui confirme et qui rappelle sans cesse à l'âme que cette loi est absolue :

> L'âme *a besoin* d'une *doctrine* sur les choses qui lui arrivent...[328]

Avec cette entrée de l'âme dans l'obscure clarté de la foi, nous avons posé les conditions de son passage à la réfraction

---

326. 2S 4,3 ; « conducteur d'aveugle » = « mozo de ciego », le jeune garçon qui accompagnait l'aveugle à une époque où l'on n'utilisait pas encore notre « chien *d'aveugle ». (Cf. le Lazarillo de Tormes* d'un anonyme du XVI$^{e}$ siècle.)

327. 2N 16,8 ; cf. 2N 16,7 / Ll 3,29 / Ll 3,67.

328. 2S 22,17. Ce paradoxe, *tous* les spirituels l'affirment : la vie mystique n'est certes pas autarcique et indépendante, mais *séparée* au sein d'un groupe déterminé ; la raison en est toujours *l'équivalence même du fait linguistique et du fait spirituel* : « ce qui arrive à une âme » indique un passage d'un fait à la conscience du fait, et donc l'entrée dans un certain langage. A proprement parler, il n'« arrive » quelque chose que par rapport à une unité psychologique structurée dans laquelle le « fait » émerge comme un événement. Or nul n'est propriétaire de son langage : il est, *ex natura sua,* « en relation ». Et c'est pourquoi l'événement, pour être tel, suppose de près ou de loin une confrontation sociale, *non pas vérification d'un contenu*, mais *du caractère absolument nouveau*, « authentique », de l'organisation du discours qu'il a suscité à l'intérieur d'une langue donnée.
Il va de soi que cette confrontation suppose aussi que son miroir soit conscient du jeu linguistique, de sa nature spirituelle, de telle sorte qu'aucune interférence, aucun accommodement n'ait lieu entre cette organisation nouvelle et d'autres, peut-être fort ressemblantes en surface, mais structurellement dépendantes d'une appréhension répétitive du monde. Peu importe que ce miroir soit parlé ou écrit, qu'il date du XVI$^{e}$ ou du XX$^{e}$ siècle, ce qui compte est qu'il soit conscient d'être tel, et donc qu'il soit *quelqu'un* et non pas quelque chose.

spirituelle. Voilà qui nous amène au seuil d'un second retournement optique intérieur au premier : l'illumination de cette foi par intégration d'une nouvelle réflexion dans cette réfraction, ce que nous avons annoncé comme le « scintillement » de l'univers dans l'âme.[329]

Mais la question fondamentale posée par ce premier retournement reste entière[330] : pourquoi tant de détours, pourquoi cet égarement de l'âme dans la région des reflets alors que le départ de la vie spirituelle comporte son aboutissement ? Pourquoi la nuit si tout est lumière ? Questions aussi vaines qu'inévitables, comme toutes celles qui portent sur le fait même de questionner : si la réalité est donnée en même temps que son désir, la longueur de sa découverte fait aussi partie de l'univers mythique que l'âme se forge en vertu de son pouvoir de dissemblance. Supposée donnée la lumière divine,

> l'âme est aveugle [*au sens d'« égarée »*] lorsqu'elle se trouve en péché ou lorsqu'elle emploie son appétit en autre chose, et, quoiqu'alors la lumière de Dieu l'investisse, comme elle est aveugle, elle ne la voit pas.[331]

Il n'y a donc de contraste et donc d'objectivation des données immédiates de la conscience que parce qu'il y a une résistance du péché et de ses désordres ;

> [jusqu'à la fin de la nuit,] demeurent en l'esprit les taches du vieil homme, quoiqu'elles ne lui apparaissent pas à lui et qu'il ne réussisse pas à les voir. Si celles-ci ne s'éliminent pas moyennant le savon et la forte lessive de la purgation de cette nuit [*voilà la venue de la vitre à la transparence par « lessivage » !*], l'esprit ne pourra pas venir à la pureté de l'union divine.
>
> Ceux-ci [= *ceux qui ne sont pas encore sortis de la purgation*] ont aussi l'« hebetudo mentis » et la grossièreté naturelle que tout homme contracte moyennant le péché, ainsi que l'extraversion et l'extériorité de l'esprit ; et il

329. Cf. *supra*, p. 276.
330. Cf. *supra*, pp. 268 ss.
331. Ll 3,70.

> convient que tout cela s'illumine, s'éclaircisse, et se recueille moyennant la peine et la contrainte de cette nuit.[332]

Le contraste sur lequel joue tout discours n'existe donc que pour une âme *en train* de passer de son infirmité native, que Jean de la Croix attribue clairement au péché originel (il parle bien d'une incapacité *naturelle*, étendue *à tout homme*[333]), à la conscience mystique ; il n'y a de contraste que *dynamique*. Si l'âme était enfermée dans le péché ou si elle en était parfaitement libre, il n'y aurait ni histoire, ni littérature parce qu'il n'y aurait pas de *principe de différence*, et donc pas de langage. Le noir est nécessaire au blanc ; encore une fois, la situation de fait recouvre une situation de droit : on n'écrit que dans la « région de la dissemblance », car dans celle de la ressemblance, l'expérience mystique est à elle-même sa propre expression comme incarnation de la Sagesse même de Dieu venant habiter au cœur de l'homme par l'opération du Saint-Esprit, aux frontières de laquelle toute littérature vient mourir, et

> dans cette aspiration… je ne voudrais pas parler et même je ne le veux, car je vois clairement que je n'ai pas de quoi savoir le dire, et si je le disais il semblerait que ce soit tel. Car c'est une aspiration que Dieu fait à l'âme, et en cela, par ce réveil de la haute connaissance de la Déité, il aspire à l'âme l'Esprit Saint avec la même proportion qui fut celle de l'intelligence et connaissance de Dieu ; et en cela il absorbe l'âme très profondément en l'Esprit Saint, l'énamourant avec art et délicatesse divine, selon ce qu'elle a vu en Dieu ; car, l'aspiration étant pleine de bien et de gloire, l'Esprit-Saint remplit l'âme en elle de bien et de gloire, et en cela il l'énamoura de lui au-dessus de toute langue et de tout sens dans les profondeurs de Dieu[334]

---

332. 2N 1,1-2.

333. Il est important de remarquer ici le flottement du terme « naturel » : au-delà de son usage théologique classique analysé dans notre troisième lecture (selon le couple naturel/surnaturel), il désigne l'homme concret et historique, sans idée d'une éventuelle « nature pure ». Cf. *infra*, pp. 324 s.

334. Ll 4,17. Ainsi s'achève Vive Flamme, et avec elle l'œuvre entière de Jean de la Croix.

e) *L'âme réfléchissante*

Nous avons déjà vu l'ouverture de la conscience à une re-signification de la réalité lorsque celle-ci découvre toute sa consistance en la Sagesse de Dieu [335]. Ce qu'il nous faut analyser ici, c'est son expression comme phénomène *visuel*. Nous avons vu également que la comparaison d'une vitre empoussiérée permettait de penser simultanément l'invisible clarté de la foi et son illumination comme la réfraction du verre et le scintillement des poussières qu'il contient, et ce faisant nous avons indiqué le point de départ d'un réfléchissement de la lumière divine selon la structure propre de l'âme à l'intérieur de la foi [336]. Si nous considérons la nouvelle position de l'observateur supposée par cette double saisie de Dieu, nous constatons qu'après avoir erré dans les ténèbres, il se trouve tout à coup plongé dans la lumière. Non pas qu'il échappe de nouveau à la foi, mais une perception « tout autre » vient l'illuminer, *de l'intérieur* cette fois-ci :

> jusqu'à ce que le Seigneur dise « Fiat lux », les ténèbres recouvraient la face de l'abîme de la caverne du sens de l'âme… [337]
> … Par « sens de l'âme », il faut entendre ici la vertu et la force que possède la substance de l'âme pour sentir et goûter les objets des puissances spirituelles, moyennant quoi elle goûte la Sagesse et l'amour et la communication de Dieu. [338]

Ce qui est nouveau n'est donc pas la capacité de l'âme, mais sa découverte : elle se révèle subitement « capax Dei », capable de goûter Dieu et pas seulement de savoir qu'il y a un Dieu au terme de sa foi [339]. Et c'était déjà sur cette capacité fondamentale

335. Cf. *supra*, pp. 135 ss.
336. Cf. *supra*, pp. 272 ss.
337. Ll 3,71.
338. Ll 3,69.
339. Cependant, cette soudaineté est toujours à penser comme une discontinuité de *niveaux* plus que de chronologie, même si les contraintes d'écriture invitent à exprimer celle-là par celle-ci ; en effet, aucun état spirituel précédant la consommation du mariage mystique n'est absolument pur d'un autre état, pas plus qu'il n'en est la condition, et en ce sens il est juste de dire que si la vie mystique n'a rien à voir avec ce qui n'est pas elle, elle connaît cependant une

qu'avant l'union mystique se greffaient les intermèdes dans la nuit[340], et surtout les « attouchements » qui découvrent comme des éclairs et révèlent au milieu des ténèbres un paysage que le jour qui va venir dévoilera définitivement :

---

progression. Ainsi, par exemple, la nuit purgative n'est-elle jamais si obscure que la présence de Dieu ne soit perçue comme beaucoup plus fondamentale que son absence, *mais à un autre niveau,* ce que démontre la contre-épreuve :

> au milieu de ces peines obscures et amoureuses, l'âme ressent une certaine compagnie et force en son intérieur, qui l'accompagne et lui donne tant de force qui si ce poids de rude ténèbre cesse pour elle, elle se sent très souvent seule, vide, et faible ; et la cause en est alors celle-ci : comme la force et l'efficace de l'âme étaient imprimées et communiquées passivement depuis le feu ténébreux d'amour qui l'investissait, il s'ensuit qu'en cessant de l'investir, la ténèbre et la force et chaleur d'amour cessent en l'âme. (2N 11,7.)

Et inversement :

> quoique l'âme jouisse très abondamment durant ces intervalles [entre les maux de la nuit] (à tel point... qu'il lui semble parfois qu'ils ne vont plus revenir), malgré tout, lorsqu'ils vont bientôt revenir, elle ne laisse de ressentir... une racine qui demeure, qui ne permet pas de jouir en plénitude, car il semble qu'elle menace de revenir investir [l'âme]. (2N 10,9 ; cf. 2N 7,6.)

De même l'image de l'aurore comme intermédiaire entre le jour et la nuit montre-t-elle que si, sous un aspect, la vie mystique est tout ou rien, par ailleurs ce tout ou rien peut se lire comme une évolution différenciée, comme une intégration progressive des autres niveaux d'existence :

> [*sur le vers : « la nuit sereine à l'approche des lueurs de l'aurore »*] Cette nuit sereine, [l'épouse] dit qu'elle est, non pas de telle manière qu'elle soit comme une obscure nuit, mais comme la nuit atteignant déjà les lueurs du matin ; car ce repos et cette quiétude en Dieu n'est pas absolument obscur à l'âme comme une obscure nuit, mais repos et quiétude en lumière divine en connaissance nouvelle de Dieu, en quoi l'esprit est très suavement tranquille, élevé à la lumière divine. Et c'est bien proprement qu'elle appelle ici cette lumière divine « lueurs de l'aurore », ce qui veut dire le matin, car de même que les lueurs du matin chassent l'obscurité de la nuit et découvrent la lumière du jour, de même cet esprit reposé et tranquille en Dieu est élevé de la ténèbre de la connaissance naturelle à la lumière matutinale de la connaissance surnaturelle de Dieu, non pas claire, mais — comme on a dit — obscure, comme une nuit « à l'approche des lueurs de l'aurore » ; car de même que la nuit à l'approche de l'aube n'est ni absolument nuit, ni absolument jour, mais, comme on dit, entre deux lueurs, de même cette solitude et repos divin n'est pas informé avec toute clarté par la lumière divine, ni ne laisse d'en participer un peu. (Ct 14,23 ; cf. 2S 2,1.)

Autant qu'un progrès linéaire et chronologique, cette compénétration de la nuit et du jour évoque le processus *d'osmose* entre les niveaux substantiel et non-substantiel de l'existence de l'âme que nous analysions plus haut (cf. *supra,* pp. 69 ss.), et *la diffusion* à travers toutes les zones anthropologiques de l'inflammation de la blessure d'amour. (Cf. *supra,* pp. 221 ss.)

340. Cf. 2N 7,4.

> [*à propos des visions spirituelles*]... cela survient parfois comme si une porte très claire s'ouvrait à l'âme, et qu'elle voyait à travers elle une lumière comme un éclair, illuminant subitement les choses en une nuit obscure, et les faisant voir clairement et distinctement, et les replongeant immédiatement dans l'obscurité, quoique les formes et figures de ces choses demeurent en la fantaisie. [341]

Certes, cette illumination est absolue, mais elle reste intérieure à l'âme qui se trouve tout à coup, momentanément ou définitivement, contenir l'univers entier en contenant la Sagesse de Dieu ; et restant intérieure à l'âme elle reste intérieure à la foi qui définit globalement la disproportion entre la puissance créaturale (pour éviter de dire « naturelle » et de penser « non-surnaturelle ») de l'homme et l'infinitude de Dieu ; et c'est en ce sens que la vie mystique reste intérieure à la vie théologale [342], même si elle lui confère cette qualité « tout-autre ».

L'important ici est de saisir la portée de l'appellatif de la deuxième personne de la Trinité comme *Sagesse*. Nous avons vu plus haut [343] que l'union mystique est union à la Sagesse de Dieu, c'est-à-dire pour Jean de la Croix comme pour la plus antique tradition trinitaire [344], à Dieu en tant qu'il dispense en nous sa divinité par l'incarnation du Verbe. Nous rencontrons le Père dans son Fils *en tant* que « in ipso habitat omnis plenitudo divinitatis *corporaliter* » [345], et nous avons vu comment l'union à la Sagesse de Dieu fait du spirituel le ministre de cette « dispensatio » de la plénitude de la divinité dans la création et dans l'histoire, qui sont identiquement les mystères du Christ réalisés en son corps mystique [346]. Si l'union se fait « par ressemblance », c'est que l'âme épouse exactement les contours de cette économie de la Sagesse divine ; elle en portait l'esquisse par création (« Quod factum est, in ipso vita erat » [347]), elle en prend conscience dans l'expérience mystique :

341. 2S 24,5.
342. Cf. *supra,* pp. 253 ss.
343. Cf. *supra,* pp. 135 ss.
344. Cf. *supra,* p 254.
345. Col 2,9 en 2S 22,6 ; cf. 2S 22,5.
346. Cf. *supra,* pp. 253 s ; nous retrouvons le point de départ d'une « ecclésiologie mystique » ; cf. *supra,* p. 145.
347. Cf. *supra,* p. 138, note 142.

> … et il ne faut pas comprendre qu'en ce que l'on dit ici que ressent l'âme, il en est comme de voir les choses *en* la lumière, ou les créatures *en* Dieu, mais que dans cette possession, elle sent que Dieu lui *est* toutes les choses.[348]

Il n'y a plus ici de recul entre Dieu et l'âme ; elle ne sent plus les choses, mais elle sent Dieu dans la modulation de sa « dispensatio ». Le mystique n'occupe pas d'autre place ici que celle du Christ, tourné à la fois vers le Père comme vers son origine au matin de l'éternité, et vers le monde comme vers son achèvement au crépuscule :

> « Allons-nous en… à la montagne ou à la colline », c'est-à-dire à la connaissance matutinale, comme disent les théologiens, qui est connaissance en le Verbe divin et que l'épouse entend ici par « la montagne » — car le Verbe est très haute sagesse essentielle de Dieu — ; ou allons-nous-en à la connaissance du soir, qui est sagesse de Dieu en ses créatures et en ses œuvres et en ses admirables dispositions, ce qui est signifié ici par « la colline », laquelle est plus basse que la montagne.[349]

La Sagesse considérée dans son essence ou développée dans la « dispensatio » est donc intérieure au mystique ; nous retrouvons l'un de nos points de départ : où se cache le Père ? dans son Fils. Et où se cache le Fils ? ni au matin ni au soir de l'éternité, mais au midi où le Père l'engendre au cœur de l'homme[350]. C'est de là que l'épouse regarde vers l'un et vers l'autre, c'est en elle que se joue l'économie divine. Ce regard, ce que l'anti-anthropologie appelait « entendement » l'ébauchait : tout homme créé à l'image de Dieu est capable de lire, mais comme de l'extérieur et dans un miroir, les contours, les traces, de la Sagesse de Dieu dans le monde et son histoire. Dans l'expérience mystique, cette capacité

---

348. Ct 13,5.
349. Ct 35,6.
350. Cf. *supra,* pp. 253 ss. — Ici affleure le thème, essentiel pour toute la tradition spirituelle, de l'âme humaine comme lieu de la génération actuelle du Verbe incarné. Pour découvrir tout le relief que pouvait y voir Jean de la Croix, cf. RAHNER (H.) *Die Gottesgeburt - Die Lehre der Kirchenväter von der Geburt Christi im Herzen des Gläubigen,* en Zeitschrift für Kath. Theologie 59 (1935), pp. 333-418.

n'opère plus de l'extérieur, mais de l'intérieur, non plus *sur* mais *dans* la Sagesse, non plus par abstraction contrastante dans la projection d'un champ de possibilité d'un monde fini, mais par scintillement en elle de la divinité, en acte perpétuel, cueillant la réalité dans sa nouveauté permanente et gracieuse :

> En ce repos, l'entendement se voit élevé avec étrange nouveauté à la lumière divine au-dessus de tout entendre naturel, tout comme celui qui après un long sommeil ouvre les yeux à la lumière qu'il n'attendait pas… ; dans cette notice de la lumière divine, l'âme se met à voir une admirable convenance et disposition de la Sagesse en les différences de toutes ses créatures et œuvres, toutes et chacune d'elles dotées d'une certaine correspondance en Dieu. [351]

La Sagesse est donc elle-même le principe de différenciation à l'intérieur de l'expérience mystique, et cela parce qu'il n'y a pas d'autre *forme* en Dieu que son Verbe, à l'image et pour la ressemblance duquel nous avons été créés. Les particules et les défauts de la vitre qui définissaient la structure propre de l'âme sont aussi bien le mode particulier de cette sagesse à laquelle elle se découvre conforme :

> [l'âme ] se voit et se sent pleine des richesses de Dieu, [352]

non seulement en ce qu'elle les contient toutes, mais en ce que, dépositaire de la vie divine, il dépend d'elle de la distribuer selon l'économie de ses mystères :

> cette âme est celle en laquelle est faite la source, « dont l'eau, dit le Christ en Saint-Jean, jaillit en vie éternelle » (*Jn* 4,14). [353],

passage dont la portée ressort du rapprochement avec le commentaire à Jn 19,34 :

---

351. Ct 14,24-25 ; cf. *supra,* p. 255 et *infra,* p. 307.
352. Ct 29,11.
353. Ct 29,11 ; cf. Ct 11,3 / LI 3,8.

> c'est sous l'arbre de la Croix que moi je t'ai donné la vie.

La vie divine confiée au mystique sur la Croix, le Père engendrant le Fils sur la Croix, la Croix midi de l'éternité : toute l'économie divine s'emboite parfaitement dans cette image solaire. Nous verrons l'image nuptiale en développer les dernières conséquences, lorsque l'âme trouvera sa joie à donner Dieu à Dieu à la mesure de Dieu [354] ; l'analyse du désir y aboutissait et l'image de la flamme [355] nous a déjà permis de penser la distinction de l'âme et de Dieu dans cette réciprocité selon un jeu optique extrêmement subtil, jeu d'ombres lumineuses : au moment où la divinité devient le bien propre de l'âme, celle-ci est vue par Jean de la Croix comme une petite lumière à l'intérieur d'une grande, s'en appropriant toute la puissance sans pour autant se fondre en elle. Il ne s'agit pas d'une destruction mais d'une suractivation de la conscience dont l'existence non-mystique ne révèle qu'un pâle reflet, de structure identique mais de qualité infiniment inférieure à l'appréhension directe de la réalité dont elle est capable. Il suffit pour cela de

> désembarrasser et vider et faire nier aux puissances leurs juridiction et opérations naturelles pour que soit ménagé l'espace à ce qu'elles soient infusées et illustrées par le surnaturel. [356]

A partir de là, la mémoire cesse d'être une réserve du passé pour devenir présence actuelle à l'éternité de la Sagesse de Dieu, l'imagination et l'entendement cessent d'élaborer un monde objectif inexistant pour devenir forme même de cette Sagesse, et la volonté se dilate à la dimension de l'amour de Dieu pour lui-même :

> les opérations de la mémoire et des autres puissances en cet état sont toutes divines, car, Dieu possédant les puissances en seigneur absolu par leur transformation en lui, c'est lui-même qui les meut et gouverne divinement selon son

354. Cf. *supra,* p. 134.
355. Cf. *supra,* pp. 112-113.
356. 3S 2,2.

> esprit divin et sa volonté... comme dit saint Paul : « celui qui s'unit à Dieu se fait un seul esprit avec lui » ; de là vient que les opérations de l'âme unie [à Dieu] sont de l'esprit divin et sont divines.
>
> Et de là vient que les œuvres de telles âmes sont seulement celles qui conviennent et sont raisonnables, et non pas celles qui ne conviennent pas ; car l'esprit de Dieu leur fait savoir ce qu'elles doivent savoir et ignorer ce qu'il leur convient d'ignorer, et se souvenir de ce dont elles doivent se souvenir... et oublier ce qu'il faut oublier, et il leur fait aimer ce qu'elles doivent aimer et ne pas aimer ce qui n'est pas en Dieu... ; et il n'y a pas de quoi s'étonner de ce que les mouvements et opérations de ces puissances soient divins, puisqu'elles sont transformées en l'être divin. [357]

A travers la nuit, la conscience s'est donc complètement retournée dans son univers : elle n'est plus conscience du monde avec Dieu à l'horizon mais conscience de Dieu avec le monde à l'horizon. La structure n'en a pas varié puisque les contours du monde sont ceux de la Sagesse de Dieu, mais le point de vue s'est déplacé de 180° : du couchant de la nuit tombante il est passé à l'éveil de l'aurore, passage de la fin au début, de l'aval à l'amont, des effets aux causes, de la mort à la vie.

Ceci dit, le respect et la restauration intégrale de l'être psychologique du spirituel — quel que soit le modèle employé par Jean de la Croix pour le décrire — indique bien que rien ne vient corriger la disproportion créaturale entre l'âme et Dieu, et en ce sens la nuit de la foi reste le milieu dans lequel s'opère ce retournement. Mais cette nuit n'a plus guère d'importance que pour l'observateur extérieur, car pour l'âme, Dieu et sa lumière lui sont tout entier intérieurs, sans que se pose le problème insoluble d'une saisie réflexe, objective, de l'infini. Aussi bien n'est-elle plus nuit de l'angoisse et du néant, mais « nuit sereine » [358], nuit pour le regard réflexe, théologique, mais sereine pour la conscience immédiate qui baigne dans la clarté et la distinction divines. Et c'est pourquoi, investie par cette

357. 3S 2,8-9.
358. Cf. Ct 38.

lumière, l'âme devient l'écran sur lequel se dessine et s'incarne la Sagesse de Dieu, et en ce sens,

> non seulement tu ne m'es plus obscur comme auparavant, mais tu es la lumière divine de mon entendement, par quoi je puis maintenant te regarder.[359]

## III. La vie mystique au-delà du toucher et de la vue

Nous venons de voir l'expression de la vie mystique organisée à travers l'oeuvre de Jean de la Croix sur deux registres principaux : registre du toucher rendant compte d'une perception croissante en intensité, et registre de la vue rendant compte de la même perception croissante en distinction. A eux deux, ils permettent de la penser précisément comme *vie* : de même que toute vie est croissance et en quantité et en organisation par agrégation et synthèse d'éléments inorganiques, de même la sensation mystique est-elle fondamentalement celle d'une croissance quantitative et qualitative, thématisée d'une part sur un axe de pénétration tactile et somatique, d'autre part sur un axe de distinction visuelle. Maintenant, cette thématisation n'épuise pas la richesse de l'expérience elle-même dont nous avons vu qu'elle est débordement perpétuel et qu'elle intègre tout l'être pychologique du sujet spirituel ; et son compte rendu réflexe va dès lors développer des registres complémentaires de ceux du toucher et de la vue, puisqu'à sa manière l'expérience mystique sera aussi perception sonore, olfactive ou gustative de Dieu. Cependant, il ne s'agira pas de refaire indéfiniment le travail déjà fait sur les deux registres principaux : en effet, les registres complémentaires n'ont pas le même rôle structurel dans l'œuvre — sinon dans l'expérience qui les transcende tous — de Jean de la Croix. Et cela, semble-t-il, parce qu'ils sont beaucoup moins propres à décrire cette croissance vitale et que c'est de cette description que le spirituel a d'abord besoin ; mais autour de ce noyau, nous verrons Jean de la Croix parler d'une ouïe

359. Ll 1,26 ; cf. Ll 3,71.

spirituelle, d'une odeur spirituelle, ainsi que d'une quantité de sensations irréductibles aux cinq organes habituellement considérés : sens du haut et du bas, sens de l'orientation, sens de l'humidité et de la sécheresse, de la faim et de la soif, etc. Ils développent autant de registres irréductibles et qui finissent par reconstituer un univers spirituel complet dont la perception globale sera l'objet d'un « goûter » spirituel dont la plénitude sensuelle nous acheminera vers l'image majeure de la vie nuptiale : elle unit tous les registres dans l'évocation de l'expérience la plus intense en même temps que la plus diversifiée, évocation du désir et de la satisfaction purs et donc tangentiellement inexprimables que Jean de la Croix place à l'horizon de tout son texte, au même point de fuite exactement que la mort physique d'amour, puisque c'est le même acte sacrificiel qui signe la consommation du mariage spirituel et la fin de la vie charnelle du mystique : « A l'ombre du pommier, etc. » [360]

Nous parlons de l'image nuptiale ; on a déjà constaté que le toucher et la vue spirituels ont été soutenus par quelques images principales : de même en va-t-il pour tous les registres d'expression, et ces images, nous en trouverons généralement la forme la plus nette dans le Cantique Spirituel, et c'est pourquoi, encore plus que pour les deux registres principaux, la bonne méthode semble à nouveau de partir de lui. « Encore plus », dans la mesure où le Cantique étant relativement moins didactique que les autres traités — le prologue en fait foi [361] —, il donne un cours plus libre à ces registres complémentaires, développés comme « pour le plaisir ». Des images aussi riches que celles de l'air, de la musique ou des oiseaux lui appartiennent presque exclusivement, avec quelques prolongements en Vive Flamme. Aussi procéderons-nous en associant des images précises (à la structure souvent commandée par un usage biblique préalable) aux registres qu'elles polarisent (le chant d'oiseau et le bruissement des ruisseaux organisant le registre sonore par exemple), et de là

360. Ct 28, strophe ; cf. *supra*, p. 217.

361. ... Puisque ces couplets ont été composés en amour d'abondante intelligence mystique, ils ne pourront pas être expliqués exactement et mon intention ne sera pas de le faire, mais seulement de donner quelque lumière en général... (Ct prol 2.)

nous parcourrons à travers le texte les réseaux de signification secondaires qu'elles commandent au sein du réseau principal déjà repéré.

1. *Le concert silencieux et le registre sonore*

Au départ de l'itinéraire spirituel, Jean de la Croix parle de la dimension auditive de l'existence mondaine comme d'un « entendre des *choses* »[362], ni plus ni moins, tout comme il parlerait de « voir », « sentir », « palper » des *choses*. Rappelons que « les choses » est une expression précise, presque technique, chez Jean de la Croix ; nous avons déjà souligné[363] l'opposition qu'il voit entre le monde spirituel et le monde des choses : les deux sont « la même chose » ontologiquement parlant, mais précisement l'ontologie — domaine propre des choses — indique la valeur mondaine d'usage des choses par opposition à leur valeur spirituelle de relation.

C'est à ce fonctionnement mondain de l'ouïe qu'il faut rattacher pour l'éliminer tout de suite, comme spirituellement insignifiant, son fonctionnement préternaturel, celui de l'âme qui

> par son ouïe, entend certaines paroles extraordinaires.[364]

Peu importe que ces paroles soient d'origine divine, démoniaque ou illusoire, tout comme le reste du monde des choses ; la vie mystique les retournera en leur forme spirituelle, « substantielle », pour peu que l'âme se laisse faire en demeurant dans la foi.

Cette forme spirituelle suppose cependant que l'on puisse parler d'entendre spirituellement, et donc que Dieu soit hyper-sonore, tout comme nous l'avons découvert hyper-lumineux et hyper-sensuel, qu'il soit foyer d'une diffusion de sons dont l'ouïe naturelle ne percevrait que l'écho, tout comme la vue naturelle ne percevait qu'une dérivation de la lumière divine fondamentale. Et de fait, Jean de la Croix parle

362. 1S 13,4 par exemple.
363. Cf. *supra,* p. 111.
364. 2S 11,1 ; cf. 2S 23,3 et *supra,* pp. 161 ss.

> d'entendre la voix de Dieu [365] ;... un son et une voix spirituels au-dessus de tout son et au-dessus de toute voix, [366]

mais seules l'entendent

> les âmes qui ont des oreilles pour l'entendre et qui sont les âmes purifiées et énamourées. [367]

Quelle est *cette voix de Dieu* et quelle est corrélativement *cette oreille spirituelle* ?

Le registre sonore de l'expérience mystique est traité pour lui-même en Cantique 13-14, 29-30 et 38. A part quelques esquisses au début de Vive Flamme, ce n'est que là qu'il est utilisé avec ampleur. Il fait une brusque irruption dans l'univers spirituel avec l'image des « fleuves mugissants », « los rios sonorosos » de la treizième strophe, et c'est d'abord comme fracas que Jean de la Croix l'introduit, même s'il nous fera distinguer ultérieurement ses harmoniques infiniment subtiles dans le frémissement de la brise et le chant du rossignol. C'est que fondamentalement Dieu pénètre, emplit, submerge l'âme avec l'abondance enivrante d'un déferlement torrentiel, créant la plénitude sonore sur laquelle se détacheront ultérieurement les éléments du « concert silencieux » des créatures :

> en ces fleuves mugissants de son Bien-Aimé, l'âme ressent un son et une voix spirituels qui sont au-dessus de tout son et au-dessus de toute voix, laquelle voix supprime toute autre voix et dont le son dépasse tous les sons du monde. [368]

365. 3S 24,2.
366. Ct 13,9.
367. LI 1,5 ; cf. Ct 14,26.
368. Ct 13,9. — Pour saisir toute la richesse de cette irruption, il faut la référer à l'ensemble de la poésie de Jean de la Croix, traversée du fleuve de vie dont la source est simultanément sous l'arbre du Paradis et dans le côté transpercé du Christ en Croix. Cf. par exemple le poème :

> Bien sais-je la source qui jaillit et fuit,
> Malgré la nuit !
> ...............
> Ne sais son origine, car n'en a mie,
> Mais que toute origine d'elle est jaillie,

L'association de cette voix à l'image du fleuve permet de la penser comme plénitude dynamique, aussi irrésistible qu'une inondation :

> cette voix ou ce son mugissant de ces fleuves dont parle l'âme ici est une plénitude si abondante qu'elle l'emplit de biens, et un pouvoir si puissant qui la possède, que non seulement ils lui paraissent sons de fleuves, mais encore tonnerres très puissants. [369]

Plus encore, peut-être, que l'abondance lumineuse, ce fracas permet d'affirmer le caractère « tout autre » de l'expérience mystique, car l'expression en est plus rapide, violente et cassante, alors même que personne ne la perçoit de l'extérieur :

> cependant, cette voix est voix spirituelle et ne comporte pas ces sons corporels ni leur peine et leur souffrance, mais grandeur, force, puissance et délectation de gloire, et ainsi est-elle comme *une voix et un son intérieur immense*, qui revêt l'âme de puissance et de force. [370] ;

une immensité intérieure : voilà l'introduction sonore de l'espace mystique, simultanément inconsistant pour l'appréhension extérieure et théologique, et pourtant de qualité « glorieuse »,

---

Malgré la nuit !
Bien sais que ne peut être chose si belle
Et que ciel et terre s'abreuvent en elle,
Malgré la nuit !
.................
Bien sais que les Trois en une seule eau vive
Résident, et que l'un et l'autre dérive
Malgré la nuit !
Cette source éternelle est blottie
Au pain vivant afin de nous donner vie,
Malgré la nuit !
Elle est là criant vers toute créature
Qui de cette eau s'abreuve, mais à l'obscur,
Car c'est la nuit !...
(Poème 2 : LUCIEN-MARIE pp. 927-928.)

369. Ct 13,10.
370. *Idem.*

c'est-à-dire aussi ample que Dieu lui-même pour l'appréhension intérieure et théologale [371] :

> cette voix est infinie car *elle est Dieu même* qui se communique, produisant une voix en l'âme, [372]

d'où sa puissance divine, mais aussi sa douceur car

> elle s'adapte à chaque âme, donnant voix de vertu selon la limite qui lui convient. [373] ;

c'est qu'en effet la voix de Dieu est celle qu'entendit Saint-Jean dans l'Apocalypse et qui est simultanément

> tamquam vocem aquarum multarum et tamquam vocem tonitrui magni,

et

> sicut citharedorum citharizantium in citharis suis. [374]

Cette adaptation de la voix de Dieu à l'âme n'est pas une diminution mais la transposition sonore de la « dispensatio » de la Sagesse de Dieu à laquelle nous avons vu que s'ouvraient les yeux spirituels [375] ; elle est organisation musicale, mais non bruyante, du silence de la foi :

> En ce repos et silence de la nuit susdite et en cette notice de la lumière divine, l'âme se met à voir une admirable

371. Nous retrouvons sur le mode acoustique la structure gigogne de l'univers mystique, cf. *supra,* p. 276. Curieusement, ici Jean de la Croix souligne l'antagonisme extérieur/intérieur par deux textes bibliques qui le détruiraient plutôt : lors de la Pentecôte et lors de l'épisode de Jn 12,28, une voix intérieure est liée non pas au silence extérieur mais à une manifestation bruyante ; mais Jean de la Croix semble prévenir nos objections en disant que l'une est *signe* de l'autre, précisément parce qu'elle échappe comme telle à la perception physique. (Ct 13,10.)

372. Ct 13,11.

373. *Idem.*

374. Ap 14,2 in Ct 13,11 ; cf. Ct 29,4 / 30,16 qui reprennent cette douceur des cithares, et Ct 38,8-9 où cette voix intérieure de l'Époux est douce comme celle du rossignol après les rigueurs de l'hiver.

375. Cf. *supra,* p. 297.

> convenance et disposition de la Sagesse en les différences de toutes ses créatures et œuvres [*voilà le registre visuel*], toutes et chacune d'elles dotées d'une certaine correspondance en Dieu [*cette correspondance, voilà la Sagesse de Dieu*], en laquelle chacune à sa manière donne sa voix de ce qui en elle est Dieu [*et voilà le passage de la Sagesse au registre sonore*] ; de telle sorte qu'il lui apparaît une harmonie de musique sublime qui surpasse tous les concerts et toutes les mélodies du monde.[376]

Musique, donc, mais musique *silencieuse* de la foi qui se révèle hypersonore tout comme elle se révélait hyper-lumineuse et non pas vide et ténébreuse « en soi » :

> Et elle appelle cette musique « silencieuse » car, comme nous avons dit, c'est une intelligence reposée et tranquille sans bruit de voix ; et ainsi se jouit en elle la suavité de la musique et la quiétude du silence.[377]

Aussi bien est-elle « solitude sonore », car

> quoique cette musique soit silencieuse quant aux sens et aux puissances naturelles, elle est solitude très sonore pour les puissances spirituelles,[378]

toujours selon le mécanisme de la solitude naturelle et mondaine comme envers de l'union surnaturelle, spirituelle.

Affinons encore l'analyse de cette « correspondance en Dieu » ; ce qui est perçu par le mystique est bien la *gloire* de Dieu, avons-nous vu, non pas certes au sens d'une anticipation de la vie dans l'au-delà — que l'on pense au poids de la mort physique dans l'œuvre de Jean de la Croix pour l'exonérer définitivement de ce genre de mélange ! —, mais au sens d'une perception *réelle* dès ici-bas et selon les contraintes de la vie d'ici-bas de ce qui dans l'au-delà réjouit l'âme des bienheureux, à savoir le débordement permanent, la gratuité de la vie divine ; et cette perception de la gloire divine est possible ici-bas en ce que la vie

376. Cf. 14,25 ; cf. *supra*, p. 297.
377. Ct 14,25.
378. Ct 14,26.

de toute créature est sentie par le spirituel comme une inondation de la vie surabondante de Dieu (et voilà en quoi l'image du fleuve va réapparaître derrière celle des cithares), comme sa « présence d'excellence » (ailleurs, Jean de la Croix dira : « présence éminente », c'est-à-dire « substantielle », voir « essentielle » [379]), et cette dispensation de la gloire de Dieu dans la dispensation de sa Sagesse, c'est encore l'harmonie musicale qui en rend compte :

> les puissances spirituelles... peuvent recevoir le son spirituel de façon très sonore en l'esprit de l'*excellence de Dieu en soi et en ses créatures,* selon ce que nous disions plus haut que saint Jean a vu en esprit dans l'Apocalypse, c'est-à-dire la « voix de nombreux joueurs de cithares qui jouent sur leur cithare » ; ce qui fut... une certaine connaissance des louanges que les bienheureux élèvent continuellement à Dieu, chacun en sa manière de gloire ; ce qui est comme une musique, car, tout comme chacun possède différemment ses dons, chacun chante sa louange différemment et tous en une harmonie d'amour, tout à fait comme de la musique. [380]

Cette louange des bienheureux à laquelle s'associe le mystique confère donc à toute chose son être liturgique par ce que nous avons appelé la « resignification du réel » [381] dans la perception in Verbo de l'existence substantielle des créatures, chacune apportant son timbre à cette musique en révélant à sa manière la gloire de Dieu ; aussi louange et gloire désignent-elles venant de Dieu et retournant à Dieu l'unique débordement de la vie divine :

> l'âme se met a voir en cette sagesse reposée en toutes les créatures, non seulement supérieures mais aussi inférieures (selon ce que chacune possède en soi reçu de Dieu), chacune donner sa voix de témoignage de ce qu'est Dieu ; et elle voit que chacune à sa manière exalte Dieu, contenant Dieu en soi selon sa capacité ; et ainsi toutes ces voix forment une seule voix de musique de grandeur de Dieu et sagesse et science admirable. [382] ;

379. Cf. *supra,* p. 53, note 50.
380. Ct 14,26.
381. Cf. *supra,* pp. 135 ss.
382. Ct 14,27.

harmonie que nous retrouvons à la fin du Cantique Spirituel dans le chant du rossignol[383] et qui se répercute comme en sourdine jusque dans l'humble pépiement du passereau solitaire au seuil de l'union mystique.[384]

Voilà planté le décor sonore de la vie mystique ; à partir de maintenant, deux chemins s'ouvrent devant nous : — celui d'une étude de cet éveil auditif *en tant qu'intérieur* à la foi, complétant le registre visuel de la croissance en distinction de l'expérience mystique ; — celui d'une étude du caractère pneumatique de cette expérience, grâce à l'identification classique de l'air et du Saint-Esprit, mais de l'air *sonore*, car c'est cela que veut dire l'Esprit-Saint lui-même en Sg 1,7 :

> « L'Esprit du Seigneur remplit les confins de la terre, et ce monde, qui contient toutes les choses qu'il fit, a science de voix », ce qui est la « solitude sonore » dont nous disons que l'âme ici la connaît et qui est le témoignage que toutes donnent en elles-mêmes de Dieu.[385]

Ces deux chemins se croisent sans arrêt, mais nous maintiendrons leur distinction pour mieux les analyser.

a) *Foi et mystique - silence et musique*

Par contraste avec la richesse sonore du fracas des fleuves, nous pouvons penser un aspect complémentaire de l'illumination de la foi telle qu'elle nous est apparue plus haut et

---

383. ... En la voix de l'Époux qui parle en l'intime de l'âme, l'épouse sent la fin des maux et le commencement des biens : en ce rafraîchissement, cette protection et ce sentiment savoureux, elle donne aussi sa voix de « doux rossignol » avec un nouveau chant à Dieu, conjointement avec lui qui la cause. Parce que si l'Époux lui donne la voix, c'est afin qu'elle la donne à Dieu conjointement avec lui... Et comme en cette union l'âme se réjouit et loue Dieu avec Dieu même — comme nous disions de l'amour — c'est une louange parfaite... (Ct 38,9; LUCIEN-MARIE, p. 683.)

384. La quatrième propriété [du passereau solitaire] est qu'il chante très suavement ; et à cette saison [des fiançailles spirituelles], l'esprit fait de même pour Dieu, car les louanges qu'il envoie à Dieu sont d'amour très suave, très savoureuses pour lui-même et très précieuses pour Dieu. (Ct 14,24.)

385. Ct 14,27.

parler d'une « sonorisation » progressive de la même foi, en considérant que la voix de Dieu naît du silence comme le sifflement de la brise naissait des sables du désert dans la retraite d'Élie. En ce sens, la foi indique la plénitude encore indifférenciée du son fondamental emplissant l'univers mystique que l'oreille spirituelle va organiser peu à peu selon l'ordonnance harmonieuse de la Sagesse de Dieu, tout comme l'oreille physique d'un auditeur inexpérimenté commence par ne ressentir qu'un bruit confus là où elle discernera ensuite le monde sonore d'une symphonie, ses lignes mélodiques, la richesse du timbre propre à chaque instrument, bref, tout ce qui constitue le chef-d'œuvre comme tel, si bien que le concert mystique est simultanément « música callada » pour l'appréhension extérieure, théologique, et « soledad sonora » pour l'appréhension intérieure et théologale :

> pour autant que l'âme ne reçoit pas cette musique sonore sans solitude et éloignement de toutes les choses extérieures, elle l'appelle « la musique silencieuse » et « la solitude sonore ». [386]

Aussi le silence, mieux encore que la nuit, rend-il particulièrement bien compte du caractère d'*appréhension générale* et de *connaissance réelle* de la foi [387]. Tout comme les ténèbres constituaient une sorte de milieu optique général, si bien que nous avons conclu à leur équivalence à la lumière d'une présence de Dieu encore indifférenciée, de même le silence préalable au son en est-il déjà psychologiquement rempli et de même n'est-il pas vide comme le serait une simple absence de bruit.

---

386. *Idem* — Sur cette double appréhension simultanée, cf. déjà saint Bernard :

> Là nous entendons la Sagesse enseigner, ici nous l'accueillons en nous. Là nous sommes instruits, ici touchés : l'instruction fait les savants, le contact fait les sages. Le soleil ne réchauffe pas tous ceux pour qui il brille : beaucoup de ceux que la Sagesse instruit de ce qu'il faut faire, elle ne les enflamme pas également à le faire. Autre chose est savoir beaucoup de vérités enrichissantes, autre chose les posséder : ce qui confère la richesse n'est pas la connaissance, mais la possession. (*Super Cantica,* 23,14 ; traduction en Dom Leclerq, *L'amour des lettres et le désir de Dieu*, 2e éd., Paris, 1963, pp. 204-205.)

387. Pour une analyse détaillée de cet état du spirituel, cf. Gabriel de Sainte Marie-Madeleine, *La contemplation acquise*, Paris, 1949, chap. II : « No pensar nada ».

Pensons au silence d'une salle de concert au moment où va éclater le premier accord de la symphonie : c'est un silence infiniment plein qui règne sur la salle et c'est à l'instant où le chef d'orchestre lève sa baguette que le concert reçoit toute son existence spirituelle, et l'heure suivante ne fera plus que l'expliciter, que l'*organiser*. Mais aussi bien cet instant est-il plein de sa vertigineuse *possibilité* : on attend le concert, on le rend intentionnellement présent à la mesure de son absence. La preuve en est que si un bruit parasite — une porte claquée par exemple — venait casser ce silence, sa densité spirituelle se volatiliserait sur le champ dans le chaos d'un éclat de rire général[388]. De même l'âme entrée dans la foi a-t-elle une double existence psychologique : celle de son attention à Dieu qui le contient tout entier intentionnellement (mais nous venons de voir le réalisme de cette présence intentionnelle), et celle de la généralité absolue de cette attention. Aussi, considérée pour elle-même, elle est aussi vertigineuse que la possibilité musicale pure contenue au dernier instant d'attente du concert[389]. Mais

388. Alors qu'il est évident que le même bruit à la fin du concert n'aurait introduit qu'une perturbation mineure ; pourquoi ? C'est bien parce que le « tissu spirituel » est préalable à toute parole, toute action, toute pensée, et que paroles, actions et pensées en *reçoivent* leur sens et ne le créent pas, et qu'une fois proférées elles n'ont plus rien à perdre parce qu'elles n'ont jamais rien eu d'autre à donner qu'elles-mêmes. On ne dira jamais assez que la vie spirituelle n'a de sens que par rapport à elle-même, dans une incarnation qui est simultanément sa mort physique, et que lui vouloir un sens ultérieur, un « message » à délivrer dans de meilleures circonstances, est la stériliser et procède d'une confusion entre matière et esprit, comme si celui-ci avait un pouvoir magique sur celle-là. Matière et esprit se *rencontrent* et se *fécondent* dans l'unité linguistique signifiant/signifié (cf. F. de SAUSSURE, *op. cit.,* p. 157), et tout l'art du monde réside dans ces rencontres ; mais jamais un mot n'a transformé une chose.

389. La foi pure — elle ne l'est jamais que tangentiellemnt — est donc perçue réflexivement aussi bien comme vacuité que comme plénitude. De ce fait, elle engendre parfois une véritable hallucination née de son indifférenciation, analogue à celle que produit la contemplation prolongée d'un mur parfaitement blanc ou l'audition d'un son monotone ; cette hallucination n'appartient pas à la foi mais au retour psychologique — et donc à un certain manque de foi — sur elle, et la confusion, l'anarchie mentale qui résulte de l'absence totale de point de repère sensible dans le paysage qu'elle découvre, est l'une des épreuves les plus pénibles qui attendent presque fatalement le profitant : c'est « l'ange de Satan », « l'esprit de fornication », « l'esprit de blasphème », le « spiritus vertiginis », etc., autant de formes de fixation du regard perdu de la réflexion sur le moindre relief émergeant de ce paysage. (Cf. 1N 14,2-3.)

considérée dans sa plénitude intentionnelle, elle jouit déjà de la calme possession du Bien-Aimé : ce silence plein mais général, voilà l'expression la plus exacte de la foi pour Jean de la Croix ; elle est *écoute* (« escuchar » : le mot est rare chez Jean de la Croix et indique toujours l'attitude du croyant qui « n'entend » déjà plus le monde des choses, et qui va « entendre » le monde de l'esprit.) :

> [pour recevoir la notice amoureuse] il est requis que l'esprit soit si libre et annihilé à l'égard de tout, que quelque chose que ce soit en fait de pensée, ou de discours, ou de goût à laquelle l'âme se voudrait attacher l'empêcherait, l'inquiéterait et ferait du *bruit* dans le profond *silence* qu'il convient qu'il y ait en l'âme, selon le sens et selon l'esprit, pour une si profonde et délicate *audition*... en suprême paix et tranquillité, l'âme *écoutant* et *entendant* ce que dit le Seigneur Dieu en elle. [390]

Ici se situe un moment délicat qui éprouve l'authenticité de la foi du spirituel et décide de son avenir mystique, selon qu'il va s'attacher réellement à Dieu dans cette appréhension qui lui échappe ou bien à sa propre marche vers Dieu, forme sublime du retour sur soi :

> ... lorsqu'il arrive que l'âme se sente mettre de cette manière en silence et écoute, il lui faut oublier *également* l'exercice de l'attention amoureuse susdite... [391]

C'est qu'un silence conscient de l'être redevient instantanément vacuité : nous retrouvons sous toutes ses formes la loi d'airain de la foi et de toute vie de l'esprit ! [392]

« Attention amoureuse » [393], « attention savoureuse » [394], « at-

390. Ll 3,34 ; cf. 3S 3,5 / 3S 23,3.
391. Ll 3,35.
392. Qu'aurait subitement révélé le bruit parasite du concert (cf. *supra*, p. 311) ? Qu'un creusement spirituel considérable avait eu lieu au sein de l'univers bruyant, ordinairement habité par les auditeurs, pour ménager l'espace d'un tout autre univers de perception : ceux-ci vivaient *hors* d'eux-mêmes, et lorsqu'ils s'en sont rendu compte, ils en ont été spirituellement *tués*. Les pierres n'atteignent pas Orphée tant qu'il chante...
393. 2S 14,6 / 2S 15,2 / 2S 15,5 / 1N 10,4 / Ll 3,33 / Ll 3,35 / Ll 3,65, etc.

tention amoureuse passive »[395], telle est la foi, vivante contradiction de la liberté passive. Pour y parvenir (nous disons « parvenir » faute d'un terme meilleur pour exprimer la plus parfaite responsabilité du sujet en même temps que sa complète passivité), il faut

> apprendre à mettre les puissances en silence et se taisant pour que parle Dieu, [396]

de telle sorte que

> seule l'ouïe de l'esprit [soit] en silence vers Dieu. [397]

C'est que, de même que la contemplation est obscure pour l'entendement, elle est silencieuse,

> sans bruit de paroles... comme dans le silence et la quiétude de la nuit... [398]

Ainsi le registre sonore de l'œuvre de Jean de la Croix conduit-il à la même quiétude de la foi comme milieu de l'expérience mystique que son registre visuel. Maintenant, il faut remarquer un autre privilège du silence sur la nuit dans la description de la foi comme attente spirituelle, privilège cautionné par la Tradition : depuis saint Paul, la foi entre par les oreilles plus que par les yeux. « Fides ex auditu » (Rom 10,17) : citation très structurante dans les textes majeurs de Jean de la Croix lorsqu'il traite de la foi. Par exemple :

> La foi est de telle manière pour l'âme qu'elle nous dit des choses que jamais nous ne vîmes ni n'entendîmes en elles-mêmes ni en leurs ressemblances, car elles n'en ont pas ; et ainsi nous n'avons pas sur elle de lumière de science naturelle, car ce qu'elle nous dit n'est proportionné à aucun

---

394. 3S 26,5.
395. Ll 3,34.
396. 3S 3,4.
397. 3S 3,5.
398. Ct 38,12 ; cf. Ll 3,64 / 3,66.

> sens ; cependant nous le *savons* par l'ouïe, croyant ce qu'elle nous enseigne, soumettant et aveuglant notre lumière naturelle ; parce que, comme dit saint Paul, « Fides ex auditu », comme s'il disait : la foi n'est pas science qui entre par quelque sens, mais elle est seulement consentement de l'âme à ce qui rentre par l'ouïe.[399]

Mais si Rom 10,17 a fait fortune dans la Tradition, c'est qu'il y a une convenance toute particulière à penser le début de toute information spirituelle — et pas seulement de la foi au sens strict — sur le registre acoustique. Ainsi, à l'intérieur de ce silence fondamental de la foi, un sifflement très subtil va s'élever, et c'est le début de la perception proprement mystique de Dieu :

> [l'âme appelle ce début] « sifflement » parce que, tout comme le sifflement provoqué par l'air pénètre vivement dans le canal de l'oreille, cette intelligence très subtile et délicate pénètre avec saveur admirable et délectation en l'intime de la substance de l'âme,... il lui est donné une substance comprise [= *sustancia entendida, c'est-à-dire sans intermédiaire psychologique*] et dénudée d'accidents et d'images, qui se donne à l'entendement que les philosophes appellent passif ou possible parce qu'elle la reçoit passivement sans qu'elle-même fasse rien pour sa part ;... parce que ce sifflement signifie cette intelligence substantielle, certains théologiens pensent que notre père Élie vit Dieu en ce sifflement d'air délicat qu'il entendit sur la montagne à l'entrée de sa caverne...[400]

Nous sommes bien en présence d'une information « de substance nue à substance nue », et donc de qualité proprement mystique. On voit clairement que c'est l'ouïe qui la supporte et conduit à l'*intelligence* du *savoir* de la foi. Mais il semble en plus que pour Jean de la Croix nous soyons là en présence d'une loi universelle de l'expérience spirituelle :

---

399. 2S 3,3 ; cf. 2S 27,4 / 3S 31,8 / Ct 13,15. — Sur le *concept* de foi chez Jean de la Croix, cf. DELAYE (A.), *La foi selon saint Jean de la Croix*, La Plesse-Avrillé, 1975. (On ne peut que regretter dans cette sérieuse analyse de textes une certaine dérive vers une terminologie symbolique qui portera ailleurs son auteur à de graves confusions théologiques.)

400. Ct 13,14.

> ce divin sifflement qui entre par l'ouïe de l'âme non seulement est substance comprise..., mais aussi découvrement de vérités de la divinité et révélation de ses secrets occultes [*on remarque l'ordre de pénétration des sens*] ; car, ordinairement, toutes les fois que se trouve dans l'Écriture divine quelque communication de Dieu dont on dit qu'elle entre par l'oreille, il se trouve que c'est une manifestation de ces vérités dénudées en l'entendement ou une révélation des secrets de Dieu ; lesquelles sont des révélations ou visions purement spirituelles qui se donnent seulement à l'âme [*c'est-à-dire à la substance de l'âme*[401]] sans service ou aide des sens ; et ainsi est-ce chose très élevée et certaine ce dont on dit que Dieu le communique par l'ouïe. Et c'est pourquoi, pour donner à entendre l'élévation de sa révélation, saint Paul n'a point dit : « vidit arcana verba » ; et pas davantage : « gustavit arcana verba », mais : « audivit arcana verba, quae non licet homini loqui... » En cela l'on pense qu'il vit Dieu tout comme notre père Élie dans le sifflement. Car, de même que la foi, comme dit aussi saint Paul, est par l'ouïe corporelle, de même aussi ce que nous dit la foi, et qui est la substance comprise, est par l'ouïe spirituelle. [402]

On remarque toujours les deux niveaux bien distincts : le « savoir » de la foi d'une part et l'« intelligence » de la foi d'autre part, la foi reçue dans l'obéissance théologale et « ce que nous dit la foi » au niveau substantiel ; nous voyons donc ce deuxième niveau se détacher du premier et la connaissance mystique émerger du silence de la foi proprement dite, infiniment riche, mais d'une richesse jusqu'alors inexploitée, et il est remarquable que si les registres visuels et tactiles sont beaucoup plus utilisés par Jean de la Croix que le registre acoustique, c'est pourtant celui-ci qui est le plus profond, et dans sa réflexion sur la foi et dans sa réflexion sur la phénoménologie de la vie mystique. Aussi, avançons encore d'un pas en voyant comment cette « sonorisation » de la foi complète non seulement son illustration visuelle, mais aussi son expérimentation tactile dans la croissance de la vie mystique.

---

401. Sur cette équivalence accidentelle âme = substance de l'âme, cf. *supra*, pp. 59-62 et notes.
402. Ct 13,15.

b) *L'air, le vent, le souffle - perception sonore et perception tactile : convergence des deux registres fondamentaux de l'anthropologie mystique*

Tout comme entre l'ouïe et la vue spirituelle, Jean de la Croix trouve une complémentarité très particulière entre l'ouïe et le toucher. Pourquoi ? Il faut analyser ici l'emploi qu'il fait de l'image du *vent.* D'une part, nous l'avons dit, le vent est traditionnellement assimilé au Saint-Esprit, et « sentir le vent » deviendra facilement « sentir le Saint-Esprit » ; d'autre part, cette sensation, du fait de la subtilité élémentaire de l'air, sera simultanément auditive (le vent siffle, avons-nous vu) et tactile (le vent est caressant) :

> de même que deux choses se sentent dans l'air, qui sont attouchement et sifflement ou son, de même en cette communication de l'Époux se sentent deux autres choses, qui sont sentiment de délectation et intelligence ; et de même que l'attouchement de l'air se goûte par le sens du toucher et le sifflement du même air par l'ouïe, de même aussi l'attouchement des vertus du Bien-Aimé s'applique et se jouit dans le toucher de cette âme, qui est en sa substance, et l'intelligence de telles vertus de Dieu s'applique en l'ouïe de l'âme, qui est en l'entendement. Et il faut aussi savoir que l'on dit que vient l'air amoureux alors qu'il blesse savoureusement, satisfaisant l'appétit de celui qui désirait ce rafraîchissement-là ; parce qu'alors le sens du toucher se régale et se récrée, et avec ce régal du toucher, l'ouïe ressent grande délectation dans le son et le sifflement de l'air, beaucoup plus que le toucher en l'attouchement de l'air ; car *le sens de l'ouïe est plus spirituel, ou pour mieux dire, a plus d'affinité avec le spirituel que le toucher,* et ainsi la délectation qu'il cause est plus spirituelle que celle que cause le toucher. [403]

On retrouve ici la naissance d'une distinction à l'intérieur d'une intensité, tout à fait comme nous avions vu sur une beaucoup plus grande échelle naître et se développer l'organisation visuelle de

403. Ct 13,13.

l'expérience mystique sur le fond intensif et tactile de la blessure d'amour ; cependant, ce n'est plus grâce à deux registres d'images séparées — lampes et blessures — que Jean de la Croix pense selon ces deux dimensions, mais grâce à un unique registre d'images aériennes. Et dans la perception de l'air, il vient de parler d'une certaine supériorité spirituelle de l'ouïe sur le toucher. Aussi, compte tenu de ce que nous avons découvert par ailleurs du toucher comme fondement de la thématisation de l'expérience mystique, nous dirons que si, du début à l'achèvement de la vie spirituelle, c'est bien lui qui est le *moteur* de la psychologie mystique, ce sont cependant les organes plus subtils, plus différenciateurs — nous avons analysé la vue et analysons l'ouïe en attendant l'odorat — qui en sont le couronnement. C'est pourquoi, suivre le développement du thème de l'air et du vent nous permettra désormais de penser *simultanément* la croissance mystique en intensité et distinction. Bien entendu, l'air, élément subtil et transparent, unissait déjà plus ou moins consciemment les images visuelles et tactiles : milieu de propagation de la lumière, il alimentait aussi la flamme de la brûlure ; mais nous allons le voir maintenant traité pour lui-même au cœur de la conscience mystique. Après s'être élevé du repos de l'âme comme un sifflement et un attouchement délectables, son volume va augmenter et intéresser peu à peu toutes les zones anthropologiques dans la croissance de sa perception et en intensité et en distincion : ce souffle qui soulève l'âme, c'est l'Esprit-Saint qui l'habite et révèle sa présence dans un crescendo que nous allons détailler immédiatement.

Le sifflement subtil entendu par Élie devient d'abord le sussurement plus complexe entendu par Job, tout à la fois murmure, attouchement, parole secrète et image mystérieuse, effrayant et délicieux :

> En vérité, il me fut dit une parole cachée, et comme à la dérobée mon oreille reçut les veines de son murmure. En l'horreur de la vision nocturne, lorsque le sommeil s'empare ordinairement des hommes, la terreur et le tremblement s'emparèrent de moi et tous mes os se bouleversèrent ; et comme l'esprit passait en ma présence, j'en eus la chair de poule [*mot à mot : les peaux de ma chair*

> *se hérissèrent*] et quelqu'un se plaça devant moi, dont je ne connaissais pas le visage ; c'était une image devant mes yeux, et j'entendis une voix d'air délicat. [404]

L'exégèse de ce passage du livre de Job va montrer toute l'expérience mystique éveillée en l'âme par l'Esprit survenant comme ce souffle bouleversant mais délicat d'une brise nocturne, et pénétrant toutes les zones psychologiques de celui qui le reçoit :

> dire que « son oreille reçut les veines de son mumure comme à la dérobée », c'est dire la substance nue que nous avons dit être reçue par l'entendement ; car « les veines » indiquent ici la substance intérieure, et « le murmure », la communication et ce toucher de vertus d'où se communique à l'entendement ladite substance comprise. Et elle [= l'âme] l'appelle ici « murmure » parce que cette communication est très suave… Et elle dit qu'elle la reçut « comme à la dérobée » parce que de même que ce qui se dérobe est étranger, de même ce secret était étranger à l'homme (…) parce qu'il reçut ce qui n'était pas de son naturel et ainsi ne lui était-il pas permis de le recevoir… Et quand elle dit « en l'horreur de la vision nocturne, lorsque le sommeil s'empare d'ordinaire des hommes, la terreur et le tremblement s'emparèrent de moi », elle donne à entendre la terreur et le tremblement que cette communication de ravissement produit naturellement en l'âme et dont nous avons dit que le naturel ne pouvait la souffrir en la communication de l'esprit de Dieu. [405]

La perception sonore devient ici frémissement, associant le toucher à l'ouïe et la terreur à la douceur : nous sommes à l'instant ambigu qui précède les fiançailles spirituelles, lorsque l'âme va s'envoler sous le coup de la blessure d'amour [406] et être éblouie sous le coup de l'illumination au sortir de la nuit ; le même passage d'une anti-anthropologie réflexe à l'anthropologie

404. Job 4,12-16 en Ct 13,17.
405. Ct 13,18.
406. En Ct 13,17, Jean de la Croix rapproche explicitement les deux passages.

« directe », mystique, est en train de se faire, mais de façon très globale, association d'une vision, d'une voix, d'une caresse et d'un frémissement dans une sorte de rêve éveillé,

> ... car ce prophète donne ici à entendre que, de même qu'au moment où les hommes vont dormir, une vision appelée cauchemar vient ordinairement les oppresser et les terroriser, ce qui leur survient entre le sommeil et la veille, et c'est en ce point que commence le sommeil, de même au moment de ce passage spirituel entre le sommeil de l'ignorance naturelle et la veille de la connaissance surnaturelle, et ce point est le début du ravissement ou extase, la vision spirituelle qui se communique à eux à ce moment-là leur produit terreur et tremblement. [407]
>
> Mais il ajoute autre chose et dit que « ses os s'épouvantèrent ou bouleversèrent », ce qui veut dire autant que s'il avait dit : ils s'ébranlèrent et se déboîtèrent de leur emplacement ; en cela se donne à entendre la grande dislocation des os dont nous avons dit qu'elle souffrait à ce moment. [408]

c) *L'air et l'Esprit-Saint*

Ainsi le *vent,* entré dans le texte de Jean de la Croix pour sa valeur sonore, devient-il à travers la lecture des passages bibliques concernant son audition par Élie et Job un support privilégié de l'expression de l'expérience mystique. Et avec le vent, c'est l'Esprit-Saint qui est introduit ici, car il s'agit d'une

> communication de l'Esprit de Dieu. [409]

Précisons cette communication :

> au moment où l'âme dit par la bouche de Job : « comme l'esprit passait en ma présence... j'entendis une voix d'air délicat... », elle dit aussi que la voix et le sifflement *sont* le Bien-Aimé. [410]

407. Ct 13,18.
408. Ct 13,19.
409. Ct 13,18.
410. Ct 13,21.

C'est donc l'*air* que déplacent cette voix et ce sifflement qui est assimilé à l'Esprit-Saint, sifflement et voix étant le Verbe Époux. Et du même coup le Saint-Esprit devient le *milieu* mystique : c'est *en lui* qu'est perçu l'Époux : on s'unit *au* Fils *dans* l'Esprit.

Voilà qui enrichit considérablement ce que nous n'avions pu qu'esquisser en rencontrant le « vol de l'âme » sous le coup de la blessure amoureuse des fiançailles spirituelles[411]. Relisons-le maintenant à la lumière de l'équivalence entre l'air et l'Esprit-Saint, et à partir de là explorons le milieu pneumatique dans lequel va évoluer le mystique.

1) *Le vol de l'âme et la colombe*

Nous avons vu que le choc des fiançailles spirituelles (et dans une certaine mesure de tous les attouchements qui les précèdent) était perçu comme un envol de l'âme : une force survient qui fait littéralement

> sortir l'âme d'elle-même hors de la chair,[412]

comme un oiseau soulevé de terre, d'où l'appellatif de « colombe » que lui donne l'Époux. Et cette colombe, nous allons la voir aller et venir sur les « aïrs de l'amour » :

> ... Reviens, colombe,
> Car sur le sommet des monts
> Apparaît le cerf blessé,
> Savourant la brise fraîche de ton vol.[413]
>
> ... Par le vol, [l'Époux] entend la contemplation de cette extase... et par l'air, il entend cet esprit d'amour que cause en l'âme ce vol de contemplation. Et c'est très proprement qu'il appelle ici « air » cet amour causé par le vol, car l'Esprit-Saint, qui est amour, se compare aussi à l'air en la divine Écriture, car il est aspiré par le Père et par le Fils. Et tout comme il y est air du vol, c'est-à-dire qui est aspiré et procède de la contemplation et sagesse du Père et du Fils,

411. Ct 12 ; cf. *supra,* pp. 189 ss.
412. Ct 12,2 ; cf. *supra,* pp. 189 ss.
413. Ct 12, strophe.

> ici de même l'Époux appelle « air » cet amour de l'âme, car il procède de la contemplation et connaissance qu'elle a de Dieu à ce moment-là. Et il faut noter que l'Époux ne dit pas ici qu'il vient au vol, mais « à l'air du vol », car Dieu ne se communique pas à proprement parler par le vol de l'âme qui est (...) la connaissance qu'elle a de Dieu, mais *par l'amour de la connaissance* ; car de même que l'amour est union du Père et du Fils, *de même l'est-il de l'âme avec Dieu.* [414]

Ainsi l'Esprit-Saint porte-t-il l'âme à Dieu et en Dieu tout comme l'air porte le vol de la colombe. Mais avant d'aller plus loin, il faut remarquer un glissement dans l'emploi de cette image : lorsque la colombe apparaît pour la première fois en Ct 12,2, c'est pour décoller de terre sous l'impétuosité du souffle divin ; alors qu'ultérieurement il la traite comme si *depuis toujours* elle volait soutenue par « les airs de l'amour ». Cette deuxième version permet de penser la continuité de la vie spirituelle de son origine à son achèvement : l'âme vole vers Dieu soutenue par Dieu. Mais il y a plus : dans cette deuxième version, l'image du déluge va permettre de compléter le caractère trinitaire de l'union mystique. Noé (le Père) envoie la colombe (l'âme) dans les airs de l'amour (l'Esprit) et elle retourne en son sein (le Verbe au sein du Père), tenant en son bec le rameau d'olivier, signe de l'œuvre du Fils au terme de la dispensation de la Sagesse divine :

> comme cette petite colombe de l'âme allait volant par les airs de l'amour au-dessus des eaux du déluge des fatigues et de ses anxiétés d'amour... ne trouvant pas où reposer sa patte, lors de ce dernier vol que nous avons dit [= *les fiançailles spirituelles*], le patriarche Noé étendit dans sa pitié la main de sa miséricorde et la recueillit, la mettant en l'arche de sa charité et amour. [415]

Et ce retour dans l'arche est entrée dans le sein du Père, là où nous savons que se repose le Fils « au midi de l'éternité » [416] et où il découvre tous ses secrets :

414. Ct 12,11.
415. Ct 13,2
416. Ct 1,5 ; cf. *supra*, p. 297.

> tout comme il y avait en l'arche de Noé… de nombreuses demeures pour de nombreuses espèces d'animaux et il s'y pouvait manger de toutes les nourritures, de même l'âme, en ce vol qu'elle fait à cette divine arche du sein de Dieu, non seulement peut voir en elle les nombreuses demeures dont Sa Majesté dit par saint Jean qu'elles étaient en la maison de son Père, mais elle voit et connaît qu'il y a là toutes les nourritures, c'est-à-dire toutes les grandeurs que peut goûter l'âme… [*suit l'inventaire de ces grandeurs au cœur desquelles*] elle goûte hautement de la Sagesse de Dieu qui resplendit en l'harmonie des créatures et des actions de Dieu.[417]

Quant au rameau d'olivier, il réapparaît à la fin de Cantique Spirituel, au terme de l'un de ces chevauchements qui donnent toute leur profondeur de champ aux images de Jean de la Croix, lorsqu'il reprend le même thème de la miséricorde du Père qui, bien au-delà de la réparation de sa chute originelle, donne à l'âme l'objet éternel de son unique désir, la possession de l'Époux :

> La blanche tourterelle est retournée à l'arche avec le rameau ; [l'Époux] compare ici l'âme à la colombe de l'arche de Noé, prenant pour figure de ce qui est arrivé à l'âme en cette aventure cet aller et venir de la colombe à l'arche [*voilà toute l'histoire de l'âme sortant du Père et revenant au Père*] ; car tout comme la colombe qui sortit de l'arche de Noé [*figure de la création, mais aussi de la chute dans le péché*] y retourna tenant en son bec un rameau d'olivier en signe de la miséricorde de Dieu dans le retrait des eaux de la terre qui se trouvait inondée par le déluge, de même cette âme qui sortit de l'arche de la toute-puissance de Dieu — ce qui fut lorsqu'il la créa — après avoir voyagé par les eaux du déluge des péchés, des imperfections, des peines et des tribulations de cette vie, revient à l'arche du sein de son Créateur avec le rameau d'olivier, qui est la clémence et miséricorde dont Dieu a usé avec elle en l'ayant amenée à un si haut état de perfection et en ayant fait se retirer de la terre de son âme les eaux du péché… Et ainsi, la petite colombe, non seulement

417. Ct 13,3-4.

> retourne maintenant à l'arche de son Dieu blanche et pure comme elle en sortit dans la création, mais aussi avec le gain d'un rameau de récompense et de paix obtenu en la victoire. [418]

« En la victoire » : l'expression est vague, mais tout nous invite à préciser la victoire du Christ, en vertu du parallélisme avec l'entrée dans la Sagesse du Père lors du premier épisode de la Colombe en Ct 13, et aussi parce que la main que tend le Père vers l'âme, nous avons vu ailleurs qu'elle est son Fils. [419]

Toute l'histoire de l'âme est donc contenue dans cet aller et venir de la colombe [420] ; nous nous interrogions plus haut [421] sur le

---

418. Ct 33,4.

419. Par exemple en Ct 16,6 ; cf. *supra,* p. 242.

420. Pour compléter cette analyse, notons une image mineure du vol de l'âme, parallèle à celle du retour de la colombe à l'arche et qui exprime comme elle la pénétration en la Sagesse de Dieu : l'image du cheveu que l'air fait voler sur le cou de l'épouse pour la joie de l'Époux :

> En ce seul cheveu
> Que tu vis voler sur mon cou…
> Tu le regardas sur mon cou
> Et tu restas pris en lui
> Et en un seul de mes yeux tu te blessas. (Ct 22, strophe.)

Ce « cheveu » est le fil qui retient la guirlande de fleurs que tressent ensemble l'Époux et l'épouse, c'est-à-dire la volonté qui unit les perfections que l'Époux a mises en l'âme (Ct 21,9 ; cf. *infra,* p. 332). Or, ce cheveu « vole sur le cou de l'aimée », et « le cou signifie la force » (Ct 22,4), et l'âme

> dit qu'il volait sur son cou parce que c'est en la force de l'âme, qui est le cou de l'âme, que vole cet amour à Dieu avec grande force et légèreté, sans se retenir en quoi que ce soit ; et tout comme l'air agite et fait voler le cheveu, l'air de l'Esprit-Saint remue aussi et entraîne l'amour fort pour qu'il provoque des envols vers Dieu (*Id.*).

Mais de même que le retour de la colombe était œuvre de la miséricorde de Dieu, de même

> si dans sa grande miséricorde il ne nous avait pas regardé et aimé le premier… et s'il ne s'était pas abaissé, le vol du cheveu de notre amour bas n'eût eu aucune prise sur lui, parce qu'il n'eût pas eu un vol si élevé qu'il fût parvenu à saisir ce divin oiseau des hauteurs ; mais parce qu'il s'abaissa à nous regarder et à provoquer notre envol et à l'élever, conférant valeur à notre amour, pour cela il se prit lui-même au cheveu dans son vol, c'est-à-dire que lui-même s'y contenta et s'y plut et c'est pourquoi il se prit…, et ainsi est-il croyable que ⌊l'oiseau⌋ au vol bas prenne l'aigle royal très élevé si celui-ci vient vers le bas voulant être pris (Ct 22,8.)

On remarque en passant le retour du *regard* de Dieu (cf. *supra,* p. 159), principe moteur de la vie de l'âme (« lorsque tu me regardais, c'est leur grâce qu'en moi tes yeux imprimaient, etc. »). Et l'on remarque également que le principe de la mystère de cet immense détour qui va de Dieu à Dieu et au terme duquel le mystique se rend compte qu'il n'est en fait jamais sorti de Dieu : les eaux du déluge viennent de nous en révéler la consistance ; la colombe sortait de Dieu soutenue par l'esprit de Dieu (« ce qui fut lorsqu'il la créa ») et n'y revient pas sans le rameau d'olivier en son bec, signe de la victoire sur le péché (« ayant fait cesser sur la terre de son âme les eaux du péché »), mais victoire qui englobe en fait la *créaturalité* de l'homme comme telle, car le texte invite à lire les péchés parmi d'autres données historiques (« déluge des péchés, des imperfections, des peines et des tribulations de cette vie ») donnant à l'âme la distance du retour au Père, et donc la responsabilité d'un itinéraire et la liberté d'un amour possible.

2) *Du vol à la respiration*

Une fois entrée au cœur du Père, l'âme découvre les trésors de sa Sagesse ; mais cette entrée n'est pas simple passage par une porte : elle dure, elle reste rencontre permanente, vie, et en ce sens le principe de l'union mystique reste l'Esprit-Saint, non plus porteur des évolutions de la colombe sur les flots hostiles du déluge, mais souffle de vie échangé entre l'âme et Dieu et qui leur permet de communier en permanence dans la distinction de leurs personnes ;

> de même que l'amour est union du Père et du Fils, de même l'est-il de l'âme avec Dieu. [422]

C'est pourquoi un souffle vital accompagne le chant du rossignol et s'élève avec lui dans la nuit sereine du mariage spirituel :

> Et là-bas tu me donnerais alors,
> Toi qui es ma vie,

communauté de vie entre Dieu et l'homme à travers toute l'image du vol n'est pas tant une élévation de l'âme que l'abaissement de Dieu qui « veut être pris ». (Cf. *infra,* p. 330.)

421. Cf. *supra,* p. 268.
422. Ct 12,11 ; cf. *supra,* p. 321.

Ce que tu me donnas l'autre jour : [423]
L'aspiration de l'air,
Le chant de la douce philomène,
Le bocage et tout son charme
En la nuit sereine,
Avec la flamme qui consume et ne donne plus de peine. [424]

... cette aspiration de l'air » est une habileté de l'Esprit-Saint que l'âme demande ici pour aimer parfaitement Dieu. Elle l'appelle « aspiration de l'air » parce que c'est un attouchement et sentiment d'amour très délicat qui se cause ordinairement en cet état en l'âme en la communication de l'Esprit-Saint. Lequel, dans cette manière d'aspirer avec cette sienne aspiration divine, élève très hautement l'âme et l'informe pour qu'elle aspire en Dieu la même aspiration d'amour que le Père aspire en le Fils et le Fils en le Père, et qui est l'Esprit-Saint même qu'ils lui [= *à l'âme*] aspirent en la transformation susdite. Car ce ne serait pas une véritable transformation si l'âme ne s'unissait pas et ne se transformait pas aussi en l'Esprit-Saint comme en les deux autres personnes divines... l'âme unie et transformée en Dieu aspire en Dieu à Dieu la même aspiration divine que Dieu — demeurant en elle — aspire en lui-même à elle. [425].

L'Esprit-Saint est donc rigoureusement commun au Père, au Fils et à l'âme. Pour l'affirmer, on remarque dans ce passage la construction toute particulière du verbe « aspirer » : le Père et le Fils aspirent *en* eux-mêmes *et en* l'âme *et à* l'âme, tout comme l'âme aspire *en* Dieu *et à* Dieu. Autrement dit, le Saint-Esprit est simultanément *dans* et *entre* les termes mis en relation, du fait qu'il se trouve simultanément complément d'objet direct comme esprit et complément d'objet indirect comme Dieu, du verbe « aspirer ». Ce qui est perçu comme respiration par le mystique est donc toute la réalité de notre divinité adoptive, et cette réalité est à elle-même condition de sa propre perception, consiste en quelque sorte tout entière *dans* sa perception, en tant qu'acte subsistant de la spiration en nous et par nous de l'Esprit du Père et du Fils :

---

423. Ct 37, strophe.
424. Ct 38, strophe.
425. Ct 38,3.

> c'est cela, à mon avis, que voulut dire saint Paul lorsqu'il dit : « pour autant que vous êtes fils de Dieu, Dieu envoya en vos cœurs l'esprit de son Fils, interpellant en prière le Père » (Ga 4,6), ce qui, chez les parfaits, est en la manière susdite. [426]

Voilà le sens propre de notre divinité expérimentée ici par le mystique : elle n'est pas moindre que celle de Dieu, même si son mode en est autre :

> D'où il résulte que les âmes possèdent par participation ces mêmes biens que Lui [= *le Fils*] par nature ; et par là, elles sont véritablement dieux par participation, égaux et compagnons de Dieu. [427]

A nouveau, le danger serait de lire l'affirmation de cette *égalité* comme l'affirmation d'une *identité*, mais Jean de la Croix rappelle que l'ontologie n'a rien a voir ici :

> [à propos de Jn̄ 17,20-23] on ne prétend pas ici que le Fils ait voulu dire au Père que les saints soient une seule chose *essentiellement* et *naturellement* comme le sont le Père et le Fils ; mais qu'ils le soient par union d'amour, comme le Père et le Fils sont en unité d'amour. [428]

---

426. Ct 38,4 — Jean de la Croix apporte ici quelques passages néo-testamentaires qui accentuent encore le réalisme de notre participation à la vie trinitaire : Jn 1,12, Jn 17,20-23, Jn 17,24 qu'il glose en indiquant que « l'œuvre du Fils » — expression centrale du quatrième évangile —, c'est précisément cet « aspirar el Espíritu Sancto. » (Ct 38,5.)

427. Ct 38,6 — Cf. Guillaume de Saint-Thierry :

> On appelle cette unité « unité d'esprit », non seulement parce que l'Esprit-Saint la réalise (efficit) ou y dispose (afficit) l'esprit de l'homme, mais parce qu'elle est effectivement l'Esprit-Saint lui-même, l'Amour-Dieu (Deus Caritas). Elle se produit, en effet, lorsque celui qui est l'Amour du Père et du Fils, leur Unité, leur Suavité, leur Bien, leur Baiser, leur Étreinte et tout ce qui peut être commun à l'un et à l'autre dans cette unité souveraine de la Vérité et dans la Vérité de l'Unité, devient — à sa manière — pour l'homme à l'égard de Dieu, ce qu'en vertu de l'union consubstantielle il se trouve être pour le Fils à l'égard du Père et par le Père à l'égard du Fils ; lorsque la conscience bienheureuse se trouve prise dans l'étreinte et le baiser du Père et du Fils ; lorsque d'une manière ineffable, inimaginable, l'homme de Dieu mérite de devenir, non pas Dieu certes, mais cependant *ce que Dieu est*. (*Epistola Aurea*, Sources Chrétiennes 223, § 263.)

428. Ct 38,5.

A partir de là, Jean de la Croix peut ménager au mystique un véritable *ministère* dans la dispensation de la Sagesse de Dieu, et c'est ainsi qu'il relit II Pi 1,2-4 qui en reçoit du même coup son sens spirituel reposant sur le don par Dieu d'une connaissance toute particulière départie à ses élus :

> « La grâce et la paix soient accomplies en vous autres, dans la *connaissance* de Dieu et de Jésus-Christ notre Seigneur, de la manière dont nous sont données toutes les choses de sa vertu divine pour la vie et la piété, par la *connaissance* de celui qui nous appela avec sa propre gloire et vertu, par laquelle il nous donna des promesses très grandes et précieuses, pour que par ces choses nous soyons faits compagnons de la nature divine. » Ce qui est que l'âme participe à Dieu, *opérant en Lui*, en compagnie avec Lui, l'œuvre de la Très Sainte Trinité, de la manière que nous avons dite, à cause de l'union substantielle entre l'âme et Dieu. [429]

Ce « compagnonnage divin » reposant sur une connaissance absolument originale, voilà peut-être la définition la plus profonde de la vie mystique dans l'œuvre de Jean de la Croix. La citation de II Pi souligne qu'elle est un *don* ; du temps de Jean de la Croix comme à toutes les époques, on s'est interrogé sur l'utilité sociale du mystique, sur le lieu psychologique de la vie mystique, sur le petit nombre, et donc le scandaleux privilège, des vocations mystiques ; arrivé à ce sommet, Jean de la Croix — et tous les auteurs spirituels avec lui — refuse le débat et balaie d'un revers de main l'hypothèse d'une alternative mondaine à la seule vocation qu'il reconnaisse à ceux auxquels il parle :

> Ô âmes créées pour ces grandeurs et appelées pour elles ! Que faites-vous ? A quoi passez-vous votre temps ? Vos prétentions sont bassesses et vos possessions misères ! Ô misérable aveuglement des yeux de vos âmes, puisque vous êtes aveugles pour tant de lumière et sourds pour de telles voix ! Vous ne voyez pas qu'en cherchant les

429. Ct 38,6 ; cf. *infra*, p. 332, note 444.

> grandeurs et la gloire, vous restez misérables et bas, devenus ignorants et indignes de tant de biens ! [430]

L'incompréhensible ici n'est donc pas l'œuvre de Dieu, mais celle des hommes. Certes, les exclamations de Jean de la Croix, ici et ailleurs [431], ne résolvent rien, mais son propos n'est pas tant de justifier que de guider le spirituel. Et en dernière analyse, nous achoppons sur le postulat le plus audacieux en même temps que l'une des clefs de toute l'œuvre de Jean de la Croix : il n'écrit pas pour un public, mais pour des appelés, qu'il les connaisse ou non, et entrer dans son univers n'est jamais un hasard mais le fruit de sa prière à la fin du Cantique Spirituel, c'est entrer dans

> le recueillement intérieur en lequel le Seigneur Jésus, Époux très doux, veuille bien mettre tous ceux qui invoquent son Nom très saint. [432]

« Opérer en Dieu l'œuvre de la Très Sainte Trinité » : voilà un résultat en deçà duquel nous ne reviendrons pas. Aussi nous faut-il, pour l'enrichir, quitter maintenant le registre acoustique et en rejoindre l'expression selon une autre composante de l'expérience mystique, la composante « *hyper-olfactive* ». Elle va, à son tour, compléter sur le registre de l'odorat les deux registres fondamentaux de la vue et du toucher, mais elle s'insère très naturellement à la suite du registre

430. Ct 38,7 ;

> … Quel écho ici des luttes actuelles pour une communauté humaine moins servile, plus unifiée ?… Je le répète : quel rapport peut-il y avoir entre l'expérience de ce moine espagnol du XVIe siècle et les conflits qui sont aujourd'hui les nôtres ? (MOREL (G,), *Le sens de l'existence selon saint Jean de la Croix*, Paris, 1960-1961, vol. 1, pp. 9-29.)

Ces questions par lesquelles G. Morel définit toute sa problématique sont précisément celles qui ne sauraient en aucun cas intéresser Jean de la Croix !

> Oui, le malheureux, ce n'est pas l'homme qui ne possède ni des corps aux belles couleurs, ni la puissance, ni la domination, ni la royauté, mais l'homme qui, eût-il tout le reste, n'a pas ce dont la possession doit faire compter pour rien les royaumes et l'empire de la terre, de la mer, du ciel même, si l'on peut, en abandonnant et en méprisant tout cela, se tourner vers lui et le voir. (PLOTIN, *Ennéade* I, 6-7, traduction du P. ARNOU.)

431. Cf. Ll 2,17.

432. Ct 39,7 ; cf. *supra*, p. 141.

acoustique ; en effet, si l'image fondamentale sur laquelle elle s'appuiera sera celle d'un jardin, il reste que c'est encore le thème de l'air et de l'Esprit-Saint qui va nous y introduire et créer comme une nouvelle harmonique des autres images aériennes déjà rencontrées, images de la flamme, du vol de la colombe et du sifflement du vent, autant d'expressions du souffle divin en l'âme du mystique.

2. *Le jardin et le registre olfactif*

La respiration commune au Père, au Fils et au mystique dans la consommation de leur union, nous allons donc la retrouver dans une nouvelle extension du thème de l'air, son extension au registre de l'odorat : l'âme, et en elle toute la Sagesse de Dieu, est un jardin dont le vent du sud va éveiller toute la luxuriance parfumée ; et tout comme la respiration des amants reprenait en mode mineur le vol ample de la colombe sur les eaux du déluge, et le chant du rossignol, le fracas des fleuves aux eaux puissantes, de même retrouverons-nous en contrepoint de cette luxuriance la délicatesse des onguents qui parfument l'épouse pour la joie de l'Époux.

a) *De la vue à l'odorat par les fleurs. Vertu et beauté*

On entre dans un jardin par les yeux, en même temps que par les narines : l'image développée dans le Cantique Spirituel évoque une harmonie globale. Elle est celle de l'âme créée à l'image de Dieu, mais n'apparaît telle que dans sa perception mystique qui en révèle l'origine « in Verbo », lorsque le souffle fécondant de l'Esprit-Saint découvre sa richesse. Ce dévoilement est alors décrit comme un éveil dans un jardin merveilleux[433], qui évoquera clairement le Paradis terrestre lorsque nous saurons qu'il est planté de l'arbre de Vie[434]. Mais cette harmonie s'annonce déjà dans les images préparatoires de la vigne, de la guirlande de fleurs ou de la pomme de pin, que

433. Ct 26-27.
434. Ct 28.

nous allons voir développées successivement. Elles ont en commun de la décrire comme un ensemble de *vertus* :

> [*dans l'union mystique, l'épouse voit*] les vertus de son âme établies maintenant au point de leur perfection, point auquel elle jouit maintenant de leur délice, de leur suavité et de leur parfum, tout comme elle jouit de la vue et de l'odeur des plantes lorsqu'elles sont bien fleuries.[435]

On doit remarquer ici et dans les développements suivants que *vertu* n'appartient pas au registre moral, mais au registre mystique, et indique un point de maturité autant que de conformité, même si celle-ci est évidemment incluse dans celle-là.

Le mot de *vertu* est corrélatif de celui de *mérite,* mais là aussi Jean de la Croix en indique la véritable nature en dépassant l'éternelle opposition entre vie vertueuse et méritante d'une part, vie gracieuse et méritée d'autre part. Il n'y a qu'une vie spirituelle, celle que Dieu lui-même actue en chacun au titre de la surabondance native de sa propre vie, au titre de sa *gloire* :

> Dieu se plaît beaucoup en l'âme à laquelle il a donné sa grâce parce qu'il demeure en elle bien accueilli... et celle-ci demeure avec lui enrichie et honorée ; et pour autant elle est aimée de lui ineffablement.[436]

Cette complaisance de Dieu en sa créature, voilà toute sa richesse, tout son *mérite* aux yeux de Dieu. On retrouve sous-jacent le regard de Dieu communicateur de sa grâce par embellissement, rendant l'âme méritante parce qu'agréable[437] :

> [*à propos du patriarche Jacob en Is 43,3, Dieu dit :*] après que mes yeux t'aient donné la grâce en te regardant pour la

---

435. Ct 25,1.
436. Ct 24,7.
437. Cf. *supra,* p. 159. — Jean de la Croix brode tout ce passage sur les vers :

> ... tu peux bien me regarder,
> Puisque tu m'a regardée.
> Et que tu laissas en moi grâce et beauté.
> (Ct 24, strophe ; LUCIEN-MARIE p. 635.)

première fois, par laquelle elle te fit honoré et *glorieux* en ma présence, tu as *mérité* la grâce de mes faveurs.[438]

Et se crée alors un mouvement perpétuel de « grâce pour grâce », puisqu'après cette première fois Dieu reste pris par la vertu de l'âme[439] et désire toujours davantage habiter l'âme en laquelle il se complait :

> … l'âme élevée en amour et honorée quant à Dieu, reçoit toujours davantage d'amour et d'honneur de Dieu, selon ce qu'il est dit par saint Jean : « Dat gratiam pro gratia ».[440]

A partir de là, l'harmonie gracieuse de l'âme « vertueuse » est successivement évoquée par Jean de la Croix comme l'épanouissement d'une fleur :

> … la fleur et le parfum de ses vertus…, la fleur de la paix, et quiétude, et suavité intérieure, au temps où l'âme en jouit davantage à son goût en ses vertus, conjointement à son Bien-Aimé…[441].

fleur de la vigne :

> … voilà que notre vigne est maintenant fleurie… ; la vigne est la plante qui se trouve en l'âme, plante de toutes les vertus qui donnent à l'âme un vin de douce saveur…[442],

fleur qui entre en composition d'un merveilleux bouquet, la guirlande tressée dans les cheveux de l'épouse :

> De fleurs et d'émeraudes
> Choisies dans la fraîcheur des matins,
> Nous ferons des guirlandes

438. Ct 24,7.
439. Cf. *supra*, p. 323, note 420.
440. Ct 24,7.
441. Ct 35,1 ; cf. Ct 31,5.
442. Ct 25,4 ; on voit ici réapparaître le thème du vin, déjà rencontré (cf. *supra*, p. 203) et que l'on retrouvera au cœur de l'expression gustative de l'expérience mystique (cf. *infra*, p. 374).

> Écloses en ton amour
> Et entrelacées de l'un de mes cheveux.[443]
>
> ... il faut savoir que toutes les vertus et les dons que l'âme et Dieu acquièrent en elle sont en elle comme une guirlande de fleurs variées avec laquelle elle se trouve admirablement embellie, tout comme un vêtement de précieuse fantaisie. Et pour mieux comprendre cela, il faut savoir que, tout comme se cueillent des fleurs matérielles pour en composer au fur et à mesure une guirlande, de la même manière s'acquièrent des fleurs spirituelles de vertus et de dons pour qu'elles se disposent en l'âme ; et une fois fini d'acquérir, la guirlande de perfection est finie de tresser en l'âme, ce en quoi l'âme et l'Époux se délectent, embellis et parés avec cette guirlande, tout à fait comme étant désormais en état de perfection.[444]

---

443. Ct 21, strophe.

444. Ct 21,6 — Avec Jean de la Croix, remarquons le pluriel de tout ce passage qui répond à celui de Ct 38,6 (cf. *supra*, pp. 326-327) ; Dieu et l'âme opèrent et se délectent en l'âme exactement comme l'âme et Dieu opèrent et se délectent en Dieu ; de même que Dieu n'est pas seul acteur des opérations trinitaires, de même

> les vertus, l'âme ne peut les mettre en œuvre ni les acquérir seule, sans aide de Dieu ; tout comme Dieu ne les opère pas seul en l'âme sans elle... d'où, l'épouse du Cantique des Cantiques parlant à l'Époux déclare :... « attire-moi, nous courrons à ta suite » ; de manière que le mouvement vers le bien doit venir de Dieu exclusivement (...), mais la course, elle ne dit pas qu'elle est de lui seul ni d'elle seule, mais : « nous courrons tous les deux », ce qui est l'œuvre de Dieu et de l'âme conjointement. (Ct 21,6 ; cf. *supra*, p. 323, note 420 et pp. 329-330.)

On remarque la finesse de cette analyse qui sort des divisions classiques entre grâce prévenante, grâce opérante, grâce adjuvante, etc., au profit d'une autre structure de l'acte saint dans laquelle l'initiative de Dieu ne risque jamais d'entrer en concurrence avec la responsabilité de l'âme : la sainteté est au terme d'un *désir* et d'une *séduction* divine, et non pas d'un acte voulu pour une bonté intrinsèque (même si celle-ci est reconnue dans cette offre de Dieu). Et si cette séduction et ce désir sont possibles, c'est toujours en vertu de la ressemblance fondamentale, d'une union entre Dieu et l'âme préalable à leur réunion : les parfums de l'épouse sont des relents de ceux de l'Époux, et, comme tels, ils sont destinés à s'associer ; un autre commentaire de Jean de la Croix au même passage du Cantique des Cantiques est des plus explicites sur ce point :

> A la quête de la trace
> Les jeunes filles courrent sur le chemin...
>
> La trace est l'empreinte de celui dont elle est la trace, par laquelle on suit à la trace et l'on cherche celui qui la fit. La suavité et la notice que Dieu donne de soi à l'âme qui le cherche est empreinte et trace par où l'on connaît et recherche Dieu. C'est pour cela que l'âme dit ici au Verbe son Époux : « à la quête de ta trace », c'est-à-dire, derrière l'empreinte de

b) *Fécondité et parfums. Des fleurs au jardin*

C'est la fleur des vertus qui va maintenant nous introduire dans le jardin de l'âme ; en fait, c'est la même image qui continue mais à une toute autre échelle, considérablement agrandie : la chevelure de l'épouse voletant entre les fleurs sous la brise légère devient le paradis traversé par le fort vent du sud :

> déjà nous avons dit que l'âme de l'épouse est la vigne fleurie en vertus, et à présent elle l'appelle ici également « jardin » où sont plantées les fleurs de perfections et vertus dont nous avons parlé. [445]

Et si jusqu'ici les fleurs réjouissaient surtout l'oeil — même si l'âme goûtait simultanément « la vue et l'odeur des plantes bien

---

> suavité que tu leur imprimes et infuses de toi et derrière l'odeur que tu diffuses de toi, les jeunes filles courrent sur le chemin. (Ct 16,3.)

Aussi la bonne odeur de l'âme n'est-elle autre que celle de Dieu, à la fois origine, chemin et aboutissement de la marche vers lui, et

> le travail de l'âme pour parcourir ce chemin est bien peu de chose ou rien du tout ; elle est plutôt mue et attirée par cette trace de Dieu, non seulement à sortir, mais encore à courir de nombreuses manières sur le chemin. (Ct 16,4.)

On reconnaît le schéma augustinien de la recherche de Dieu selon ses « vestigia » en nous (cf. *supra*, p. 248), et plus largement de *l'image* de Dieu portant en germe sa *ressemblance* qui sera complète au terme de sa *reconnaissance*.

— Il faut noter aussi que dans ce passage l'épouse est nommée comme la *reine* en vertu de la citation du Ps 44, 10 (« Astitit regina a dextris tuis, etc. ») qu'apporte Jean de la Croix. Remarquons-le pour l'instant comme une anticipation de l'exploitation très voisine du livre d'Esther dont les parfums séduisent Assuérus en Ll 3.

— Il faut noter enfin une image annexe de celle de la guirlande, l'image de la pomme de pin, de la « pigne » :

> Cependant qu'avec des roses
> Nous serrerons une pigne... (Ct 25, strophe)
>
> ... l'âme appelle cet assemblage de vertus une pigne. Parce que, comme la pigne est une chose dure qui contient de nombreuses parties fortes et bien serrées, qui sont les pignons, ainsi cette pigne de vertus que bâtit l'âme pour son Bien-Aimé est une seule pièce de perfection de l'âme, laquelle fortement et avec ordre embrasse et contient en soi beaucoup de perfections et vertus très fortes et de dons très riches.
>
> ... toutes les perfections et vertus conviennent et sont ordonnées en une perfection unique et solide de l'âme... (Ct 25,9 ; Lucien-Marie pp. 639-640.)

445. Ct 26,5.

fleuries » —, la dimension visuelle de l'image va maintenant s'estomper derrière une *humidification* générale de l'expérience mystique qui va en développer la dimension olfactive d'abord et gustative ensuite par le relais d'autres images « humides », celle de fruits au jus savoureux et enfin celle d'un festin de noces bien arrosé ! Nous ne pouvons que mentionner ici cette humidification, réservant son analyse pour la suite, mais il faut constater tout de suite le lien humidité/ fécondité qui commande à son tour le lien fécondité/parfum ; en effet, à l'encontre du vent du nord

> froid et sec, qui fane les fleurs..., qui éteint et tue la suavité et la sève spirituelle, [446]

l'âme appelle le vent du sud qui est

> un air serein, qui cause les pluies et fait germer les herbes et les plantes, et s'ouvrir les fleurs, et répandre leur odeur... ; l'âme entend ici par cet air l'Esprit-Saint. [447]

Cette humidification féconde correspond à un nouveau développement de l'expérience mystique, à une nouvelle qualité dans la perfection de la Sagesse de Dieu, plus simple que celle exprimable sur le registre visuel ; elle correspond précisément à une remontée à sa source, à une saisie de soi-même en cette source comme fécondité pure, en acte permanent de dispensation de cette Sagesse :

> il faut noter ici que l'épouse ne dit pas [*du vent du sud*] : aspire *en* mon jardin, mais : aspire *par* mon jardin ; car la différence est grande entre : Dieu aspire *en* l'âme, et : Dieu aspire *par* l'âme ; car aspirer *en* l'âme est infuser en elle grâce, dons et vertus [*c'est-à-dire la disposition harmonieuse de la fleur ou de la pomme de pin*], et aspirer par l'âme est un attouchement que Dieu fait en les vertus et les perfections qui lui sont déjà données [*il s'agit donc bien d'une nouvelle qualité de cette disposition harmonieuse*], les renouvelant et les remuant de telle sorte qu'elles donnent

446. Ct 26,3.
447. Ct 26,4 ; cf. Ct 31,6.

> d'elles-mêmes un admirable parfum et suavité ; tout à fait comme lorsque l'on agite les espèces aromatiques et qu'au moment où se produit ce brassage elles émettent l'abondance de leur odeur, laquelle auparavant n'était pas telle et ne se sentait pas à un si haut degré. [448]

Nous retrouvons le toucher de Dieu comme principe du renouvellement de la jouissance mystique fondamentale, comme éveil permanent de la vie : Dieu remue les parfums de l'âme tout comme nous l'avons vu retourner le fer dans la « plaie délicieuse », appliquer le « cautère suave » et tirer le feu du choc des cailloux. C'est qu'en effet,

> les vertus que l'âme contient acquises en elle, elle n'est pas toujours en train de les ressentir et de les jouir actuellement, car en cette vie (...) elles sont en l'âme comme des fleurs serrées en bouton, ou comme des espèces aromatiques renfermées dont l'odeur ne se sent pas jusqu'à ce qu'on les découvre et qu'on les remue.
>
> Parfois, cependant, Dieu fait de telles faveurs à l'âme épouse qu'en aspirant avec son Esprit divin par son jardin fleuri, il ouvre tous ces boutons de vertus et découvre ces espèces aromatiques de dons, et de perfections, et de richesses de l'âme ; et, ouvrant le trésor et le domaine intérieur, il en découvre toute la beauté ; et c'est alors chose admirable que de voir et suave que de sentir les richesses des dons qui se découvrent à l'âme et la beauté de ces fleurs de vertus, toutes épanouies maintenant, et chacune d'entre elles lui [= *à Dieu*] envoyant l'odeur de suavité qui lui est propre. [449]

Et cette perception radicale est de nouveau pour l'âme une perception de la *gloire* de Dieu en elle, sur le mode olfactif cette fois-ci, mais exactement parallèle à la gloire de la voix divine dans le concert silencieux [450] :

448. Ct 26,5.
449. Ct 25,5-6.
450. Cf. *supra*, pp. 303 ss.

> [ces odeurs] sont parfois d'une telle abondance qu'il semble à l'âme qu'elle se trouve revêtue de délices et baignée *en gloire* inestimable... [451],

imprégnation qui envahit le mystique tout entier, au point de traduire parfois somatiquement cette gloire de Dieu dans un aspect physique particulier, analogue, quoique moins spectaculaire, à l'effet de la flèche enflammée dont nous avons vu que son attouchement pouvait se traduire extérieurement par l'impression visible des stigmates corporelles :

> ... à tel point que non seulement l'âme sent cela [= *cette gloire*] de l'intérieur, mais encore cela redonde d'habitude extérieurement à un tel point, que ceux qui savent y faire attention le connaissent, et il leur semble qu'une telle âme est comme un jardin délectable, plein de délices et de richesses de Dieu. Et non seulement lorsque ces fleurs sont écloses cela se laisse voir en ces saintes âmes, mais elles comportent ordinairement en elles un je ne sais quoi de grandeur et dignité qui cause retenue et respect aux autres en raison de l'effet surnaturel qui se diffuse dans le sujet à partir de la communication proche et familière avec Dieu ; cela s'écrit dans l'Exode à propos de Moïse : on ne pouvait regarder son visage en raison de la *gloire* et de l'honneur qui demeuraient en sa personne pour avoir traité face à face avec Dieu. [452]

Si l'âme est ce jardin, on peut donc relire toute la vie spirituelle comme le cycle de sa végétation : l'Esprit-Saint, tel un bon jardinier, le prépare pour la visite du Bien-Aimé, le Fils de Dieu ; il en entretient les fleurs et les plantes et fait en sorte que les plus suaves odeurs attirent la venue de l'Époux et qu'il se plaise à désirer y prendre son repos, travail qui résume toute la substance spirituelle des différentes images végétales que nous avons rencontrées jusqu'ici :

> L'Époux Fils de Dieu... envoie son Esprit-Premier, qui est son intendant, pour qu'il lui prépare la demeure de

451. Ct 26,7.
452. Ct 26,7.

l'âme-épouse, l'élevant en délice, composant son jardin avec goût, épanouissant ses fleurs, découvrant ses dons et le garnissant de la tapisserie de ses grâces et richesses… ; en cela, l'âme gagne bien des choses à la fois,… elle gagne que le Bien-Aimé se délecte bien davantage en elle,… ce qui est ce qu'elle-même goûte le plus,… elle gagne la continuation et la durée d'une telle saveur et suavité de vertus… selon ce qu'elle dit dans le Cantique des Cantiques : « tant que le roi reposait sur sa couche, mon arbuste parfumé envoyait l'odeur de sa suavité », entendant ici par arbuste parfumé, résultat de l'abondance des fleurs, la plante de nombreuses vertus que l'on a dit plus haut demeurer en l'âme et qu'elle appelait alors « vigne fleurie », ou la « pigne en fleurs » dont elle parlait ensuite… [453]

… Et tout cela, l'âme le désire non pas pour le délice et la gloire qui en découlent pour elle, mais pour ce qu'en cela elle sait que se délecte son Époux, et que cela est disposition et préparation en elle pour que son Époux bien-aimé, le Fils de Dieu, vienne se délecter en elle. [454]

c) *Le registre olfactif et l'expression de l'exérience mystique : conclusion.*

Après ce résumé, nous pouvons faire le point des données spirituelles « olfactives » que nous avons rencontrées et essayer de les ordonner dans l'ensemble de la vie mystique. Elles sont évidemment moins abondantes que les données auditives ou visuelles : l'odorat contribue à créer l'ambiance de l'union, mais sans le caractère décisif attaché à l'ouïe, à la vue ou au toucher. Aussi sera-t-il simple de retrouver le cadre général des images à peine étudiées.

Jean de la Croix prend le sujet spirituel dans l'exercice « mondain » de son odorat, et tout comme pour les autres sens, il décrit l'entrée dans l'univers théologal comme un retournement vers l'intérieur de cet exercice :

453. Ct 26,8.
454. Ct 26,9.

> se privant du goût de toute suavité d'odeurs qu'elle peut goûter par le sens de l'odorat, l'âme demeure selon cette puissance... en obscurité et sans rien.[455]

« Sans rien », comprenons : « sans rien de fini », car Dieu est hyper-odoriférant tout comme nous l'avons découvert hyper-lumineux, hyper-sonore, etc. ; l'odeur de Dieu est essentiellement excessive, et c'est pourquoi toute odeur finie, d'une part, bien sûr, reste indicative de Dieu de manière très dérivée et profite à ce titre à l'âme dans la mesure où elle y retrouve quelque chose de son parfum[456], mais d'autre part et surtout indique une négation de ce que Dieu est en lui-même. S'y attacher serait perdre du même coup l'infini de Dieu puisque le mode fini de l'infini est la *généralité* au-delà de toute particularité, généralité qui engendre la sensation indescriptible propre à la foi, union du semblable au semblable dans une sympathie bien plus fondamentale que les dissemblances accidentelles. Et il faut donc pour l'odorat comme pour les autres sens que la généralité de la foi dépasse la particularité de l'excercice mondain pour

> pouvoir percevoir une odeur aussi suave.[457]

Et comme pour les autres sens, il n'y a pas d'exception, même pas celle du fonctionnement préternaturel de l'odorat, qu'il soit démoniaque[458] ou qu'il soit d'un « bon esprit »[459]. Alors s'élèvera au cœur de la foi une perception nouvelle de Dieu selon l'odorat restauré, détourné du monde et retourné vers la substance de ses sensations ; tout comme les onguents des vertus de l'âme se mettent à embaumer lorsque Dieu les agite[460], le réveil du Verbe assoupi au cœur de l'épouse est

> un mouvement qu'il fait en la substance de l'âme..., tel qu'il lui semble que tous les baumes et toutes les espèces

455. 1S 3,2 ; cf. 3S 2,14 / 3S 3,3.
456. Cf. 3S 24,5.
457. 3S 24,2 ; cf. 2N 9,1. — Sur foi/généralité/particularité, cf. *supra,* p. 309.
458. 2S 11,5.
459. 2S 11,1 / 2S 17,4 / 2S 17,9.
460. Cf. *supra,* p. 335.

> odoriférantes et toutes les fleurs du monde débordent et remuent.[461]

Mais avant cette perfection qui est celle de l'union consommée et vers laquelle convergent toutes les sensations restaurées, une des dimensions importantes du registre olfactif et que nous n'avons que mentionnée en passant est celle de la *préparation* de l'âme au mariage spirituel, grâce au rapprochement du texte du Cantique des Cantiques sur la course des jeunes filles à la trace de l'Époux[462] avec Est 2, 3-13, où les mêmes jeunes filles, devenues les fiancées d'Assuérus, sont

> préparées avec certains onguents de myrrhe et autres arômes durant la moitié d'une année, et avec d'autres onguents plus relevés durant l'autre moitié de l'année, après quoi elles allaient au lit du roi.[463]

Ainsi l'âme entrée dans le sérail mystique est-elle préparée par les onctions du Saint-Esprit, de plus en plus raffinées, et le registre olfactif nous conduit ainsi aux images de la vie nuptiale, lorsque la fiancée devenue la reine Esther sera introduite au lit royal.[464]

## IV. Restructuration de l'anthropologie mystique au niveau du goût

De la blessure au regard, du regard à la musique puis à la respiration et aux parfums, nous découvrons une à une toutes les composantes de l'expérience mystique et leurs harmoniques infinies. Mais toute une part de la vie sensuelle reste encore dans l'ombre: celle du goût. Elle nous a déjà été suggérée par l'évocation d'un vin aromatisé ou des fruits savoureux du jardin,

---

461. Ll 4,4.
462. Cant 1,3 in Ct 16 et Ct 21.
463. Ll 3,25.
464. Cf. *supra*, p. 332, note 444. — Remarquons que c'est la préparation d'Esther à ses noces qui sert de cadre à tout le traité de direction spirituelle que Jean de la Croix place au livre III de Vive Flamme. Cf. notamment les «onguents» de Ll 3,26 / 3,62 / 3,68 qui charpentent toute cette longue parenthèse.

mais une image particulièrement importante semble l'imposer maintenant à notre analyse, l'image du banquet que nous avons pressentie dans le prolongement du feu enivrant de la blessure d'amour, dans l'intimité du concert silencieux et du mystérieux rendez-vous de l'Époux et de l'épouse dans le jardin parfumé. Cette convergence indique déjà l'emprise que le registre gustatif exerce sur l'univers mystique. Et de fait, en analysant ce registre nous allons assister à un saut qualitatif dans l'écriture de Jean de la Croix : non plus simple complément de la vue, du toucher, de l'ouïe ou de l'odorat, mais véritable reprise de l'anthropologie mystique, le registre gustatif introduit une nouvelle couche du vocabulaire de Jean de la Croix, dessinant un ensemble nouveau qui se superpose à tout ce qui précède et en enrichit profondément la portée.

C'est pourquoi, avant de traiter pour elle-même l'image du banquet, nous devons introduire des catégories nouvelles de la perception mystique, celles d'une humidification, d'un creusement, d'un appétit spirituels, autant de données qui vont resserrer et concentrer puissamment toute la vie mystique autour de l'expression la plus riche, la plus intense en même temps que la plus distincte de la rencontre de l'Époux et de l'épouse, son expression *nuptiale,* dont le banquet, nous le verrons, constitue la première étape.

## 1. *L'eau et le registre humide*

En tête de l'étude des images végétales dans l'œuvre de Jean de la Croix, nous avons parlé d'une « humidification » de l'expérience spirituelle, passage à une nouvelle qualité dans la perception de la Sagesse de Dieu, corrélative de sa fécondité et de sa diffusion[465]. Nous avons également rencontré l'eau en commençant l'étude du registre mystique sonore, lorsque la voix de Dieu a surgi comme un déferlement torrentiel[466]. Nous avons aussi constaté à plusieurs reprises les affinités paradoxales de l'eau et du feu ... Bref, la présence de l'eau dans l'œuvre de Jean de la Croix n'est pas celle d'un élement parmi les autres, mais

465. Cf. *supra,* p. 334.
466. Cf. *supra,* p. 304.

plutôt *dans* tous les autres. Et sa perception, loin d'être réductible à un seul organe des sens, ouvre en fait son champ d'expression propre, si bien que nous allons voir le mystique doté d'un véritable « sens » de l'humidité, tout comme nous avons vu qu'il avait une sorte de « sens » de l'air, bien plus vaste que ses seules appréhensions tactiles, auditives et olfactives ; et ce sens de l'humidité sera encore bien plus compréhensif que le sens de l'air en ce qu'il intéresse positivement ou négativement presque toutes les perceptions du mystique, ce qui nous force ici à le traiter pour lui-même.

Fraîcheur dans les flammes, volume sonore des cascades, fécondité et abondance végétale, diffusion des parfums : voilà les premières connotations de l'eau que nous avons déjà relevées. Elles sont en fait autant de résurgences d'une source que draine toute l'œuvre de Jean de la Croix : la fontaine d'eau vive promise par Jésus à la Samaritaine (Jn 4,14 [467]), et l'invitation sacramentelle de Jn 7,37-39 : « Si quelqu'un a soif, qu'il vienne à moi, et qu'il boive, celui qui croit en moi ! Selon le mot de l'Écriture : “de son sein couleront des fleuves d'eau vive”, il parlait de l'Esprit que devaient recevoir ceux qui croient en lui. » [468]

De ces deux textes, qui n'en font qu'un dans la lecture de Jean de la Croix, il faut rapprocher quelques citations préparatoires empruntées à l'Ancien Testament : « ... ils me délaissèrent, moi qui suis la source d'eau vive, et se creusèrent des citernes percées qui ne peuvent tenir l'eau. » (Jer 2,13 [469]) ; « ...vous tous qui avez soif, venez vers l'eau... » (Is 55,1-2 [470]) ; « Dieu, toi mon Dieu, je te cherche, mon âme a soif de toi. » (Ps 62,2 [471]) ; « Comme le cerf après l'eau vive, ainsi languit mon âme vers toi mon Dieu... mon âme a soif de Dieu. » (Ps 41,1-3 [472]) ; « la source des eaux vives dévalant avec impétuosité les pentes du Mont Liban »,

467. Cf. Ct 11,3 / Ct 29,11 / Ll 1,6 / Ll 3,8.

468. Cf. Ct 11,3 / Ll 1,1. — En rapprochant Jn 7,39 de Jn 4,14 en Ct 11,3, Jean de la Croix se rattache à la tradition qui comprend ce jaillissement de l'Esprit au sein du *croyant*, et non seulement de Jésus. Nous retrouvons le thème de la dispensation de la divinité par le mystique lui-même (Cf. *supra*, pp. 250 ss).

469. 1S 6,1 / 1S 6,6 / 3S 19,7.

470. 1S 7,3.

471. 3S 32,2 / 1N 12,6 / 2N 11,5.

472. 1N 11,1 / 2N 20,1 / Ll 3,19, auxquels il faut ajouter toutes les apparitions du cerf en Ct.

(Cant 4,15[473]) ; « la force du ruisseau réjouit la cité de Dieu. » (Ps 45,5[474]) ; le sacrifice de Néhémie en II Mac 1,20-22[475] ; « les eaux de Siloé qui vont en silence... » (Is 8,6[476]) ; « Je ferai couler sur Jérusalem la paix comme un fleuve et je l'inonderai de gloire comme d'un torrent. » (Is 66,12[477]) ; « Je répandrai sur vous de l'eau et je mettrai mon esprit au milieu de vous. » (Ez 36,25-26[478]) ; etc.

C'est confronté à l'ensemble de ces textes que devient extraordinairement riche le thème de l'eau à travers toute l'œuvre. Mais signalons tout de suite une précaution de lecture sans laquelle cette richesse ne ressort pas : si le *thème* de l'eau est très important, le *mot* lui-même peut tromper par des emplois contradictoires, dans la mesure où sa présence accidentelle dans de nombreuses citations bibliques l'introduit fréquemment dans de tout autres contextes que celui du registre humide de l'expression de l'expérience mystique ; un exemple parmi la vingtaine que nous avons pu repérer : « comme les inondations des eaux, ainsi mon cri de détresse » (Job 3,24), dont le contexte (2 N 9,7) montre que le mot n'est pas signifiant par lui-même.

A cette mise en garde, il faut toutefois apporter un correctif : selon une technique toute patristique, « agua » devient parfois l'agrafe d'une exégèse allégorique à un second niveau de lecture d'une citation exploitée d'abord sans aucune référence à un contexte humide. Prenons l'exemple du Ps 17,12 (« Dieu fit des ténèbres sa cachette et son voile, et de l'eau ténébreuse en les nuées de l'air la tente qui l'entoure. ») : le sens direct que lui donne Jean de la Croix est celui de l'impression d'impénétrabilité optique et tactile ressentie par le mystique au voisinage de Dieu, ce qui donne :

> ce qui en Dieu est lumière et clarté plus élevée, est pour l'homme ténèbre plus obscure. [479],

473. Ll 3,7.
474. *Idem.*
475. Ll 3,8.
476. Ll 3,64.
477. Ct 13,9.
478. Ll 3,8.
479. 2N 16,12.

mais plus profondément, cette eau,

> même si elle est ténébreuse, est de l'eau, et pour autant ne laisse pas de rafraîchir et de fortifier l'âme ! [480]

Mais ce correctif ne joue pas toujours aussi nettement, et c'est pourquoi ce registre humide s'introduit de façon diffuse, souterraine, à travers l'ensemble de l'œuvre de Jean de la Croix, bel exemple de son style et de celui de son époque baroque, entrecroisant une quantité de grilles rédactionnelles, peu soucieux de les simplifier, si bien que leur unité ne vient à la conscience du lecteur qu'au terme d'une longue rumination du texte, tout comme l'auteur devait probablement davantage en pressentir les combinaisons que les analyser explicitement.

Cette base scripturaire fournit déjà toutes les données de ce que nous avons appelé l'« humidification » de l'expérience mystique. Elle exprime d'abord l'*ambivalence* de cette expérience, comme nous venons de le voir sur l'exemple du Ps 17,12 : le même Dieu est simultanément impénétrable, hostile derrière un écran d'eau ténébreuse [481] du point de vue de la *réflexion* du spirituel construisant ce que nous avons appelé son « anti-anthropologie », et rafraîchissant, fortifiant, d'un point de vue plus intérieur, plus « substantiel », cette sensation étant bien plus fondamentale parce que bien plus immédiate, bien moins dérivée de sa source; et l'autre ne fait que la souligner par contrepoint et par retrait jusqu'au jour où elle s'estompera comme un rêve dans le réalisme retrouvé du mariage mystique.

Aussi Jean de la Croix retrouve-t-il dans l'eau l'ambiguïté qui était dans le feu, simultanément consumant et lénifiant, et c'est pourquoi l'un peut être pris pour l'autre, ce que représente la transmutation opérée dans le sacrifice de Néhémie :

> [*sur le vers : « ¡ Oh lámparas de fuego ... ! »*] ce feu est ici si suave que, tout en étant feu immense, il est comme les eaux de la vie qui désaltèrent la soif de l'esprit avec la vigueur qu'il désire. De manière que ces lampes de feu sont des

480. 2N 16,14.
481. 2N 16,11-12 ; cf. Ps 68,2-4 en 2N 6,3 / 2N 6,6 / Ct 29,9 et Jér 12,5 en Ll 2,27.

> eaux vives de l'esprit, comme celles qui vinrent sur les apôtres (Ac 2,3), qui, bien qu'elles fussent des lampes de feu, étaient aussi des eaux pures et limpides ; ... et ainsi, quoiqu'il soit feu, il est aussi eau ; car ce feu est figuré par le feu du sacrifice que Jérémie cacha dans la citerne, lequel, tant qu'il restait caché était de l'eau, et lorsqu'on le sortait en dehors pour sacrifier était feu ; et de même cet esprit de Dieu, en tant qu'il reste caché dans les canaux de l'âme est comme de l'eau suave et délectable désaltérant la soif de l'esprit, et en tant qu'il s'exerce en sacrifice d'amour de Dieu est en flammes vives d'amour.[482]

Mais si l'un peut être pris pour l'autre, il peut aussi être opposé à l'autre avant que cette ambivalence ne découvre sa double vérité psychologique lors de l'union mystique, et jusque là l'eau vient rafraîchir ce que le feu brûle sur ce qui paraît être l'unique niveau de la conscience avant qu'elle ne se dédouble ; et c'est pourquoi, au début de la vie contemplative, avant que ne soit nettement perçue son origine « tout autre » par rapport à l'ensemble de la vie mentale, les premières ferveurs succédant aux premières aridités sont ressenties comme

> la douce eau spirituelle que [les commençants] goûtent en Dieu.[483]

Et un peu plus tard, le dédoublement spécifique de la conscience mystique devenant plus net, c'est la même eau qui sera retrouvée, mais plus profonde, moins clairement saisie réflexivement parce que reçue plus passivement, et c'est pourquoi, à partir de là, l'eau permettra de penser très exactement la vie spirituelle comme une pure *infusion*, notamment parce que l'indifférenciation absolue d'une masse liquide évoque parfaitement la *généralité* de sa communication à l'intérieur de la foi :

> ce qu'auparavant l'âme retirait d'une fois sur l'autre par son travail de méditation sur des *connaissances particulières*

482. Ll 3,8.
483. 1N 8,3.

> s'est maintenant fait et tourné en elle par l'usage en habitude et substance d'une *connaissance amoureuse générale,* non pas distincte ni particulière comme auparavant. C'est pourquoi, en se mettant en oraison, *elle boit maintenant sans travail* et avec suavité, comme celui qui tient désormais l'eau puisée sans qu'il soit nécessaire de la faire venir par les aqueducs des pesantes considérations et formes et figures ; de telle sorte qu'en se mettant devant Dieu, elle se met aussitôt *en acte de connaissance confuse,* amoureuse, pacifique et tranquille, ce en quoi l'âme boit sagesse, et amour, et saveur. [484]

Complémentaire de cette boisson, il faut mentionner une image extrêmement « liquide » par laquelle Jean de la Croix évoque l'infusion spirituelle, celle de *l'allaitement de l'âme,* image chère à Jean de la Croix qui figure volontiers l'apprentissage mystique sous les traits de la petite enfance. Elle est supportée par les citations de II Co 3,1 : « comme à des petits enfants dans le Christ je vous ai donné à boire du lait... » [481] ; et de Is 28,9 : « A qui le Seigneur enseignera-t-il la science ? Et à qui fera-t-il comprendre ce qu'il aura entendu ? aux enfants sevrés du lait et détournés de la mamelle. » [486]

Ces deux citations permettent, par leur contradiction à l'intérieur de la même image, de penser simultanément la passivité de l'âme recevant le lait spirituel :

> Tout comme la mère pleine d'amour procède envers son tendre nourrisson ... qu'elle nourrit de lait savoureux, ... la mère pleine d'amour de la grâce de Dieu fait trouver doux et savoureux le lait spirituel. [487] ;

et la nécessité de se laisser sevrer de la sensibilité de ces douceurs pour recevoir un aliment plus substantiel :

---

484. 2S 14,2.
485. Cf. 2S 17,8.
486. Cf. 2S 19,6 / 1N 12,5 / Ll 3,37.
487. 1N 1,2, claire réminiscence de l'antienne du dimanche de Quasimodo (« comme des enfants nouveau-nés, désirez le pur lait spirituel... » IP 2,2). Cf. 2S 14,3.

> [sur Is 28,9]... ni le premier lait de la suavité spirituelle, ni l'appui de la mamelle des savoureux discours des puissances sensitives que l'âme goûtait, ne sont la disposition pour cette divine influence, mais la privation de l'un et le détachement de l'autre. [488]

Si maintenant nous serrons d'un peu plus près l'analyse de cette composante humide de la perception mystique, nous voyons se rejoindre les notes caractéristiques qu'elle apportait au registre olfactif et au registre sonore : fécondité et abondance. La fécondité tend à être ressentie comme un débordement sans fin, une source primordiale jaillissant d'un sous-sol inconnu ; du jardin embaumé de Ct 26 [489], nous remontons aux fleuves fracassants de Ct 13 [490], car outre qu'ils soient sonores,

> ces fleuves ... investissent et submergent tout ce qu'ils rencontrent... [491],

ce qui indique en réalité un double mouvement, à la fois de submersion (c'est-à-dire perçu comme une inondation *par l'extérieur* et qui va correspondre à l'effusion de l'Esprit-Saint) et de réplétion (c'est-à-dire perçu comme une inondation *par l'intérieur* et qui va correspondre à l'investissement de l'âme par la gloire de Dieu) :

> l'âme se voit investir de telle manière par le torrent de l'Esprit de Dieu et le voit s'emparer d'elle avec une telle force qu'il lui semble que tous les fleuves du monde

---

488. 1N 12,5 ; LUCIEN-MARIE p. 414 — Cf. 2S 19,6 / 3S 28,7 / 1N 12,1 / 1N 13,3. Assez communément, les interprètes de Jean de la Croix font de la phase méditative de la vie d'oraison une sorte d'état de probation, avec une connotation peccamineuse, « en attente de Dieu », en s'appuyant sur le fait que Jean de la Croix le qualifie assez fréquemment de « naturel » par opposition à l'état ultérieur « surnaturel ». Nous avons longuement montré (cf. *supra*, 3e lecture) la valeur purement phénoménologique et très relative de cette distinction ; ici l'image du sevrage montre à l'évidence que Dieu n'est pas moins présent au spirituel au début qu'à la fin de son itinéraire : c'est la même mère qui allaite et qui sèvre son enfant, et qui le porte lorsqu'il ne peut plus marcher.

489. Cf. *supra*, p. 333.

490. Cf. *supra*, pp. 304 s.

491. Ct 13,9.

> viennent *sur elle* pour l'investir, et elle sent qu'y sont submergées toutes ses actions et passions dans lesquelles elle était auparavant... [492]

Voilà pour l'aspect extérieur de l'inondation ; mais en même temps,

> ... ces fleuves sont des fleuves de paix, selon ce que Dieu donne à entendre de cet investissement *en l'âme*, par Isaïe : « Ecce ego declinabo super eam quasi fluvium pacis et quasi torrentem inundantem gloriam » (Is 66,12)... et ainsi cet investissement divin que Dieu fait en l'âme comme de « fleuves sonores » la *remplit* tout entière de paix et de gloire. [493]

Ce passage de l'effusion de l'Esprit-Saint à l'infusion de la gloire indique donc la perception d'une double origine à l'inondation spirituelle, simultanément dans l'âme et hors d'elle : en elle, nous retrouvons la source promise par Jésus en Jn 7,37-39 tel que le lit Jean de la Croix [494] ; hors d'elle, nous la retrouvons promise à la Samaritaine en Jn 4,14. Mais en réalité, comme le souligne bien l'exégèse de Jean de la Croix que nous avons vu rapprocher les deux textes, c'est la même eau qui jaillit de l'unique source, à la fois en Dieu et en l'âme, parce que Dieu habite l'âme ; et ce que recouvre la double sensation extérieure/intérieure n'est pas tant une dualité d'origine que *la réciprocité* de l'unique mouvement spirituel de réception et de distribution par l'âme de la gloire de Dieu, dont elle ne cesse de se remplir ni de la répandre par débordement. En effet, si l'âme est simultanément réceptrice et dispensatrice de la gloire de Dieu, c'est au sens où la turbulence d'une cascade est perpétuellement alimentée en amont pour s'écouler en aval : la turbulence ne subsiste que traversée par les flots, mais en même temps, elle réoriente ces flots, les reforme et les distribue sans qu'il y ait en elle d'autre principe actif que le fait passif de se trouver sur le passage des eaux. Ainsi l'âme

---

492. Ct 13,9.
493. *Idem.* — Une association analogue de douceur et de puissance se retrouve en Ll 3,16 sur Ez 1,2, et en Ll 3,64 sur Is 8,6.
494. Cf. *supra,* p. 341, note 468.

est-elle comme un tourbillon, ou comme l'œil d'un cyclone, au point virtuel où se noue et se dénoue un jeu complexe de forces venues de l'amont et qu'elle redistribue vers l'aval sans rien avoir retranché ou ajouté à leur puissance tout en en ayant totalement remodelé le cours :

> [*dans l'union de transformation,*] l'âme regorge des eaux divines bouillonnant en elles comme une source d'abondance qui regorge de toutes parts des eaux divines... [495] ;

source à laquelle Dieu lui-même vient s'abreuver comme en son domaine propre dans lequel Jean de la Croix fait deviner le paradis retrouvé de la Jérusalem céleste :

> [*dans les notices que le Bien-Aimé te communique alors,*] tu es tellement engloutie et enfoncée que tu es aussi bien « le puits des eaux vives qui dévalent avec impétuosité du Mont Liban » qui est Dieu. Ce en quoi tu es merveilleusement en liesse selon toute l'harmonie de ton âme et aussi de ton corps, toute transformée en un paradis d'irrigation, pour que s'accomplisse aussi en toi le mot du psaume disant : « L'impétuosité du fleuve réjouit la cité de Dieu ». [496]

L'âme devenue paradis et cité de Dieu se trouve le théâtre d'une parfaite réciprocité entre le mystique et Dieu devenus l'un pour l'autre source de vie divine et

> tout se dit en cette parole : que l'âme est faite Dieu de Dieu. [497]

Nous retrouvons donc le ministère de dispensation de la Sagesse de Dieu par le mystique dans un mouvement analogue à celui des amants de Ct 38, qui inspiraient et expiraient une haleine commune — le Saint Esprit — dans une sorte de mouvement alternatif réciproque. [498]

---

495. Ll 3,8.
496. Ll 3,7 ; cf. Ct 12,11.
497. Ll 3,8.
498. Cf. *supra,* p. 325.

De ce mouvement alternatif, c'est la phase de réplétion que Jean de la Croix va développer davantage, autour de l'analyse d'une faim et d'une soif spirituelles : l'âme va littéralement *boire* et *absorber* Dieu, ce que suggérait déjà l'image de l'allaitement rencontrée dans l'illustration de l'infusion mystique. Cette faim et cette soif vont maintenant nous acheminer progressivement vers l'image du festin de noces qui arrivera au terme du creusement spirituel qu'elles contiennent.

### 2. *La soif et la faim spirituelles : le creusement de l'expérience mystique*

L'analyse du *désir* dans l'œuvre de Jean de la Croix [499] nous a montré le moteur de la vie mystique dans l'insatisfaction de l'âme fixée sur quelque objet fini que ce soit ; ce moment de ré-flexion révèle une énergie potentielle qui se libèrera dans un nouvel élan, de plus longue portée parce que plus conscient, vers la saisie toujours plus radicale, plus substantielle, de la source et de la fin de son désir, de cette fécondité primordiale retrouvée dans la fontaine d'eau jaillissant en vie éternelle. Le progrès spirituel consiste en ces bonds successifs dont les retombées et les redéparts dessinent point par point la ligne de retournement de l'anti-anthropologie mondaine en anthropologie mystique. Chaque étape de cette prise de conscience libère quelque chose de cette énergie en la faisant passer à l'acte, jusqu'à l'acte permanent — pour ne pas dire l'acte pur — de l'union par transformation, conscience de ne recevoir qu'en donnant, de n'avoir faim qu'en mangeant et de n'avoir soif qu'en buvant :

> Ces eaux de délices intérieures ne naissent pas de la terre ; c'est vers le ciel qu'il faut ouvrir la bouche du désir, vide de tout autre plein, et pour que telle soit la bouche de l'appétit, et non pas restreinte ni resserrée par quelque aliment d'un autre goût, qu'elle soit maintenue bien vide et ouverte vers celui qui me dit : « Ouvre et dilate ta bouche, et moi je l'emplirai. » (Ps 80,11) ... Que Dieu nous libère de si mauvais embarras qui détournent de si douces et savoureuses libertés ! [500]

---

499. Cf. *supra*, pp. 117 ss.
500. Lettre 7.

Cette libération progressive, nous l'avons lue sur les divers registres que la psychologie habituelle des sens prête au mystique : registres tactile et somatique d'abord, visuel ensuite, puis sonore, olfactif, etc. ; selon une perception plus globale enfin dans l'expérience très englobante d'une humidification spirituelle. Nous allons voir maintenant dans la ligne de cette humidification, par le développement du thème de la soif et de la boisson d'abord, puis par celui de la faim et de la nourriture qui en dépend très directement, que l'expérience mystique se « creuse », que le désir « suce », comme le cyclone dont nous parlions plus haut, tout ce qui passe à sa portée, et cette succion va former un cratère dont les pentes réorientent toutes les données phénoménologiques glanées jusqu'ici en leur conférant une sensation irréductible de profondeur croissante.

a) *Boisson et sécheresse*

1) *L'« endiosamiento » de l'âme*

> De mon Bien-Aimé, j'ai bu ... [501]

A tous les âges de la vie spirituelle, l'âme « boit » Dieu selon sa capacité [502] et la croissance mystique s'opère comme la croissance physique par assimilation de cette boisson qui se diffuse, sans autre initiative du buveur que d'ouvrir la bouche :

> comme la boisson se diffuse et se répand par tous les membres et toutes les veines du corps, ainsi se diffuse substantiellement cette communication de Dieu en toute l'âme, ou, pour mieux dire, l'âme se transforme plutôt en Dieu, et selon cette transformation l'âme boit de son Dieu selon sa substance à elle et selon ses puissances spirituelles ; car selon l'entendement elle boit sagesse et science, et selon la volonté elle boit amour très suave, et selon la mémoire elle boit recréation et délice en rappel et sentiment de gloire. [503]

---

501. Ct 17, strophe ; sur cette façon de couper la strophe, cf. *infra,* p. 372, note 582.
502. Cf. 2S 21,2.
503. Ct 17,5 ; cf. Ct 17,6-19 sur Cant 5,6 ; 8,2 et 2,4.

Cette imprégnation est donc totale et Jean de la Croix crée un néologisme éloquent en parlant d'un « endiosamiento » de l'âme [504], c'est-à-dire d'un processus équivalent mais de signe inverse à celui de Dieu se faisant homme par incarnation.

Arrêtons-nous un instant sur cet « endiosamiento » qui fournit à Jean de la Croix la matière d'un commentaire au second degré, « escolástico », à son propre commentaire de la strophe 17 du Cantique Spirituel. Nous venons en effet de le voir croiser une nouvelle fois le schéma psychologique augustinien, celui des trois puissances spirituelles ou supérieures de l'âme. Ce schéma ne nous intéresse pas en tant que tel puisque Jean de la Croix ne fait que l'emprunter, mais remarquons la forme et le niveau de cet emprunt : nous avons déjà vu que mémoire, entendement et volonté étaient pensés par Jean de la Croix comme « profondes cavernes du sens » [505], c'est-à-dire à l'intérieur d'une organisation psychologique réflexe, « en creux » par rapport à l'expérience spirituelle immédiate, ce que nous avons appelé « anti-anthropologie » ; et nous avons également vu que ce creusement était perçu comme tel dans la mesure où le désir devenait conscient et rassasié de lui-même dans l'union par transformation, dans la mesure où ce creusement se remplit et déborde comme un puits lorsqu'il atteint une nappe d'eau souterraine, la source d'eau vive jaillissant en vie éternelle. Or, c'est exactement à cette prise de conscience génératrice d'un langage, c'est à cette libération d'énergie spirituelle que nous assistons dans l'« endiosamiento » de l'âme ; c'est *en tant que se transformant en Dieu* que l'âme introduit une distinction dans son expérience, distinction qui modèle la structure entière de l'anthropologie : l'entendement est introduit comme une caverne du sens par rapport à la Sagesse de Dieu et non le contraire (il n'y a pas d'entendement préalable qu'il faudrait ultérieurement faire fonctionner), la volonté par rapport à l'amour et non le contraire, la mémoire par rapport à la délectation et non le contraire, celle-ci rassemblant en quelque sorte les deux autres, en ce que nous avons vu la délectation intégrer connaissance et amour dans la perception globale de la gloire de Dieu. C'est l'homme *en état* de

504. Cf. Ct 17,10 / Ct 17,14.
505. Ll 3 ; cf. *supra*, pp. 286 s.

transformation qui commande l'ensemble de l'anthropologie de Jean de la Croix, c'est de cette expérience fondamentale qu'il explore les cavernes, introduisant par dérivations successives les éléments d'une structure psychologique tâchant d'en rendre compte.

On comprend dès lors que la rigueur de cette structure et la provenance nominale de ces éléments ne sont pas essentielles tant que l'on ne les détourne pas de leur destination avant tout pédagogique ; selon les besoins du moment, Jean de la Croix considérera par exemple deux plutôt que trois puissances supérieures, tout comme nous avons constaté que la zone des puissances inférieures ne se laisse pas analyser simplement selon les cinq organes des sens mais qu'il a fallu considérer une sensation irréductible de l'humidité, de même que nous sommes en train d'explorer une sensation irréductible du creusement, de même que nous avons dû décomposer les sensations visuelles en fonction de la luminosité d'une part, des formes d'autre part, etc.

Cette manière de procéder de Jean de la Croix est encore soulignée par la solution qu'il fournit à un problème que nous ne pouvons esquiver car *tous* les mystiques l'ont rencontré comme un obstacle, mais obstacle qui, chez Jean de la Croix, va révéler le souci d'analyse psychologique d'une époque dont l'attention est en train de se détourner de l'univers et de son organisation scolastique pour se porter sur le sujet pensant comme tel, dans un regard qui est déjà celui de Descartes :

> … certains disent que la volonté ne peut aimer si ce n'est ce que l'entendement saisit d'abord :

[en philosophie scolastique, le principe est évident ; [506]]

---

506. Par exemple chez saint Thomas :

> … ad hoc quod aliquid voluntatem moveat oportet quod primum in intellectu recipiatur… Sed in movendo sive agendo voluntas est prior : quia omnis actio vel motus est ex intentione boni.
> (*De Veritate,* q. 14 a 5 ad 3 ; cf. *idem,* 22,11 ad 14, *S. T.* I.-II$^{ae}$, 83,3, *De Virt.* 2,3 ad 12, *Sup. Haeb,* 11,1, etc.)

Le problème est plus important qu'il n'y paraît, en ce qu'il met en cause l'essence de la béatitude dans l'au-delà : pour saint Thomas, elle est formellement dans l'intellect. La difficulté du mystique est de ne rien sentir d'analogue ici-bas.

> cela doit s'entendre naturellement, car par voie naturelle il est impossible d'aimer si l'on ne saisit pas d'abord ce que l'on aime ;

[mais nous avons vu[507] ce que Jean de la Croix faisait de cette « voie naturelle » : pas un instant il n'envisage la réalité d'un amour naturel !]

> mais par voie surnaturelle, Dieu peut bien infuser l'amour et l'augmenter sans infuser ni augmenter la saisie distincte.

[mais « infuser surnaturellement l'amour » est un double pléonasme après la remarque précédente.]

> Et cela est *expérimenté*

[voilà la nouveauté du point de vue !]

> par de nombreux spirituels, lesquels se voient très souvent brûler d'amour de Dieu sans avoir plus de saisie distincte qu'auparavant : ils peuvent saisir peu et aimer beaucoup et ils peuvent saisir beaucoup et aimer peu.[508]

Et Jean de la Croix d'ajouter que le premier cas est normalement celui des spirituels moins cultivés théologiquement.[509]

Autrement dit, le découpage de la conscience en mémoire, entendement et volonté est très relatif, et ne vaut que ce que vaut

---

507. Cf. *supra*, troisième lecture.

508. Ct 17,8 ; cf. 2N 13.

509. Ct 17,8 — Un éclairage indirect sur la position de la question à l'époque de Jean de la Croix et sur son importance au cœur de l'éternel débat entre théologie et mystique nous est fourni par sainte Thérèse qui déclare à plusieurs reprises combien elle a souffert du mur théologique que ses premiers directeurs opposaient à son expérience mystique :

> Parfois, en cette oraison de quiétude, Dieu fait une ... faveur bien difficile à saisir si l'on n'en a pas grande expérience ; mais celle qui l'aurait saisira tout de suite, et cela devrait lui donner bien de la consolation que de savoir ce que c'est... : lorsque cette quiétude est grande et prolongée, il me semble à moi que si la volonté ne se trouvait pas attachée à quelque chose, elle ne pourrait pas demeurer beaucoup en cette paix ; car il arrive de passer un jour ou deux à nous voir avec cette satisfaction et de ne pas nous ressaisir ; ceux qui ont cela voient véritablement qu'ils ne sont pas tout entiers à ce qu'ils font, mais qu'il leur manque le meilleur, qui est la volonté, laquelle — à mon avis — est unie avec son Dieu et laisse libres les

son pouvoir de moduler la première prise de conscience d'une expérience qui échappe comme telle à la « prise » parce que c'est précisément en elle que s'enracine la « conscience », conscience

---

autres puissances pour qu'elles saisissent les choses de son service. Et pour celles-ci, ils ont alors beaucoup plus d'habileté, mais pour traiter des choses du monde, ils sont maladroits et comme hébétés.

C'est une grande faveur que celle-ci pour celui à qui le Seigneur la fait, car c'est une vie à la fois active et contemplative. Tous sert alors le Seigneur de cette âme, car la volonté se tient à son œuvre — sans savoir comment elle opère — et en sa vie contemplative ; les deux autres puissances servent en l'office de Marthe : si bien qu'elle et Marie vont ensemble. Je connais une personne que le Seigneur mettait ainsi bien souvent, et elle ne savait pas se comprendre, et elle interrogea un grand contemplatif, lequel dit que c'était très possible et que cela lui arrivait… [*en marge, sainte Thérèse indique qu'il s'agit d'elle-même et de saint François Borgia.*] (*Chemin de la Perfection*, manuscrit de Tolède, 31,5, cf. *Comptes de Conscience,* 54,5.)

(Nous traduisons toujours sainte Thérèse d'après la 4e édition de la B.A.C., Madrid, 1974.)

Mais ces explications de saint François Borgia — nous sommes en 1557 — n'empêchent pas sainte Thérèse d'être suspectée, voire de se suspecter elle-même, de possession diabolique au titre de la non-scolasticité de l'oraison contemplative ! Et elle déclarera ultérieurement que ce n'est qu'en 1572 qu'elle recevra de Jean de la Croix lui-même la clef du malendendu et la fin de ses tourments qui reposaient finalement sur la confusion entre connaissance et pensée rationnelle, cette dernière pouvant fort bien être suspendue ou distraite sans que l'âme en soit moins unie à Dieu de toutes ses puissances pour autant :

> J'ai parfois été bien tourmentée de cette suspension de la pensée, et il n'y aura guère plus de quatre ans [= *1572 puisqu'elle écrit en 1576*] que je vins à comprendre par expérience que la *pensée,* ou imagination pour que l'on comprenne mieux, n'est pas l'*entendement* ; et j'ai interrogé là-dessus un homme instruit [*il n'y a pas de doute qu'il s'agisse de Jean de la Croix*] et il me dit qu'il en est ainsi, ce qui ne fut pas pour moi une petite satisfaction ! Car, comme l'entendement est une des puissances de l'âme, cela me faisait mauvaise impression qu'il soit parfois si papillonnant… je voyais — à mon point de vue — les puissances de l'âme employées en Dieu et être recueillies en lui, et par ailleurs, la pensée agitée me rendait idiote. (*Le Château intérieur*, 4e demeure, 1,8.)

Et un peu plus haut, avec toute la fausse naïveté dont elle a le secret :

> Peut-être *ne savons-nous pas* ce qu'est aimer ? Cela ne me surprendrait pas beaucoup. Cela ne consiste pas dans un goût supérieur mais en une détermination supérieure de désirer contenter Dieu en tout et procurer, pour ce qui dépend de nous, de ne pas l'offenser et le prier que progresse toujours l'honneur et la gloire de son Fils et la croissance de l'Église Catholique : voilà les signes de l'amour ! Et ne pensez pas qu'il consiste à ne pas penser à autre chose et que si vous êtes un peu distraits, tout est perdu ! (4e demeure, 1,7.)

Et sainte Thérèse de retrouver (ou d'annoncer) la règle d'or de Jean de la Croix :

qui se développe en durée (voilà la mémoire), en intensité (voilà la volonté) et en distinction (voilà l'entendement). [510]

Le corollaire de cet « endiosamiento » sera de laisser cette expérience renouveler l'âme au-delà de sa zone supérieure et l'envahir jusqu'aux régions les plus périphériques : du point substantiel et divin de l'âme aux dernières articulations des pieds et des mains [511], c'est toute la présence du mystique au monde qui devient présence de Dieu ; le « puits » de l'âme une fois creusé, il se remplit par le fond et révèle non seulement sa propre capacité mais celle de la nappe d'eau atteinte, et c'est de nouveau l'image de la boisson qui reprend sa force à une échelle considérablement agrandie tout à la fin et comme au couronnement du Cantique Spirituel dans le commentaire à ses deux derniers vers :

> ... et la cavalerie,
> A la vue des eaux, descendait. [512]

> Par les « eaux », [l'âme] entend ici les délices et les biens spirituels de Dieu dont en cet état jouit l'âme. Par la « cavalerie », elle entend les puissances de la partie sensitive, tant les intérieures que les extérieures. Les-

---

> pour la plus grande part, toutes les inquiétudes et tous les tourments viennent *de ce que nous ne nous comprenons pas*... Ô Seigneur ! Tenez compte de tout ce que nous supportons sur ce chemin faute de *savoir* ! Le malheur est, comme nous ne pensons pas qu'il faille *savoir*, plus que de *penser* à vous, que nous ne *savons* même pas demander à ceux qui *savent* et nous ne *comprenons* pas qu'il y ait quelque chose à demander, et de terribles tourments surviennent parce que *nous ne nous comprenons pas !* (4e demeure, 1,9 ; nous intervertissons les deux membres de ce paragraphe.)

Faut-il après cela répéter que les pieuses pensées ne remplacent pas la *science* divine, et que la vie spirituelle suppose une vie culturelle parce qu'il n'y a pas d'esprit humain hors d'une langue ?
— Sur la position historique du problème, Cf. EFREN de la MADRE de DIOS Y STEGGINK (O.), *op. cit.*, pp. 116 ss.

510. « La distincíon real de la memoria y entendimiento es doctrina san-juanista y uno de los sillares de su sistema filosófico y, por ende, de su sistema místico. » (ALBERTO de la VIRGEN del CARMEN, *Naturaleza de la memoria espíritual según San Juan de la Cruz,* en Revista de Espiritualidad, 1952, pp. 291-299 ; 1953, pp. 431-450. Nous citons p. 450.) Arriver à cette conclusion après 30 pages d'analyse approfondie montre, à notre avis, le type même de contresens auquel conduit la volonté — ici très clairement exprimée — de subordonner la lecture de Jean de la Croix, et au-delà de toute vie mystique, à un système, quel qu'il soit.

511. Ll 2,22 ; cf. *supra,* p. 241.

512. Ct 39, strophe.

> quelles, l'épouse dit qu'en cet état elles descendent à la vue de ces eaux spirituelles : parce que la partie sensitive de l'âme est désormais en cet état tellement purifiée et en quelque facon spiritualisée, qu'elle, ensemble avec ses puissances sensitives et forces naturelles, se recueille pour participer et jouir à sa manière des grandeurs spirituelles que Dieu va communiquant à l'esprit...
>
> Et il faut remarquer que l'épouse ne dit pas ici que la cavalerie descendait « pour goûter » les eaux, mais « à l'aspect » des eaux. Parce que cette partie sensitive et ses puissances ne peuvent pas essentiellement et proprement goûter les biens spirituels, parce qu'ils n'ont point de capacité proportionnée pour cela, ni en cette vie, ni en l'autre ; mais par une certaine redondance de l'esprit, ils reçoivent la récréation et la délectation par lesquelles ces puissances et sens corporels sont attirés au recueillement intérieur dans lequel l'âme boit alors les biens spirituels... [513]

Que conclure de cette conclusion ? De nouveau l'affirmation de la vie mystique comme entrée dans un réalisme fondamental par évanouissement de l'univers idéal que le souvenir du paradis perdu forgeait « en creux » dans la région de la dissemblance ; autrement dit, toute la différence entre mondain et spirituel, nature et surnature, etc., reposait en définitive sur une inversion de flux de la conscience. Certes, elle est toujours conscience de l'unique réalité, mais réalité que la conscience mystique ne perçoit plus par réduction de ses données immédiates accompagnée réflexivement de la construction d'un modèle psychologique transcendantal ; elle la perçoit au contraire par diffusion des mêmes données saisies en leur racine et selon la dispensation de la Sagesse de Dieu.

2). *De la boisson à la sécheresse*

Nous venons de voir la perception mystique comme une imbibation divine. Sur le même registre de l'humidité, Jean de la Croix va exprimer en contrepoint la distance de l'âme à l'eau spirituelle comme une *sécheresse* qui va envahir elle aussi tout son être psychologique et « creuser » ainsi son désir par la soif, et le réduire progressivement à son « centre le plus profond » qui

513. Ct 39,5-6 ; Lucien-Marie pp. 687-688.

révèlera son identité fondamentale avec le point de jaillissement de l'eau vive.

Sur le fond biblique déjà inventorié [514], Jean de la Croix va ainsi pouvoir englober les épreuves de l'âme pénétrant l'univers mystique dans l'évocation extrêmement somatique d'une sécheresse générale et croissante. Dans Nuit Obscure, « liber consolationis » du spirituel se croyant égaré, ce sont des dizaines de fois que sa situation est résumée dans des formules telles que « la nuit *sèche* et obscure », « sécheresse et manque de saveur », « nuit de sécheresse », « sécheresse et vacuité », etc., formules qui s'opposent à la saveur du « suc » (=« el jugo ») spirituel [515]. On rapproche immédiatement ces expressions de celles du *feu* spirituel préparant l'âme comme une bûche pour l'inflammation d'amour [516] ; mais la sécheresse ici nous intéresse moins par la chaleur qu'elle connote que par son opposition à toutes les formes de l'humidité spirituelle *positive* que nous avons étudiées, alors que nous avions vu le feu s'attaquer au contraire à une humidité *négative*, celle des défauts de toute sorte, qui empêchait l'inflammation de la bûche. [517]

Cette sécheresse peut être à son tour négative ou positive, car il y a une mauvaise sécheresse par refus ou désintérêt de l'eau spirituelle comme il y a une bonne sécheresse par manque et par désir, si bien que prise en elle-même, elle n'est qu'un signe

---

514. Cf. *supra*, pp. 341 s.

515. Le « jugo » forme un couple avec la « sequedad » ; par exemple au début de la nuit des sens, les spirituels attachés à la méditation qu'il leur faudrait laisser

> travaillent beaucoup et trouvent peu ou pas du suc ; au contraire, s'augmentent en eux la sécheresse, et la fatigue, et l'inquiétude de l'âme d'autant plus qu'ils travaillent pour ce premier suc.

(2S 12,6 ; cf. 2S 12,7 / 2S 13,2 / 3S 26,7 / 3S 33,1 / 3S 39,1 / 3S 39,3 / 3S 40,1 / 3S 42,1 /, etc.)

« Jugo » désigne plus largement toutes les saveurs bonnes ou mauvaises qui s'opposent à toutes les sécheresses bonnes ou mauvaises ; par exemple « le suc des commençants » (2S 14, 1), le « suc » que propose un directeur spirituel (2S 14,1), le « suc » distillé par les puissances de l'âme (3S 37,2 / 3S 45,4), le suc » d'un vice (1N 4,5), etc. ; l'important est de constater que le mot n'apparaît qu'en contexte purgatif, en contexte de *sécheresse*.

516. Cf. *supra*, pp. 102 ss et 201.

517. Cependant, et pour compliquer encore un peu notre analyse, Jean de la Croix parle parfois de la *tendresse* du feu qui révèle la *dureté et la sécheresse* de l'âme, si bien que le feu positif, et non l'humidité, vient s'opposer à une sécheresse. Cf. Ll 1,23.

ambigu, insuffisant pour discerner la disposition fondamentale de l'âme :

> ces sécheresses peuvent très souvent provenir non pas de ladite nuit..., mais de péchés ou d'imperfections, ou de faiblesse ou tiédeur, ou de quelque humeur mauvaise ou d'indisposition corporelle.[518] ;

et nous avons vu que le progrès spirituel intègre cette mauvaise sécheresse dans la bonne par une rectification d'intention que seule peut vérifier la considération des dispositions positives de l'âme[519]. De même la sécheresse peut-elle indiquer une action diabolique :

> les visions qui viennent du démon causent en l'âme trouble et sécheresse ;[520]

de même le refus de l'âme de quitter la « douce eau spirituelle » de ses commencements méditatifs engendre-t-il la sécheresse :

> la sécheresse, la fatigue et l'inquiétude de l'âme augmentent et croissent d'autant plus qu'elle travaille pour [conserver] ce premier suc.[521]

La mauvaise sécheresse, c'est finalement celle provoquée par le vent du nord, « froid et sec, qui flétrit les fleurs », opposé au vent fécond et humide du sud que l'épouse appelait sur son jardin[522]. La bonne sécheresse en revanche, c'est celle qui vient de Dieu ; c'est lui qui sèvre l'âme de ses premières faveurs :

> [*pour passer de l'état des commençants à celui des profitants,*] Dieu fait entrer [*les spirituels*] en la nuit obscure... où il les détache des mamelles de ces goûts et saveurs en pures sécheresses ... et il les fait profiter en vertus par des moyens très différents.[523],

518. 1N 9,1 ; cf. 2S 13,6.
519. Cf. *supra,* pp. 283 et note 297 ; 353 et note 509.
520. 2S 11,6.
521. 2S 12,6 ; cf. Ll 3,33.
522. Ct 26,3 ; cf. *supra,* p. 334.
523. 1N 7,5.

et à partir de là s'ouvre pour l'âme

> un très haut chemin de contemplation et de sécheresse, ce en quoi il lui semble qu'elle va perdue.[524]

C'est qu'en effet, jusqu'à ce que reparaisse à un niveau supérieur le « suc » spirituel,

> toutes les faveurs que Dieu fait à l'âme, il les fait ordinairement enveloppées en ces sécheresses,[525]

si ce n'est lors des « attouchements » qui anticipent subitement et momentanément cette restauration :

> au milieu de ces sécheresses et de ces épreuves, très souvent, lorsqu'elle y pense le moins, Dieu communique à l'âme cette suavité spirituelle.[526]

b) *De la sécheresse au banquet spirituel : faim et appétit*

Si la sécheresse s'oppose au suc spirituel, son réfléchissement dans le désir en souligne le caractère positif de soif :

> Les transes de l'âme pour Dieu sont si grandes qu'il semble que ses os se dessèchent en cette soif, et que la nature se flétrisse, et que sa chaleur et sa force se dissipent par la véhémence de la soif d'amour, parce que l'âme sent que cette soif d'amour est vivante.[527]

Mais cette soif d'amour est inséparable d'une *faim* que Jean de la Croix lui associe comme sensation complémentaire d'assèchement et de vacuité. Et comme la soif indique la présence souterraine d'une source vive, la faim spirituelle indiquera une nourriture cachée vers laquelle elle tend, et permettra dès lors de penser elle aussi l'intensité de l'union mystique par sa privation dans le creusement du désir affamé :

> la satiété est à proportion de la faim.[528] ;

---

524. S Prol 4.
525. 1N 12,2 ; cf. 1N 6,8 / Ll 3,33, etc.
526. 1N 13,10.
527. 1N 11,1.
528. 2N 19,5.

mais cette faim permet surtout d'intégrer au dynamisme du désir un mot clef : *« apetito »,* à la fois l'appétit physiologique corrélatif de la faim, et l'appétit au sens philosophique classique d'inclination des puissances, tant inférieures que supérieures[529], et du même coup de relire selon l'anthropologie mystique tout le fonctionnement de ces puissances, qui trouve ainsi sa vérité dans le désir qui le soutient mais que Jean de la Croix comprend dans toute sa richesse spirituelle et non dans son sens premier psychologique[530].

Nous avions pu négliger jusqu'à présent l'appétit en présumant de cette intégration, mais il faut bien voir l'espace considérable qu'il occupe dans l'analyse phénoménologique des états d'âme que fait Jean de la Croix. Le mot « apetito » revient environ 500 fois dans l'ensemble de ses quatre traités, et généralement dans un usage apparemment philosophique. Or, nous allons voir qu'il ne prend son sens plénier qu'associé à cette faim de l'âme qu'il diffuse ainsi à travers toute l'œuvre.

Originairement, l'appétit porte sur un objet mondain, et c'est d'abord en cela qu'il diffère du désir au sens propre dont nous avons vu qu'il appartient au vocabulaire spécifiquement religieux[531] ; il marque l'orientation des puissances vers le monde voulu pour lui-même, vers les « choses » au sens technique du mot[532] :

> l'âme, moyennant l'appétit, se repaît et se nourrit de toutes les *choses*.[533] ;

---

529. Par exemple chez saint Thomas, cf. *S.T.* Ia, 78,1 ; pour son développement selon les passions de l'âme cf. Ia, 59,4.

530. Notons en passant qu'une semblable relecture d'un terme psychologique selon un double sens philosophique et mystique fonctionne également, quoique dans une moindre mesure, pour « aficción », qui recouvre simultanément l'affectus psychologique de saint Thomas et des scolastiques, et l'*a*ffectus spirituel symétrique de l'*e*ffectus divin chez un Guillaume de Saint-Thierry par exemple. Sur une révélation analogue du contenu théologal de l'« espérance » introduite d'abord par Jean de la Croix comme l'une des quatre passions de l'âme, on se reportera à l'article, riche en analyse des thèmes principaux de la psychologie du docteur mystique (notamment de la *mémoire*), de Efren de la Madre de Dios, *La esperanza según San Juan de la Cruz,* en Revista de Espiritualidad 1941-1942, pp. 255-281 (en se méfiant toufefois d'une position de fond ignorant, nous semble-t-il, l'irréductibilité de la vie mystique à la vie vertueuse).

531. Cf. *supra,* p. 119.

532. Cf. *supra,* pp. 122 et 302 s.

533. 1S 3,1.

et c'est pourquoi le passage de l'« appétit » au « désir » supposera une inversion de cette orientation : il s'agit de

> réformer les appétits des choses du siècle,[534]

et non pas de détruire l'énergie spirituelle. Cette réforme est une mise en suspens de l'exercice mondain des puissances :

> c'est suprême ignorance... que de penser que l'âme pourra passer à ce haut état d'union à Dieu si elle ne vide pas auparavant l'appétit de toutes les choses.[535] ;

mise en suspens qui définit l'entrée des puissances dans leur nuit :

> Pour parvenir à la divine union de Dieu, il est nécessaire à l'âme de traverser cette nuit obscure de mortification des appétits,[536]

tant au niveau inférieur que supérieur, l'appétit s'enfonçant jusque là :

> la nuit ... du sens peut et doit plutôt s'appeler une certaine réformation et un certain frein de l'appétit que purgation, ... car toutes les imperfections et désordres de la partie sensitive tiennent leur force et leur racine en l'esprit.[537]

Et la plus grande partie de la Montée du Carmel et de Nuit Obscure passe en revue les formes multiples de cet appétit à purger et à reformer par la révélation de sa nature spirituelle au-delà de ce désordre et de la finitude de ses attachements mondains, car le dynamisme de l'âme est unique, et l'appeler « appétit » plutôt que « désir » est simplement en indiquer la dispersion dans la multiplicité des choses plutôt que la simplification dans l'amour d'une personne. Et c'est pourquoi, s'il faut

---

534. 1N 8,4.
535. 1S 5,2.
536. 1S 4,1.
537. 2N 3,1.

« vider » l'appétit de toutes les « choses », il ne faut pas le tuer [538] : il s'agit au contraire de le creuser et de l'agrandir pour qu'il goûte l'unique saveur spirituelle cachée sous toutes ces « choses », comme la substance de la manne nourrissait les Hébreux au désert sous son apparence décevante :

> la raison pour laquelle ils ne recevaient pas le goût de toutes les nourritures qu'il y avait dans la manne était qu'ils ne recueillaient pas leur appétit en elle seule. [539]

Mais fondamentalement, le mouvement qui les portait à la manne était le même que celui qui excitait leurs regrets des nourritures terrestres : ils avaient faim, mais leur faim était désordonnée, distraite de ce qui pouvait seul les rassasier. De même l'âme est-elle distraite par la dispersion de ses appétits :

> l'âme s'épuise et se fatigue pour obtenir ce que ses appétits lui réclament ... [540]

Jean de la Croix le repète des dizaines et des dizaines de fois dans la Montée du Carmel, non pas pour inviter l'âme à lutter contre elle-même, mais pour qu'elle cesse précisément cette lutte qui la dévore de l'intérieur dans l'impossible satisfaction de ses appétits, quels qu'ils soient, et aussi nobles qu'ils soient, et sous les meilleurs prétextes qui soient, car

> l'âme qui désire satisfaire ses appétits ... est comme celui qui ayant faim ouvre la bouche pour se rassasier de vent ; et

---

538. Il est vrai que Jean de la Croix prend parfois le contenant pour le contenu dans des formules elliptiques, ce qui donne par exemple :

> Dans l'état de perfection, tout appétit cesse... ce qui consiste en avoir l'âme vide, et dénudée, et purifiée de tout appétit. (1S 5,6.)

539. 1S 5,4 ; cf. *supra,* p. 123. — L'interprétation de l'épisode biblique de la manne remonte sous cette forme à Origène et permet aux usagers de la littérature spirituelle de mettre ainsi sur le plan de « l'écorce de la manne », non seulement les appétits, mais aussi la compréhension matérielle de l'Écriture abolie par le Christ (Cf. 2S 22, *supra,* pp. 173 s), tout ce qui est du niveau du vieil homme, bref la vie selon les apparences *charnelles,* à laquelle s'oppose la vraie vie, la substance savoureuse de la manne, l'intelligence christique de l'Écriture, tout ce qui est de l'homme nouveau, c'est-à-dire la vie *spirituelle.*

540. 1S 6,6.

> au lieu de se rassasier, il se dessèche davantage, parce que ce n'est pas là sa nourriture ; [541]

elle ne fait que se nourrir des

> miettes qui tombent de la table de Dieu [542]

à laquelle elle est invitée. Ce que révèle cette insuffisance, c'est donc toute la profondeur de l'appétit : il est faim de Dieu et

> ... toutes les autres choses non seulement ne la [=*l'âme*] satisfont pas, mais au contraire font croître sa faim et l'appétit de le voir comme il est,... augmentant et éveillant davantage son appétit comme font les miettes en une grande faim. [543]

Mais une fois apaisé, cet appétit ne meurt toujours pas et se concentre dans une permanente satisfaction, et

> dans cette inflammation d'amour en l'esprit ... Dieu tient recueillis toutes les forces, toutes les puissances et tous les appétits de l'âme. [544]

A partir de la prise de conscience de cette véritable nature de l'appétit, c'est-à-dire à partir de la fin de la deuxième nuit de l'âme, le mot « apetito » apparaît sous la plume de Jean de la Croix dans un nouvel usage qui double, mais n'efface pas le premier, usage équivalent à celui de « deseo » et riche de toutes ses significations positives [545]. Évidemment, le lecteur pressé sera dérouté une fois encore par ces perpétuels sauts dans l'usage que

---

541. *Idem.*
542. 1S 6,3.
543. Ct 6,4.
544. 2N 11,4.
545. Cf. *supra*, pp. 129 ss. — Sur la richesse du mot « apetito » chez Jean de la Croix, cf. CAPÁNAGA (V.), *San Juan de la Cruz — Valor psicológico de su doctrina*, Madrid, 1950, pp. 158-159, cité en RUIZ SALVADOR (F.), *op. cit.*, p. 582. — Pour des données complémentaires sur la place de l'appétit chez Jean de la Croix, on se reportera avec profit aux bonnes pages de Baruzi sur la question (malgré une finale plus pessimiste que le développement ne le laissait prévoir), *op. cit.*, pp. 413-439.

Jean de la Croix fait d'un mot ; et une fois encore, il faut se rappeler que Jean de la Croix est un pédagogue qui écrit au rythme et pour les besoins d'une vie spirituelle en éclosion : une fois montré le danger des appétits, il n'y a plus d'inconvénient à utiliser le mot au même titre que celui de « désir », il y a même avantage à éclairer ainsi en retour le premier usage par le second, à lui conférer dans une nouvelle lecture une profondeur de champ qu'il n'avait pas de prime abord, d'autant plus qu'à partir du deuxième livre de Nuit Obscure, l'allure du texte est déjà celle des traités dont les prologues nous préviennent qu'ils ne s'adressent plus à des débutants, d'où l'apparition d'expressions comme celles-ci :

> cette inflammation d'amour [*au début de l'union mystique*] enflamme l'appétit de la volonté, [546]

si bien que l'âme verra

> tous ses appétits changés et retournés selon Dieu divinement, [547]

et loin de l'apaiser,

> les visites du Bien-Aimé servent à augmenter l'appétit ! [548]

Ce que révèle cette inversion apparente d'usage, c'est finalement les deux aboutissements possibles, l'un illusoire, l'autre réel, de l'unique dynamisme de l'âme, car

> deux contraires ne peuvent demeurer en un seul sujet, lesquels ici sont la faim et la satiété, ... et qu'a donc à voir la faim qu'infligent toutes les créatures avec la satiété que cause l'esprit de Dieu ? Cette satiété incréée ne peut entrer en l'âme si cette faim créée ne s'en chasse pas d'abord. [549]

Si bien que la faim créée, voilà le premier appétit, la satiété incréée, voilà le deuxième ; mais leur opposition chronologique

546. 2N 13,3.
547. 2N 13,11.
548. Ct 1,19.
549. 1S 6,3 ; nous intervertissons les deux membres du passage.

recouvre leur identité profonde car la satiété rebondit dans le désir pour rester telle : l'aboutissement du désir, c'est le désir du désir avons-nous vu ; il n'y a de satisfaction que dans le don, et de fait,

> l'appétit, même accordé au mieux à Dieu ici-bas, ne se rassasiera jamais ni ne s'apaisera jusqu'à ce que paraisse sa gloire. [550]

Et cette gloire elle-même est le rebond de la satisfaction dans le désir, elle est satisfaction *en acte* permanent :

> ... l'âme possède d'autant plus Dieu qu'elle le désire, et la possession de Dieu donne délice et satiété à l'âme, comme chez les anges qui, accomplissant en permanence leur désir, se délectent en la possession, étant toujours en train de satisfaire leur esprit avec l'appétit sans fatigue de satiété, ce pour quoi, parce qu'il n'y a pas de fatigue, ils désirent toujours, et parce qu'il y a possession, ils ne peinent pas. [551]

A partir d'ici, le cercle du désir est de nouveau bouclé et son mouvement devenu « autogène » opère un saut qualitatif. L'analyse de la faim et de la soif et du creusement de l'âme est de nouveau celle de la prise de conscience des profondes cavernes du sens, découverte du plein par le vide et du vide par le plein ; nous l'avons déjà lue sur le registre lumineux [552], nous pouvons maintenant la relire comme une faim rassasiante et une soif désaltérante, car

> la première caverne qui est l'entendement, sa vacuité est soif de Dieu..., [553]
> la seconde caverne est la volonté et sa vacuité est faim de Dieu..., [554]
> la troisième caverne est la mémoire et sa vacuité est dissolution et fusion de l'âme pour la possession de Dieu. [555]

---

550. Ll 1,27.
551. Ll 3,23 (1re rédaction).
552. Cf. *supra*, pp. 286 s.
553. Ll 3,19.
554. Ll 3,20.
555. Ll 3,21.

Mais puisque « la satiété est à proportion de la faim »,

> que pensons-nous que sera la possession d'intelligence, amour et gloire qui est maintenant celle de l'entendement, de la volonté et de la mémoire en ladite union avec Dieu ? Certainement, leur satisfaction, et leur satiété, et leur délice seront maintenant conformes à la soif et à la faim qui étaient celles de ces cavernes, et la splendeur de la possession de l'âme et de la fruition de son sens sera conforme à la délicatesse des dispositions.[556]

Ouvrons maintenant une parenthèse pour compléter ce que l'étude du désir nous avait fait découvrir de la sensation de *vide* inséparable du progrès spirituel[557]. Nous en voyons ici la formule développée : elle est une *faim* et une *soif* au terme d'une radicalisation, d'une concentration par assèchement, de la vie sensuelle à mesure de l'insuffisance de ses objets finis. Le retour du thème des « cavernes du sens » a révélé

> le grand vide de leur profonde capacité ;[558]

serrons encore cette sensation irréductible. En effet, il pourrait sembler que Jean de la Croix, parlant du vide de ces cavernes indépendamment de leur réplétion en Ll 3, imagine d'abord une âme creusée, anéantie, et ensuite seulement son éventuelle satisfaction lors du mariage spirituel, impression qui recoupe celle selon laquelle ascétique et mystique seraient deux phases indépendantes de la vie spirituelle correspondant à deux versants distincts de son œuvre. Or, il n'en est rien, ici pas plus qu'ailleurs : l'« abyssalité » de l'expérience mystique est fondamentalement du côté de Dieu, et non du côté de l'âme qui est « creusée » par Dieu au fur et à mesure qu'elle le saisit, si bien que cette vacuité est un enrichissement et non celle d'un récipient inutilisé, même si c'est à la veille et non au jour du mariage spirituel que cet abîme est ressenti le plus violemment. La chronologie est encore une fois pédagogique, mais il n'y a de désir que de ce que l'on possède déjà, et

556. Ll 3,68.
557. Cf. *supra*, p. 121.
558. Ll 3,18.

> dès que l'âme désembarrasse les puissances et les vide... immédiatement Dieu les remplit.[559]

Et si l'on considère d'un peu près les précautions d'expression de Jean de la Croix, il est clair que la dimension verticale de creusement et de profondeur de l'âme n'est pas introduite comme préalable, mais comme constitutive de l'expérience mystique :

> ¡ Oh abismo de deleites ![560]

Cet abîme de délices, voilà la perception de Dieu, et le recevoir, c'est devenir soi-même l'abîme dans lequel il s'engloutira :

> En ce sommeil spirituel que l'âme prend sur le sein de son Bien-Aimé, elle ... reçoit en Dieu une intelligence de Dieu abyssale et obscure.[561]
> ... C'est un abîme de connaissance que celle qu'elle possède,[562]

car

> le Père l'absorbe puissamment et fortement dans l'embrassement et l'abîme de sa douceur.[563]

Et c'est corrélativement à cette perception abyssale que l'âme se pose comme un autre abîme symétrique, selon Ps 41,8 qui retrouve ainsi bibliquement le principe de la ressemblance nécessaire à l'union :

> « un abîme appelle un autre abîme », à savoir : un abîme de lumière appelle un autre abîme de lumière et un abîme de ténèbres un autre abîme de ténèbres, chaque semblable appelant son semblable et se communiquant à lui.[564]

---

559. Ct 34,5.
560. Ll 3,17.
561. Ct 14,22.
562. Ct 14,24.
563. Ll 1,15.
564. Ll 3,71 ; cf. Ps 18,2.

C'est donc bien *l'union* comme telle (c'est-à-dire l'acte d'unir) qui est motrice dans cette sorte d'attirance vertigineuse qui produit la sensation du vide, même si l'âme ne s'en rend pas tout de suite compte :

> cette *transformation en Dieu* ... laisse l'âme limpide et pure et vide de toutes les formes et figures qu'elle possédait auparavant. [565]

Si bien que le vide redéfinit *la nuit* dont nous avons vu qu'elle était thématisation réflexe de l'appréhension immédiate et théologale de Dieu ; il est

> la nudité et le vide qu'il y a dans la foi, et l'espérance, et l'amour de Dieu, [566]

si bien que l'on pourrait relire en catégories de vide comme nous l'avons lue en catégories de ténèbres la disparition progressive de l'actuation finie de chaque puissance ; par exemple :

> ... cette divine union lui [=*à l'âme*] *vide* la fantaisie et la nettoie de toutes les formes et notices..., [567]
> ... à cause de cette union, la mémoire se *vide* et se *purge*... [568]

etc. Tout Nuit Obscure décrit ce que l'âme souffre dans

> le *vide* et la suspension de ces attaches et appréhensions naturelles. [569]

A partir de là, nous pouvons fermer la parenthèse au point où elle nous réintroduirait à toutes les expressions relevées plus haut dans l'étude du vocabulaire de la foi. [570]

---

565. Ct 17,17.
566. 2S 10,2.
567. 3S 2,4.
568. 3S 2,5.
569. 2N 6,5.
570. Cf. *supra*, pp. 309 ss.

c) *Du banquet à la cène et à la vie nuptiale*

Envers de ce vide exprimé en termes de faim et de soif, la saisie de Dieu sera donc une *manducation.* Nous avons vu le sens « alimentaire » du mot *substance* pris dans son acception radicale [571] ; inversement, la « substantialisation » de l'âme sera cette manducation. Les expressions n'en manquent pas : Jean de la Croix parle de la contemplation comme d'un « manjar interior » [572], d'un « manjar espiritual » [573], d'un « manjar del amor de Dios » qui touche le « paladar del espíritu » [574], etc., autant de formules qui se superposent aux descriptions déjà rencontrées d'une véritable nutrition de l'âme, essentiellement à travers l'image de l'allaitement et l'allégorie de la manne.

Toutes ces données convergent sur une image particulièrement importante du Cantique Spirituel en ce qu'elle va nous ouvrir à un nouveau cercle sémantique de l'œuvre de Jean de la Croix : l'image du *banquet* de noces, qui couvre un niveau d'expression globale de la jouissance mystique, niveau qui est déjà celui de l'image nuptiale et sur lequel Jean de la Croix n'évoque plus seulement l'aboutissement de la restauration spirituelle de chaque sens pris individuellement, mais la restauration de la jouissance comme telle dans la rencontre de la personne de l'Époux selon une intimité croissante, c'est-à-dire selon une relation croissant simultanément en intensité et en distinction à travers toutes les étapes de la vie nuptiale.

Certes, cette croissance globale, nous l'avions repérée sous-jacente aux images aériennes du vent et du vol de la colombe, avant de la voir s'affirmer dans celles du jardin et des fleurs, jusqu'à leur creusement lors de la description d'une véritable imprégnation divine de l'âme ; mais parvenu à cette imprégnation, il faut quitter le vocabulaire d'un toucher spirituel, d'une vue spirituelle, d'une sonorité spirituelle, d'une humidité spirituelle etc., pour celui d'une jouissance du Bien-Aimé non plus selon ses *attributs,* mais selon sa *personne,* car avec le

571. Cf. *supra,* p. 60.
572. 1N 9,6.
573. 2N 3,1 / Ct 13,4.
574. Ll 1,23

banquet, introduit tout de suite après les fiançailles spirituelles, il est là, l'épouse le voit, son attention n'est plus en fuite : elle s'est définitivement retournée vers la cachette où il se tient. Aussi l'énumération des créatures en tant qu'« elles sont mon Bien-Aimé pour moi » [575] n'est-elle plus celle de ses traces dans la région de la dissemblance, mais une description de la personne de l'Époux désormais présent, à la disposition de l'épouse :

> Dans les deux strophes passées [= Ct 13-14], l'épouse a chanté les grâces et les grandeurs de son Bien-Aimé. [576]

Chacune de ces grandeurs entraîne l'une des sensations dont nous avons vu qu'elles entrent en composition de l'expérience mystique, et l'achemine à l'image du banquet comme par concentrations successives au long des strophes 13 et 14 :

> Mon Bien-Aimé, les montagnes,
> Les vallées solitaires ombragées,
> Les îles étrangères,
> Les fleuves mugissants,
> Le sifflement des airs porteurs d'amour,
> La nuit sereine
> A l'approche des lueurs de l'aurore,
> La musique silencieuse,
> La solitude sonore,
> La cène qui restaure et énamoure. [577]

D'où la qualification suivante :

> La cène procure aux amants récréation, satiété et amour... il faut savoir qu'en l'Ecriture divine ce nom de « cène » se comprend de la vision divine, car, de même que

575. Cf. *supra,* p. 262.
576. Ct 15,2.
577. Ct 13-14 strophes ; nous traduisons « cena » par « cène », quoique l'espagnol ne comporte pas de soi cette connotation liturgique. Mais l'exclure en traduisant par « dîner » trahirait le contexte à la fois festif et vespéral dans lequel l'indroduit Jean de la Croix. Il nous semble clair qu'il joue ici sur toute une tradition biblique composant l'arrière-fond du tableau : la cène eschatologique — Ct 14,28 le dit explicitement —, la cène messianique et surtout la cène eucharistique.

> la cène vient à la fin du travail du jour et au début du repos de la nuit, de même cette notice … fait sentir à l'âme une certaine fin des maux et une possession des biens, ce en quoi elle s'énamoure de Dieu plus qu'en la situation d'avant.[578]

L'image, on le voit, est à la fois un point d'arrivée et un point de départ. Comme point d'arrivée, elle marque « une certaine fin des maux » de l'âme. La strophe précédente, rappelons-le, était celle des fiançailles spirituelles et de l'envol manqué de l'âme. Comme point de départ, elle ouvre sur la modulation de cet état de fiançailles à peine créé. Et de fait, la strophe suivante nous montrera le lit nuptial[579], et non plus une recherche mais une possession. Et à partir du moment où l'Époux est présent, plus exactement où il est *senti* présent, le vocabulaire de la jouissance opère un saut qualitatif, cherchant à dépasser la particularité des sensations, car l'âme

> … voit et connaît qu'il y a là *toutes* les nourritures, c'est-à-dire *toutes* les grandeurs que peut goûter l'âme…[580] … En cette divine union, l'âme voit et goûte abondance et richesse inestimables, et elle trouve toute la détente et récréation qu'elle désire ; et elle saisit des secrets et d'étranges intelligences de Dieu, ce qui est un autre manger de ceux qui lui sont plus savoureux ; et elle sent en Dieu une terrible puissance et une force qui suppriment toute autre puissance et force ; et là elle goûte suavité et délices

578. Ct 14,28.

579. Ici se pose de nouveau le problème d'interprétation de ces fiançailles qui semblent parfois traitées comme un mariage en bonne et due forme, « ratus et consummatus » ; nous avons indiqué plus haut le problème de vocabulaire qu'elles posent, mais nous avouons que les partisans d'une véritable incohérence du texte de Ct A ont ici un bon argument, même si nous n'en tirons aucune conséquence en faveur de Ct B. Au contraire, nous la lisons comme la respiration d'un style : par le jeu des conjugaisons, du croisement des temps, des modes et des personnes, les positions relatives de l'Époux et de l'épouse seront tantôt celles d'une possession actuelle (strophes 13-16 ; 27-29), tantôt celles d'un souvenir ou d'une promesse (strophes 17-26), échos des fiançailles et du mariage mystiques dont les harmoniques différencient de nouveau la jouissance fondamentale de l'union, que son niveau soit celui des fiançailles ou celui du mariage, déploiement dans lequel nous avons puisé l'essentiel du matériau de notre enquête analytique sur les sens spirituels. — Cf. *supra,* p. 143, note 162.

580. Ct 13,3.

> d'esprit admirables, elle trouve repos et lumière divine véritables et elle goûte hautement de la Sagesse de Dieu qui resplendit en l'harmonie des créatures et des actions de Dieu ; et elle se sent pleine de biens, et vide, et éloignée de maux, et, par-dessus tout, elle saisit une inestimable réfection d'amour qui la confirme en amour et en jouit.[581]

Cet inventaire d'une jouissance totale, c'est lui que nous avons déployé dans l'étude différenciée de l'ouïe, de l'odorat, de la vue etc., profitant comme d'un certain retrait de l'Époux, nécessaire à la description de sa présence, si bien que, découvert en dernier lieu parce que le plus englobant au terme de l'« imprégnation » divine de toute l'âme et au plus près de cette présence immédiate, le *goût* se révèle le sens le plus propre à évoquer la plénitude de l'expérience mystique. Et c'est encore le goût qui dominera les inventaires les plus totalisants du Cantique Spirituel à la strophe 17:

> Dans le cellier intérieur,
> De mon Bien-Aimé, j'ai bu ; et lorsque je sortais
> A travers toute cette plaine,
> Je ne savais plus chose aucune
> Et je perdis le troupeau qu'autrefois je suivais.[582]

> ... Ce cellier dont parle ici l'âme est l'ultime et plus intime degré d'amour auquel l'âme peut se situer en cette vie... ;[583] en lui se trouve déjà faite l'union parfaite avec Dieu que l'on appelle mariage spirituel..., et ce que Dieu communique à l'âme en cette intime jonction est totalement indicible et l'on n'en peut rien dire tout comme l'on ne peut rien dire de Dieu lui-même qui soit comme lui, car Dieu lui-même est celui qui se communique à elle avec admirable gloire de transformation d'elle en lui, étant tous deux en un seul... Et ainsi, pour donner à entendre ce qu'en ce cellier d'union elle reçoit de Dieu, l'âme ne dit pas autre chose — et il ne me semble pas qu'elle pouvait le dire

581. Ct 13,4.
582. Ct 17, strophe. — Nous coupons ainsi les deux premiers vers, car le contexte indique sans équivoque une pièce retirée dans laquelle se rencontrent l'Époux et l'épouse qui « boit Dieu », et non pas « dans le cellier de Dieu ».
583. Ct 17,3.

> plus adéquatement pour en dire quelque chose — que de dire le vers suivant : « de mon Bien-Aimé, j'ai bu ».[584]

On voit donc de nouveau qu'au plus près de l'immédiateté indicible de l'expérience mystique plénière, c'est le registre gustatif que retrouve en premier le langage :

> l'âme reçoit et boit au délice substantiellement.[585] ;

et de même que la cène de la strophe 14 unissait la jouissance de tous les sens extérieurs, de même ici unit-elle celle de la partie intérieure de l'âme :

> pour autant que cette union est dans le cellier intérieur, lequel est selon toutes les trois puissances de l'âme,... elles boivent toutes « juntamente »,[586]

si bien que le goût décrivant l'âme lorsqu'elle

> est en train de posséder et de jouir en l'union de son Bien-Aimé,[587]

l'image gustative du banquet couvre d'une certaine manière par le biais de la jouissance toute l'union mystique proprement dite, soit tout ce qui suit Ct 12. Il est introduit avec la *possession* de l'Époux parce qu'il est banquet nuptial et constitue en lui-même un élément d'une autre image à plus grande échelle encore, celle de toute la vie nuptiale.

Et pour renforcer encore la stricte subordination du banquet à l'ensemble de la vie nuptiale, une dernière agrafe nous est fournie par le rapprochement extrêmement suggestif de Cant 8,2 (« Ibi me docebis, et dabo tibi poculum ex vino condito ») et de Cant 8,1 (« Quis det te mihi fratrem meum sugentem ubera matris meae, ut inveniam te solum foris, et deosculer te, et jam me nemo despiciat ! »), l'un des passages préférés de Jean de la Croix, écho direct de Cant 1,1 qui donne en quelque sorte la note fondamentale de toute l'œuvre : « Osculetur me osculo oris

584. Ct 17,4.
585. Ct 17,5.

sui... » Ce que l'épouse boit, c'est ce baiser de l'Époux, baiser dans lequel se fait leur transformation de l'un en l'autre, du vin de l'Époux en vin de l'épouse et réciproquement :

> ... que *l'entendement boive* la Sagesse, l'épouse le dit au même livre [du Cantique des Cantiques] où, désirant parvenir à ce baiser d'union et le réclamant à l'Époux, elle dit ... : « Là tu m'enseigneras », à savoir sagesse et science en amour, « et moi je te donnerai une boisson de vin aromatisé », à savoir mon amour aromatisé avec le tien, c'est-à-dire transformé en le tien. [588]

Et à partir de là, nous sommes renvoyés d'une part à l'infusion du vin aromatisé de la strophe 16 [589], qui passe maintenant de l'épouse à l'Époux avec les mêmes vertus enivrantes que de l'Époux à l'épouse, d'autre part au désir éternel de l'âme qui, dès Nuit Obscure, réclamait ce baiser seul à seul :

> Dans les attouchements substantiels d'union divine entre l'âme et Dieu..., l'âme reçoit un plus grand bien qu'en tout le reste. Car ceux-ci sont les attouchements qu'elle lui demande dans le Cantique des Cantiques en disant : « Qu'il me baise d'un baiser de sa bouche, etc. » ; et pour être chose qui se passe dans une telle jonction avec Dieu, [et] où l'âme se soucie avec tant d'anxiété de parvenir, elle estime et se soucie plus d'un attouchement de cette divinité que de toutes les autres faveurs que Dieu lui fait. C'est pourquoi, après que dans le dit Cantique des Cantiques il lui ait fait beaucoup [de faveurs], ne se trouvant pas satisfaite, elle dit en réclamant ces attouchements divins : « qui te donnera à moi, mon frère, que je te trouve seul au dehors, suçant les mamelles de ma mère, pour que je te baise de la bouche de mon âme et qu'ainsi personne ne me méprise ni ne m'offense ? [590]

---

586. Ct 17,8.
587. Ct 17,9.
588. Ct 17,6.
589. Cf. *supra*, p. 203.
590. 2N 23,11-12. — Ailleurs, Jean de la Croix parle de l'union mystique comme d'un « bouche à bouche » de l'âme et de Dieu en commentant Nb 12,6-8 (Dieu parle à Moïse non pas par visions prophétiques mais « ore ad os ») :

> Ce en quoi il se donne à entendre clairement qu'en ce haut état d'union

Boisson aromatisée, baiser d'union ; n'ayons pas peur des mots : le vin et l'amour ont en commun la bouche et l'ivresse, et nous voyons le vocabulaire du banquet dériver insensiblement vers celui de l'étreinte. Et le goût rejoint ainsi le toucher, le mariage rejoint la blessure et la mort d'amour, refermant le cercle de la jouissance qu'il rend à sa radicale indicibilité. Nous retrouvons le point de départ de notre inventaire de la conscience mystique, mais enrichi de toutes ses harmoniques dans un « tutti » final dont le premier attouchement — « ...comme le cerf tu as fui, m'ayant blessée », — donnait la note fondamentale.

Aussi l'image nuptiale trace-t-elle comme un nouveau cercle dans le vocabulaire de Jean de la Croix : nous l'avons devinée à l'horizon de toutes les autres images de son œuvre, au point de fuite des expressions visuelles, olfactives, auditives, etc. de l'expérience mystique ; nous voyons maintenant qu'en deçà et au-delà de cette différenciation qui marque le retrait du langage, ce qu'elle met en scène est la réalité, le réalisme, d'une jouissance totale réservée au mystique.

## V. Récapitulation et conclusion de l'anthropologie mystique : Gozar (jouir)

Nous venons de voir les organes des sens détournés un par un de l'appréhension mondaine de la réalité et retournés vers sa saisie spirituelle. Le mouvement de spiritualisation de l'âme se trouve ainsi achevé ; nous venons de constater phénoménologiquement le processus de « passage à la substance » de toute réalité, processus qui, dès notre première lecture, s'était avéré charpenter toute l'œuvre de Jean de la Croix et conférer sa structure au texte. Et l'on peut remarquer que se trouve confirmé de nouveau l'ordre de ce retournement : partant d'un point hypersensuel de jouissance et de douleur simultanées, il

---

dont nous sommes en train de parler, Dieu ne se communique pas à l'âme moyennant quelque déguisement de vision imaginaire, ou ressemblance, ou figure, et elle n'a pas à en avoir ; mais que [Dieu se communique] bouche à bouche, c'est-à-dire essence pure et dénudée de Dieu — ce qui est la bouche de Dieu en amour — avec essence pure et dénudée de l'âme, ce qui est la bouche de l'âme en amour de Dieu. (2S 16,9.)

développe son dynamisme en intégrant, en « sensualisant », toutes les données de la vie mentale qu'il fouille comme de « profondes cavernes », si bien qu'au terme de ce creusement, c'est la composante la plus charnelle de l'expérience humaine globale qui s'est asservi toutes les autres. Là encore, nos premières constations se trouvent vérifiées. Il y a eu spiritualisation de la chair devenue, du fait même, Verbe et langage, car

> il n'y a pas de paroles pour expliquer des choses de Dieu si élevées, telles que celles qui passent en ces âmes ; le *langage qui leur est propre* est que celui qui les possède *les comprenne et les sente pour soi*, qu'il en jouisse et qu'il les *taise*.[591]

Le mystique se découvre au point de contact de l'esprit et de la matière, c'est en lui que se joue la réalité de l'Incarnation.

Nous avons parlé d'un nouveau cercle sémantique dans lequel l'image nuptiale nous a introduit. Il est tracé par les mots *sentir*, *gozar* (et gozo), *gustar* (et gusto), et *deleite* : ce sont eux qui, encadrant l'ensemble de la vie sensuelle, en accompagnent et commentent le « passage à la substance », jusqu'à subir eux aussi ce retournement lorsque l'expérience de Dieu se fait totalement envahissante aux frontières du discours. Les suivre tous les quatre serait inutile[592] car ils évoluent selon des trajectoires analogues. Aussi, en couronnement et en récapitulation de cette anthropologie mystique, voyons ce que devient, du premier attouchement à la plénitude du mariage spirituel, le plus technique de ces mots : *gozar*. Du début à la fin d'un itinéraire spirituel idéal, de quoi jouit ou ne jouit pas le mystique, en quoi met-il sa joie ?

Le lecteur non averti est frappé de voir que *joie* et *jouissance* appartiennent à des textes apparemment contradic-

---

591. Ll 2,21.

592. Pour une vue d'ensemble de ce retournement, cf. MOUROUX (J.), *Note sur l'affectivité sensible chez saint Jean de la Croix,* en Recherches de Sciences Religieuses, 1952, pp. 408-425 ; *id., L'expérience chrétienne,* Paris, 1952, chap. X ; cf. également les articles déjà cités de RAHNER (K.), *Le début d'une doctrine, etc..* et *La doctrine des « sens spirituels », etc.*

toires de l'œuvre de Jean de la Croix. En première approximation, « gozar » semble profondément étranger au vocabulaire de l'union et s'opposer à elle :

> L'âme, en cette vie, ne s'unit à Dieu ni par l'entendement, ni par la jouissance *(= el gozar),* ni par l'imagination, ni par quelque autre sens que ce soit, mais seulement par la foi selon l'entendement, et par l'espérance selon la mémoire, et par l'amour selon la volonté. [593]

La correspondance terme à terme de l'actuation des puissances de l'âme montre donc la jouissance s'opposer à l'amour à l'intérieur de la volonté dans ce passage.

Avant d'aller plus loin, notons un problème de traduction très significatif : le mot espagnol « *gozo* » recouvre les deux mots français « *jouissance* » et « *joie* », dont le dénominateur commun serait le verbe « gozar = jouir », que Jean de la Croix emploie d'ailleurs fréquemment comme substantif ; cette ambivalence va permettre en réalité de dévoiler la joie comme vérité de la jouissance sans en changer la dénomination — procédé que nous avons rencontré dans l'usage de « apetito », de « afición », etc. —, ce qui ne peut malheureusement pas être conservé en français. Aussi traduirons-nous « gozar » par « joie » ou par « jouissance » selon le contexte, mais sans oublier que nous ferons là un choix qu'évite Jean de la Croix.

Maintenant, quelle est la définition de cette jouissance ou de cette joie ?

> Le « gozar » n'est pas autre chose qu'un contentement de la volonté avec estimation de quelque chose qu'elle tient pour convenable ; [594]

et

> la volonté s'enflamme de l'amour et de l'affection des choses pour jouir d'elles. [595]

593. 2S 6,1.
594. 3S 17,1.
595. 1S 14,2.

La jouissance se trouve donc au terme d'un acte volontaire portant sur un objet fini. Mais on voit que la distinction décisive dans ces définitions n'est pas tant entre *jouissance* et *amour*, qu'entre les *choses* sur lesquelles porte le « gozar » et une *capacité* de la volonté à les estimer. Dans cette mesure, on comprend déjà que si cette capacité est infinie, le progrès spirituel consistera dans l'éclatement de la finitude d'une joie réduite à des dimensions objectives ; et Jean de la Croix parle en effet immédiatement d'une autre joie qui est à la fois la fin et le moyen du dépassement de la première :

> ... pour vaincre tous les appétits et nier les goûts de toutes les choses..., il fallait [à l'âme] une autre inflammation *supérieure* d'un autre amour *supérieur* qui est celui de son Époux, de telle sorte que, tenant son goût et sa force en lui, elle trouvât valeur et constance pour nier facilement tous les autres. [596]

Ces objets finis, Jean de la Croix va les détailler à l'infini, qu'ils soient choses temporelles (= 3S 18-20), naturelles (= 3S 21-23), sensuelles (= 3S 24-26), morales (=3S 27-29), préternaturelles (3S 30-32) ou spirituelles (=3S 33-45), inventaire épuisant à lui seul près de 70 % des emplois de « gozar » pour l'ensemble de l'œuvre, cette proportion pouvant donner l'impression d'une élimination systématique de toute idée de jouissance dans la vie spirituelle. Mais en tête de cette énumération des joies à éliminer, Jean de la Croix donne le ressort positif d'une telle négation ; il s'agit de

> mettre la volonté à la raison afin qu'elle ne laisse de mettre la force de sa joie en Dieu. [597]

D'où la règle d'or :

> Pour tout cela, il convient de présupposer un fondement qui sera comme un bâton sur lequel nous aurons toujours à nous appuyer ; ... c'est que la volonté ne doit pas jouir si ce

596. *Idem.*
597. 3S 17,2.

> n'est seulement de ce qui est gloire et honneur de Dieu, et que le plus grand honneur que nous puissions lui donner est de le servir selon la perfection évangélique, et ce qui est en dehors de cela n'est d'aucune valeur et d'aucun profit pour l'homme.[598]

Malgré les apparences d'un refus global, Jean de la Croix pose donc d'emblée une joie spirituelle, substantielle, par rapport à laquelle est pensée la première et non l'inverse, joie fondamentale dont la jouissance mondaine et finie n'est qu'un écho lointain ; et l'on devine que l'union mystique la dévoilera parce qu'elle est déjà là, et que le passage du sens à l'esprit laissera la sensualité être supplantée par la liberté des sens :

> tant que les appétits ne sont pas endormis pour la sensualité, ... l'âme ne vient pas à la véritable liberté, à jouir de l'union de son Bien-Aimé.[599]

Ailleurs, Jean de la Croix parlera d'

> entrer dans les véritables joies de l'esprit.[600]

Cet « endormissement » des appétits et la suspension corrélative des jouissances mondaines, voilà de nouveau la Nuit, exprimée cette fois-ci en termes de joie : on en distinguera deux phases en ce qu'une certaine mise en ordre de ces jouissances précède leur radicale mise en suspens, et

> la nuit ... du sens peut et doit plutôt s'appeler une certaine réformation et un certain frein de l'appétit que purgation, ... car toutes les imperfections et désordres de la partie sensitive tiennent leur force et leur racine en l'esprit.[601]

Mais l'important est de voir que la Nuit reste en elle-même joie véritable quoique cachée ; la joie n'est pas forcément jouissance, elle peut être insensible ou douloureuse, car

598. *Idem.*
599. 1S 15,2.
600. 3S 40,1.
601. 2N 3,1.

> l'amour [très pur de Dieu] n'est pas établi avec tendresse dans le sens, mais avec force dans l'âme ..., quoique parfois il rejaillisse au sens et se montre tendre et flatteur. Aussi, pour parvenir à cet amour, à cette allégresse et à cette joie..., il convient à l'âme de tenir force, et mortification, et amour, pour vouloir demeurer dans le vide et l'obscurité de tout cela et pour fonder cet amour et ce goût en ce qu'elle ne voit ni ne sent, ni ne peut voir ni sentir en cette vie et qui est Dieu. [602]

Peut-on encore parler d'une jouissance lorsque son objet est aussi indéterminé ? C'est ici que la langue nous trahit et que le français impose un choix que ne comporte pas l'espagnol : la « jouissance » implique une possession et une qualité de conscience que ne suppose pas la « joie », infiniment plus profonde et secrète. Dans un cas, nous pensons spontanément à une origine extérieure, dans l'autre à une origine intérieure. Le « gozar » permet de penser la continuité des deux, et c'est à l'intérieur d'une même unité psychologique que Jean de la Croix va détacher de la jouissance sa racine spirituelle. Mais cette distinction suppose le détour d'une « joie sans jouissance » qui donne précisément toute leur consistance aux nuits de l'âme. C'est pourquoi, de la jouissance mondaine à cette joie « tout autre ».

> cette heureuse nuit ... n'existe pas, si ce n'est pour que l'esprit puisse divinement s'étendre à jouir et à goûter de toutes les choses de là-haut et d'ici-bas. [603]

En faisant entrer une à une les joies mondaines dans cette nuit où elle retrouvent leur substance spirituelle, c'est donc bien leur finitude qui est déclarée incompatible avec l'union mystique, non la jouissance et la possession comme telles ; le seul drame est que l'âme

> jouisse de choses qui ne méritent pas la joie, [604]

et que

---

602. 2S 24,2 ; « l'obscurité de toute cela » : conjectural.
603. 2N 9,1.
604. 3S 16,4.

> d'autant plus l'âme se réjouit en autre chose qu'en Dieu, d'autant moins fortement elle emploiera sa joie en Dieu. [605]

« D'autant plus, ... d'autant moins ... » ; ce qui soutient ce mouvement de bascule est la sentence morale classique, que Jean de la Croix attribue à Boèce et qui plonge en fait ses racines dans tout le stoïcisme, selon laquelle l'équilibre des quatre passions de l'âme est nécessaire à sa liberté :

> « Si vis claro lumine cernere verum, gaudia pelle, timorem spemque fugato, nec dolor adsit » ; c'est-à-dire « Si tu veux connaître les vérités avec clarté naturelle, rejette de toi la joie, et la crainte, et l'espérance, et la douleur ». [606]

Ce que Jean de la Croix applique de la façon suivante :

> en tant que ces passions règnent, elles ne laissent pas l'âme demeurer avec la tranquillité et la paix qui sont requises pour la sagesse qu'elle peut recevoir naturellement et surnaturellement. [607]

Comment sortir de la tyrannie des passions, de la jouissance de ce qui n'est pas Dieu et qui empêche le déploiement de la joie en Dieu ? Par l'action toujours possible de la volonté :

> la force de l'âme consiste en ses puissances, ses passions et ses appétits, *toutes choses gouvernées* par la volonté. [608]

La volonté transcende donc ses propres déterminations et ses propres forces, et à ce titre il y a un infini dont elle est immédiatement capable, celui de la pure négation des objets finis et qui, si elle ne les niait pas, deviendraient alors sources des passions ; mais à proprement parler, la volonté demeure toujours en amont de ces sources, elle a toujours la capacité de transférer à la généralité de la foi son attachement particulier à tel ou tel

605. 2S 16,2.
606. 2S 21,8 ; cf. 3S 16,6.
607. 3S 16,6.
608. 3S 16,2.

objet. Ce qui veut dire qu'en attitude de foi, le « gozar » de l'âme se déporte des choses du monde à Dieu lui-même,

> de manière que l'âme ne jouisse que de ce qui est purement honneur et gloire de Dieu, ni ne tienne d'espérance d'autre chose, ni ne s'afflige si ce n'est de ce qui a trait à cela, ni ne craigne si ce n'est seulement Dieu.[609]

C'est avec ce court-circuit des passions de l'âme par l'action de la volonté que la jouissance entre dans la vie théologale, sans destruction, certes, puisque la volonté qui la gouverne est intacte, mais avec un déplacement de son point d'application qui passe des objets finis et déterminés à Dieu perçu sous les espèces d'une généralité absolue. Et à partir de cette position de principe, c'est-à-dire en fait à partir du chapitre 17 du 3e livre, la fin de la Montée du Carmel n'est plus qu'une longue variation sur le thème « recoger el gozo *a Dios* ». Certes, Jean de la Croix peut sembler plus moraliste que spirituel dans ces passages où il énumère les avantages que l'on trouve à nier les jouissances du monde : tant la sagesse biblique que certaines pages de Sénèque sont très présentes à ce 3e livre. Mais replacés dans leur contexte, ces avantages prennent leur relief dans l'affirmation envahissante d'une autre joie que le monde ne peut pas recevoir :

> Le troisième avantage [à la négation des jouissances sensibles] est que [l'âme] se voit augmenter à grand excès les goûts et la joie de la volonté temporellement ; car, comme dit le Sauveur, « on lui donne cent pour un en cette vie » ; de telle sorte que si tu nies une jouissance, le Seigneur te donnera cent fois autant en cette vie, temporellement et spirituellement, tout comme pour une jouissance de ces choses sensibles à laquelle tu t'attaches, te naîtra cent fois autant de peine et d'ennui.[610]

Avec ce transfert théologal de la joie, c'est toute la psychologie mondaine qui disparaît ; et toujours dans les chapitres-charnière du 3e livre de la Montée du Mont Carmel, Jean de la Croix

609. *Idem.*
610. 3S 26,5.

introduit une distinction fondamentale qui permettra d'extraire le « gozar » du schéma des quatre passions de l'âme, comme de tout autre système emprunté, pour lui ménager un espace purement spirituel et qui va maintenant devenir prépondérant : c'est la distinction entre joie active et joie passive. Il faut repartir de la définition générale déjà citée :

> Le « gozar » n'est pas autre chose qu'un contentement de la volonté avec estimation de quelque chose qu'elle tient pour convenable ; ceci vaut *quant à la joie active*, qui est lorsque l'âme saisit distinctement et clairement ce dont elle jouit et qu'il est en son pouvoir de jouir et de ne pas jouir ; car *il y a une autre joie*, passive, en laquelle la volonté peut se trouver en train de jouir sans qu'elle saisisse — et parfois en le saisissant — quoi que ce soit de clair et distinct dont proviendrait cette joie, et il n'est pas en son pouvoir qu'elle l'ait ou qu'elle ne l'ait pas. [611]

Cette joie qu'il n'est pas au pouvoir de l'âme d'admettre ou de refuser, Jean de la Croix annonce un peu plus loin qu'il l'étudiera lorsqu'il en aura fini avec les biens spirituels que la volonté peut assigner d'elle-même à sa jouissance, car

> … les biens spirituels sont de deux manières : les uns savoureux et les autres pénibles … ; et parmi les savoureux, les uns sont de choses claires qui se saisissent distinctement, et les autres sont de choses qui ne se saisissent ni clairement ni distinctement… [612]

A travers ces classifications, l'important est de voir que ces derniers biens réannoncent la joie passive, du fait qu'ils

> appartiennent à la notice générale, confuse, amoureuse, en laquelle se fait l'union de l'âme avec Dieu. [613]

Comme tels, ils sont spécifiques de la seconde nuit, c'est-à-dire de la face cachée de l'union mystique plénière. Dans le même

---

611. 3S 17,1.
612. 3S 33,3.
613. 3S 33,5.

passage, Jean de la Croix les renvoie à un passage ultérieur de son œuvre, en fait au deuxième livre de Nuit Obscure où il va décrire la naissance de cette joie comme celle de la lumière au cœur de la ténèbre :

> parfois (...) au milieu de ces obscurités, l'âme est illuminée, et la lumière luit dans les ténèbres, cette intelligence mystique se dérivant à l'entendement, la volonté restant sèche, je veux dire sans union actuelle d'amour, avec une sérénité et une simplicité si délicate et délectable au sens de l'âme, que l'on ne peut la nommer, tantôt d'une manière de sentir de Dieu, tantôt d'une autre. [614]

Nous retrouvons ici la dérive fondamentale de l'anthropologie de Jean de la Croix : tant qu'il parle de l'activité mondaine de l'âme — activité qui peut être sainte et religieuse —, une psychologie rationnelle fonctionne, organisatrice, par définition, d'une vie mentale perçue comme autonome et qui se donne ses raisons suffisantes ; mais lorsqu'apparaît l'union mystique, c'est-à-dire lorsque du cœur de la Nuit le « sentido del alma » se révèle débordant les puissances qu'il fait craquer, le vocabulaire sensuel envahit et bouleverse cette psychologie dans la mesure où ce n'est plus l'âme qui contrôle ses opérations, où ce n'est plus la volonté qui décide, dans la mesure où son niveau propre de décision s'exerce dans le transfert à Dieu de toute initiative et où elle reçoit de lui son actuation, *entendement* et *volonté* ne fonctionnant plus comme tels mais comme vecteurs de ce qui deviendra *distinction* et *intensité* croissantes à l'intérieur de cette « simplicité si délicate et délectable que l'on ne peut la nommer ». Et c'est pourquoi il faut redéfinir cette joie passive en fonction de cette « volonté passive », et qui n'est plus libre par rapport à elle comme la volonté active l'était par rapport à la jouissance, définition constituant l'acte de naissance de l'anthropologie mystique que Jean de la Croix met au monde non sans quelque embarras :

> cet amour passif ne donne pas directement en la volonté — car la volonté est libre et cette inflammation d'amour est

614. 2N 13,1.

> plutôt passion d'amour qu'acte libre de la volonté —, car cette chaleur d'amour donne en la substance de l'âme ; et ainsi meut-elle les affections passivement ; et ainsi s'appelle-t-elle plutôt passion d'amour qu'acte libre de la volonté, lequel ne s'appelle acte de la volonté que pour autant qu'il est libre. Cependant, parce que ces passions et affections se réduisent à la volonté, on dit pour cela que, si l'âme se trouve passionnée par quelqu'affection, la volonté l'est, et en vérité il en est ainsi, car de cette manière la volonté se captive et perd sa liberté, de manière que la puissance et la force de la passion la tirent derrière elle ; et pour autant, nous pouvons dire que cette inflammation d'amour est en la volonté, c'est-à-dire qu'elle enflamme l'appétit de la volonté.[615]

On voit clairement ici que les mots « affections », « passions », « volonté » sont en train de changer d'univers et que leurs mutuelles relations se réorganisent au profit d'une psychologie de la passivité, dominée précisément par les passions et non plus par les facultés de l'âme. Plutôt que sa liberté, l'âme perd ici le faux problème d'une liberté pensée en dehors de son exercice réel qui est toujours de se laisser volontairement captiver par une passion.

A partir de cette entrée du « gozar » dans la sphère de l'union mystique, la répartition de ces passions en joie/douleur/espérance/crainte cède le pas à la seule antinomie joie/douleur en laissant tomber la médiation du temps qui passe supposée par la crainte et l'espérance : nous sommes dans l'immédiateté de la mémoire et de la durée pure. Et c'est au profit de cette antinomie qu'éclate le découpage de l'âme en ses facultés :

> [*dans la seconde nuit,*] Dieu dénude les puissances et les affections et les sens, aussi bien spirituels que sensitifs, aussi bien extérieurs qu'intérieurs, laissant l'entendement en obscurité et la volonté à sec, et la mémoire vide, et les affections de la mémoire en suprême affliction, amertume et épreuve, la privant du sens et du goût qu'elle ressentait auparavant dans les biens spirituels, pour que cette privation soit l'un des principes requis en l'esprit pour que

615. 2N 13,3.

> s'introduise et s'unisse en lui la forme spirituelle de l'esprit qui est l'union d'amour. [616]

On remarque dans ce passage une complète redistribution du vocabulaire anthropologique et on la remarquerait un peu partout dans le second livre de Nuit Obscure ; d'une part, toute la psychologie de l'activité : « puissances », « affections » et « sens » sont mis sur le même plan, les « sens » sont aussi bien spirituels que sensitifs, etc. ; d'autre part, la « forme spirituelle de l'esprit » à l'intérieur de laquelle s'établit une psychologie de la passivité dominée ici par la douleur sous toutes ses formes. A ce stade, elle est encore très indifférenciée : obscurité, sécheresse, affliction, amertume, épreuve, privation de goût ..., autant de termes qui entretiennent entre eux une certaine synonymie, mais qui ne se rapportent pas particulièrement aux éléments auxquels Jean de la Croix les attribue ici, et ailleurs il rapportera sans inconvénient la sécheresse à la volonté, par exemple ; il l'emploiera surtout sans autre détermination pour indiquer la spécificité de l'expérience mystique naissante, dont nous avons déjà vu qu'elle se « creusait » par assèchement du désir [617]. Cette douleur, le second livre de Nuit Obscure la module sur tous les tons et sous tous les noms ; l'important est de bien voir qu'elle est celle dont Jean de la Croix annonçait au troisième livre de la Montée du Mont Carmel qu'il n'est pas au pouvoir de la volonté de l'avoir ou de ne l'avoir pas : elle est *passive*, et c'est de cette passivité même que va naître la joie dont il n'est pas davantage au pouvoir de la volonté de l'avoir ou de ne l'avoir pas, car

> cette nuit de feu amoureux, tout comme elle purge l'âme en obscurité, l'enflamme en obscurité, [618]

et,

> achevées les imperfections, la peine de l'âme s'achève et demeure la joie. [619]

---

616. 2N 3,3.
617. Cf. *supra*, pp. 357 ss.
618. 2N 12,1.
619. 2N 10,5.

Et avec cette inflammation va naître la différenciation de cette nouvelle psychologie, différenciation que nous avons suivie tout au long de cette quatrième lecture. Nous reconnaissons ici toute la phénoménologie de la bûche et la concentration de la vie de l'âme qui jouit toujours « más de adentro » : la bûche est d'abord asséchée, puis réchauffée, puis enflammée par un seul et même feu, jusqu'à ce que douleur et joie cessent d'être exclusifs pour s'associer dans une perception « tout autre », et qui échappe à ces catégories alternatives pour entrer dans celles d'un échange subsistant de la mort et de la vie que Jean de la Croix exprime par l'image de la combustion.

Mais nous avons vu que cet échange est celui de la Croix bienheureuse, pôle d'attraction de toute la phénoménologie mystique, et que

> lorsque l'âme dit : « nous entrerons plus avant dans l'épaisseur », c'est à savoir [l'épaisseur] des travaux et des épreuves, pour autant qu'ils sont moyen pour entrer en l'épaisseur de la sagesse délectable de Dieu ; parce que le plus pur pâtir apporte et entraîne un plus pur comprendre, et par conséquent une joie plus pure et plus relevée pour être plus intérieure. [620]

Avec cette jouissance nouvelle qui intègre saveur et douleur, c'est toute la phénoménologie de la blessure délectable et de la brûlure caressante qui repart de la cachette de l'âme vers laquelle refluaient toutes ses forces en Nuit Obscure. Et Vive Flamme verra dans le « centre le plus profond », où elle

> saisit et aime et jouit de Dieu avec toutes ses forces, [621]

le point auquel, transpercée par la blessure d'amour, l'âme sent « merveilleusement croître la douleur dans la saveur. » [622]

Ce redéploiement de la jouissance dans la joie, l'analyse du Cantique Spirituel et de Vive Flamme nous en a fait isoler une à une les composantes, et nous l'avons vu s'orienter peu à peu vers

---

620. Ct 35,12.
621. Ll 1,12.
622. Cf. Ll 2,13, *supra,* pp. 220 ss.

la sensation extrêmement riche du goût, récapitulatrice de toutes les autres et pratiquement synonyme du « gozar ». De ce fait, reconduits une dernière fois à l'étreinte du mariage spirituel, nous devons abandonner Jean de la Croix au point précis où, le Verbe se faisant chair en lui, c'est sa chair qui devient Verbe, et

> il n'y a pas de paroles pour expliquer des choses de Dieu si élevées, telles que celles qui passent en ces âmes ; le langage qui leur est propre est que celui qui les possède les comprenne et les sente pour soi, qu'il en jouisse et qu'il les taise. [623]

Le cercle est bouclé. Dans cette jouissance du Bien-Aimé se ramasse, indéfiniment amplifié, tout le passé de la joie qui en jalonnait l'accès et qui débouche maintenant sur l'actualité d'une renaissance permanente de la vie :

> en cet état d'une vie si parfaite, l'âme va toujours comme en fête, intérieurement et extérieurement, et porte très fréquemment au palais de son esprit une grande jubilation de Dieu, comme un chanter nouveau, toujours nouveau... — un júbilo de Dios grande, como un cantar nuevo, siempre nuevo... [624]

623. Ll 2,21 ; cf. *supra,* p. 376.
624. Ll 2,36.

# CONCLUSION

Jean de la Croix vient de nous accompagner tout au long du plus puissant des retournements intérieurs : non pas celui de nos actions, non pas même celui de nos idées, non pas celui de nos intentions secrètes, mais celui de notre *langage*. En nous faisant prendre conscience de la fascination des mots, il leur a rendu tout pouvoir de désignation et nous a libérés de la fatalité des choses. Du début à la fin de son œuvre, ces mots n'ont pas changé, il n'y en a pas eu de nouveaux, tous sont restés là, disponibles comme dans le dictionnaire, mais leur fonction et la structure de leurs relations se sont totalement inversées : la couverture sémantique de la réalité s'est complètement réorganisée selon l'architecture du Verbe se faisant chair en nous et de notre chair se faisant Verbe en Dieu. L'effort de Jean de la Croix porte tout entier sur les formes du langage qu'il dégage une à une de la répétition mondaine d'où il les reçoit. Il remue des *mots* et non pas des idées ou des objets ou des masses.

On peut remarquer que Platon, Plotin, Descartes ou Valéry nous ont plus aidé à le lire que saint Thomas ou Melchior Cano : Jean de la Croix est de la race des grands de la littérature, non pas des grands de l'apologétique. Certes, son œuvre transpire une philosophie et une théologie bien assimilées, mais il n'en fait état que sous forme illustrative, caricaturale parfois, et non pas dans la mécanique de démonstrations apodictiques : son univers est celui de l'évidence, non pas celui des problèmes et des questions disputées. Ce qui « tient » dans le texte du Docteur Mystique n'est pas la théologie, ni la philosophie, ni la science, mais une description d'expérience : voilà l'unité interne par rapport à laquelle évaluer l'apport de la philosophie ou de la théologie. Nous verrons d'ailleurs, en annexe de cette lecture, en quoi trahir l'intention phénoménologique de Jean de la Croix condamne aux plus gros contresens.

Les dernières pages de notre étude nous ont montré Jean de la Croix sortant de la littérature comme il y était entré et retournant au silence d'une parfaite compénétration des mots et des choses. Cette incursion dans l'écriture jette une double lumière sur la littérature et sur la mystique en indiquant la croix du Christ comme point de leur obligatoire rencontre. De l'image à la ressemblance de Dieu, de l'instant à l'éternité, de la nature à la grâce, l'homme découvre son identité par le détour du texte, et l'inévitable révélation de l'esprit par la matière dans une continuelle activité de définition de son propre paradoxe. Seul parmi les littérateurs, Jean de la Croix nous semble avoir reconnu cet horizon crucifié de toute œuvre d'art ; seul parmi les mystiques, il nous semble avoir reconnu comme telles la fécondité et les exigences artistiques de l'expérience de Dieu. Plus : sans concession pieuse ni grandiloquence, il s'y est tenu de la première à la dernière page d'une œuvre qui doit toute sa rigueur formelle à la perpétuelle redéfinition du langage voulu pour lui-même. Rien de moins servile que le geste superbe de Jean de la Croix désignant Dieu par son nom et libérant d'un mot des cohortes d'âmes hésitantes « faute de savoir » [1], faute de langage.

« Langage » : mot-clef de notre investigation ; si l'homme vaut exactement ce qu'il dit, notre recherche d'une anthropologie mystique aura porté sur l'homme découvrant « le nom écrit sur le caillou blanc donné au vainqueur, nom que personne ne connaît sinon celui qui le reçoit. » [2]

---

1. S Prol 3.
2. Ap 2,17 ; cf. Ll 2,21.

# ANNEXES

## I

## COMMENT NE PAS LIRE JEAN DE LA CROIX

Nous avons annoncé en introduction à notre étude le renvoi en annexe de quelques pièges tendus au lecteur de Jean de la Croix par quelques-uns de ses commentateurs, pièges trop officiels pour être passés sous silence ou traités dans une simple note.

A la lumière de notre propre lecture, nous examinerons ici deux problèmes qui semblent avoir donné naissance aux plus gros contresens de la littérature « sur » Jean de la Croix :

1) Jean de la Croix, comme tous les mystiques, manie un vocabulaire religieux, ce qui a fréquemment provoqué chez les théologiens et chez les philosophes l'impression d'une continuité entre leur propre expérience intellectuelle et l'expérience mystique qui ne ferait que la prolonger. D'où la conviction que, la métaphysique traçant les conditions a priori des rapports de l'homme et de Dieu, la mystique *doit* être telle ou telle, indépendamment du témoignage des mystiques eux-mêmes ; par exemple : puisque Dieu est infini et que l'homme est fini et que « finitus non est capax infinitus », on échafaudera une psychologie de l'inconnaissance de Dieu, avec une attention spéciale aux « nuits de l'âme » qui en deviennent une illustration particulièrement heureuse. Nous parlerons ici de la tentation de lecture *« systématique »* de l'œuvre de Jean de la Croix.

2) Jean de la Croix, comme beaucoup d'artistes, manie des images et des allégories. Le psychologue, le sociologue, le représentant d'un peu toutes les sciences humaines, sera tenté de chercher dans son œuvre la projection d'un état mental anonyme, le dévoilement d'un univers de fantasmes particulièrement intéressants dans lequel l'auteur mystique évoluerait comme révélateur privilégié d'un langage qui le maîtriserait

plus qu'il ne le maîtriserait. Nous parlerons ici des abus d'une lecture «*symbolique*» de l'œuvre de Jean de la Croix.

Ces deux séries de critiques finiront de faire émerger l'irréductibilité de l'expérience et de la littérature mystiques. Mais qu'il reste bien clair que les pages qui suivent se limiteront à l'inévitable, aux chefs de file, et cela sans sortir du cadre que nous nous sommes fixé. Nous ne ferons souvent, d'ailleurs, que compléter des notes déjà insérées dans le texte lorsque nous y avons relevé le point névralgique de telle ou telle position.

De même n'avons-nous pas la présomption de tout condamner des ouvrages auxquels nous ferons allusion : un J. Maritain a analysé de façon remarquable la matrice thomiste de certains des «puntos de teologia escolástica» de Jean de la Croix ; un J. Baruzi, outre le mérite historique qui lui revient d'avoir provoqué un renouveau de la lecture de Jean de la Croix, a engendré toute une série d'études attentives à évaluer la charge affective accompagnant l'expression de l'expérience mystique, etc., mais tout cela reste *secondaire* par rapport à l'intention de Jean de la Croix lorsqu'il prend la plume, si bien qu'au moment où elles se présentent comme interprétations définitives et absolues de son œuvre, ces lectures contredisent les prétentions, et souvent la lettre même, d'un texte réduit au statut de pré-texte.

## I. La tentation d'une lecture systématique de l'œuvre de Jean de la Croix

### a) *Le P. R. Garrigou-Lagrange*

Le P. Garrigou-Lagrange domine les études proprement théologiques sur Jean de la Croix pour la période qui s'étend de la fin de la première guerre mondiale aux années 1950. L'amoureux de Jean de la Croix croisera tôt ou tard ses thèses et celles de sa nombreuse progéniture intellectuelle ; il semble surtout qu'à travers lui, l'on puisse rencontrer la forme moderne d'une tentation éternelle de la théologie à réduire la littérature mystique en sous-produit de la littérature systématique. Nous emprunterons la formulation du cœur de la doctrine du P. Garrigou-Lagrange sur ce point à un article paru en 1927 ; elle commence par une citation de Jean de la Croix :

> «Même après avoir traversé la nuit des sens, ces avancés dans leur façon d'agir et de traiter avec Dieu restent *vulgaires* ; l'or de l'esprit n'est pas encore passé par le creuset ; ils comprennent

> Dieu de façon puérile et en parlent de même. Comme le dit saint Paul (...), ils gardent des sentiments de petits enfants, pour n'avoir pas encore atteint la perfection ou l'union avec Dieu. Elle seule donne l'*âge mûr* où l'esprit réalise de grandes choses, son activité étant alors plus divine qu'humaine » [=2N 3,3]. C'est dire clairement que la pleine perfection de la vie chrétienne est normalement d'ordre mystique, puisqu'elle suppose la purification passive des sens et celle de l'esprit, qui sont des états passifs ou mystiques nettement caractérisés. (*La nuit de l'esprit,* en La Vie Spirituelle XVI n° 2 (Mai 1927), p. 201.)

On remarque d'abord l'extrême approximation de la citation, mais passons. En fait, Jean de la Croix ne parle *absolument pas* d'une maturité chrétienne, dans ce texte, mais *spirituelle*. Plus largement, nous avons vu à quel point « perfection » ou « union », dans le vocabulaire de Jean de la Croix, appartient au registre *spirituel* et non pas moral, ni même strictement religieux. Aussi bien n'est-il pas question de l'*activité*, mais de l'*œuvre* de l'âme (obra) dans le texte espagnol, terme non pas philosophique mais phénoménologique qui indique « ce qui se passe » en l'âme, indépendamment de savoir le degré d'initiative revenant à Dieu et le degré revenant au sujet humain. Il n'est donc pas possible d'extrapoler d'un tel passage la continuité de la vie chrétienne « ut sic » et de la vie mystique. Bien sûr, la vie mystique ne s'oppose pas à la vie chrétienne ni à la vie morale, mais il ne s'ensuit pas automatiquement que ce soit la même chose !

A partir d'identifications de ce genre se déclenche toute la machine scolastique du P. Garrigou-Lagrange. Il va falloir classer les états phénoménologiques dans des catégories dogmatiques, avec les efforts d'un naturaliste décidé à classer les araignées parmi les coléoptères. Ainsi, dans le même article, l'auteur appellera-t-il « don d'intelligence » ce que nous avons appelé hyperlucidité (pp. 212-215), et conclura-t-il par l'affirmation que la « vive flamme d'amour est bien ici-bas l'épanouissement normal de la charité » (p. 221). C'est engager sur la voie d'un thomisme explicatif les intentions de Jean de la Croix qui n'y pensait vraiment pas ! Et au-delà, il est permis de penser que le P. Garrigou-Lagrange s'est assigné pour thèse principale la préexistence de Jean de la Croix chez Thomas d'Aquin.

Cette confusion de point de vue imprègne dès le départ l'ouvrage explicitement consacré par le P. Garrigou-Lagrange au rapprochement maximal entre les deux auteurs : *Perfection chrétienne et Contemplation selon saint Thomas d'Aquin et saint Jean de la Croix*, 5e éd., Montréal, 1952 (1re éd. 1923). Les premières pages posent délibérément cette confusion comme cadre de leurs relations :

> ... la Théologie ascétique et mystique n'est pas autre chose que l'application de [... la ...] Théologie morale à la direction des âmes vers une union toujours plus intime avec Dieu. Elle suppose ce qu'enseigne la doctrine sacrée sur la nature et les propriétés des vertus chrétiennes et des dons du Saint-Esprit, elle étudie *les lois et les conditions de leur progrès en vue de la perfection*.
>
> Pour enseigner la pratique des plus hautes vertus, la parfaite docilité au Saint-Esprit et conduire à la vie d'union à Dieu, elle fait converger toutes les lumières de la théologie dogmatique et morale dont elle est l'application la plus élevée et le couronnement. ... La science sacrée procède de la Révélation, contenue dans l'Écriture et la Tradition, conservée et expliquée par le Magistère de l'Église ; elle ordonne toutes les vérités révélées et leurs conséquences en un corps doctrinal unique, où les préceptes et conseils apparaissent fondés sur le mystère surnaturel de la vie divine, dont la grâce est une participation. Finalement, elle montre comment, par la pratique des vertus et la docilité au Saint-Esprit, l'âme arrive non plus seulement à croire les mystères révélés, mais à les goûter, à saisir le sens profond de la parole de Dieu, source de toute connaissance surnaturelle, à vivre dans une union pour ainsi dire continuelle avec la Sainte-Trinité qui habite en nous. *La mystique doctrinale* apparaît bien ainsi comme le couronnement dernier de toute la science théologique acquise, et elle peut diriger les âmes dans les voies de la *mystique expérimentale*. Cette dernière est une connaissance aimante et savoureuse, toute surnaturelle, *infuse*, que seul le Saint-Esprit, par son onction, peut nous donner et qui est comme le prélude de la vision béatifique.
>
> ... Tout cela revient à dire que la Théologie ascétique et mystique ou la doctrine spirituelle n'est pas une science spéciale, mais une partie de la théologie. L'ensemble des théologiens l'a toujours entendu ainsi. (pp. 3-5.)

On voit le parfait nivellement spirituel que présuppose le P. Garrigou-Lagrange : du baptême à la vision béatifique, toute la vie de l'âme est *déduite* de quelques principes qu'il suffit au chrétien d'appliquer pour parvenir à l'union mystique pré-béatifique, identifiée à la perfection de l'agir. Et tout le reste de l'ouvrage traitera comme synonymes absolus les expressions : « perfection chrétienne » — « union à Dieu » — « contemplation ». Il en découle une méthode écrasant résolument toute approche des mystiques par leurs propres témoignages. Le P. Poulain est poliment exécuté (p. 7), et avec lui toute tentative de *lecture* des textes spirituels préalable à leur explication. Ce n'est que nettement plus loin que le P. Garrigou-Lagrange s'inquiète de savoir si les mots de « mystique », de « contemplation », d'« appel », de « vocation », de « mérite », ne seraient pas employés de façon toute différente par les mystiques et les théologiens (pp. 41 ss), inquiétude sans suite qui laisse de nouveau la place à une déduction pyramidale des états mystiques à partir de ce que l'auteur appelle la « loi formelle supérieure » contenue dans la « semence divine » reçue par le chrétien. Pour avoir une idée des conséquences de cette position initiale sur l'ensemble de l'anthropologie chrétienne et sur l'ensemble des problèmes spirituels, que l'on se reporte aux tables de l'ouvrage qui laminent sans pitié les affirmations les plus obvies que nous ont fait constater nos lectures de l'œuvre de Jean de la Croix, sur la gratuité de la vie mystique, la coïncidence profonde de la nature et de la surnature, la différence fondamentale entre ordre moral et ordre spirituel, etc.

**b)** ***Autour du P. Garrigou-Lagrange***

Dans la ligne des thèses du P. Garrigou-Lagrange et sans affirmer une dépendance que certains des auteurs que nous allons maintenant citer refuseraient, il faut mentionner quelques exemples particulièrement significatifs de cette lecture systématique dans la mesure où ils envahissent de leur présence diffuse le marché actuel des études théologiques sur Jean de la Croix.

a) Contemporains de ceux du P. Garrigou-Lagrange, les travaux du P. GABRIEL DE STE MARIE-MADELEINE sont imprégnés de la même thèse fondamentale sur la « normalité » de la vie mystique. Que l'on se reporte par exemple à l'*Union transformante,* toujours en La Vie Spirituelle XVI n° 2 (Mai 1927), pp. 223-254 : tout baptisé peut participer *de droit* à l'union transformante, si bien qu'il n'y a que des différences accidentelles entre les divers degrés de réalisation de cette vocation commune.

Notons en passant que c'est la même conception linéaire de la vie chrétienne, du baptême à la vision béatifique, qui conduira le P. Gabriel de Ste Marie-Madeleine, et beaucoup d'autres pour les mêmes raisons, à préférer le Ct B au Ct A, l'union transformante n'étant plus tant une expérience terrestre originale qu'un échelon de la grâce sanctifiante. (Cf. notamment *Le Cantique de l'Amour*, en *Sanjuanistica*, Rome, 1943, pp. 97-132.)

b) Mentionnons seulement l'exemple particulièrement clair d'une lecture systématique de Jean de la Croix proche de celle du P. Garrigou-Lagrange offert par SIMÉON de la SAGRADA FAMILIA, *La doctrina de la gracia, como fundamento teológico en la doctrina Sanjuanista,* en El Monte Carmelo, 1942, pp. 521-541. Le titre vaut à lui seul une citation ; il s'agira en effet de démontrer que la préoccupation de Jean de la Croix étant doctrinale, on peut donc bien lire son œuvre comme un catéchisme expliquant les conditions nécessaires et suffisantes pour parvenir au ciel.

c) De même la thèse d'EFREN de la MADRE de DIOS, *S. Juan de la Cruz y el mistero de la Santísima Trinidad en la Vida espiritual*, Zarogoza, 1947 : l'auteur procède par voie entièrement déductive avec une mécanique scolastique véritablement impressionnante. Un seul exemple de cette syllogistique mystique :

> La *volonté* est la puissance principale, et elle est informée par la Charité.
>
> Posséder Dieu en parfaite Charité, c'est pour l'âme être tellement soumise à son divin vouloir, qu'elle préfèrerait plutôt mille morts que de s'écarter d'elle, même de manière infime.
>
> La Charité se présente, comme les deux autres vertus, sous deux aspects : comme *principe* d'opération et comme *effet* dans les opérations.
>
> Le *principe* de la Charité est Dieu, et par appropriation on l'attribue à l'Esprit-Saint. Posséder la Charité au degré parfait équivaut, pour autant, à posséder l'Esprit-Saint de la façon la plus haute qu'il se puisse en cette vie.
>
> En affirmant que l'Esprit-Saint est le principe de la Charité, nous pouvons alors deviner les très fécondes conséquences que découvrira la logique audacieuse de saint Jean de la Croix. (p. 475).

Tout tiendra en effet dans cette « divination » que le texte de Jean de la Croix n'est plus chargé que de confirmer ! Nous le regrettons pour un auteur qui a démontré par ailleurs sa connaissance du milieu mystique au Siècle d'Or.

d) Dans la même veine, quoique beaucoup plus récent, EULOGIO de SAN JUAN de la CRUZ, *La transformación total del alma en Dios según San Juan de la Cruz*, Madrid, 1963. Type même de travail consciencieux, avec cette fois-ci de très sérieuses analyses de textes, mais hypothéqué par la volonté aveugle de faire de Jean de la Croix « le plus grand théologien » (sic) de la question. Malgré d'excellentes pages (par exemple pp. 130-147), l'auteur s'interdit de lire Jean de la Croix autrement que comme un auteur apologétique armé de pied en cap de substance et d'accidents, de matière et de forme, etc., sans égard au niveau *expérimental* que prétend décrire le texte. La conclusion générale de l'ouvrage sur les *idées* de Jean de la Croix (comme si Jean de la Croix remuait des idées et non des mots !) donnera le ton de l'ensemble :

> Étant donné toutes les idées et l'exposition que saint Jean de la Croix fait, dans ses livres, de la transformation de l'âme en Dieu, il faut conclure que le Saint Docteur carme a écrit la meilleure thèse qu'il y ait en l'Église de Dieu sur l'union, ou transformation, de l'âme en Dieu. Ni avant lui ne s'écrivit une chose plus parfaite, pour autant que nous puissions savoir, ni après lui ne s'est écrit rien qui le dépasse, pour autant que nous le sachions.
>
> A propos de la transformation, quant à ses moyens, on peut dire de même. Personne n'a expliqué aussi profondément que saint Jean de la Croix les moyens de la transformation de l'âme en Dieu ...
>
> ... A notre avis, compte tenu de toutes les idées du Docteur Mystique sur la tranformation de l'âme en Dieu ... saint Jean de la Croix a dit ou écrit tout ce qui, en substance, se peut dire humainement à propos de la transformation.
>
> Nous doutons que s'écrive quelque chose de plus profond que les traités de saint Jean de la Croix sur ce point.
>
> ... le plus grand théologien qu'ait l'Église Catholique sur les questions de transformation de l'âme en Dieu est saint Jean de la Croix. C'est lui qui a jeté les véritables fondations scientifiques de ce difficile problème de la transformation ; ... il a également tracé de façon non dépassée, même après quatre siècles, la route que doit suivre la pensée théologique dans l'investigation des profonds problèmes de l'union et transformation de l'âme en Dieu, etc. (pp. 323-325.)

e) Très récent et dans la même ligne, citons VIVES (J.) *Examen de Amor*, Santander, 1978. Malgré le sous-titre « lectura de San Juan de la Cruz », on peut regretter que des matériaux de qualité ne soient rassemblés que pour faire de Jean de la Croix un grand moraliste (pp. 37 ss), un grand théologien (pp. 47 ss), etc. A la racine de cette réduction, on retrouve toujours la négation de toute discontinuité entre vie de grâce sanctifiante et expérience mystique :

> Le mystique n'est pas celui qui entre dans un autre type de relation à Dieu, distincte de la relation que peut avoir avec lui le commun des chrétiens, mais celui en qui la relation commune de tout chrétien à Dieu se donne et se manifeste en plénitude maximale. (p. 13.)

f) Rattachons enfin à cette tendance « scolastique » deux maîtres : le P. MARÉCHAL et J. MARITAIN.

Le P. Maréchal serait sans doute surpris de se découvrir ici ; sans nier la qualité exceptionnelle des observations et la finesse des analyses rassemblées dans ses *Études sur la Psychologie des Mystiques,* t. I, 2e éd., Paris, 1938 ; t. II, 1re éd., Paris, 1937, nous voulons seulement remettre en garde contre sa tentation permanente que nous avons déjà relevée à propos de la vision essentielle de Dieu ici-bas (cf. *supra,* p. 166, note 49) et qui est de préférer les théories aux témoignages dans l'interprétation des faits mystiques. On remarquera par exemple au vol. I, pp. 239-245, le point de vue purement transcendental sous lequel sont cherchés les traits distinctifs de la mystique chrétienne.

J. Maritain retiendra plus longtemps notre attention. Dans l'ensemble des études consacrées à la définition d'une « science mystique » et réunies à la fin de *Les degrés du Savoir*, Paris, 1932, (deuxième partie et annexes), Maritain parle de l'œuvre de Jean de la Croix comme de l'élaboration d'une « science pratiquement pratique », expression qui nous est à première vue sympathique en ce qu'elle indique que son principe régulateur est une sagesse tirée de l'expérience, pour reprendre le vocabulaire de l'auteur ; hélas, il est difficile de savoir jusqu'à quel point Maritain n'entend pas plutôt cette science comme celle de l'application pratique de présupposés théologiques à titre de compartiment de la morale, telle qu'il la définit par exemple en ces termes :

> ... le savoir pratiquement pratique est sous la dépendance du savoir spéculativement pratique, la science pratique de la contemplation est sous la dépendance de la théologie morale. (p. 629)

Un tel point de vue est absolument étranger à Jean de la Croix. Lequel est corrigé un peu plus loin en des termes que nous acceptons au contraire pleinement :

> Il faudra ... marquer deux différences de principe entre le vocabulaire conceptuel de saint Jean de la Croix et celui de la théologie scolastique : le langage de saint Jean de la Croix se réfère à *l'expérience mystique* ; et il se réfère à *une science pratique*... ; le langage mystique ... est nécessairement autre que le langage philosophique, l'hyperbole n'y est pas un ornement de rhétorique, mais un moyen d'expression rigoureusement requis pour signifier les choses avec exactitude ; car à vrai dire il s'agit là de rendre sensible l'expérience même, et quelle expérience ! la plus ineffable de toutes ; le langage philosophique se propose avant tout de dire la réalité sans la toucher, le langage mystique de la faire deviner comme en la touchant sans la voir. Combien de malentendus on éviterait si l'on distinguait comme il faut ces deux registres ! (pp. 648-649.)

Et comment donc ! Hélas, entre les deux attitudes, Maritain semble en continuelle oscillation et se décider finalement pour la vision « linéaire » du P. Garrigou-Lagrange :

> Que toutes les âmes, par là même qu'elles sont appelées à la béatitude du ciel, soient appelées aussi, d'un appel général et commun, à entrer dès ici-bas par la contemplation infuse dans les prémices de cette béatitude, cette doctrine, qui rallie aujourd'hui les meilleurs théologiens, est bien conforme à l'enseignement de saint Jean de la Croix. (...) Il ne s'adresse pas d'une façon spéciale à ceux que des grâces extraordinaires aident à avancer plus rapidement (mais non sans périls) dans la voie de l'esprit ; les moyens qu'il requiert, c'est uniquement la foi vive et l'organisme des dons surnaturels dont toute âme en état de grâce est pourvue, et tout le travail ascétique des vertus décrit dans la *Montée du Carmel* dans les caractères particuliers qu'il revêt à l'égard de la vie contemplative, et qui dure tout le long du procès spirituel. A ce point de vue, il faut dire qu'il s'adresse à tous ceux qui vont vers la perfection chrétienne, quelle que soit leur voie particulière. (p. 685, note 1.)

Suit une véritable falsification de S Prol 8, identifiant les *spirituels* auxquels s'adresse Jean de la Croix avec n'importe quel chrétien. D'où la théorie :

> ... l'expérience mystique et la contemplation infuse apparaissent bien comme le terme normal de droit de la vie de la grâce, on peut même dire comme le sommet vers lequel tend toute la vie humaine : car dans ce monde déchu et racheté, où la grâce fait pression de toutes parts, la vie humaine tend à la vie chrétienne, puisque tout homme appartient de droit au Christ, chef du genre humain ; et la vie chrétienne, elle-même tend, comme nous venons de le dire, à la vie mystique. (p. 512.)

... etc. ... Plus radicalement, il semble en fait que ce soit l'ambiguïté de la notion même d'expérience, par laquelle Maritain ouvre son étude sur Jean de la Croix, qui soit en cause :

> Il est clair qu'une connaissance *absolument* immédiate et donc *parfaitement* expérimentale de Dieu est réservée à la béatitude. Mais en deçà de ce terme une connaissance vraiment bien qu'imparfaitement immédiate peut commencer dès ici-bas. (p. 489, note 1 : cf. p. 517, note 1.)

Toute la question est que l'immédiateté ne souffre pas de plus et de moins !

c) ***Introductions générales à Jean de la Croix***

A côté de cette famille d'auteurs dont les thèses assez techniques s'adressent surtout à un public de théologiens, nous retrouvons la volonté de lecture systématique de l'œuvre de Jean de la Croix dans bon nombre d'introductions générales.

a) Tout d'abord, précisons ici notre restriction envers CRISÓGONO DE JÉSÚS ; nous disions en introduction (cf. *supra,* p. 35) qu'il était d'une richesse exceptionnelle mais que sa thèse *San Juan de la Cruz - Su obra científica y su obra literaria*, Madrid, 1929, n'était pas toujours d'une égale sûreté. En effet, s'il voit bien l'intention propre de Jean de la Croix (par exemple vol. I, p. 91), il succombe parfois à la tentation de rechercher un système philosophique dans son œuvre. Ainsi consacre-t-il l'ensemble de son chapitre II, « Princípios filosóficos », à l'analyse des sources d'une solution johannicrucienne cohérente au problème de la connaissance, problème qui nous semble totalement extérieur au projet de Jean de la Croix. Certes, lorsque l'on prête à Jean de la Croix la proposition suivante :

> Tout être est intelligible, et il est intelligible dans la mesure où il est être, parce que la vérité ontologique, qui est la réalité de l'être, est selon saint Jean l'objet de l'entendement ; (p. 93)

on trouvera toujours un texte montrant qu'effectivement Jean de la Croix fait de l'être l'objet de l'entendement, mais on aurait étonné le même Jean de la Croix en lui disant qu'il est *donc* en train d'enseigner la nature du rapport être/intelligibilité !

Même des passages aussi mesurés que celui-ci :

> chez d'autres mystiques, on pourrait économiser l'élément rationnel et philosophique, leur œuvre se réduisant à la fidèle relation de faits sentis et réalisés en la conscience de l'âme ; mais chez saint Jean de la Croix, dont l'œuvre — nous l'avons dit — n'est pas simplement expositive, mais rationnelle et philosophique, car l'auteur ne se contente pas de rapporter les faits et de décrire les phénomènes, il entre jusqu'à leur essence et signale leurs causes, la connaissance de ses idées philosophiques est indispensable. *Elles forment la trame de sa doctrine en la faisant système*. Ses expériences mystiques ne naissent pas de sa philosophie, mais c'est en elle que repose l'explication que le maître donna de son expérience. (p. 102 ; c'est nous qui soulignons.)

Un tel passage, donc, nous semble chargé d'ambiguïtés ; que Jean de la Croix fut bon philosophe, oui ; mais si le P. Crisógono veut dire que c'est là que s'enracine son « système », non. Si système il y a (et ce mot suffit, à notre avis, à tuer le mouvement de l'œuvre), c'est au sens où Jean de la Croix fournit des raisons — et non des causes — à son expérience, non pas une expérience à ses raisons ; et là, Crisógono oscille fréquemment entre les deux (cf. également son chap. III du même volume) dans des « desarollos » parfaitement étrangers au mouvement intellectuel de Jean de la Croix.

b) Nous avons indiqué ici ou là nos défiances envers l'édition des œuvres de Jean de la Croix par le P. Lucien-Marie ; nous en avons donné un échantillon en tête de notre étude (cf *supra,* p. 23) ; aller au-delà nous conduirait trop loin, mais le lecteur pourra constater qu'en cas de difficulté d'interprétation, le choix du traducteur — qui était déjà, il est vrai, celui du P. Cyprien de la Nativité — va toujours dans le même sens : pousser le texte vers une lecture morale, « pélagienne », donnant à l'âme l'initiative de son destin, limitant le réalisme de l'expérience mystique, etc., autant d'affaiblissements dont nous regrettons de trouver la théorie dans les ouvrages d'introduction que le P. Lucien-Marie a consacrés à Jean de la Croix. Ainsi affirme-t-il l'universalité de la vocation mystique (cf. par exemple dans le recueil *L'expérience de Dieu*, Paris, 1968, le chapitre I consacré à l'établir), la continuité de l'expérience mystique et de « la simple vie chrétienne » (*idem,* p. 47, et surtout en *Dictionnaire de Spiritualité*, article *Jean de la Croix*, col 428-29), la réussite mystique comme affaire de générosité (*idem,* col 429), etc. A notre modeste avis, l'intelligence du texte que révèle tel ou tel commentaire du P. Lucien-Marie méritait une théorie plus ambitieuse.

c) L'ouvrage important de Ruiz Salvador (F.), *Introducción à San Juan de la Cruz*, Madrid, 1968, malgré de très bonnes pages d'analyse littéraire (outre celles déjà signalées, nous en mentionnerons à propos de la lecture « symbolique » de Jean de la Croix), ne semble pas cerner nettement l'originalité de Jean de la Croix. Parfois très critique envers les lectures systématiques de Jean de la Croix (cf. l'excellente analyse qu'il donne des thèses de Maritain aux pp. 288 ss), il semble par ailleurs hésiter entre deux positions : voir dans l'œuvre du saint une exposition de l'expérience mystique ou bien une application de principes venus de l'extérieur (notamment pp. 271-277). Cette hypothèque permanente (et l'admission sans discussion de l'authenticité de Ct B - cf. pp. 219 ss) empêche de conseiller globalement cette introduction comme guide sûr dans la lecture de Jean de la Croix.

d) Les mêmes reproches de méconnaissance foncière de l'originalité du genre littéraire et de l'expérience propres à Jean de la Croix seraient malheureusement à faire à la majorité des ouvrages de *vulgarisation* dans la mesure où ils ont dû chercher un principe d'interprétation simple et donc systématique de l'œuvre du saint. Nous en avons cité plusieurs en cours d'étude ; contentons-nous ici de mentionner encore quelques « inévitables » :

— François de Sainte Marie, *Initiation à saint Jean de la Croix*, 2e éd., Paris, 1954 :

> [à propos des sommets de la vie mystique :] Cet état sublime demeure dans la ligne même des vertus théologales, merveilleux épanouissement de ces puissances surnaturelles, qui sans encore se résoudre en une claire vision, laissent deviner leur objet en la pénombre de l'aube triomphante...
> [à propos de l'adoption de Ct 35,5 :] Sans doute cette adoption date-t-elle de notre baptême, réplique de celui du Christ, sacrement de renaissance dans l'eau et l'Esprit. Mais l'état de baptême est susceptible sur terre d'un complet et définitif épanouissement, que réalise l'union mystique. Ce sublime mariage spirituel que tant d'auteurs présentent comme extraordinaire, saint Jean de la Croix a encore le mérite de nous en donner une vûe toute évangélique. La grâce fait simplement de l'âme la petite enfant du Père céleste, comme le Christ l'a dit à Nicodème : « Celui qui ne renaîtra point du Saint-Esprit ne pourra voir le Royaume de Dieu qui est l'état de perfection... » (2 S 5,5) (pp. 54-55.)

Dans le même chapitre, Jean de la Croix vient de s'évertuer à expliquer cette renaissance sans aucun lien au baptême, qui n'est pas nié mais qui est d'un autre ordre (et il économise même le « ex aqua » lorsqu'il traduit Jn 3,5) ! Certes, ce passage de 2S 5 est difficile, cependant nous avons vu clairement en quel sens le « surnaturel » n'est pas à lire chez Jean de la Croix dans un sens purement sacramentel ou ontologique (cf. *supra,* notre 3e lecture), mais dans l'ensemble infiniment plus vaste du passage de l'image à la ressemblance de Dieu.
— Guillet (L.), *Introduction à saint Jean de la Croix*, Tours, 1968-1971 :

> ... une âme peut être parvenue à l'union d'amour sans en avoir conscience : « Pie X est devenu saint sans s'en apercevoir. » (p. 67.)

Les Saints Innocents aussi ! Parlera-t-on pour autant des Mystiques Innocents ? N'importe,

> ... le docteur mystique se sépare des auteurs spirituels qui définissent la vie parfaite comme entraînant la prise de conscience de la vie surnaturelle... *(idem.)*

— WAACH (H.), *Johannes vom Kreuz*, Wien, 1954, s'étend également sur « l'utilité universelle de l'enseignement de Jean de la Croix » (pp. 89 ss), etc.

Et l'on pourrait multiplier les exemples ! Alors qu'il suffisait pour respecter la distinction entre mystique et sainteté de s'en tenir à la position la plus traditionnelle et la plus officielle de l'Église lorsqu'elle se prononce sur l'héroïcité des vertus chrétiennes :

> Scimus plerosque beatorum et sanctorum catalogo fuisse adscriptos, qui nullatenus fuerunt contemplativi. (BENOIT XIV, *De Servorum Dei beatificatione*, III, 26,8)

Certes, nous avons conscience d'être trop sommaire dans ces exécutions capitales, mais encore une fois, nous ne prétendons qu'à débarrasser le terrain du lecteur amoureux de Jean de la Croix.

**d) *Baruzi-Morel***

Achevons cette revue par l'école moderne de lecture systématique de Jean de la Croix : J. Baruzi, G. Morel. Venus de la philosophie plus que de la théologie, ils ne peuvent être assimilés aux précédents. La difficulté et l'ampleur de leurs travaux les destinent d'ailleurs à un autre public.

a) BARUZI introduit massivement le rationalisme absolu comme règle d'interprétation de Jean de la Croix. La lecture de Jean de la Croix avait déjà connu son heure kantienne « dans les limites de la simple raison » voici 100 ans, chez ROUSSELOT (P.), *Les mystiques espagnoles*, Paris, 1867, venu lui aussi de la pensée laïque :

> D'où provient le mysticisme ? Il a ses racines dans un des éléments de la nature humaine, le sentiment religieux. Quand l'histoire nous le montre issu d'une origine différente et fils de la réflexion, c'est qu'un désespoir de la raison a permis au sentiment de reprendre son empire. Sa vraie source, c'est la foi : spontanément il éclôt au fond des âmes croyantes, et alors, en vertu de son principe, il peut agir sur les massses autant que sur les individus. Dans la bouche d'un Plotin, il ne parle qu'au petit nombre, et la foule ne l'entend pas ; avec une sainte Thérèse, il

> n'est pas enfermé dans l'enceinte d'une école, il s'adresse à tous les cœurs, et tous les cœurs, si humbles qu'ils soient, peuvent répondre à son appel. (p. 1.)

On reconnaît la stratification J. J. Rousseau - Kant qui, par un double appel au cœur et à la raison, tient à expliquer le plus par le moins et l'esprit par la matière, ce dont Rousselot s'acquitte un peu plus loin avec toute la conscience d'une évolutioniste du XIXe siècle. C'est en des termes très voisins, quoique plus savants, que Baruzi reprend la thèse : il existe une mystique des cœurs pour ceux qui n'ont pas la force de la raison ; et pour ceux qui ont la force de la raison, il y a peut-être une mystique en soi, nouménale, inaccessible :

> … la mystique demeurerait-elle la même le jour où la spiritualité pré-mystique impliquerait une intense et totale recherche religieuse, le jour où la discipline philosophique exigerait de celui qui s'y livre qu'il prît nettement conscience du secret supra-discursif inclus en tout système philosophique saisi en sa source ? Rien ne prouve que la mystique — du moins la mystique qui parvient à rendre compte d'elle-même, mais quel critère choisir pour juger l'autre ? — résisterait à cette épreuve. Et l'ineffabilité mystique elle-même ne vaut en effet que si elle parachève un effort d'expression, puissant et désespéré. Rien ne prouve d'autre part qu'il n'y ait pourtant, à côté du rythme spirituel qui s'épanouit dans la recherche, un rythme spirituel qui s'épanouit dans le silence et dans la négation. Et, en ce sens, la mystique survivrait à l'attitude métaphysique, celle-ci fût-elle totale et fervente. Problème trop vaste, en tout cas, pour qu'il n'exige pas que nous nous affranchisssions complètement de la considération d'un exemple. Mais, lorsque nous revenons à Jean de la Croix, et que nous nous attachons à une figure telle que la sienne, il semble que ce soit un double manque — et sur le plan de la méditation religieuse et sur le plan de la recherche philosophique — qui ait déterminé en grande partie cette acharnée aspiration au silence. Et d'autre part, rien ne prouve que son regard n'aille pas plus loin et ne nous conduise pas au-delà de toute activité de recherche. Si bien que la conclusion que nous impose l'analyse d'un exemple s'accorde avec la conclusion qu'une hypothèse générale nous invite à préfigurer. (*Saint Jean de la Croix et le problème de l'expérience mystique,* Paris, 1924, p. 622.)

Un ouvrage de 800 pages serrées ne se laisse pas réduire ainsi à une citation ; au moins nous montre-t-elle l'épine dorsale du système : en renvoyant dans deux directions l'expérience purement possible du mystique vers des régions de toute façon inaccessibles, il la condamne à échapper au langage, fût-il « lenguaje de Dios », et à mourir au contact de l'absolu. Le problème de l'expérience mystique devient dès lors celui de la révélation dans leurs dernières conséquences des voies du cœur et de la raison ; la seconde fut explorée par Baruzi lui-même dans l'analyse de ce qu'il appelle « l'état théopathique » ; la première, plus annoncée que développée par lui, cherchera dans les mécanismes de l'imaginaire les passerelles entre l'expérience de la contingence et celle de l'absolu, donnant naissance à toute la lecture « symbolique » de l'œuvre de Jean de la Croix.

La voie de la raison va donc rechercher la plus puissante affirmation de l'Être par un esprit poussé dans ses derniers retranchements métaphysiques. Il *faut* lire ces pages sur « l'état théopathique » (pp. 637-709), mais en philosophe ; elles le méritent. Elles respirent Spinoza et le grand contemporain de Baruzi, Brunschvicg. Et de même que le rationalisme du XVII^e^ siècle a engendré Hegel, Baruzi a engendré G. Morel. Avant d'y venir, remarquons où s'enracinent les lectures « symboliques » de l'œuvre de Jean de la Croix, lorsqu'en privant par excès la raison de toute fonction raisonnable il faut introduire une lecture irrationnelle non moins absolue du témoignage mystique :

> La « nuit » ne sera-ce pas la complexe réunion, en un seul vocable, des choses et des pensées qui sont abolies, de la lumière que je ne puis comprendre, de la misère que je surprends en moi de plus en plus intime ?...
>
> Cette obscurité intérieure, il y a eu une minute où Jean de la Croix l'a suscitée en lui par une décision théorique et une expérience vécue. Il s'est détaché des choses, des données naturelles et surnaturelles ; il s'est détaché de soi et de tout ce que les homme appellent Dieu. Si l'on pouvait remonter jusqu'à cet instant indivisible, où il a systématisé au fond de son être la vision obscure du monde, on atteindrait sans doute le plus riche moment de sa recherche intérieure. Et, quelle qu'ait pu être l'origine du symbole par lequel il exprimera la nudité intérieure totale, nous sentons que le mot nuit résume l'expérience de son être et traduit une intuition du monde. (p. 313.)

Pour en finir momentanément avec Baruzi, signalons qu'il semble avoir un héritier assez direct, quoiqu'avec des intentions beaucoup plus pieuses, en TRESMONTANT (C.), *La mystique chrétienne et l'avenir de l'homme*, Paris, 1977. Ici, le rationalisme se fait plus fin, d'autant qu'il se double au contact des Pères d'une anthropologie dynamique sans cesse réaffirmée qui nous est extrêmement sympathique (cf. pp. 46 ss), et qu'il commence par écarter sans ménagement l'irrationalisme de la « voie du cœur » :

> La mystique chrétienne authentique ne relève pas de l'affectivité, ni de la psychologie, mais d'un ordre qui est appelé par les mystiques chrétiens « spirituel », en un sens technique, que nous aurons à définir et qui est distinct de l'ordre psychologique.
>
> Toute l'œuvre de saint Jean de la Croix, le patron en ce domaine, consiste, nous le verrons, à écarter, à dégager tout ce qui relève de l'affectivité, de la psychologie, du sentiment, à libérer la vie spirituelle de l'affectivité. (p. 12.)

Mais cette méfiance ne fait que mieux ressortir la voie de la raison et l'assimilation globale de l'expérience mystique à l'expérience intellectuelle, même si son objet se pare ici de toutes les séductions d'un évolutionnisme teilhardien :

> ... la vie mystique ce n'est pas de l'irréel, ce n'est pas du fantastique, ce n'est pas de l'imaginaire. Non, c'est de l'être. La mystique, c'est la connaissance de l'être la plus profonde à laquelle nous puissions atteindre. A ce titre, le mystique chrétien est un maître en métaphysique... La mystique chrétienne c'est de l'ontologie, c'est même ... de l'ontogénèse, plus précisément la science de l'anthropogénèse.
>
> L'objet de la mystique chrétienne, ce n'est pas du mou, ni du flou, ni du vague. C'est du dur, c'est de l'être, et de l'être en formation, plus précisément en transformation. (p. 13)

b) Nous arrivons à Morel (G.), *Le sens de l'existence selon saint Jean de la Croix*, Paris, 1960-1961. Le mot-clef de Baruzi était celui de « rythme » (rythme littéraire, rythme spirituel, rythme humain, rythme intellectuel, etc.), extrêmement flou à vrai dire, mais qui permettait d'associer sans autre précision l'idée d'un processus de conscience à celle d'une certaine vitalité, de certaines cadences, d'une certaine *dialectique*, constitutives de la réalité, De même, les mots importants de Morel seront-ils ceux de *logique* et de *mouvements*, d'une origine philosophique plus franche. Les « mouvements de l'âme » décrits par Jean de la Croix, et nous avons vu à quel point l'expérience mystique est vivante, voilà autant de moments de l'affirmation dialectique de la réalité. Le rationalisme devient idéalisme ou idéal-réalisme hégélien :

> Certes, il ne s'agit en aucune façon de faire de Jean de la Croix un précurseur de Hegel, ni de suggérer que l'optique des deux « penseurs » est exactement la même. Il s'agit seulement de percevoir leur communauté de soucis : rares sont les philosophes qui entreprennent de raconter les métamorphoses et les avatars de la conscience humaine dans sa recherche de l'Absolu : rares aussi en définitive les écrits mystiques qui se sont donné la même

> tâche, du moins sous la forme explicite et ample où l'a fait saint Jean de la Croix. La phénoménologie et l'œuvre du mystique espagnol sont, l'une et l'autre, l'histoire d'un individu qui, mourant à sa particularité, épuisant toutes les figures rencontrées sur sa route, pénètre un jour au monde non-figuratif. (Vol. I, p. 30.)

On voit à l'évidence que le rapprochement ne profite ici qu'à Hegel et à l'idée de réel substituée au réel lui-même, quelles que soient par ailleurs les protestations d'épouser *expérimentalement* les contours de la logique, face à Merleau-Ponty notamment. Et de fait, les pages suivantes (pp. 36-41) poseront *comme un point de départ* la plus complète résolution de la vie mystique dans la vie philosophique :

> la vie mystique n'est que l'épanouissement de la vie prémystique ou discursive, (p. 40)

celle-là n'étant finalement que la phase « métadiscursive » de celle-ci.

Morel pourra dès lors s'étonner, tout en cherchant une explication dans de faibles considérations historiques, de ne pas trouver chez les mystiques en général et chez Jean de la Croix en particulier un appareil conceptuel à la hauteur de cet avènement global de la conscience de « ce qui est », étant entendu que

> le mystique espagnol avait la certitude, en son expérience, de faire droit aux aspirations les plus hautes de la conscience métaphysique : chez lui, les notions de métaphysique, de théologique et même de mystique tendent à s'effacer pour laisser apparaître *ce qui est* : l'expérience de l'Absolu vivant en soi-même éternellement et dans le monde. (Vol. I, p. 50.)

Que l'on se reporte ici à la déclaration de Jean de la Croix que nous citions en introduction :

> ... lorsque nous parlons d'union de l'âme avec Dieu, nous ne parlons pas de cette union substantielle qui est toujours faite, mais de l'union et transformation par amour de l'âme avec Dieu *qui n'est pas toujours faite*, mais *seulement* lorsqu'il vient à y avoir ressemblance d'amour. (2 S 5,3.)

Jean de la Croix est on ne peut plus clair : ce qui l'intéresse *n'est pas* ce qui intéresse Morel. Comme chez Baruzi, le thème mystique se prêtera à des variations philosophiques passionnantes, et peut-être même admissibles pour peu qu'elles eussent prétendu conclure et non pas introduire la lecture de Jean de la Croix. Ainsi, lorsque Morel écrit :

> le mouvement est pour saint Jean de la Croix constitutif de la réalité finie : l'homme n'est pas réalité statique, mais réalité ec-statique, en devenir. (Vol. II, p. 12),

l'ennui n'est pas tant de rencontrer une vision dialectique du réel (qui importait peu à Jean de la Croix) que de la rencontrer dès la deuxième page de ce que Morel appelle « Logique » de Jean de la Croix, et non à la page 349 ! Et entre les deux une puissante machine hégélienne transforme cette première proposition en une « mécanique de l'amour » à laquelle sont asservies des analyses phénoménologiques par ailleurs excellentes, mais condamnées à la stérilité spirituelle par le parti pris de ne jamais lire un témoignage mystique autrement que comme l'émanation d'une force logique et ontologique impersonnelle. (Pour une critique de Morel sous cet angle, cf. TILLIETTE (X.), *Mystique et Métaphysique : à propos d'un livre récent,* en Revue de Métaphysique et de Morale 66 (1961), pp. 345-360.)

Pour conclure ce que nous avons appelé « lecture systématique » de l'œuvre de Jean de la Croix et avant d'entrer dans l'examen de sa « lecture symbolique », disons que l'erreur commune aux auteurs passés en revue est finalement de traiter les problèmes posés par les textes mystiques comme des problèmes d'*idées,* recherche de l'idée juste sur Dieu, ou sur l'homme, ou sur l'univers, ou sur la vertu, mais idée à découvrir *derrière* le texte et comme malgré lui ; et non pas en tant que problèmes *littéraires* de l'expression d'une expérience réelle, quoiqu'absolument originale, et infiniment plus englobante que l'expérience intellectuelle ou morale. Citons H. BREMOND :

> Dans la connaissance mystique, connaissance « confuse », « indistincte », répète saint Jean de la Croix, on n'appréhende, on n'atteint aucune « idée » — pas plus celle de Dieu que celle de l'Homme-Dieu ; mais, d'une façon mystérieuse, on jouit de la présence même, de l'être même de Dieu, du Dieu un et trine, rendu sensible au centre de l'âme. Ce sentiment de présence, nous autres, profanes, nous ne pouvons pas le réaliser ; nous comprenons néanmoins que toute activité, proprement intellectuelle et sensible (comme serait, non pas seulement l'évocation pittoresque et émouvante du Calvaire, mais encore toute considération distincte sur les attributs divins) doit la gêner, ou, comme dit M. Olier, la rétrécir, l'offusquer. Ainsi le plaisir *esthétique*, que doit produire en nous la vue d'un tableau, est rétréci, offusqué, effacé par des recherches curieuses, anecdotiques sur le sujet du tableau. Ainsi le plaisir musical, gêné étouffé

par tout essai de transposition intellectuelle. (*Histoire littéraire du sentiment religieux en France, etc.*, Paris, 1923, vol. III, p. 502, note.)

La question n'est pas de savoir si les idées prêtées par G. Morel à Jean de la Croix sont supérieures à celles que lui prête le P. Garrigou-Lagrange, ou de savoir si la dialectique hégélienne accompagne mieux que la logique scolastique le compte rendu de l'état de conscience des mystiques, mais de savoir si l'univers dont parle Jean de la Croix n'est pas *tout autre* que l'univers non-mystique, fût-il aussi subtil (au sens où les anciens parlaient de « matière subtile ») et purifié mentalement que celui de l'idéalisme absolu.

## II. Les abus d'une lecture symbolique de l'œuvre de Jean de la Croix

Si l'erreur des lecteurs « systématiques » de Jean de la Croix est de traiter en termes d'*idées* les problèmes soulevés par le texte, le risque de ses lecteurs « symboliques » sera de les traiter en termes de *contenu* : il y aurait dans l'expérience mystique quelque chose d'absolument différent de l'expérience commune, et non pas une expérience absolument différente des mêmes choses. Il est d'ailleurs assez secondaire pour la lecture symbolique que l'existence de ces autres choses soit réelle ou purement imaginaire : elles échappent de toute façon à la désignation du monde que nous habitons, ce qui les projette ipso facto dans celui des fantasmes. Pour en parler il faudra dès lors faire converger les mots vers l'Innommable, suggérer des impressions fluides, renvoyer aux profondeurs de l'inconscient, bref, rechercher dans le texte de Jean de la Croix non pas des relations horizontales entre les mots, non pas un tissu sémantique original, mais l'archéologie pré-consciente des mots isolés de leur contexte. Entre le mot et ce qu'il désigne existera ce que l'on appelle dans cette optique un rapport de *symbole*, mais d'un symbolisme aussi distendu que possible.

### a) *Qu'est-ce qu'un symbole ?*

Qu'est-ce qu'un symbole ? Le mot est malheureusement compris de multiples façons par ses utilisateurs. La linguistique nous fournit elle-même différentes réponses. Citons-en deux classiques qui vont recouvrir deux orientations de son usage chez les commentateurs de Jean de la Croix ; la première sera celle d'E. Benvéniste :

> qu'est-ce que la faculté de symboliser ? Entendons par là, très largement, la faculté de *représenter* le réel par un « signe » et de comprendre le « signe » comme représentant le réel, donc d'établir un rapport de « signification » entre quelque chose et quelque chose d'autre.
>
> ... Employer un symbole est cette capacité de retenir d'un objet sa structure caractéristique et de l'identifier dans des ensembles différents. C'est cela qui est propre à l'homme et qui fait de l'homme un être rationnel. La faculté symbolisante permet en effet la formation du concept comme distinct de l'objet concret, qui n'en est qu'un exemplaire.
>
> ... le symbole n'a pas de relation naturelle avec ce qu'il symbolise. L'homme invente et comprend des symboles ; l'animal, non... l'animal *exprime* ses émotions, il ne peut les dénommer. (*Problèmes de linguistique générale*, Paris 1966, pp. 26-28.)

On voit qu'il n'y a pas d'inconvénient à faire ici du symbole l'équivalent du signe linguistique, ultérieurement divisible en d'autres catégories plus précises, et à en exclure toute « animalité ». Laquelle était cependant quelque peu présente dans la définition du symbole telle que la donne le père commun de la linguistique, F. de SAUSSURE :

> par rapport au signe linguistique, le symbole a pour caractère de n'être jamais tout à fait arbitraire ; il n'est pas vide, il y a un rudiment de lien naturel entre le signifiant et le signifié. Le symbole de la justice, la balance, ne pourrait pas être remplacé par n'importe quoi, un char, par exemple. (*Cours de linguistique générale*, éd. Paris, 1076, p. 101.)

Et ce complexe mental qui nous permet d'associer par exemple la balance à la justice une fois réduites toutes les données proprement culturelles de leur équivalence, voilà ce que vont développer cas par cas les lecteurs « symboliques » de Jean de la Croix. Mais avant d'y venir, signalons que certains commentateurs, plus proches de la première de ces deux définitions, emploient purement et simplement le mot comme synonyme d'« image », si bien qu'il n'indique alors qu'une identité de structure entre les termes unis symboliquement. Tel est parfois le cas de CRISÓGONO de JESÚS (*San Juan de la Cruz - Su obra...*, vol. II, notamment tout le chap. III) ; de même, SANSON (*L'esprit humain...*) traduit-il par exemple en Ct Prol 1, le mot « semejanza » par « symbole » ; de même assez fréquemment VILNET (J.), *Bible et mystique chez saint Jean de la Croix*, Bruges, 1949 ; de même HATZFELD (H.), *Estudios literarios sobre mística española*, 2e éd., Madrid, 1968, chap. VIII ; de même plus généralement la plupart des études de bonne qualité littéraire sur Jean de la Croix.

On peut regretter cette équivalence, car en maniant des « figuras y semejanzas » (Ct Prol 1), Jean de la Croix sait qu'il se rattache à la tradition allégorique d'expression des réalités spirituelles qui est celle des Pères de l'Église et n'a rien à voir avec le symbolisme moderne. Un coup d'œil sur *Los Nombres de Cristo*, de Luis de León, suffit à montrer la vigueur des procédés littéraires patristiques à Salamanque au temps de Jean de la Croix : il y a là une technique qu'un simple « symbolisme » ne respecte pas. De plus, de cette acception à la suivante, il n'y a qu'un pas que franchiront fréquemment les mêmes commentateurs au moment de décider s'il y a ou non une réalité au-delà du symbole. Ainsi F. Ruiz Salvador *(op. cit.)*, après avoir bien repéré le processus de naissance du symbole poétique chez Jean de la Croix (pp. 105-117) nous semble verser dans une excessive « métaphorisation » (pp. 123-125) ; ce n'est qu'un exemple.

**b) *Les radicaux***

Le pas suivant consistera en effet à comprendre de façon tellement élastique la structure du symbole et le rapport des termes qu'il associe, que le texte de Jean de la Croix ne serait plus qu'une broderie romantique sur quelques thèmes connus, pure association libre, au sens d'un compte rendu de cure psychanalytique.

Considérons par exemple le commentaire d'un lecteur de cette école sur Ll 4,3 où Jean de la Croix parle du « sein de l'âme » ; là où nous chercherions spontanément les contours de l'image grâce au système référentiel d'où elle est extraite (la respiration de quelqu'un qui s'éveille, nous dit Jean de la Croix dans le même passage), le symboliste tentera d'inventorier tout l'appareil *possible* qui peut s'y agréger, ce qui pourra donner ceci :

> Le symbole du sein suggère bien évidemment la gestation et la naissance... Comme tous les symboles d'intimité, ceux du cœur et du sein évoquent la matrice maternelle et libèrent une charge affective considérable. (BERNARD (Ch.A.), *Théologie symbolique*, Paris, 1978, p. 225.)

Certes, nous ne prétendons pas nier les affinités de tel ou tel mot avec tel ou tel état affectif ; mais ce n'est pas *pour cela* que Jean de la Croix a choisi le mot, même s'il déplace ces affinités en même temps que le mot. Et à ne prêter ainsi aux mots qu'une valeur psychologique, d'ailleurs arbitraire, on oublie qu'ils ne sont signifiants, sinon significatifs, que dans un contexte *voulu* par un *auteur* et non par le patient d'un psychiatre. Et les « figuras y semejanzas » de Ct Prol 1 (« semejanza » étant régulièrement traduit par « symbole » chez le P. Bernard) sont des expressions signifiantes, peut-être plus riches que de simples mots, mais de même ordre linguistique, à référer à des contextes, non des archétypes universels.

On imagine jusqu'où peut conduire une telle utilisation incontrôlée du symbolisme : en accumulant les possibilités d'association affective, on s'achemine vers un commentaire littéralement « fantastique » (c'est-à-dire vers une accumulation de fantasmes) de l'œuvre de Jean de la Croix. De plus, on ne voit pas ce qui pourrait arrêter la mécanique symboliste une fois lancée : à partir du moment où tout est déclaré symbole, c'est-à-dire où tout sens est renvoyé du dit au non-dit, il faut conclure à la disparition de l'auteur comme auteur et s'interdire toute rigueur dans l'approche des textes, mystiques ou non, au profit d'une lecture « projective », autrement dit parfaitement subjective. Quant à la réalité de l'expérience de Dieu dans cette optique, il va de soi que l'on s'est ôté tous les moyens de la saisir.

**c) *Baruzi***

Heureusement les abus de ce genre, pour nombreux qu'ils soient depuis quelques années, sont faciles à détecter en raison de leur évidente démesure, si bien que nous pouvons nous dispenser de les citer davantage. (Il semble que le paroxysme soit atteint par Pépin (F.), *Noces de Feu — Le Symbolisme nuptial du « Cántico espiritual » de saint Jean de la Croix à la lumière du « Canticum canticorum »*, Paris-Tournai-Montréal, 1972.)

Mais il faut connaître que J. Baruzi portait déjà en germe ces excès. C'est chez lui que le symbole sort de l'univers littéraire pour entrer résolument dans celui de la psychologie. Nous avons vu (*supra,* p. 405) en vertu de quelle décision préalable Baruzi condamne Jean de la Croix au symbolisme ; précisons ici les conséquences littéraires de cette décision :

> Nous discernons ... entre l'expérience insaisissable et la doctrine organisée, une région médiane. La pensée de Jean de la Croix, dans la mesure où elle n'est pas discursive, dans la mesure aussi où elle n'est pas purement spirituelle, tend à s'exprimer — selon des nuances qu'il faudra découvrir — de façon symbolique, de façon allégorique, ou selon des modalités intermédiaires entre le symbole et l'allégorie. L'activité symbolique et l'activité allégorique, en leurs diverses manifestations, sont, à leur tour, nourries

> par le lyrisme ; elles émanent du lyrisme et le lyrisme lui-même tient sa gravité et son accent des symboles sous-jacents qui l'animent. (J. Baruzi, *op. cit.,* pp. 305-306.)

Le spirituel tend donc à s'identifier au « symbolique ». A ce titre, nous retrouvons le privilège du symbole de la nuit :

> « En un même sujet ne peuvent être contenus deux contraires. A cette règle, qui domine sa doctrine, Jean de la Croix, plus ou moins consciemment, soumet son imagination symbolique... nous pouvons [donc] prévoir un anéantissement intérieur qui se prolongera en une expression symbolique en quelque sorte absolue et nous guidera vers une région secrète où se rencontrent, en une convergence exacte, la logique abstraite et un lyrisme naissant. La conviction que nos goûts non redressés et Dieu sont, strictement, contraires, amène Jean de la Croix à exiger, de la vie spirituelle, la ruine de notre activité conscientielle et, de l'imagination symbolique, la projection, sur l'expérience qui s'élabore, d'une lumière qui ne ressemblera en rien à la lumière de ce monde. Par une sorte de nécessité intérieure vont surgir à la fois la notion de connaissance obscure et le symbolisme de la nuit. (p. 307.)

Un peu plus loin (pp. 331 ss), Baruzi cherche à délivrer le symbole de toutes ses dérivations allégoriques et à isoler une « pure expérience symbolique » :

> Le vrai symbole adhère directement à l'expérience, il n'est pas la *figure* d'une expérience. Et c'est bien ainsi, en dernière analyse, que le symbolisme se distingue de l'allégorisme. (p. 335.)

Et Baruzi ne cessera plus d'opposer un Jean de la Croix allégorique, « rivé à la banalité didactique » (p. 363), à un Jean de la Croix profond. Le vrai Jean de la Croix est celui qui, repoussant toujours vers plus d'obscurité, vers plus de « nuit », l'expression de son expérience, s'ouvre au regard non pas littéraire, mais psychologique, voire psychanalytique. Certes, Baruzi ne le dit pas explicitement, mais telle est bien l'approche que nous retrouvons cinquante ans plus tard sous la plume des symbolistes les plus radicaux.

### d) *Duvivier - Morel - Lucien-Marie*

R. Duvivier, G. Morel et le P. Lucien-Marie nous semblent tous trois avoir été tentés, sans trop y succomber, par cette lecture psychologique. Citons Duvivier au point exact où il prolonge Baruzi dans cette voie :

> Qui ne voit… que ce poète mystique de haut vol atteint par l'absolu du lyrisme à l'absolu du concret ?… « Je sortis à Ta suite en criant, et Tu étais parti ». N'est-ce pas là le geste, le mouvement au degré pur, c'est-à-dire détaché de la référence au monde pour être investi dans l'impulsion affective ? Les activités et les fantasmes dont le Cantique est issu engagent la capacité d'action dans un essai d'union à Dieu par la voie de la subjectivité nue.
>
> Or, comment le Saint eût-il pu réserver le moindre écho concret à son expérience si sa parole ne s'était appuyée sur le côté phénoménal de celle-ci, s'il n'y avait eu compénétration de la vie spirituelle et de la vie phénoménale appréhendée à sa racine, à moins qu'il ne faille dire à sa fine pointe ? Ce qui est en scène, dans les Canciones de la Esposa, c'est en quelque sorte le corps de l'âme. Une expérience intérieure absolument exigeante mobilise toute la capacité de présence au monde, et la conscience personnelle constitue dans sa projection la plus radicale un monde où elle se meut et des attitudes à travers lesquelles elle s'appréhende elle-même. (*Le dynamisme existentiel dans la poésie de Jean de la Croix*, Paris, 1973, pp. 8-9.)

Voilà un départ pour le moins dangereux ! Heureusement, la suite de l'ouvrage va émerger des fantasmes pour pratiquer honnêtement l'analyse — souvent excellente — de la charge affective qui, répétons-le, s'attache à chaque mot d'une langue, et de la langue de Jean de la Croix comme de toute autre, et confère toute son épaisseur au tissu poétique ; et cela non pas par des associations libres qui reflètent davantage l'inconscient du commentateur que celui du commenté, mais par la considération point par point de l'impression produite par l'ensemble du texte de Jean de la Croix. (De même dans l'ouvrage antérieur de Duvivier : *La Genèse du « Cantique Spirituel » de saint Jean de la Croix*, Paris, 1971.)

De même G. Morel, dans le troisième volume (sous-titré : « symbolique ») de l'ouvrage déjà cité (*Le sens de l'existence etc.*) pratique-t-il lui aussi cette analyse qui nous semble rester dans les limites d'une légitime critique littéraire tant qu'on ne lui demande pas plus que le constat d'un résultat esthétique.

En revanche, le P. Lucien-Marie, malgré d'excellentes pages théoriques sur le symbole dans le langage mystique (*L'expérience de Dieu,* chap. IV), nous semble parfois sortir de ce constat pour entrer dans la recherche d'une domination inconsciente de Jean de la Croix par des archétypes universels qui l'expliqueraient, lorsqu'il avalise par exemple sans réserve certaines pages de Ch. Baudouin et de sa *Psychanalyse du symbole religieux* :

> ... le thème des eaux obscures, dès qu'il apparaît chez Jean de la Croix, est loin de signifier un pur mouvement de régression et de retraite, mais s'articule fortement selon la structure d'un archétype très positif : la fin de cette plongée dans le gouffre, c'est la « nouvelle naissance ». Tel est le sens héroïque de cet itinéraire nocturne ... Ce mouvement archétypique ... nous savons qu'il est le substrat psychologique de toute expérience de renaissance spirituelle et de salut. (pp. 224-225 ; cité en LUCIEN-MARIE, *Expérience de Dieu,* p. 95.)

Il est évident que Jean de la Croix rejoint un usage quasi universel du thème de l'eau, mais il ne faut pas se méprendre sur le sens de la dépendance : c'est Jean de la Croix qui confère ici sa valeur au thème, parce qu'il l'a voulu, choisi, extrait de contextes culturels divers pour l'insérer fort consciemment dans son propre texte ; et non pas le thème qui confère sa valeur à l'œuvre de Jean de la Croix qu'il faudrait dès lors lire en fonction de ce « substrat psychologique ».

## III. COMMENT LIRE JEAN DE LA CROIX ?

> ... Je me rattache à ce qu'on peut appeler, en mystique, l'*école descriptive*. Il y en a une autre, l'*école spéculative*, qui travaille à systématiser théologiquement des faits mystiques, en les rattachant à l'étude de la grâce, des facultés de l'homme, des dons du Saint-Esprit, etc.
> La première est celle des saints ou grands contemplatifs, qui ont observé en eux-mêmes les grâces extraordinaires. La seconde a été créée par d'éminents théologiens ; elle exige la connaissance approfondie de la scolastique.
> Si je ne me rattache pas à cette dernière, ce n'est point par mépris. On y traite des questions belles et intéressantes. Mais ce n'est pas là ce que désirent les lecteurs que j'ai en vue ...
> ... l'école spéculative a produit des chefs-d'œuvre, qui probablement ne pourront pas être dépassés. On préfèrera les rééditer que de recommencer leur immense travail. En un mot, il ne semble pas que la mystique puisse faire des progrès de ce côté.
> Il en est tout autrement du côté des *descriptions*. Dans la suite des siècles on les voit sans cesse se perfectionner. Les auteurs arrivent à distinguer peu à peu (quoique bien lentement) des états qu'on avait d'abord confondus ; et ils trouvent des comparaisons plus heureuses pour les dépeindre. Sous ce rapport, la mystique participe au mouvement de progrès que l'on aperçoit

dans toutes les sciences d'observation. Il n'y a aucune raison de penser que ce progrès va s'arrêter. Nos successeurs feront mieux que nous. C'est dans cette direction que se trouve l'avenir de la mystique. (POULAIN (A.), *Des grâces d'oraison*, 11e éd., Paris, 1931, pp. XCVIII-XCIX.)

Ainsi, le P. Poulain, en 1901, non sans quelque ironie... Ces lignes restent notre charte : la mystique entraîne une *science*, une science d'*observation* qui se nourrit de témoignages sur *des faits*. Elle est susceptible de progrès dans la mesure où l'observation se fait plus exacte, les témoignages plus précis et plus abondants. Le P. Poulain n'est plus le contemporain d'Auguste Comte ni de Renan, mais de Poincaré, de Bergson, de Lachelier et de tous ceux, peintres, musiciens, écrivains, qui ont vu que l'esprit humain n'établit que des *rapports*, des ponts, tissant entre les couleurs, les sons, les mots, un immense réseau spirituel, aménagement d'un espace mental, création d'un *langage*. Le mystique comme tout artiste, ne manie ni les idées ni même les symboles, mais des *signes* dont toute la consistance tient dans leurs positions relatives et dont l'ensemble n'est pas fruit d'une accumulation mais d'une organisation, d'une *forme*. Si la mystique spéculative ne peut que se compliquer — et non pas progresser — à l'intérieur des limites qu'elle s'est elle-même fixé, l'espace reste en revanche illimité pour l'observateur méthodique des formes du langage mystique. C'est sous cet angle que Jean de la Croix reste neuf, inépuisable, et donc fécond. Ses idées et sa structure psychologique n'ont sans doute rien de bien original, mais il nous dit lui-même qu'il n'a rien à nous apporter, que l'Époux est déjà là ; toute sa force tient dans la précision avec laquelle il le désigne à notre regard en l'appelant par son nom.

II

# A PROPOS DU CANTIQUE SPIRITUEL B

Toute étude consacrée à Jean de la Croix se doit de verser sa contribution à la constitution du dossier d'authenticité de la version longue (conventionnellement Ct B) du Cantique Spirituel. Et tout lecteur du Docteur Mystique, même peu averti, rencontrera vite l'obstacle d'une œuvre au texte incertain. Aussi devons-nous ici justifier notre position extrêmement prudente dans l'utilisation du Cantique, puisque nous nous en sommes tenu, sauf exceptions signalées, au manuscrit de Sanlúcar de Barrameda *avant* annotation.

Notre propos n'est pas d'entrer ici dans une controverse qui a soulevé chez les éditeurs et les commentateurs une passion peu commune et au cours de laquelle l'invective a trop souvent tenu lieu d'argument scientifique. Le lecteur curieux trouvera les données, l'histoire et la bibliographie de cette controverse dans l'article très complet de Pacho (E.), *El «Cántico Espiritual» retocado,* en Ephemerides Carmeliticae XXVII (1976), pp. 382-452. Malgré quelques contributions ultérieures peu importantes, l'auteur y fait le point actuel de la question, ce qu'il semble confirmer en même temps que le P. F. Ruiz Salvador dans leurs derniers articles parus au jour où nous écrivons, en Ephemerides Carmeliticae XXX (1979), pp. 160-162. Notre seule ambition est de rassembler ici quelques remarques qui se sont imposées à nous en cours d'étude et que nous versons donc au dossier Ct B.

Au départ, nous avions tranché la question en faveur de l'authenticité de Ct B sur la seule foi de la grande majorité des éditeurs. C'est progressivement que nous avons dû renoncer à une solution aussi simple pour finalement aboutir à une position que nous résumerions ainsi : a) indiscutablement, Ct B intègre un matériau en grande partie johannicrucien ; b) mais ce matériau n'est pas homogène ; il est traversé par trop de «météorites» pour être traité comme le reste de l'œuvre : des mots très importants n'apparaissent que là, des idées entièrement nouvelles et opposées au reste de l'œuvre également ; c) la destruction de l'architecture d'ensemble du Cantique Spirituel en des points fondamentaux n'est alors compensée que par des avantages *théologiques,* point de vue qui, ailleurs, n'est jamais celui de Jean de la Croix. L'ordonnance B ne peut donc pas plus que son matériau être purement et simplement attribuée à Jean de la Croix.

Rassemblons donc ici quelques-unes de nos notes de lecture sur les points b) et c) :

## 1. *Examen de quelques-unes des adjonctions au manuscrit de Sanlúcar*

Le manuscrit de Sanlúcar comporte déjà dans ses fameuses corrections et notes des expressions difficiles à prêter à Jean de la Croix. Ce sont elles qui ont éveillé nos soupçons. (Sur l'importance décisive de ce manuscrit pour le débat, cf. EULOGIO de la VIRGEN del CARMEN (E. PACHO), *Un manuscrito famoso del "Cántico Espiritual",* en *El Monte Carmelo* 62 (1954), pp. 155-203. Nous pensons démontré par cet article que le manuscrit de Sanlúcar se trouve en amont tant de Ct A que de Ct B, mais nous ne pensons pas démontré que ce soit la même main qui ait écrit en deux campagnes successives les notes intégrées ultérieurement dans chacune de ces deux familles ; l'argument graphologique, nécessaire et suffisant, nous semble ici particulièrement difficile à établir.)

Voici ces expressions :

— *en Ct 17, 16,* le correcteur introduit l'expression « sabiduría superior », que l'on ne retrouve nulle part ailleurs alors que nous avons vu l'usage extrêmement précis de « sabiduría » chez Jean de la Croix. De même introduit-il une « sciencia acquisita » que l'on ne retrouve qu'en Ct B où un second emploi amplifie cette note. Or, « science acquise », qui appartient au registre théologique, est très technique, mais d'une technique absolument étrangère à celle de Jean de la Croix.

— *en Ct 17, 17,* le correcteur introduit une incise théologique au sens confus, intégrant un « hábito superior infuso » lui aussi très technique dans un autre cadre que celui de Jean de la Croix. Cette note n'est pas reprise en Ct B mais cela ne change rien à la façon dont a travaillé le correcteur de la deuxième campagne qui semble décidément venir d'un horizon plutôt théologique.

— *en Ct 27, 3,* cette impression s'amplifie : la « confirmación en gracia », terme important s'il en est en théologie spirituelle, n'apparaît pas dans l'œuvre de Jean de la Croix.

2. ***Extension de cet examen à l'ensemble des différences Ct A — Ct B***

— *en Ct B, argument 1-2* et *Ct B 22, 3 :* on a là deux passages particulièrement importants en ce qu'ils jouent le rôle de sommaires de la nouvelle disposition du Cantique. Or, ils introduisent quatre expressions importantes et techniques de théologie spirituelle, expressions que nous ne retrouvons nulle part dans l'œuvre de Jean de la Croix : les « voies purgative, illuminative et unitive » (arg.) et « contemplative » (22, 3). Seule la « voie purgative » fait une timide apparition en Ll 1,19, où Jean de la Croix renvoie explicitement à une terminologie différente de celle qu'il est en train d'employer. De plus, ces « voies » structurent Ct B, ce qui est très nouveau par rapport au caractère peu abstrait de Ct A qui parle de fiançailles, mariage, etc. *sans plus.*

— *en Ct B, argument 2 :* « les dernières strophes parlent de l'état béatifique... » Rien de semblable en Ct A. Voilà qui en bouleverse purement et simplement l'intention. Et de fait, toute la réorganisation Ct B semblera un effort pour reconstruire un itinéraire spirituel idéal que l'on voit se dessiner ici : commençant (= voie purgative) — progressant (= voie illuminative) — parfait (= voie unitive) — vision béatifique.

— *en Ct B 11, 2* (compte tenu des problèmes spécifiques posés par cette onzième strophe sans précédent dans Ct A) : l'équivalence, à plusieurs reprises, de la vision de la *beauté* de Dieu et de l'*essence* de Dieu remet en cause l'usage extrêmement technique chez Jean de la Croix, nous l'avons vu, de « hermosura » (cf. 3e lecture).

— *en Ct B 11, 3-4 :* on remarque une présence de Dieu « por afección espiritual » (11, 3), présence « afectiva » (11, 4). Voilà encore deux expressions techniques introuvables ailleurs. On en remarque seulement un écho en Ct B 17, 3 : « ausencia afectiva ... exercicio afectivo », expressions qui nous semblent également introduire un registre « affectif » en un sens très particulier et qui n'a rien à voir avec l'« afección » johannicrucrienne, beaucoup plus concrète.

— *en Ct B 36, 1 :* conformément à Ct B argument, on nous annonce que la suite (= B 36-40) parlera du désir de la vision béatifique. Il ne sera même plus question que de cela (cf. par exemple Ct B 37, 1 ; 38, 1 ; 38, 2 ; etc.). Or le passage parallèle de Ct A 37, 1-2 précise bien que la transformation dont il est question a lieu ici-bas, « en quanto sufre este estado de vida ». La nouveauté devient contradiction.

— *en Ct B 38, 3 :* l'égalité d'amour déclarée réalisée (« hecha ») en Ct A 37, 3, devient ici impossible. Elle est projetée dans l'au-delà. L'opposition « ahí » (ici-bas)/« allí » (au-delà) se radicalise. La transformation de l'intelligence et celle de la volonté sont conjuguées au futur en

*Ct B 38, 3-5,* avec, en 38, 5, tout un excursus théologique sur l'essence formelle de la vision béatifique, absolument étranger au registre de Ct A et de l'ensemble de l'œuvre de Jean de la Croix.

— *en Ct B 38, 9 :* on ne saurait être plus clair ! tout ce qui est annoncé tout au long du Ct, toutes les promesses de l'Époux valent pour *l'au-delà,* « cuando, desatándome de la carne etc. ».

— *en Ct B 39, 1 :* il ne s'agit plus désormais que de « dire quelque chose de la fruition que l'on goûtera en la vision béatifique », passage renforcé par Ct B 39, 10 ; 39, 13 ; 39, 14 etc.

— *Enfin, Ct B 40, 7* (préparé par B 40, 1) lu parallèlement à Ct A 39, 7 montre fort logiquement l'ampleur de la divergence des deux textes à leur point d'arrivée. Pour Ct A, la doxologie finale demandait que celui qui invoquerait le nom de Jésus soit mis « al recogimiento interior » selon toutes ses puissances, résumé de toute la restauration mystique »; pour Ct B, la même doxologie demande que celui qui invoquera le nom de Jésus soit élevé de l'Église militante à l'Église triomphante.

Ajoutons ici que la clef de voûte de Ct A, la révélation du *nom* de l'Époux (cf. *supra,* p. 139) disparaît dans un usage incontrôlé des différents appellatifs de la seconde personne de la Trinité en Ct B.

Faisons le point de ces trop brèves remarques :

— *Ct B,* développant les annotations au manuscrit de Sanlúcar, introduit des expressions neuves et importantes venues de la théologie plus que de la mystique.

— *Ct B* projette dans l'au-delà la plénitude mystique et le cœur même de Ct A : l'expérience intégrale de Dieu ici-bas. La raison semble en être une confusion de plan : celui de la vie mystique et celui de la vision béatifique. Le rédacteur de Ct B les met en continuité *théologique* (ce dont personne ne doute), sans voir que Jean de la Croix les mettait en discontinuité *phénoménologique.* Et tout Ct B est dès lors réorganisé comme la description d'une préparation à l'au-delà. Pour Jean de la Croix, la mort du mystique, nous l'avons vu et c'est l'un des piliers de notre étude, est toujours une mort sacrificielle d'amour ; pour Ct B, la mort n'est qu'un passage, et dès lors TOUTE LA DYNAMIQUE INCARNATIONISTE de l'œuvre s'écroule avec ce renvoi de la véritable union dans un monde meilleur.

Pour toutes ces raisons, nous refusons de recevoir tels quels l'agencement et le matériau de Ct B, sans pour autant nous prononcer sur la définition d'une solution qui tiendrait compte et de l'incontestable développement johannicrucien de certains thèmes et de cet apport étranger.

# INDEX

— Un numéro simple renvoie à la page correspondante.
— Un numéro accompagné du signe + renvoie aux *notes* de la page correspondante.
— Ne figurent dans l'index que les citations réelles du texte de Jean de la Croix, à l'exclusion des simples références. De même n'y figurent que les noms de personnes introduits de façon significative.

## CITATIONS DU TEXTE DE JEAN DE LA CROIX

## PRINCIPAUX NOMS DE PERSONNES

---

Achevé d'imprimer en novembre 1981
sur les presses de l'imprimerie Laballery et Cie
58500 Clamecy
Dépôt légal : 4e trimestre 1981
Numéro d'imprimeur : 20094

## THÉOLOGIE HISTORIQUE

1. — PAUL AUBIN. Le problème de la conversion. *Étude sur un terme commun à l'hellénisme et au christianisme des trois premiers siècles.* Avant-propos de JEAN DANIÉLOU.
2. — AUGUSTE LUNEAU. L'histoire du salut chez les Pères de l'Église. *La doctrine des âges du monde.*
3. — FRANÇOIS RODÉ. Le miracle dans la controverse moderniste.
4. — JEAN COLSON. Ministre de Jésus-Christ ou le sacerdoce de l'Évangile. *Étude sur la condition sacerdotale des ministres chrétiens dans l'Église primitive.*
5. — JEAN DANIÉLOU. Études d'exégèse judéo-chrétienne. *Les testimonia.*
6. — YVON BODIN. Saint Jérôme et l'Église.
7. — J. VAN GOUDOEVER. Fêtes et Calendriers Bibliques. Traduit de l'anglais par MARIE-LUC KERREMANS. *Troisième édition revue et corrigée.* Préface de C. A. RIJK.
8. — ÉLISABETH GERMAIN. Parler du salut ? Aux origines d'une mentalité religieuse — *La catéchèse du salut dans la France de la Restauration.* Préface de JOSEPH BOURNIQUE.
9. — RAYMOND JOHANNY. L'Eucharistie. *Centre de l'histoire du salut chez Ambroise de Milan.*
10. — JEAN COLSON. L'énigme du disciple que Jésus aimait.
11. — J.-P. BROUDEHOUX. Mariage et famille chez Clément d'Alexandrie.
12. — HENRI HOLSTEIN. Hiérarchie et Peuple de Dieu d'après Lumen Gentium.
13. — HENRI CROUZEL. L'Église primitive face au divorce. *Du premier au cinquième siècle.*
14. — ALBANO VILELA. La condition collégiale des prêtres au IIIe siècle.
15. — EMMANUEL PATAQ SIMAN. L'expérience de l'Esprit par l'Église d'après la tradition syrienne d'Antioche.
16. — JEAN LAPORTE. La doctrine eucharistique chez Philon d'Alexandrie.

17. — ANDRÉ TARBY. La prière eucharistique de l'Église de Jérusalem.

18. — LESLIE W. BARNARD. Athenagoras. *A Study in second Century Christian Apologetic.*

19. — EDWARD NOWAK. Le chrétien devant la souffrance. *Étude sur la pensée de Jean Chrysostome.*

20. — CHRISTOPH VON SCHÖNBORN. Sophrone de Jérusalem. *Vie monastique et confession dogmatique.*

21. — LOUIS BOISSET. Un concile provincial au XIIIe siècle. Vienne 1289. *Église locale et Société.* Préface de J. GAUDEMET.

22. — ALAIN RIOU. Le Monde et l'Église selon Maxime le Confesseur. Préface de M. J. LE GUILLOU.

23. — LOUIS LIGIER. La Confirmation. *Sens et conjoncture œcuménique hier et aujourd'hui.*

24. — J. GREISCH, K. NEUFELD, C. THEOBALD. La crise contemporaine. *Du Modernisme à la crise des herméneutiques.*

25. — TON H. C. VAN EIJK. La résurrection des morts chez les Pères apostoliques.

26. — J.-B. MOLIN et P. MUTEMBÉ. Le rituel du mariage en France du XIIe au XVIe siècle. Préface de P.-M. GY.

27. — C. KANNENGIESSER *éd.* Politique et théologie chez Athanase d'Alexandrie. *Actes du Colloque de Chantilly,* 23-25 septembre 1973.

28. — R.-P. HARDY. Actualité de la révélation divine. *Une étude des « Tractatus in Johannis Evangelium » de saint Augustin.*

29. — Y. MARCHASSON. La diplomatie romaine et la République française. *A la recherche d'une conciliation,* 1879-1880.

30. — P. HÉGY. L'autorité dans le catholicisme contemporain. *Du Syllabus à Vatican II.*

31. — B. DE MARGERIE. La Trinité chrétienne dans l'histoire.

32. — MAXIMOS DE SARDES. Le patriarcat œcuménique dans l'Église orthodoxe. *Étude historique et canonique.*

33. — M.-T. PERRIN *éd.* Laberthonnière et ses amis : L. Birot, H. Bremond, L. Canet, E. Le Roy. *Dossiers de correspondance* (1905-1916). Préface de Mgr POUPARD.

34. — D. DIDEBERG. Augustin et la Ire Épître de saint Jean. *Une théologie de l'agapè.* Préface d'ANNE-MARIE LA BONNARDIÈRE.

35. — C. KANNENGIESSER *éd.* Jean Chrysostome et Augustin. *Actes du Colloque de Chantilly,* 22-24 septembre 1974.

36. — P. LEVILLAIN. La mécanique politique de Vatican II. *La majorité et l'unanimité dans un concile.* Préface de RENÉ RÉMOND.

37. — B.-D. BERGER. Le drame liturgique de Pâques. *Théâtre et Liturgie.* Préface de PIERRE JOUNEL.

38. — J.-M. GARRIGUES. Maxime le Confesseur. *La charité, avenir divin de l'homme.* Préface de M.J. LE GUILLOU.

39. — J. LEDIT. Marie dans la Liturgie de Byzance. Préface de Mgr A. MARTIN, Évêque de Nicolet.

40. — A. FAIVRE. Naissance d'une hiérarchie. *Les premières étapes du cursus clérical.*

41. — P. GISEL. Vérité et Histoire. *La théologie dans la modernité.* Ernst Käsemann.

42. — P. CANIVET. Le monachisme syrien selon Théodoret de Cyr.

43. — J. R. VILLALON. Sacrements dans l'Esprit. *Existence humaine et théologie sacramentelle.*

44. — C. BRESSOLETTE. L'Abbé Maret. *Le combat d'un théologien pour une démocratie chrétienne* (1830-1851).

45. — J. COURVOISIER. De la Réforme au Protestantisme. *Essai d'ecclésiologie réformée.*

46. — G. F. CHESNUT. The First Christian Histories. *Eusebius, Socrates, Sozomen, Theodoret and Evagrius.*

47. — M. H. SMITH III. And Taking Bread. *The development of the Azyme Controversy.*

48. — J. FONTAINE et M. PERRIN. Lactance et son temps. *Actes du IVe Colloque d'Études historiques et patristiques.* Chantilly 21-23 septembre 1976.

49. — J. DECHANET. Guillaume de Saint-Thierry. *Aux sources d'une pensée.*

50. — R. MENGUS. Théorie et pratique chez Dietrich Bonhœffer.

51. — B.-D. MARLIANGEAS. Clés pour une théologie du ministère. *In persona Christi — In persona Ecclesiae.* Préface de Y.M. CONGAR.

52. — F.-M. LETHEL. Théologie de l'Agonie du Christ. *La liberté humaine du Fils de Dieu et son importance sotériologique mises en lumière par Saint Maxime le Confesseur.* Préface de M.J. LE GUILLOU.

53. — Early Christian Literature and the Classical Intellectual Tradition. MÉLANGES ROBERT GRANT publiés par William R. SCHOEDEL et Robert L. WILKEN.

54. — B. GIRARDIN. Rhétorique et Théologique. Calvin. Le commentaire de l'*Épître aux Romains.*

55. — V. SAXER. Morts Martyrs Reliques en Afrique chrétienne aux premiers siècles. *Les témoignages de Tertullien, Cyprien et Augustin à la lumière de l'archéologie africaine.*

56. — J. GOLDSTAIN. Les valeurs de la Loi. *La Thora, une lumière sur la route.*

57. — R. STAUFFER. Interprètes de la Bible. *Études sur les Réformateurs du XVI^e siècle.*

58. — E. CATTANEO. Trois Homélies Peudo-Chrysostomiennes sur la Pâque comme œuvre d'Apollinaire de Laodicée. *Attribution et étude théologique.*

59. — M. PERRIN. L'homme antique et chrétien. *Anthropologie de Lactance* (250-325). Préface de J. FONTAINE.

60. — G. ADLER et G. VOGELEISEN. Un siècle de catéchèse en France. *Histoire — Déplacements — Enjeux.*

61. — Les Églises après Vatican II. *Dynamisme et perspective.* Actes du Colloque International de Bologne, 1980.